中国粮食 中国饭碗系列：农业结构与经济

东北地区不同粮食生产主体效率研究

马凤才　董　雪　著

哈尔滨工程大学出版社
Harbin Engineering University Press

内 容 简 介

粮食是人类生存与发展的物质基础,国家粮食安全是实现社会稳定、国家可持续发展的重要保障;提高粮食生产效率既是粮食主产区乡村振兴的需要,也是国家粮食安全保障的需要。本书以对我国粮食安全贡献率最高的东北地区作为研究区域,以东北地区不同粮食生产主体为研究对象,对各个粮食生产主体的效率进行评价,比较各主体的效率异同,探索影响不同主体的效率差异;结合当前多种新型粮食生产主体发展的背景,提出了提高东北地区粮食生产效率的对策。

本书可作为对我国粮食安全及农业生产主体进行研究的学者和学生的参考用书,也可供相关农业经济专业教学参考与使用。

图书在版编目(CIP)数据

东北地区不同粮食生产主体效率研究/马凤才,董雪著.—哈尔滨 : 哈尔滨工程大学出版社,2024.5
ISBN 978-7-5661-4343-3

Ⅰ.①东… Ⅱ.①马… ②董… Ⅲ.①粮食-粮棉主产区-研究-东北地区 Ⅳ.①F326.11

中国国家版本馆 CIP 数据核字(2024)第 064440 号

东北地区不同粮食生产主体效率研究
DONGBEI DIQU BUTONG LIANGSHI SHENGCHAN ZHUTI XIAOLÜ YANJIU

责任编辑 马佳佳
封面设计 李海波

出版发行 哈尔滨工程大学出版社
社　　址 哈尔滨市南岗区南通大街 145 号
邮政编码 150001
发行电话 0451-82519328
传　　真 0451-82519699
经　　销 新华书店
印　　刷 哈尔滨午阳印刷有限公司
开　　本 787 mm×1 092 mm　1/16
印　　张 16.5
字　　数 393 千字
版　　次 2024 年 5 月第 1 版
印　　次 2024 年 5 月第 1 次印刷
书　　号 ISBN 978-7-5661-4343-3
定　　价 80.00 元

http://www.hrbeupress.com
E-mail:heupress@ hrbeu.edu.cn

前　言

　　粮食是人类生存与发展的物质基础,保障国家粮食安全是实现社会稳定、国家可持续发展的重要基础。随着我国社会主义现代化建设和农业农村发展速度的不断加快,农民的生产条件和生产水平都有了显著的提高。但我国作为城乡区域发展差异较大的发展中国家,"三农"问题仍然是我国农业发展的短板和薄弱环节。我国从 2003 年开始连续多年的"中央一号文件"都聚焦于"三农"问题,始终把解决好"三农"问题作为全党工作的重中之重。受自然灾害及国际环境等多种因素影响,国际粮食安全形势不容乐观,粮食供给体系的不稳定性和不确定性日益增加。随着各类粮食原料用途的增加,国际粮食出现区域性供应不足的情况。国际市场粮食价格受到扰动,很多国家限制粮食出口,我国粮食安全也受到了一定影响。因此,提高粮食生产效率既是我国粮食主产区乡村振兴的需要,也是国家粮食安全保障的需要。本书以对我国粮食安全贡献率最高的东北地区作为研究区域,以东北地区不同粮食生产主体为研究对象,对各个粮食生产主体的效率进行评价,比较各主体的效率异同,探索影响不同粮食生产主体的效率差异;结合当前多种新型粮食生产主体发展的背景,提出了提高东北地区粮食生产效率的对策。

　　本书主要采取以下四种方法进行研究。

　　(1)根据历年中国农业统计年鉴数据,探究东北地区粮食播种面积、粮食产量、粮食单位面积产量、粮食调出量和东北地区的粮食生产现状。同时,采用贡献率计算方法,对四大地区(中部地区、东部地区、西部地区和东北地区)的粮食产量贡献率进行测算,并就粮食播种面积贡献、粮食产量贡献、粮食单产贡献、粮食调出量进行比较。

　　(2)采用数据包络分析法,以 2018 年 4 月至 11 月获取的东北地区(黑龙江省、吉林省和辽宁省)实地调研结果作为样本数据,测算东北地区不同粮食生产主体(普通农户、种粮大户、家庭农场和农民专业合作社)的三种主要粮食作物(玉米、水稻和大豆)的综合效率、纯技术效率及规模效率。

　　(3)采用属性分析,对各个主体在不同效率层面上的属性特征进行分析。

　　(4)采用 Tobit 模型,对影响生产效率的因素进行实证分析,将农户类型、地区、年龄、性别、文化程度、是否有土地租金、是否有补贴、距离、培训次数、是否有保险、是否有农业机械等影响因素作为解释变量,将生产效率作为被解释变量,通过每种农作物的规模效率、纯技术效率和综合效率的各影响因素的平均值来分析相关因素对各项生产效率的影响差异。

　　东北地区是我国重要的粮食生产基地,也是我国稳定的商品粮供给地,对当地和我国非粮食主产区的粮食供给发挥着至关重要的作用。但东北地区在粮食生产中主要存在粮食产量持续增长动力不足、局部地区水资源严重短缺和耕地质量下降等问题。我国社会主义市场经济的高效发展,加快了新型农业生产经营主体发展的步伐。但由于我国农业发展历程的特殊性,在接下来的一段时间内,以普通农户为基本生产单位的土地细碎化和分散经营,仍会是我国农业发展最基本的状态。现阶段从事粮食生产的主体中,种粮大户、家庭农场、农民专业合作社均已发展成为粮食生产主体中的重要组成部分。农业生产经营主体在发展过程中,仍需克服土地流转方式的不稳定、机械化水平亟须提升、资金周转困难等一些瓶颈问题。

各生产主体在不同省际、不同粮食种类这样的客观条件下生产效率存在较大差异,未来可重点关注生产效率在不同省份之间的差异以及粮食类型对生产效率的影响。著者在对黑龙江省三类粮食(玉米、水稻和大豆)生产效率进行统计时发现,种植玉米的生产经营主体中,普通农户的综合效率、纯技术效率和规模效率排名均居于首位,农民专业合作社其次;种植水稻的生产经营主体中,农民专业合作社的综合效率、纯技术效率和规模效率排名均居于首位;种植大豆的生产经营主体中,普通农户的综合效率、纯技术效率排名均居于首位,而种粮大户在规模效率中排名居于首位。在对吉林省三类粮食生产效率进行统计时发现,种植玉米的生产经营主体中,农民专业合作社的综合效率、纯技术效率排名均居于首位,同时在规模效率中农民专业合作社、家庭农场与种粮大户相同;种植水稻的生产经营主体中,家庭农场的综合效率、纯技术效率和规模效率排名均居于首位,农民专业合作社其次;种植大豆的生产经营主体中,农民专业合作社的综合效率、纯技术效率和规模效率排名均居于首位。在对辽宁省三类粮食生产效率进行统计时发现,种植玉米的生产经营主体中,种粮大户的综合效率、纯技术效率排名均居于首位,而普通农户在规模效率中排名居于首位;种植水稻的生产经营主体中,普通农户的综合效率、规模效率排名均居于首位,农民专业合作社与家庭农场在纯技术效率中排名居于首位;种植大豆的生产经营主体中,种粮大户的综合效率、规模效率排名均居于首位,普通农户纯技术效率排名居于首位。

受纯技术效率和规模效率的影响,东北地区三个省份粮食作物的综合效率差距显著,综合效率在东北地区同类作物不同农业生产经营主体间的差异也同样显著。同时,影响农作物生产效率的显著性因素在玉米、水稻、大豆三者之间存在一定的差异,相同点是所在地区、农业经营主体类型和是否有农业机械均为东北地区三个主要农作物生产效率的显著性影响因素。其他因素未对全部农作物生产效率产生影响,但对于单一农作物生产效率的影响也是显著的。

提高粮食生产效率的目标不能仅仅就效率谈效率,需要把国家粮食战略与地方经济发展都考虑进来,在国家战略层面,把国家粮食安全、保证粮食主产区产能基本稳定和实现农业可持续发展作为提高粮食生产效率的目标;在地方发展层面,把在确定投入的基础上提高产出、在产出固定的前提下降低投入和使得提高产出与降低投入相协调作为提高粮食生产效率的目标。同时,还应注重生产要素的代价,做到效率和保障并重;注重粮食主产区产能的基本稳定,确保产能和质量并重,注重农业可持续发展,做到保护和发展并重是提高粮食生产主体效率的关键点。提高粮食生产主体效率应遵循效率优先兼顾公平、与现实相结合、可持续发展和开放性等基本原则。本书从发挥不同粮食生产主体的优势、保证粮食产能稳定、提升农业竞争力、优化粮食生产主体政策实效、促进农业可持续发展和挖掘粮食生产潜力六个方面提出了关于提高东北地区粮食生产主体的效率的政策建议,以期能够保障国家粮食安全、保证粮食主产区产能基本稳定、实现农业可持续发展。

本书是在"黑龙江省农业现代化示范区建设模式与路径研究(21228)""大庆市农户组织化对农业高质量发展的影响研究(DSGB2022016)"等多项课题研究成果的基础上完成的。

由于著者水平有限,书中难免存在不足之处,敬请读者批评指正。

著　者

2023 年 11 月 29 日

于黑龙江八一农垦大学

目　　录

第1章 绪 论

1.1 研究背景与意义

1.1.1 研究背景

粮食是人类生存与发展的物质基础,粮食安全是实现社会和谐稳定发展的必要保障,也是实现国家经济发展的根本保证。从世界范围来看,随着经济、信息技术全球化趋向的不断增强,各国农业生产水平有了明显提升,信息网络、人工智能等多领域尖端科学技术都已普遍应用于农业领域,在农业生产、管理、物流等方面发挥了极为重要的作用,对农业生产效率的增长起到了积极的推动作用,使得全球粮食产量处于稳健增长的态势。与此相对应的,粮食经济格局发生了非常大的变化,粮食的功能向着能源化、金融化发展,各个国家都想在国际粮食市场上掌握话语权,想通过提高本国农业在国际市场上的竞争力来提高其在国际上的经济地位。西方农业强国继续着力巩固农业大国的地位,更加重视粮食生产,尤其是美国,凭借着其强大的农业实力,企图进一步将粮食作为战略资源来影响世界,巴西、印度等新兴的经济体也开始强化粮食生产以及对外贸易,而非洲和亚洲的一些欠发达国家在粮食供给上的劣势愈加明显,逐渐增加了粮食的进口比例。

联合国粮食及农业组织发布的《2020年世界粮食安全和营养状况报告》[①]表明,2019年世界上仍有9.7%的人口(略低于7.5亿人)面临重度粮食危机。除北美洲和欧洲外,各区域的重度粮食不安全发生率在2014—2019年均出现上升趋势。虽然世界农业生产技术明显提高,全球粮食产量逐年稳健增长,但仍有很多国家特别是发展中国家受技术落后、自然灾害、战乱等多种因素影响,一直存在着粮食长期短缺或阶段性短缺的情况。特别是进入21世纪以来,世界粮食价格与市场供求波动较剧烈,部分年份粮食价格波动甚至导致一些国家出现粮食危机。

据联合国粮农组织报道,2019年斯里兰卡受世界粮食价格上涨的影响,对进口面粉采取了降低关税措施,使得斯里兰卡进口面粉价格降至每公斤8卢比。此外,斯里兰卡当局还

---

① 《2020年世界粮食安全和营养状况报告》由联合国粮食及农业组织(粮农组织)、国际农业发展基金(农发基金)、联合国儿童基金会(儿基会)、联合国世界粮食计划署(粮食计划署)和世界卫生组织(世卫组织)联合编写。

通过为粮食价格设定上限的方式,来稳定国内粮食价格,避免造成粮食危机。2019年11月,斯里兰卡降水较差,使得当年粮食减产,加剧了季节性供给压力,令糙白米价格比上一年同期平均升高13%。2019年11月底,由于旱灾减产造成重要主粮供应紧张,因此津巴布韦政府宣布暂时取消对玉米和面粉的进口管制,目的是允许任何主体进口玉米、玉米粉和面粉,同时免除关税。2019年10月,泰国开始实行价格保障计划,该计划指出:若保障价格高于市场价格,则由运营价格保障计划的相关机构将差价补偿给农民,价格为每吨1万~1.5万泰铢。泰国政府还限制了能够从价格保障计划中受益的数量,每户范围是14~30吨,该限制目的是支持生产并减轻农民的损失。……很明显,全世界面临的粮食危机局面并没有完全解除,威胁粮食产量的不确定性一直存在。

对于我国这样一个人口大国而言,人多地少,资源短缺,早已有国外学者提出"未来谁来养活中国?"这样的问题。全球经济一体化使我国粮食市场与全球联系日益紧密,我国对粮食的需求持续增加,粮食安全面临严峻挑战,在资源短缺、人口持续增加、城镇化推进等背景下,粮食供给压力越来越大,对进口的依赖增强[1]。因此,我国一直高度重视农业问题,包括一直对粮食生产方式等相关问题不断探索。

从1982年开始,我国的"中央一号文件"便多次提到要通过农业科学技术的发展来促进农业经济效益的提升,直到2020年的"中央一号文件"仍提到要加大中央和地方财政对"三农"的投入力度,加快农业关键核心技术研发进程,把住粮食安全主动权。习近平总书记也曾指出:"确保国家粮食安全,要把中国人的饭碗牢牢端在自己的手里。"①自改革开放以来,我国粮食生产获得了突破性进展,粮食库存处于高位,市场供应充足,但中国社会科学院农村发展研究所等机构在2020年8月发布的《中国农村发展报告2020》中指出:到"十四五"期末中国可能出现1.3亿吨左右的粮食缺口,其中谷物(三大主粮)缺口约2500万吨。虽然我国目前人均粮食占有量远超联合国粮农组织确定的粮食安全警戒线,三大主粮库存也远高于国际粮食库存安全标准,但我国的粮食安全仍存在一些隐患,粮食生产的结构性问题还较为突出。尤其是2020年以来,受新型冠状病毒感染、蝗虫灾害、极端天气等各种复杂因素的影响,我国粮食供给体系的不稳定性和不确定性加剧。同时,我国用于农业生产的自然资源禀赋不丰富,使得我国在农业生产中土地、水等资源压力巨大,已不可能同时保证我国所有农产品的全面生产。结构性进口农产品成为今后一段时期内的必然选择。虽然这种贸易行为暂时可以缓解我国土地、水等资源的压力,但也会使我们时刻面临各种贸易带来的不确定性等风险,特别是在我国的大宗贸易效应的国际市场上,现阶段不能完全消除这种不确定性,但努力降低这种不确定性风险的负面影响对我国经济的长期稳定发展至关重要。

目前,我国农业产业的发展方式正由传统小农户的粗放经营向集约经营转变,可持续发展理念越发得到重视,农业技术效率的不断提高涌现了较多的农业生产经营主体,呈现多元化的特点,各类新型生产经营主体发展迅速并占据了更加重要的地位。然而我国粮食

---

① 习近平:《决胜全面建成小康社会 夺取新时代中国特色社会主义伟大胜利》,人民出版社2017年版,第32页。

生产面临的情况是在实际生产中有多种粮食生产主体在进行粮食生产,具有不同资源禀赋、组织化程度、体制、运行机制的粮食生产主体到底哪些在粮食生产中具有最高生产效率,目前并不清晰。当前大力倡导发展的新型主体现实经营情况与效率如何尚无定论,且新型生产主体发展处于初级阶段,还未成熟。因此研究不同主体的生产效率极其必要,生产效率能反映单位投入量的产量,体现优势的量化指标,探究其要素配置是否科学[2]。让最有效率的主体生产粮食,可以最大程度优化国内外资源配置、保障粮食安全,降低我国对国外农产品的依赖程度,减少影响我国稳定发展的不确定性因素。

1.1.2　研究目的

粮食问题不仅关乎国计民生,也是"三农"问题中尤为关键和重要的部分,更是国民经济的根基。自改革开放以来,我国粮食生产形势虽稳中向好,但农业的大规模生产使我国对土地、水等资源需求较大,粮食安全问题不容忽视。本书以商品率高、对国家粮食安全贡献率大的东北地区为研究区域,以东北地区不同粮食生产主体为研究对象,对各个粮食生产主体的效率进行测算,比较各主体的效率异同,探索影响不同主体的效率差异,结合当前多种新型粮食生产主体蓬勃发展的背景,有针对性地提出提高主体效率的对策。

1.1.3　研究意义

市场化改革的深入、人民需求的增加、农业自然资源禀赋的限制等因素,导致我国目前有大量农产品必须依靠国际市场供给,同时国内农产品结构性剩余也会对我国农业发展产生潜移默化的影响。在农产品国际贸易的高增长、国内生产的结构性不平衡和生产主体的多样化等因素的共同作用下,我国农业生产面临很大的不确定性风险。本书针对这种不确定性风险,寻求最佳的手段和方法,优化生产配置,提高农业生产效率,寻求对于粮食生产主体最为适宜的发展模式,以期对稳定国内粮食市场、满足粮食市场和国民的粮食需求、保障国家粮食安全方面有所帮助。

1. 理论意义

自党的十八大以来,党中央多次提出要大力培育、发展新型农业经营主体,逐步形成以普通农户(家庭联产承包经营)为基础,种粮大户、家庭农场、农民合作社、农业企业为骨干,其他组织形式为补充的新型农业经营体系。本书以我国重要的商品粮基地——东北地区商品粮基地作为研究对象,主要研究分析东北地区各类生产主体的效率,增加对较大规模商品粮基地各类生产主体的效率分析,这是从另一个层面进行的主体竞争力分析,可以为我国粮食生产效率研究提供新的素材和研究思路,以供后续学者研究与使用。

2. 实践意义

改革开放以来,我国在粮食生产方面获得了突破性的发展,粮食库存多年来一直处于高位,基础安全形势稳中向好。但我国目前粮食高库存并不是常态,具有不稳定性和不可持续性,粮食安全还面临着消费刚性增长、生产硬性约束的双重挑战,同时受到城镇化进程加快、耕地质量"先天不足,后天欠账"问题严重、农业非农化与非粮化等众多不利因素的影响,我国的粮食安全形势不容乐观,粮食生产结构问题仍较为显著,尤其是受 2020 年的新型冠状病毒感染和其他灾害的影响,我国粮食供给体系的不稳定性和可变性明显加剧。本书通过对我国重要的商品粮基地(东北地区)的研究分析,探究影响我国东北地区粮食生产效率的主导因素,提出在既有农业政策及其变化趋势的影响下提高粮食生产主体效率的对策。研究有助于发挥我国东北地区粮食生产的优势、保障我国粮食生产安全、降低对进口农产品的依赖、应对不利于我国经济发展的因素,对实现"十四五"经济社会发展的主要目标、经济持续健康发展、稳固农业基础、城乡区域协调等方面具有重要意义。

1.2 国内外文献综述

农业是国家的根本和命脉,粮食更是一国经济发展的重要基石,是农业生产结构的重要组成部分,高效率低成本生产粮食是世界各国的普遍追求。因此,国际社会从政府到学者乃至普通民众都极为重视粮食生产效率问题。粮食生产效率与生产主体、投入要素、政策环境等众多方面均有广泛联系,因此本节将通过多个方面简述国内外学者对各类粮食生产经营主体、农业效率、粮食生产效率、粮食技术效率等内容的研究。

1.2.1 国外研究综述

1. 关于农业生产效率的研究

J. Vicente 测量了 1995 年巴西农业作物生产的技术、配置和经济效率水平,采用固定收益比例下的非参数前沿模型进行分析(数据包络分析,data envelopment analysis,简称 DEA),结果表明:该行业存在中度的技术低效和较强的配置低效,若能够提高技术效率,产量将比 1995 年增加 30% 以上[3]。T. Kawagoe 和 Y. Hayami 尝试将总生产率指数(总产出与常规投入总量之比)应用于不同经济发展阶段的国家间农业生产效率的横截面比较,衡量传统投入无法解释的剩余农业生产效率水平与经济发展之间的关系[4]。M. Gopinath 和 R. L. Kennedy 通过研究州一级的生产率增长和要素供给(资本、土地等)对美国农业贸易的影响,证实要素积累和要素生产率是提高农业生产效率的关键因素,研发投资等公共选择也是维持和提高农业生产效率的关键[5]。Bruemmer 等运用中国浙江省 1986—2000 年的数据,研究了对农业政策改革与农业生产率和效率的关系,并区分了配置效应、规模效应、技术变化和技术效率变化四个方面的影响[6]。

2. 农业生产效率影响因素分析

C. Nsiah 和 A. Mugera 基于 1995—2012 年 49 个非洲国家的面板数据的分析表明,非洲各国政府应通过向农民提供信贷和农业研究推广服务,有意识地提供农业援助,从而提高农业总效率[7]。A. Ojede 等采用两阶段法和 MPI 评分,调查了 1981—2001 年 33 个非洲国家农业生产率增长的宏观经济政策改革,发现结构调整方案的强度和农业生产率间有很强的正相关关系,表明宏观经济政策改革提高了样本国家的农业生产率[8]。M. A. Hamjah 在研究中采用拟合的柯布-道格拉斯生产前沿函数,衡量孟加拉国 1972—2006 年因气候和水文不同而产生的不同类型农业生产的生产效率,通过数据分析表明孟加拉国由于气候和水文原因,实现了农产品的最大产量[9]。J. K. Bidzakin 和 S. C. Fialor 通过随机前沿分析(stochastic frontier analysis,SFA)对生产效率进行估计,表明灌溉生态对技术效率的影响指数约为 0.05,意味着在灌溉生态下生产的水稻比在雨水灌溉生态下生产的水稻更有技术效率[10]。B. P. Rao 分析了巴西的信贷经济学,认为小型农场存在着资本利用不足的缺陷,但是通过信贷可以缓解资本短缺,提高产出[11]。M. C. Lio 采用随机前沿方法,设定了法治、腐败控制、政府效率、公民话语权、问责制、政治稳定性六个指标,研究了政府结构、运行状况与农业生产效率之间的关系,并提出了贫困国家提高农业生产效率的发展方向[12]。

3. 农业生产效率与其他因素的关系研究

农业生产效率与其他因素呈负向关系,如 M. Bozoylu 等、D. F. Larson 等、D. Berry 等众多国外学者通过研究均认为土地规模与农业生产效率间存在着负向关系[13-15]。农业生产效率与其他因素呈正向关系,如 M. Ghatak 等、A. Alchian 等学者通过研究认为农业产权与农业效率间存在正向关系,明晰且稳定的农地产权有助于提升生产效率[16][17];同时,部分学者在对发达国家及地区的分析中也得到了一些关于农地规模和农业效率之间存在正向关系的结论。一些学者得出农业生产效率与其他因素呈其他关系,M. Carter 等测算分析了肯尼亚农户土地规模与农业产值及收入呈"U"形关系[18];还有一些学者认为二者之间没有明显关系,如 L. Baráth 等学者通过对匈牙利种植农户的调查分析发现,增加农场规模并不能提高农业生产效率[19]。

4. 不同粮食生产经营主体的生产效率研究

由于普通农户相较于其他生产主体出现时间早,国外学者对普通农户生产效率的研究成果较为丰富。H. O. Edeh 和 M. U. Awoke 基于一年的数据,测算科吉州小规模农户,进行技术效率和政策影响因素分析,结果表明,当农户的教育水平得到提高时,技术效率也会相应提高,在农业生产中,家庭和雇佣劳动力的教育水平得到提升时有助于技术效率提高[20]。F. Pourzand 和 M. Balchshoodeh 随机以法尔斯省(伊朗)玉米农户作为研究对象,计算该地区技术效率和 STGRS,认为技术效率是可持续发展三要素(经济、社会和生态)中的关键因素[21]。M. Ahmad 和 B-U. E. Boris 从跨越时间的角度通过调研收集农户 1971—1984 年的种植信息进行效率计算,得到规模效率、技术效率对产出的增加起到不可替代的作用,但技术效率对产出的贡献度却仅有 6%[22]。

同时,家庭农场作为新型农业经营主体,近几年在发展中国家的农业领域占据着主导地位,家庭农场不仅为农村贫困人口提供大量就业机会和收入来源,也提高了粮食生产效率和农业机械化水平,保证了国家粮食安全。M. Lipton 认为,随着全球化的推进和农业市场一体化程度的加强,提高家庭农场农业生产率的需求尤为迫切。提高农户的生产力和产量不仅会增加收入,还会刺激经济其他部分发展,有助于保障国家粮食安全,从而减少贫困[23]。H. Brookfield 和 H. Parsons 表示,近年来,虽然家庭农户数量有所减少,但农业专业化程度在不断提高,家庭农户的社会地位和个人满意度都有所提高,家庭农户的创新能力和适应能力仍与以往同等重要[24]。

5. 粮食生产效率测算方法

A. Charnes 等于 1979 年提出数据包络分析(DEA),用于评价相同部门间的相对有效性[25]。V. Moutinho 等采用数据包络分析(DEA)和随机前沿分析(SFA)的广义交叉熵(GCE)方法,对欧洲 27 个国家 2005—2012 年的农业技术效率进行综合比较[26]。E. Laurinavičius 和 D. Rimkuvien 利用 DEA 模型对在农业部门效率测度中的适用性进行了检验,对欧盟各国的农业效率进行了评价分析[27]。J. G. Djokoto 利用随机前沿分析把加纳地区1961—2010 年的时间序列数据拟合成柯布-道格拉斯生产函数,分析其技术效率。通过研究分析发现,加纳地区的农业规模回报率增长趋势明显,需采取能够提高土地生产力的措施来减小土地占用规模,提高加纳地区的农作物亩产水平[28]。W. D. F. Barbosa 等通过使用DEA 和定量回归模型衡量了巴西小型区域农业活动的技术效率,验证其决定因素。最后DEA 模型结果表明,巴西大多数小型区域的技术生产效率较低,定量回归模型表明,技术援助、施肥、信贷发放和家庭劳动力是影响巴西小型区域技术效率差异的相关因素[29]。H. M. Ziaul 等采用随机前沿分析(SFA)对孟加拉国库尔纳农业农场的技术效率水平进行研究分析,发现农户的农业经验和信贷的可获得性对农场的效率水平有显著、积极的影响,同时三个子行业(水稻种植业、渔业和畜牧业)在采用同一套技术的情况下都有机会提高各自的生产水平[30]。

1.2.2 国内研究综述

1. 关于农业生产效率的研究

近年来,农业粮食生产效率越来越受到学者的关注,得到广泛研究,对粮食生产效率的研究主要包括以下几个方向。

(1)对"社会效率"和"私人效率"的研究。如晋洪涛研究了粮食生产的"社会效率"和"私人效率",社会效率即土地生产率,私人效率即劳动生产率[31]。

(2)对纯技术效率的研究。如杨皓天等研究了粮食生产的综合效率、纯技术效率和规模效率[32]。张冬平和郑博阳采用 DEA 法对 2013 年河南省的农业生产效率(综合技术效率、纯技术效率、规模效率)进行探究,认为规模无效率会影响综合技术效率的提高[33]。宫天辰测算了农业生产的技术效率、规模效率和成本效率,探究了粮食生产效率的诸多影响因素,旨在优化部分能够提高粮食生产效率的措施建议[34]。

(3)对农业生产用水效率的研究。如李静针对我国农业粮食生产作物(水稻、玉米和大豆)的用水效率及影响因素进行了研究,并依据研究结果针对如何提高农业用水效率提出了相关可行性建议[35]。

其他大部分学者的研究集中在粮食生产技术效率方面,因为技术效率的提高是粮食产量提高最直接的体现。

此外,马林静等基于国内 30 个省、自治区、直辖市的相关数据,针对农村劳动力迁移对农业生产技术效率的影响进行了分析研究,研究表明,农村劳动力自农业向非农业转移,对提高农业生产技术效率具有显著影响[36]。马林静等不仅测量了粮食生产效率,还剖析了粮食生产技术效率的收敛性,并对各个地区技术效率的收敛性特征进行了验证[37]。周靖祥以水稻为例,对小农家庭生产效率再次进行了分析评估,研究认为,若是想实现农业农村的稳定发展,要考虑重新构建效率与公平之间的平衡关系[38]。杨勇等基于 2000 年、2005 年、2010 年和 2015 年这四个时期的样本数据,使用概率前沿生产函数来计算华北平原的粮食生产效率。使用 Tobit 回归模型分析土地利用变化对粮食生产效率的外部作用影响机理,表明从分析土地利用变化对粮食生产效率的影响来看,土地使用多样性指数、耕地密度、土地使用程度指数对粮食生产效率提高有负面影响,而提升耕地复种率有明显的正面影响[39]。王嫚嫚等基于江汉平原水稻种植户的农业数据,采用效率损失随机前沿生产函数,讨论了土壤破碎化和各种土壤肥力组合对粮食生产和效率的影响[40]。彭代彦和文乐运用 SFA 法,对我国农村劳动力老龄化和女性化对粮食生产技术效率的影响,以及南北方之间的差异进行了分析讨论,研究认为,粮食生产存在技术非效率性[41]。彭柳林等基于江西省样本数据,论证了农村劳动力老龄化对粮食生产效率会产生影响[42]。

2. 农业生产效率影响因素分析

通过分析国内学者的相关研究发现,影响农业生产效率的主要因素主要有以下几个方面。

(1)土地细碎化对农业生产效率的影响。如张海鑫和杨钢桥从土地细分的角度,对安徽地区粮食生产技术效率进行了探究,得出的结论是耕地细分无助于农业生产技术的提高[43]。

(2)土地所有权对农业生产效率的影响。如林文声等建立了一个分析框架,基于中国劳动力动态调查(CLDS)在 2014 年和 2016 年的混合横截面数据,使用中介效应模型对农业进行实证分析,分析土地所有权对农业生产效率的影响及其运作机理。通过分析可以得出以下结论:推动农户增加短期农业投资、增加旱地转入和提高家庭务农人数占比等因素会对农业生产效率产生重大负面影响[44]。

(3)土地经营权对农业生产效率的影响。如鄢姣等基于农户决策模型和随机前沿分析模型,使用我国在 2012 年家庭追踪调查中的数据评估了农民的土地转让对农业生产效率的影响[45]。

(4)城镇化率对农业生产效率的影响。如石慧和吴方卫采用双边 ML 指数法来计算我国 28 个地区的城镇化率,研究发现,伴随着城镇化率的提高,农业生产效率也会相应地提高[46]。陈倬和简小凤认为,城镇化会对粮食生产效率产生动态影响,即使它在短时间内会产生"非农化"的问题,但长期内将有助于提高土地利用效率和劳动生产效率[47]。章乐和郑循刚基于 VAR 模型分析研究,发现城镇化和粮食生产效率之间存在平衡关系。其中,城镇化对粮食生产效率具有积极作用[48]。

（5）农业结构、地区产业和人口结构、财政支农力度也对农业生产效率有着重要的影响。王刚毅和刘杰利用 DEA 和 Malmquist 指数来衡量 2000—2015 年我国东北地区的农业生产效率变化态势，并论证探究了影响农业技术效率和全要素生产率增长的各项要素，研究表明，即使土地规模不发生变化，仅仅由于归属感增强或所有权的变革，就可以带来产出的增长，提高农业效率[49]。

3. 农业生产效率与其他因素关系的研究

农业生产效率与其他因素呈正向关系，郭军华等依据 SFA 回归分析发现，环境和随机因素对农业生产效率存在显著影响。环境因素中农村居民家庭人均纯收入对提高农业生产效率存在消极作用；城镇化程度的提高有利于实现资源的有效配置，可以有效地提升农业生产效率；财政支农对农业生产效率没有起到应有的作用，提高财政支农支出导致投入松弛量的增加；乡村就业人口平均受教育水平相对较高对提升农业生产效率是有利因素；自然灾害会影响农业生产效率的提高[50]。耿鹏鹏基于 2016 年中国劳动力动态调查（CLDS）数据，实证分析地权稳定性对农业生产效率的影响及其作用机制，结果表明，地权稳定性增强总体上显著提高农户农业生产规模效率，抑制纯技术效率，但对综合效率并无明显影响[51]。张素铭认为，现代遥感技术可有效获取农作物相关生长信息，能够帮助农户更好地监管农作物的生长变化，提高农业生产效率[52]。

4. 不同粮食生产经营主体生产效率研究

我国是有着悠久历史的农业大国，受我国耕地资源实际情况和农村发展现状的影响，普通农户（小农户）是我国农业及经济的基本单元。党的十九大报告也提出了"小农户"这一概念，并强调实现小农户与现代农业发展的有限衔接是实施乡村振兴战略的重要举措，由此可见小农户在我国农业发展中的重要地位。李柯逾等根据对不同农业经营主体的调查数据的分析研究，发现黑龙江省普通农户的土地产出率和劳动生产效率较高，但规模极小[53]。燕宁等基于 2019 年山东省入户调研数据，发现普通农户在四类粮食生产经营主体中占比最高，中老年人口比重相对较大，同时因为生产规模小、利于精耕细作，所以普通农户的玉米种植规模效率较高。但由于普通农户机械化水平较低，使普通农户的纯技术效率和综合效率相对低于家庭农场[54]。

随着我国"三农政策"的不断深入落实，农村土地流转改革进程得到增速，种植大户的数量和规模都在不停增长。江慧和张坛对安徽省 21 个县进行数据分析，研究发现，虽然规模经营有一定的优势，但在实践中却发现种植大户的风险很大，规模经营并没有大幅提高农户的效率，更大的规模、成本投入并不能保证高收益率[55]。李玲子等基于对河南省 2019 年农业新型生产经营主体的产出、投入和收益的调查、测算与分析，表明河南省种粮大户的投入虽高于全省平均水平，但增长相对较少，而种粮大户的单产明显高于全省平均水平，这必然会导致种粮大户的投入收益比高[56]。

随着社会经济的发展，家庭农场等新型农业经营主体得到政府的大力支持。燕宁等基于 2019 年山东省入户调研数据,应用 DEA 模型测算了山东省不同经营主体的玉米生产效率,得到如下结论:家庭农场作为国家目前重点发展的新型农业经营主体,其综合效率和纯技术效率在各类生产经营主体中存在竞争优势[54]。钱忠好和李友艺将上海松江的 943 户家庭农场作为研究对象,应用 DEA 模型估计家庭农场的效率。研究表明,在纯粮食种植型、种养结合型和机农一体型三类家庭农场中,种养结合型家庭农场的农业生产效率最高[57]。

农民专业合作社是我国农业经济发展中的一种新型组织形式,以家庭承包经营为基础[58]。近几年,在国家“三农”政策的支持下,农民专业合作社正处于蓬勃发展阶段。苏昕和齐昊龙采取 DEA-Tobit 模型对各省份粮食生产效率进行了分析探讨,通过实证研究发现,农业合作经营对农村劳动力转移和农业生产效率二者之间的关系存在调节作用。同时,还发现农民专业合作社能通过内外部多元化服务提高农业生产要素利用效率,实现规模经济效应,提升农业生产效率[59]。

5. 影响粮食生产主体效率提高的政策环境研究

新时代背景下的农业政策具有体现农民群众集体意志、推动农业技术发展、调整农村生产关系、运用农业经济规律等方面的效用。陈飞等利用 GMM 法估测了农业政策对作物播种面积、单位产量及总产量的影响,研究结果表明,随着政府对农业的投资增加,农业政策对粮食生产具有积极作用[60]。秦臻和倪艳运用基于随机前沿模式的参数法,对农业全要素生产率(TFP)进行研究分析,研究表明,我国农业 TFP 表现出的阶段波动性特征与当时的政策和经济环境具有紧密联系,我国农业发展的速度受到政府相关制度及政策的影响。其中对农业生产率影响最大的“三农”经济制度及政策主要包括:农地制度及政策、农业生产资料及农产品价格制度政策、“三农”财税体制、农业开放政策等[61]。

6. 纳入环境因素的粮食生产技术效率测算的研究

部分学者认为,现阶段我国农业环境问题凸显,以往的研究单纯地将技术效率作为研究重点而忽略其中的环境因素,不能得到可持续发展的结论,失去了实际中提高粮食产量的意义。因此部分学者将环境因素加入计量范围,在考虑环境问题的前提下增加研究的实际意义。赵丽平等运用 CRS 对受环境因素影响的粮食生产技术效率进行实证分析,实证表明,某区域内的城镇化程度对粮食环境技术效率存在消极作用[62]。梁流涛等运用非参数的方向性距离函数方法以河南省粮食生产核心区农户为样本测度环境因素约束下的农户土地利用效率,探讨其效率状况及影响因素[63]。张利国等采用方向距离函数,在考虑环境因素的条件下,以鄱阳湖生态经济区作为样本,测算粮食生产传统技术效率与环境技术效率,通过研究分析发现,大部分县市的粮食生产传统技术效率均大于粮食生产环境技术效率[64]。田旭和王善高采用 SFA 法对我国农户粮食生产环境效率进行测算,同时运用 Tobit 模型对我国农户粮食生产环境效率的影响因素进行考察分析,研究结果表明,我国农业粮食生产技术效率与环境效率之间存在较高的相关性[65]。张启楠等采用三阶段 DEA 模型对粮食主产区的粮食生产效率进行测算研究,实证结果表明,在去除粮食主产区环境影响后的粮食生产效率产生了十分明显的变化,粮食生产效率具有巨大的提升空间[66]。张凡凡等为探究提高粮食生产效率的有效途径,运用三阶段DEA模型对我国31个省、市、自治区、直辖市的粮食生产效率进行探究,实证结果表明,我国粮食生产效率存在明显的空间异质性,且粮食生产效率整体偏低[67]。陈红和王会主要运用DEA模型对粮食生产的环境要素,以及影响粮食生产效率的主要因素进行了探究,探究结果表明,粮食生产的环境要素对粮食生产效率具有十分明显的影响[68]。

7. 关于粮食生产技术效率测算与影响因素分析的研究

对于粮食生产技术效率的研究主要集中在对粮食生产技术效率的测算和影响粮食生产技术效率的因素分析两个方面。

(1)外部因素对技术效率的影响

赵红雷和贾金荣通过构建随机前沿生产函数模型,对我国1995—2008年玉米生产技术效率进行了测算与评估,通过研究发现,自然灾害、农业基础设施、机械化水平等外部因素对玉米生产技术效率具有显著的影响[69]。孙昊基于15个省份的小麦种植面板数据,测算了我国小麦生产技术效率,并分析了我国小麦生产技术效率的变化特征,通过对各省份的数据比照分析发现,我国小麦生产技术效率受诸多外部因素的影响,且我国小麦的区域间生产技术效率及其变化特征存在显著差别[70]。杨皓天等基于内蒙古农村牧区调研样本数据,运用DEA法对内蒙古农村牧区的粮食生产效率进行测算,研究表明,受灌溉条件有限、农机设施不足等因素影响,内蒙古农村牧区的粮食生产存在技术效率损失[32]。胡逸文和霍学喜运用SFA法对我国粮食生产技术效率的影响因素进行分析,研究结果显示,农户年龄、耕地面积、家庭资产等因素对我国粮食生产技术效率具有较为显著的影响[71]。王千等联合运用DEA模型和Malmquist指数,对河北省的粮食生产效率进行探究分析,研究发现,河北省粮食生产效率区位分布存在显著差异,为保障河北省粮食安全需要,可通过完善农业技术设施、增加农民收入等因素提高粮食生产效率[72]。刘战伟将DEA模型和Malmquist指数联合运用,基于我国不发达地区的农业样本数据,对我国不发达地区粮食生产技术效率进行计算并分析其效率低下的原因[73]。王刚毅和刘杰采用DEA模型和Malmquist指数,对东北地区农业生产效率进行测算,并探究分析了东北地区农业技术效率和全要素生产效率的影响因素,研究结果表明:农户受教育程度和农业机械化程度对东北地区农业生产效率存在显著影响[49]。章乐和郑循刚运用VAR模型和DEA模型对粮食生产效率进行了测算分析,并探究了城镇化和粮食生产效率之间的关系,实证结果表明,城镇化和粮食生产效率之间具有显著关系[48]。尚丽采用DEA法测算了陕西省粮食生产效率,并采用多元线性回归分析方法对陕西省粮食生产效率的主要影响因素进行分析,分析结果显示,扩大耕地面积、增加农耕机械拥有量等有助于提高陕西省粮食生产效率[75]。

(2)生产投入相关因素对技术效率的影响

杨皓天等运用随机前沿生产函数,分析了人力资本、物质生产资料资本装备等投入要素质量,农户或个人行为选择等方面对粮食生产技术效率的影响[32]。李英普等采用SFA法,对河北省全部地级市粮食生产技术效率进行测度,对比分析了1994—2003年和2004—2013年投入要素产出弹性的变化和影响因素的作用[76]。刘海英和谢建政运用非参数DEA

法,对我国 30 个省、自治区、直辖市粮食生产的投入产出效率进行了测度,进一步对政府补贴、种植户收入和城镇化等粮食生产效率影响因素进行探究分析[77]。唐建和 J. Vila 采用随机前沿分析技术测算各省技术效率,比较与分析东、中和西部技术效率及变化态势,并分析财政支农政策对技术效率的影响[78]。

8. 粮食生产效率相关测算方法

生产效率的测算方法随着研究的深入逐渐成熟,不同的测算方法和测算结果越来越准确。测算农业生产效率的方法主要有数据包络分析(DEA)法、随机前沿分析(SFA)法以及 DEA 法与其他方法相结合的分析方法。数据包络分析法是最基础的生产效率分析方法,主要测算农业生产的综合效率及其分项效率,测算决策单元从国家到农户均有涉及[79]。国内测算技术效率的研究方法大多采用 DEA 法和 SFA 法,本小节将主要探讨国内学者对于 DEA 和 SFA 两种测算方法的应用,同时也会对其他非主流的测算方法进行探讨。

(1)运用数据包络分析 DEA 法进行测算

薛龙和刘旗运用 DEA 法对河南省粮食生产效率进行测度,同时运用 Tobit 模型对粮食生产技术效率的影响因素和空间分布进行了探究[80]。高鸣和宋洪远采用 DEA 法下的 EBM 模型对我国所有省份的粮食生产技术效率进行测算,同时也对所有省份的粮食经济增长状况进行探究分析[81]。贾琳和夏英使用 DEA 法对玉米种植规模效率进行测算,用 Tobit 模型对影响规模效率的因素进行了分析[82]。陈振和李佩华运用 DEA 法测算我国各省的粮食生产效率,并根据测算分析得到的要素冗余值进一步测度出我国各省的全要素生产率,最后探究分析了我国各个区域的要素配置效率状况[83]。杨晓璇等采用 DEA 法,测度了我国 2003—2015 年 30 个省、自治区、直辖市的粮食生产效率,并通过使用空间自相关模型(SAR)对各省份粮食生产效率的区位分布特征进行探究,同时运用空间杜宾模型(DSDM)对粮食生产技术效率的影响因素进行区位依附性分析[84]。

(2)运用 SFA 法进行测算

乔世君运用 SFA 法对我国粮食生产技术效率的区位分布状况进行研究,并分析了各种因素对粮食生产技术效率的影响[85]。亢霞依据 1992—2002 年我国农产品的成本样本数据,运用 SFA 法对小麦、玉米、大豆、籼稻、棉花等 15 种主要农作物的生产技术效率进行测度[86]。范群芳等采用 SFA 法计算了国内 31 个省、自治区、直辖市的粮食生产技术效率,并对影响粮食生产技术效率的主要因素和频率分布状况进行了探究,并根据探究结果提出相关措施建议[87]。姚增福和郑少锋基于 2000—2007 年样本数据运用 SFA 法,估计了国内 13 个粮食主产区的粮食生产技术效率,研究发现 13 个主产区的技术效率皆存在损失现象[88]。

(3)运用其他方法进行测算

刘海英和谢建政采用松弛测度模型测算各省际地区的粮食生产效率,而纳入了环境因素的测算主要运用了方向距离函数[77]。郎新婷主要采用 Super SBM-Malmquist 模型计算新疆的粮食生产效率,并通过建立相关模型对新疆粮食生产效率影响因素进行探究[89]。李学林运用数据包络分析法的非径向 SBM 模型对云南省粮食生产效率进行测算,同时采用 DEA-Malmquist 生产率指数对云南省粮食生产规模效率、纯技术效率、规模效率的变化进行探究分析[90]。

1.2.3 简要评述

自 20 世纪中叶以来,我国对农业粮食生产效率的研究历经了不同的发展阶段,研究越来越深入,为提高我国农业粮食生产效率和保证我国粮食安全提供理论支撑。目前,国内外学者对于粮食生产效率的研究主要集中在对粮食生产技术效率的测算和影响粮食生产技术效率的因素分析两个方面。大部分学者将提高粮食产量的最终办法归结于技术效率的提高,内容大多集中在两个方面:一是对技术效率的测度;二是对技术效率的影响因素的分析。之后有学者提出了在环保的大环境下应将政策和环境因素考虑进模型。然而既有研究多数是从产量提高的技术归属方面考虑,较少有同时考虑产量提高的技术归属和效益提高的经营归属。另外,现有研究依据调研数据进行分析的更多是小区域研究,进行较大区域分析的不多,大区域分析主要使用统计年鉴数据进行。

1.3 主要研究内容和研究方法

1.3.1 研究内容

应立足我国东北地区粮食生产实际,聚焦粮食生产效率及其影响因素,寻求提升各主体粮食生产效率的途径与措施,提高粮食生产主体竞争力,最大限度保护我国粮食安全,促进我国社会、经济平稳健康有序发展。

1. 明确粮食生产经营主体范围

粮食生产经营主体在中国非常复杂,既有因土地所有制差异而产生的不同生产经营主体,也有因组织化不同而产生的不同主体,这些主体相互交叉产生更复杂的主体类型。本书在我国复杂农业生产主体存在的客观条件下,在不同主体生产条件、管理方式、人员素质等多样化主观条件下,探究分析不同粮食生产经营主体的效率。

2. 东北地区粮食生产贡献分析

根据历年统计数据,本书分析了全国四大粮食生产区的粮食贡献,将东北地区的粮食贡献与其余地区进行了比较,同时也在东北地区内部分析了各个省在粮食生产上所具有的不同优势。

3. 东北地区粮食生产经营主体基本情况描述

本书对全国总体农业生产经营主体进行了概括分析,对东北地区的各类粮食生产经营主体的发展情况进行了重点分析。分省际对东北地区从事粮食生产的四类经营主体和其经营发展现状进行了研究,重点分析了各类粮食生产经营主体的发展规模和质量。

4. 粮食生产综合效率评价体系构建

基于不同粮食生产经营主体土地利用的共同特性,建立相应的评价指标体系,对各生产经营主体进行分项和综合效率评价,突出评价的可比性、科学性和综合性。

5. 粮食生产效率的测度与比较

使用实际调研数据对黑龙江、吉林、辽宁三省的粮食生产主体效率进行分析,分别对黑龙江、吉林、辽宁三省不同粮食生产主体的玉米、水稻、大豆三种主要粮食作物的效率进行了测算,对比了不同主体的效率高低。

6. 粮食生产经营主体影响效率的因素分析

以测度的效率为依据,运用 Tobit 模型,进一步考察不同生产经营主体专有特性及是否有土地租金、是否有补贴、距离、培训次数、是否有保险、是否有农业机械等方面因素对效率的影响,探究分析相关因素对各项生产效率的影响差异。

7. 分析不同粮食生产主体效率特征

根据不同种类粮食作物生产效率上存在的差异,对比分析不同效率表现的粮食主体属性特征,和各效率区间内所受影响因素的影响程度的差异。同时,对比分析同等效率下不同生产主体的特征,以及同等效率下不同生产主体所受影响因素的影响程度之间的差异。

8. 提高粮食生产效率的对策

基于对不同粮食生产经营主体效率的测度、综合效率的比较,以及对效率的影响因素进行分析,针对不同粮食生产经营主体的条件,结合当前的农业政策,提出提高粮食生产效率的目标及达成该目标的对策。

1.3.2 研究方法

1. 文献研究法

通过网络数据库,搜集国内外粮食生产主体发展状况研究的期刊文献,从农业生产效率的研究因素、农业生产效率与其他因素之间存在的关系、粮食生产经营主体、影响粮食生产主体效率提高的政策环境、采用的研究方法等方面进行梳理,为现有研究打下基础。

2. 数据包络分析(DEA)

DEA 模型主要用于效率评价的研究,同时根据东北地区的粮食生产主体特点,选取符合东北地区不同粮食生产主体的生产现状 BCC 模型测算东北地区不同粮食生产主体的综合效率、纯技术效率以及规模效率。

3. 粮食贡献率计算法

本书采用的计算方法主要参考了国内学者的研究,对东北地区各省市的粮食产量、播种面积进行求和,计算出全国以及各地区粮食单产,依据得出的各项数据测算出各地区粮食产量、粮食播种面积和粮食单产等贡献率。具体计算公式见本书4.2节内容。

4. 问卷访谈调查法

本书采取随机抽样的形式,对东北地区部分市县农业生产经营主体的主要农作物生产情况进行走访调研,收集了东北地区25个市县的种植数据,面对面问卷访谈并获取种植规模数据。调查内容包括农户种植作物信息、种植规模、土地获取方式、产量、产值、化肥、农药、农机等直接生产投入定量数据,同时还包含农户年龄、性别、文化程度、距离县域中心远近、是否有补贴、是否获得技术指导等定性数据。有效样本涵盖黑龙江省、吉林省和辽宁省的玉米、水稻与大豆种植农户,农户类型包括普通农户、种植大户、家庭农场和农民专业合作社等农业经营主体。

5. Tobit 回归模型

关于生产效率的计量分析,国内外主流方法为采用 Tobit 回归模型对影响生产效率的外生因素进行分析,本书亦采取该分析范式。Tobit 回归模型中因变量为 DEA 法所测得的规模效率值(范围为 0~1),属于截面数据。对于影响效率的因素及其影响程度的估计,如果采用普通最小二乘法(OLS)估计,结果是有偏的,并且不一致。对此,本书采用 Tobit 方法进行回归分析,对模型中的参数进行估计。Tobit 回归模型的因变量为 DEA 模型测算出的农作物综合效率、纯技术效率和规模效率;自变量为影响三项效率的外生因素,主要指农户类型、地区、年龄、性别、受教育程度、是否有土地租金、是否有补贴、距离、培训次数、是否有保险、是否有农业机械等,以此来分析玉米、水稻和大豆的效率影响因素及影响程度大小。

1.3.3　技术路线图

技术路线图如图 1.1 所示。

1.3.4　创新之处

(1)粮食生产主体同时也是粮食经营主体,如果单纯从产量的角度衡量其效率显然不能概括其市场经营能力,在全球化竞争的环境下,经营能力的提升更有实际意义。本书从产量与利润的角度同时考察各生产主体的效率,既体现了其纯生产角度的效率,也体现了其市场参与及经营能力。

(2)从地域、生产主体和粮食品种的三维角度分析对比效率差异。对于效率的测算和评价,体现为对不同主体、不同省别和不同品种的对比分析,比以往对同一主体的不同品种或单一品种的多主体分析更加多维化,增加了研究的广度和深度。

(3)在效率测算的基础上进行了以效率高低划分的各主体属性特征分析,借助于调研数据,对不同效率得分的主体属性特征进行了描述、归纳和总结,刻画了以效率区分的主体属性特点。

研究思路　　　　　　　研究内容　　　　　　　研究方法

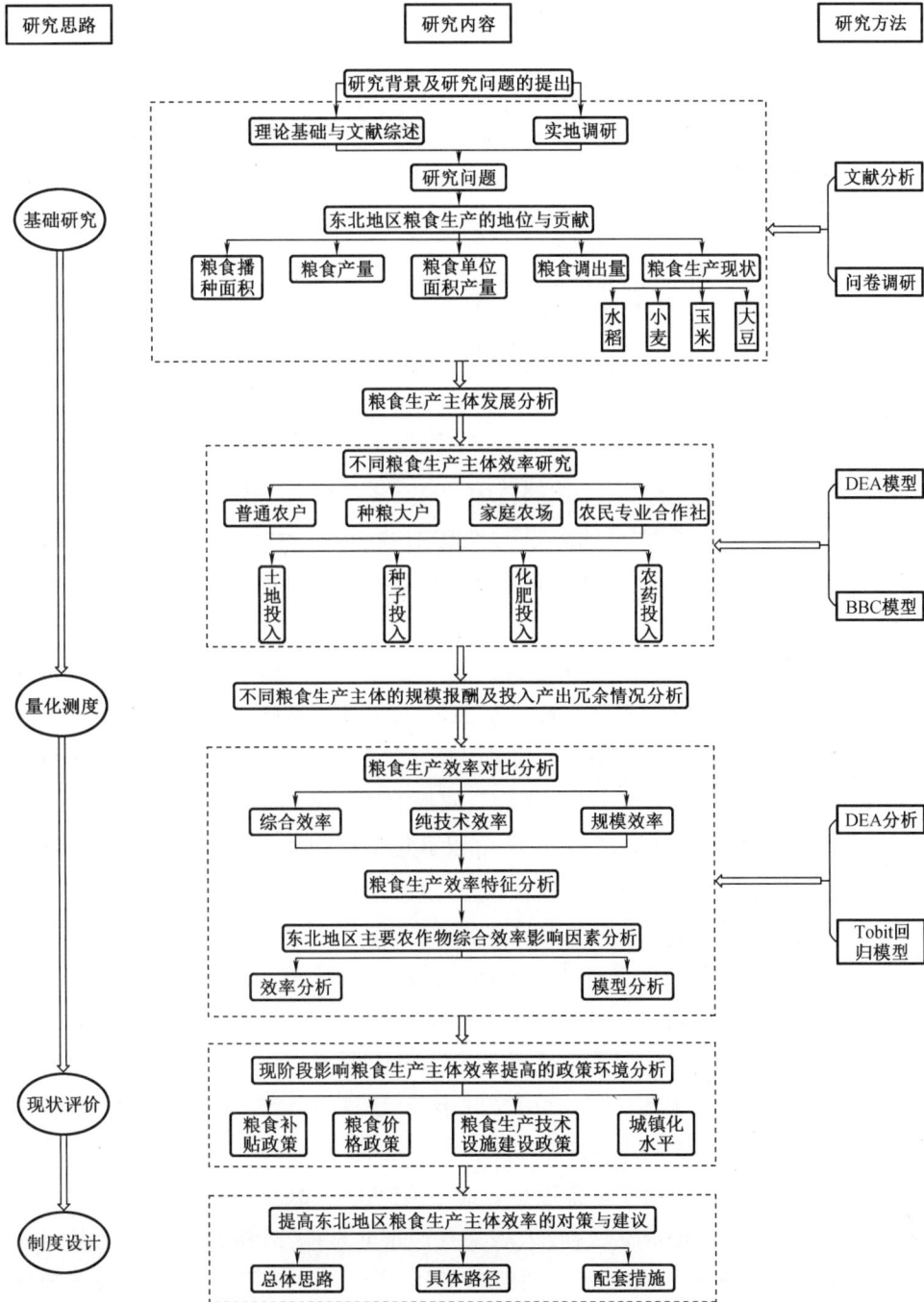

图 1.1　技术路线

(4)依据研究分析结果,从兼顾国家发展战略和地方经济发展两方面,同时考虑国家政策连续性与发展趋势,根据东北地区粮食生产实际和主体发展实际进行了有针对性的效率提高对策设计。

第 2 章　相关概念界定及理论基础

2.1　粮食及粮食生产主体概念与范围

2.1.1　粮食

在《新华字典》(第 12 版,商务印书馆)中,"粮"字意思为"粟的优良品种的总称;精美的主食"。而"食"则被解释为"吃的东西"。"粮"字常常与"食"字搭配使用,因而就造就了"粮食"这个词语。粮食的概念一直没有被统一确定,对于粮食的概念和其所包含的范围存在多种解释。

"粮食"一词是我国的一个特有概念,英文中没有完全与"粮食"对应的词汇,国际上与之相关的概念是食物(food)和谷物(grain)。食物通常是指能够满足人体生长所需能量的物质。粮食应该是食物的一个子集[91],同时粮食又包括了谷物。联合国粮农组织将粮食定义为"小麦、水稻、高粱和玉米等谷物类作物",对应我国狭义的粮食概念。

在我国,粮食有广义和狭义之分:广义上粮食包括谷物类、豆类和薯类,其中谷物类包括小麦、水稻、高粱、玉米等,豆类主要包括以大豆为主的各类作物,薯类包括以甘薯、马铃薯等为主的根茎类作物;而在狭义上则只包含谷物类,包括高粱、大麦、小麦、玉米和稻谷等。《现代汉语词典》(第 7 版,商务印书馆)中对粮食的解释为"供食用的谷物、豆类和薯类的统称";《辞海》中将其定义为"各种主要食料的总称"。稻谷、小麦、玉米、薯类、大豆、谷子、高粱和其他杂粮,均属于广义层面的粮食概念。中国国家统计局每年公布的粮食产量中,其种类包括薯类(马铃薯和甘薯)、豆类(红小豆、绿豆和大豆)、谷物(小麦、玉米、大麦、谷子、高粱和稻谷),共 3 类 11 个品种[92]。

我国对粮食的统计也经历了一个过程。20 世纪 50 年代建立的粮食标准包括谷物、豆类和薯类。中华人民共和国成立之初,人均粮食产量非常低,故将有利于实现温饱水平的豆类和薯类列入粮食类,以确保低标准的粮食安全。但从 1953 年起,国家对农业统计口径进行了修改,每年运用广义的概念对粮食产量进行公布。1971 年,中国国有粮食部门对所经营管理的商品粮食的概念进行界定,粮食被分为五大品种(小麦、水稻、大豆、玉米和薯类)[93]。1994 年,基于中国国情的考虑,为了统一农业统计口径,将玉米、稻谷、小麦以及大豆列为粮食的四大品种,并且一直沿用至今。

长久以来,人们始终沿用传统的粮食概念,基本上符合国人的饮食习惯,有其合理性和必要性。本书的研究区域为东北地区,由于我国东北地区小麦种植量少,而玉米、水稻和大豆种植量多,具有代表性和实际意义,故本书以玉米、水稻和大豆作为研究对象。

2.1.2　粮食生产主体

粮食生产主体指的是自然的个人或者非自然的组织,主要从事粮食作物的生产、加工和销售等。我国的粮食生产主体经历了从过去单一的"小农户"发展到普通农户与多种新型经营主体共存的局面,这也是传统农业向现代农业转变的必经过程。过去,我国粮食生产主体主要是传统农户,也称作"小农户",他们是最基本的生活单元,既从事粮食生产也从事粮食经营活动。随着土地制度的变迁、农业农村的改革和整个社会的不断发展,逐渐产生了其他类型的农业生产经营主体。当前阶段,我国粮食生产主体呈多元化特点,即仍以家庭经营为基础,普通农户、种粮大户、家庭农场、农民专业合作社,以及农业产业化企业等新型农业生产经营主体共同发展,其中普通农户仍是最基本的粮食生产主体。本书因研究地域原因,所考察的粮食生产主体为普通农户、种粮大户、家庭农场和农民专业合作社。

1. 普通农户

陈春生的研究表明,现存传统农户依旧沿袭典型传统农户的特征。农业仍然是他们的主体,而且其中存在小规模和剩余劳动力问题;他们的生产结构或者是口粮种植与未形成规模的其他作物种植、养殖相结合,或者是农业与非农劳动相结合[94]。施海波等在对 4 个省 1 040 户农户做调查时,把 10 亩①以下的土地归为小规模土地,10~50 亩的归为中规模土地,50~100 亩的归为大规模土地[95]。本书中的普通农户是指主要从事粮食(玉米、水稻和大豆等)生产的,并且包括兼业的、未形成规模的、土地规模在 100 亩以下的自然人、法人或其他组织。

2. 种粮大户

种粮大户是指专门从事粮食生产的自然人、法人、专业合作组织或其他组织。经营范围从 100 亩到上千亩,要求有承包或者流转合同,主要种植粮食作物。张赞和王彦玲表示,专业大户主要分布在种植和养殖两大产业领域,并研究了种植大户中的粮食生产大户[96]。臧攀科以河南省遂平县为调查区域,针对粮食种植面积在 120 亩以上的农户对种粮大户的经营行为影响因素进行分析[97]。刘大鹏等对水稻种植大户的规模限定是在 30 亩以上[98]。本书中的种粮大户是指自然人、法人、专业合作组织和专门从事玉米、水稻和大豆的种植户,且其经营的土地面积在 100 亩以上。

3. 家庭农场

家庭农场作为新型农业经营的主体,主要劳动力来源于农民家庭成员,主要收入以农业经营收入为主,从事以家庭经营为主的规模化、集约化、商品化的农业生产。韩朝华提

---

① 　1 亩 = (10 000/15) m² ≈ 666.67 m²

到,美国家庭农场的规模一直在扩大,1950年,其平均面积已经达到215.49英亩[①][99]。中国则是人多地少,土地较为分散,规模还不大。赵金国和岳书铭通过对山东省部分地区发放问卷,统计得到是家庭农场面积最小的为2 hm²[②],面积最大为76.7 hm²,平均面积是15.3 hm²[100]。刘维佳和邱立春测算得出辽宁省家庭农场最优经营规模是1 333 hm²[101]。

根据《黑龙江省农民家庭农场认定管理办法(试行)》,农户家庭农场必须满足以下两个条件:一是拥有五年以上的土地租赁期或承包期,并有标准化的土地流转合同;二是从事粮食生产经营面积在200亩以上。根据实际调研情况,本书的调研对象是已经在工商局注册,生产经营时间超过一年并且种植面积达到200亩以上的种植业家庭农场。

种粮大户和家庭农场的核心劳动力均来自家庭成员本身。而种粮大户生产者身份可以是农民,也可以是其他身份,包括运销大户、农机大户等,对于雇工没有限制,但家庭农场生产者身份应当为农民家庭成员,生产经营领域应当为种养业,主要以种粮作为优先扶持,且雇工人数不得超过家庭成员人数。

4.农民专业合作社

农民专业合作社是指种粮大户、技术人员、农村集体组织和农业企业在农村家庭承包经营的基础上,自愿联合、民主管制、合作互助的经济组织。费佐兰和郭翔宇指出,黑龙江省有以农机合作社为主体的和与普通农户进行联合的两种主要的农民合作社经营模式[102]。合作社的经营方式主要有两种:一种是农民以土地股份和资本股份的形式从事生产经营;另一种是农民以土地直接租赁的形式从事农业经营。本书以农机服务标准化合作社和实现规范经营的种植产业为重点,土地经营面积超过200亩,研究对象以农业专业合作社为主,包括玉米、水稻和大豆种植合作社,不研究提供农业服务、不参与未规范经营的服务型合作社。

5.农业产业化企业

本书调研发现,东北地区农业企业中直接参与和种植生产粮食的也比较稀缺,很多都是直接收购农户种植的粮食,或者通过资金入股、发放贷款等间接从专业合作社获取,大米产业几乎都是进行深加工销售,因此有关农业企业得出的结论并不具有代表性。国有农场与农村土地所有制不同,虽然土地所有权归国家,但是农业工人和农村农民从事相同的劳动,因此在粮食生产经营者中经营户可以单独纳入研究调研范围,但国有农场整体不能视同一个生产单位纳入研究,所以国有农场虽是农业企业,但不能与农户一样纳入分析框架。因此在本书中,不对农业企业和其余粮食生产主体进行分析。

---

①　英亩的符号为 acre,1 acre=4 046.856 m²。

②　1 hm²=10⁴ m²。

2.2 效率的内涵

效率又称有效性,《新帕尔格雷夫经济学大辞典》认为,效率最初源于物理学中对能量损耗、传输与获得程度的衡量。P. A. Samuelson 和 S. Swamy 认为,效率是经济活动中人们尽可能利用有限资源而减少无谓损耗的比例程度[103]。T. J. Coelli 等认为,效率是在既定技术条件下,最大限度地利用给定资源而获得最高产出的比率[104]。对现代效率概念的研究最为知名的学者是 M. J. Farell,他认为生产单元的效率应该包括两个:技术效率和配置效率。技术效率是指在投入要素既定情况下的最大产出能力,而配置效率是指生产单元在给定价格和生产技术条件下所能实现的最优产出能力[105]。

在《理想国》一书中,柏拉图认为,当每个人都在做符合自己本性的工作时,效率是最好、最快的,所以我们可以认为效率就是好和快。意大利经济学家维尔弗雷多·帕累托重点研究了约束条件下的资源配置和最大化问题,从"帕累托有效"到"帕累托最优"的角度解释了资源配置的效率问题。也就是说,在一定的社会资源配置中,如果没有人能够在不损害他人利益的情况下改善自己的处境,那么就实现了"帕累托最优"。索洛等经济学家认为,效率是衡量全要素生产率的指标,即产出增长率与投入增长率之差。此外,在《国富论》中,亚当·斯密明确阐述了分工效率和竞争效率的思想,认为合理的分工是提高效率的途径,并坚持认为竞争可以优化社会资源的配置,实现社会资源最大化利用。在经济学中,效率有一个更清晰的定义。在《经济学》中,萨缪尔森认为没有浪费不会出现在效率之中,即一个经济体系如果不减少一种商品的生产,则不会增加另一种商品的生产,那么它就是有效率的。

国外关于效率的研究不断加深,我国的专家学者也逐渐发表自己关于效率的定义。有的学者认为,效率简单地说就是没有浪费,这与萨缪尔森的观点不谋而合。也有一些学者认为,效率可以是一个数值,这个数值代表着资源的高效配置,即在投入资源最小的情况下,获得最大的产出收益。

综上所述,效率的定义不尽相同,无论是说没有浪费,还是资源的有效配置,其实都是投入和产出的关系。因此本书基于 DEA 模型的东北地区玉米、水稻和大豆生产主体效率测算,分别得出不同粮食生产主体的综合效率、纯技术效率和规模效率。

2.2.1 综合效率

综合效率是各项效率的平均总和,综合技术效率为纯技术效率和规模效率的乘积。在规模收益可变的情况下,综合效率可以进一步分解为纯技术效率和规模效率,它们代表生产和管理等技术水平的发挥程度,纯技术效率代表生产和管理等技术水平的发挥程度,规模效率则代表规模优势的发挥程度。

2.2.2 纯技术效率

纯技术效率与一般生产率的差异体现在静态与动态两个视角,以技术改善效率为基本前提。M. J. Farrell 基于投入的视角最早发表并论述了技术效率相关概念,他指出纯技术效率是在既定产出下,由于技术对要素的改进或节约效应带来的最低性投入与现实投入之比[105]。跟 M. J. Farrell 的研究视角相反,H. Leibenstein 以产出视角为基础,他指出纯技术效率是在既定投入下的现实产出与技术提升效率前沿面后得到最高产出比率[106]。本研究认为,纯技术效率是指科技的进步对生产装备改进、先进技术研发与推广、先进管理方法等外部技术,引致生产效率前沿面的提升,从而使得单位投入与原效率前沿面相比而产出提升或成本下降的过程。

综上所述,纯技术效率就是从技术角度阐释生产单元的生产能力。

2.2.3 规模效率

规模效率是生产决策单元通过经营面积的适度扩增带来生产效率提升的逻辑思路。规模对效率的改进关系并非始终存在,而是在生产经营规模扩大带来的产量或效益大于规模扩张成本的阶段性经济状态。因此,并非生产规模越大规模效率越高,当规模大于效率的最佳平衡点则出现边际效率逐渐下降,直至下降趋近于零或负值,导致规模不经济或规模无效率现象。规模效率变化关系并不是简单的规模与效率或升或降的线性关系,而是由规模变化引致的长期平均成本、边际成本等效率约束条件的改善,从而使得规模与效率存在规律性、阶段性的演化现象。

2.3 理 论 基 础

2.3.1 规模报酬理论

规模报酬是指各生产要素按相同的比例变化,在不改变其他条件的情况下获得相应的产量变化。分析研究对象的规模报酬能够体现其生产规模对产出的影响,是分析长期生产变化的理论基础。规模报酬包括规模报酬递增、递减和不变三种。规模报酬递增是指因规模经济和规模经济的扩张,产出增长的比例高于投入要素增长的比例;反之则为规模报酬递减。如果投入和产出增长的比例能够匹配,则规模报酬保持不变。

本书以规模报酬理论为基础,分析了不同粮食生产主体在投入产出指标都投放在同一个前沿面时,其规模报酬是递增、递减还是不变的,从而展现粮食生产主体在规模报酬上的状况。

2.3.2 规模经营理论

农业规模经济主要以规模经济作为理论基础,程东阳指出,农业规模经济与土地经营规模存在差别,主要是指生产单位在一定空间内投入量或产出量等的聚集程度[107]。可以用劳动力数量、固定资产以及产值等作为衡量标准。同时也可以用种植面积、劳动力投入时间以及农业纯收益等标准做出对农业经营规模的评价。

本书以规模经营理论为基础,对东北地区不同粮食生产主体的规模经营效率进行研究,观察普通农户、种粮大户、家庭农场和农民专业合作社的土地,以及资本和劳动力生产要素是否处于平衡状态、是否正在向规模化发展,并根据规模经营理论,确定粮食生产主体的规模经营是否是最优值,为生产主体实现优化适度的规模经营提供参考。

2.3.3　农业现代化理论

农业现代化是指以现代科学为基础,配备现代科学技术和现代工业,以现代经济科学为管理手段,将传统农业向现代农业进行转变,以创造高产、优质、低消耗的农业生产体系,合理利用资源,同时保护环境,提高农业生态系统的转化效率。这是一个十分广泛、高度综合的技术改造和经济发展的历史过程。它不仅是一个历史概念,而且是一个世界概念。农业现代化的目标是建设发达农业、建设繁荣农村和创建优良环境。

农业现代化包括五个方面内容,分别为农业机械化、生产技术科学化、农业产业化、农业信息化和农业发展可持续化。党的十七届三中全会把"家庭农场"作为新型农业经营的核心,此后开始了我国农业现代化道路。随着我国现代化农业的快速发展,农业的发展进程将会紧密结合农业新技术和先进的农机设备。在不同粮食生产主体的发展中,更离不开农业现代化,只有充分利用和掌握现代农业的设备和技术,才能更好地提高不同粮食生产主体的生产效率。

2.3.4　土地产权理论

土地产权是指与之有关的一切权利的总称,通常被称为"权利束",它包括很多独立的权利,当它们汇集在一起时,就代表了一组"权利束",其中包含土地所有权、使用权、抵押权、地役权等,故土地产权理论的核心是指土地所有者有权买卖土地。

种粮大户、家庭农场以及农民专业合作社的形成离不开土地流转,同时,土地流转会涉及土地产权的相关问题。农业生产关系可以变动,但固定不变的是土地所有权,粮食生产主体可以通过土地流转来扩大规模。所以本研究将土地产权理论当作依据,能更好反映出在土地出让中的合理性,从而为农业新型主体提供一个好的土地流转的保障,能更高效地提高粮食生产效率。尤其是从普通农户、种粮大户发展到家庭农场和农民专业合作社过程中,需要通过土地流转来扩大土地规模,所以更应该注重土地产权问题,强化完善土地流转机制。

2.4　本 章 小 结

本章对书中所涉及的相关理论进行了阐述,如粮食与粮食生产主体的概念与范围、效率的内涵、综合效率、纯技术效率和规模效率的概念等内容。同时,对规模报酬理论、规模经营理论、农业现代化理论和土地产权理论等相关理论基础内容和在本书中的应用进行了详细的阐述。

第 3 章　国内外粮食生产基本情况

3.1　世界粮食生产情况

3.1.1　世界粮食规模发展情况

自 20 世纪 70 年代起,粮食生产规模呈上升趋势。如图 3.1 所示,20 世纪 70 年代至 90 年代初,世界粮食产量上涨较快,从 1971 年的 13 亿吨增加到 1992 年的 19.66 亿吨,此后经历了短暂的三年下降期到 1995 年的 19.11 亿吨,主要是受到一些灾害和粮食政策的变化所导致。1996 年突破了 20 亿吨,之后粮食总产量在波动中呈上升状态,波动下降主要是受到一些灾害或战争的影响;2006 年以后,粮食产量增速加快,主要得益于科技进步带来的产量提高;到 2020 年为 27.77 亿吨,24 年间增长了约 7 亿吨。在人口增速较快的前提下,世界粮食产量的增长十分可观。

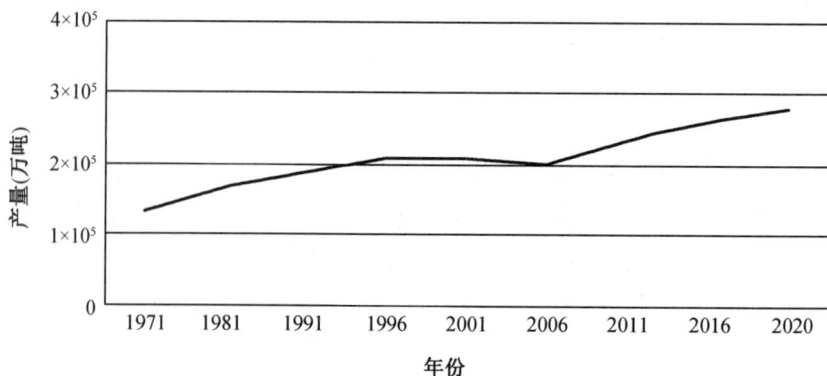

图 3.1　1971—2020 年世界谷物类粮食总产量趋势[①]

3.1.2　世界主要粮食作物产量增长情况

从图 3.2 可以看出,自 20 世纪 70 年代起,世界主要粮食作物产量规模总体均呈上升趋势,但具体增长情况有所不同。世界稻谷、小麦、玉米、大豆作物每年的总产量基本保持着

[①]　本章数据均来源于联合国粮农组织统计数据库(FAO STAT)。

逐渐增长的趋势,自 1971 年开始,这四类粮食作物每五年的年均增长率一直是正数。根据图 3.2 显示的四种粮食作物各年份的产量变化曲线可以看出,在 1996 年这一时间节点之前,小麦产量位居世界首位,稻谷和玉米产量在 1981—1996 年互有高低。1991—1996 年,世界玉米和稻谷凭借产量年均增长率较高于小麦的这一优势,使得世界玉米、稻谷和小麦这三种作物产量在 1996 年左右都达到了 55 000 万~60 000 万吨,在 1996—2001 年三种粮食作物产量均维持在同一水平线上。此后,玉米产量由于国际形势及政策原因有较快的增速,以 2.85% 的年均增长率,高于稻谷年均 1.31% 和小麦年均 0.88% 的增长率,玉米在 2006 年之后的十年里年均增长率一直高于稻谷和玉米,使得世界玉米产量在粮食作物中的优势不断扩大。2013 年,世界玉米产量达到了 101 679.91 万吨,是第一种年产量突破 10 亿吨的粮食作物,2016 年,玉米产量达到历史最高的 112 372.88 万吨,相较于 1981 年时的产量增幅为 1.5 倍。相比之下,稻谷和小麦产量变化就显得较为平缓。这两种作物产量的年均增长率基本维持在 3% 以下,并且稻谷与小麦产量在 35 年间一直处于相同水平上。大豆产量在 1991 年之后的年均增长率基本位于四种粮食作物的前列,1996—2001 年,大豆产量年均增长率更是达到了 6.34%。2016 年,世界大豆产量达到了历史新高,为 33 594.47 万吨,与 1981 年的产量相比,增幅高达 278.30%,产量增幅在四种粮食作物中居第一位。但在总产量方面,大豆仍然与玉米、稻谷和小麦作物存在较大的差距。2021 年,世界粮食产量 28 亿吨,四个品类的粮食作物产量均呈正向增长,但受全球疫情影响,增速下滑 1.9%,稻谷、小麦、玉米下滑速度相对较小。

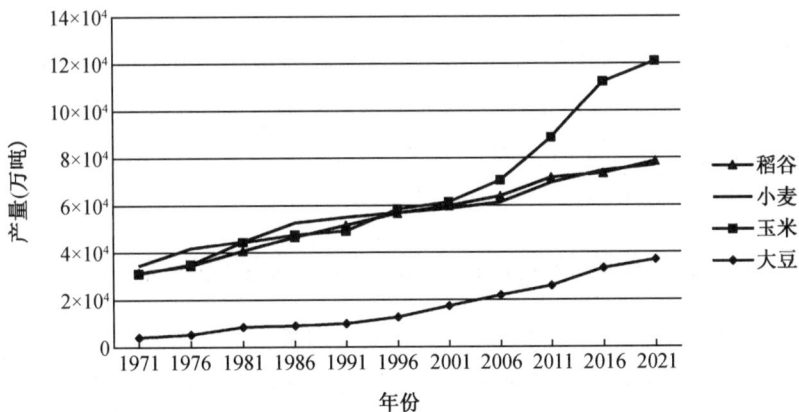

图 3.2　世界主要粮食作物产量

按作物来看,世界稻谷产量波动趋势比较平缓。按十年一个阶段来看,第一个十年(1971—1980 年)增加了 7 915.9 万吨,年均增长率为 2.6%;第二个十年(1981—1990 年)增加了 10 849.3 万吨,年均增长率为 2.7%;第三个十年(1991—2000 年)增加了 8 015.6 万吨,年平均增长率为 1.6%;第四个十年(2001—2010 年)增加了 9 422.5 万吨,年平均增长率为 1.6%;2011—2021 年,产量增加了 6 782.4 万吨,年平均增长率为 0.9%。由此可以看出,全球稻谷产量总体增加,但年平均增长率呈整体下降趋势。

世界小麦总产量总体呈增长趋势,从 1971 年的 34 752.6 万吨增加到 2021 年的 77 087.7

万吨,50年间增加了42 335.1万吨。以十年为一个周期来看,在第一个十年(1971—1980年)产量增长率较高,总产量增加了9 266.23万吨,年平均增长率为3.0%,尤其是1978年,达到44 384.5万吨,而1977年出现了减产,年平均增长率为-8.95%;第二个十年(1981—1990年)产量增加最多,总产量增加了14 169.6万吨,年平均增长率为3.2%;第三个十年(1991—2000年)产量增加了3 531.9万吨,年平均增长率仅为0.8%;第四个十年(2001—2010年)产量增加5 255.9万吨,年平均增长率为1.2%,但这一时期产量波动幅度较大,增长率最低为-7.1%,最高为15.4%;2011—2021年,产量增加了7 397.87万吨,年平均增长率为1.1%。总体来看,世界小麦产量的增长率呈由高到低的趋势。

世界玉米总产量总体呈逐年增加趋势,增长率波动较大,从1971年的31 362.26万吨增加到2021年的121 023.51万吨,50年间增加了89 661.25万吨,增长率呈现先减后增的趋势,尤其2003年之后增长幅度较大。第一个十年(1971—1980年)产量增加8 300.08万吨,年均增长率为2.8%;第二个十年(1981—1990年)产量增加了3 684.82万吨,年均增长率为1.9%;第三个十年(1991—2000年)产量增加了9 761.78万吨,年均增长率为2.4%;第四个十年(2001—2010年),整体增长率有非常明显的增加,产量增加了23 761.6万吨,年均增长率为3.8%;2011—2021年,产量增加了32 248万吨,在2021年达到121 023.51万吨,年均增长率为3.3%。

世界大豆总产量总体呈增加趋势,从1971年的4 561.88万吨,增加到2021年的37 169.36万吨,50年间增加了32 607.48万吨。总的增长率为715%,年均增长率为14%。2010年以前,缓慢增加,年均增长率为12%;2010年之后,呈快速增加态势,年均增长率为3.6%。以十年为一个阶段来看,第一个十年(1971—1980年)产量增加较多,为3 542.16万吨,年均增长率为7.7%;第二个十年(1981—1990年)产量增加了1993.14万吨,年均增长率为2.7%;第三个十年(1991—2000年)产量增加了5 845.94万吨,年均增长率为5.4%;第四个十年(2001—2010年)产量增加了8 806.77,年均增长率为4.7%;2011—2021年,产量增加了11 009.19万吨,在2021年达到37 169.36万吨,年均增长率为3.8%。

3.1.3 世界粮食作物单位面积产量(单产)发展情况

粮食单位面积产量也是影响粮食总产量的重要因素之一,同时粮食作物的单产水平以及波动情况直接影响着粮食生产效率与粮食生产能力的高低及稳定性。自20世纪60年代以来,随着农业科技的不断进步,世界谷物单产水平明显提高。由图3.3可看出,1965年以前,世界粮食作物单产相对稳定,呈缓慢增加趋势,波动幅度不大,由1961年的每公顷1 353公斤增加到1965年的每公顷近1 496公斤。1966年世界粮食单产超过了1 600公斤/公顷,1976年突破2 000公斤/公顷。1990—2007年的近20年里,世界粮食单产大体呈周期波动增加态势,波动幅度较大,最大值为2004年的3 377.2公斤/公顷,最小值为1991年的2 683.2公斤/公顷,年均增长率为1.24%。2007年之后,呈快速增长趋势,从2007年的3 371.8公斤/公顷,到2021年的4 152.8公斤/公顷,年均增长率为1.51%。从总体来看,世界粮食单产呈上升趋势,而且粮食总产量是随着单产的增加而逐步递增的。

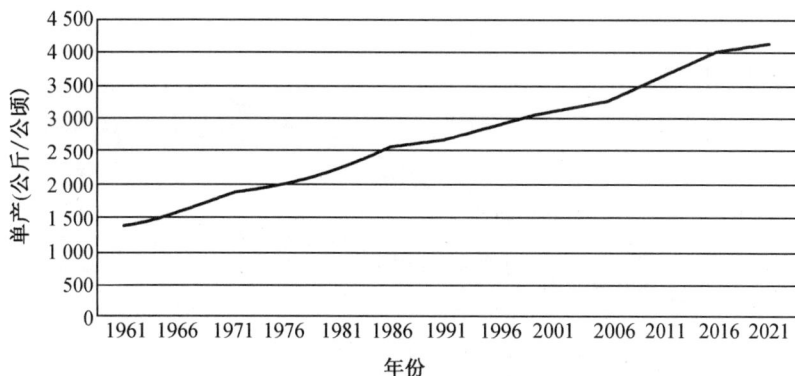

图 3.3　世界粮食作物单位面积产量

　　按品种来看,各类粮食作物单产增长存在一定的差异,大豆单产整体最低,玉米单产相对最高。如图 3.4 所示,1961—2021 年,玉米单产增幅最大,从 1 942.3 公斤/公顷,增加到 5 876.6 公斤/公顷,60 年间单产增加了 2 倍多,年均增长率为 3.3%,2008 年世界玉米单产首次达到了每公顷 5 000 公斤以上,并在 2016 年达到了历史最高的 5 640.10 千克/公顷。单产增加量第二位的是小麦,单产从 1 088.9 公斤/公顷增加到 3 491.9 公斤/公顷,每公顷增加了 2 894.9 公斤,增长 2.2 倍,年均增长率为 3.7%。稻谷单产从 1869.3 公斤/公顷增加到 4 764.2 公斤/公顷,每公顷增加了 2 894.9 公斤,增长 1.5 倍,年均增长率为 2.6%。在 1963 年,稻谷单产已超过玉米,且在之后的几年稻谷和玉米的单产很相近,而后稻谷单产没有维持住之前的增长势头,增幅始终低于玉米,玉米单产增加更快,拉开了与稻谷的差距。大豆是四种作物中单产最低的作物,在 20 世纪 60 年代初期,大豆单产与小麦单产相近,随后几年也相差不多,但小麦单产呈稳定增加态势,在 1983 年,小麦单产就达到了 2 000 公斤/公顷以上,而大豆单产在 1992 年才突破 2 000 公斤/公顷。到 2016 年时,小麦单产为 3 415 公斤/公顷,大豆单产为 2 752 公斤/公顷,差距已经达到了 662 公斤/公顷。各种作物的单位面积产量在逐年增加,在一部分程度上是以牺牲了环境为代价的,科技进步带来的单产增加已经到了的瓶颈期,因此单产增长率在未来仍是需要研究的课题。

3.1.4　世界主要粮食作物收获面积现状

　　从图 3.5 可以看出,世界粮食收获总面积由 1961 年的 64 799.7 万公顷,增加到 2021 年的 73 941.9 万公顷,总体来看 60 年间增加了 9 142 万公顷,一方面是由于各个国家的政策变化,以及可开发利用的土地仍然存在,但实际上收获面积是在不断波动的,在 1974 年突破了 70 000 万公顷,在 1993 年又回落到 60 000 多万公顷,直到 2011 年之后才又达到 70 000 万公顷以上。实际上,受全球土地资源的有限性、环境压力、城市化等因素影响,各国难以大量开发新的土地,能够维持耕地面积水平是保障世界粮食安全非常重要的因素。

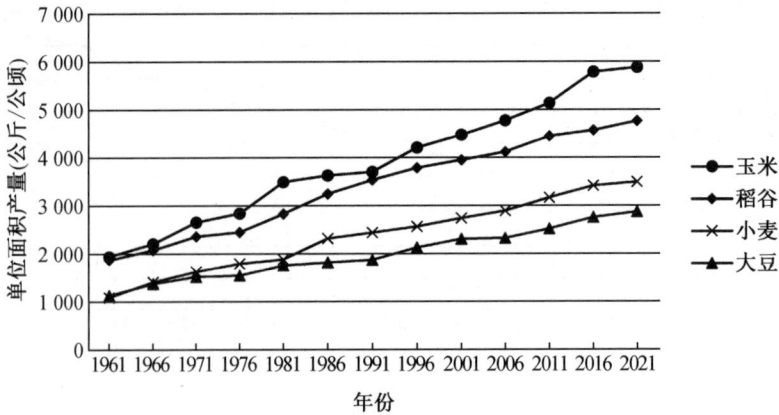

图 3.4　世界主要粮食作物单位面积产量

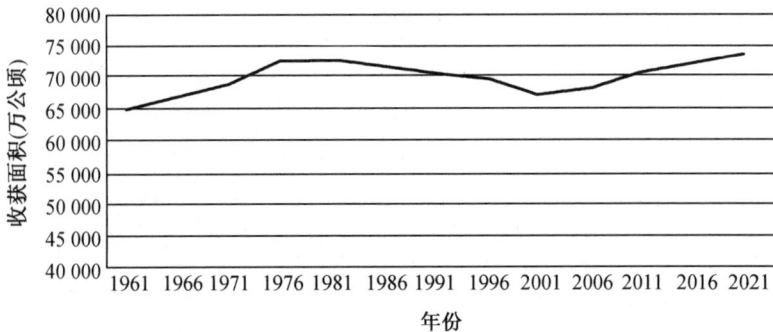

图 3.5　世界粮食总收获面积

　　按作物来看(图 3.6 和表 3.1),小麦自 1961 年以来一直是全球收获面积最大的粮食作物,并且是世界范围内唯一一种收获面积能稳定达到 20 000 万公顷以上的粮食作物。但在近 45 年来,除了 1971—1976 年和 2006—2011 年两个时间段外,小麦的播种面积都处于持续减少的态势。相较于 1981 年,2016 年世界小麦收获面积减少了 1 905.8 万公顷,降幅为 7.97%。世界稻谷收获面积在 1981—2016 年取得了一定的增长,收获面积增加了 1 476 万公顷,增幅为 10.18%。稻谷收获面积在 2013 年达到了历史最高的 16 312.85 万公顷,并在 1986—2011 年一直处于持续增长的状态。玉米收获面积在前期略低于稻谷,自 2001 年开始,玉米收获面积凭借较高的年均增长率逐渐接近并在 2007 年首次超过稻谷收获面积,位列世界粮食收获面积第二位。玉米收获面积在此后的几年时间里一直保持着较高增速,2017 年,玉米收获面积达到了历史最高的 19 850.6 万公顷。世界大豆总收获面积自 1981 年以来一直处于增长状态,并在 1996—2006 年年均增速达到 4.5%左右。1986—2016 年,大豆收获面积相较于稻谷、小麦和玉米,一直是年均增速最高的主要粮食作物。但大豆与其他三类粮食作物的收获面积相比,仍然存在着明显差距。

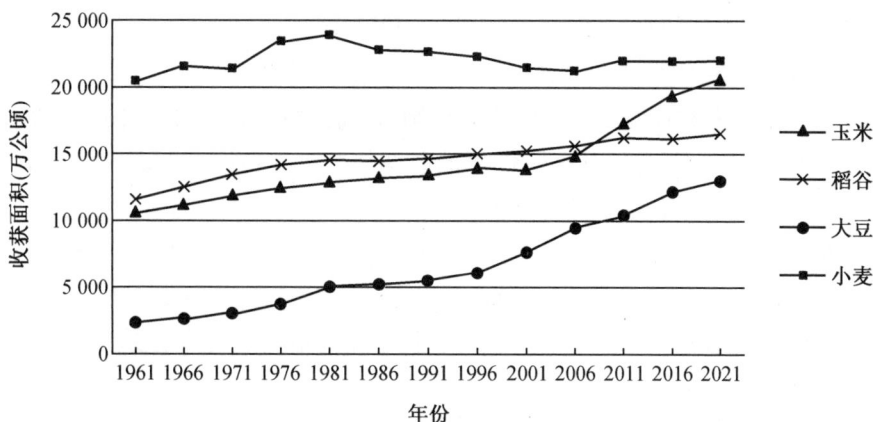

图 3.6　世界稻谷、小麦、玉米和大豆收获面积(万公顷)

表 3.1　世界稻谷、小麦、玉米和大豆收获面积每五年年均增长率　　　(单位:%)

时间	稻谷	小麦	玉米	大豆
1961—1966 年	1.79	1.13	1.08	2.28
1966—1971 年	1.41	-0.17	1.25	2.64
1971—1976 年	1.09	1.92	1.02	4.75
1976—1981 年	0.45	0.41	0.59	7.16
1981—1986 年	-0.08	-0.95	0.61	0.56
1986—1991 年	0.30	-0.13	0.28	1.17
1991—1996 年	0.50	-0.30	0.86	2.24
1996—2001 年	0.22	-0.75	-0.28	5.14
2001—2006 年	0.47	-0.19	1.58	4.84
2006—2011 年	0.80	0.72	3.30	1.79
2011—2016 年	-0.05	-0.10	2.49	3.50
2016—2021 年	0.48	0.15	1.20	1.23

3.2　国内主要粮食作物生产现状

3.2.1　国内主要粮食作物产量现状

结合图 3.7 中的国内稻谷、小麦、玉米和大豆产量变化曲线和表 3.2 中四种粮食作物在各年份区间中的产量年均增长率可知:1981—2001 年,国内稻谷作物具有明显的产量优势。1997 年,国内稻谷产量达到了 20 073.48 万吨,成为国内首个年产量突破 20 000 万吨的粮食作物。1981—2016 年,国内稻谷产量增幅达到了 43.8%,小麦产量增幅达到了 116.04%。国内小麦产量在 1981—1986 年的年均增长率最高,达到了 8.59%。但小麦产量年均增长率并没有能够一直维持较高数值,在随后的 1986—1991 年,小麦产量仅能达到 1.28% 的年平均增长率。而玉米产量凭借这一阶段 6.87% 的年均增长率,在 1991 年产量达到了 9 877.30 万吨,自 1981 年以来首次超越小麦产量排名全国粮食作物产量第二位。国内玉米产量除了 1996—2001 年出现负增长和 1981—1986 年的时间段之外,其他时间段的年均增长率均高于稻谷和小麦。玉米产量也凭借其在年均增长率方面的优势在 2001 年之后进一步缩小与稻谷产量之间的差距,2012 年玉米以 20 561.41 万吨的产量超过稻谷 20 423.59 万吨的产量成为国内产量最高的粮食作物。1981—2016 年,玉米产量由 5 920.5 万吨增加至 21 955.15 万吨,增幅高达 270.83%,也是国内近 35 年间增幅最大的主要粮食作物。

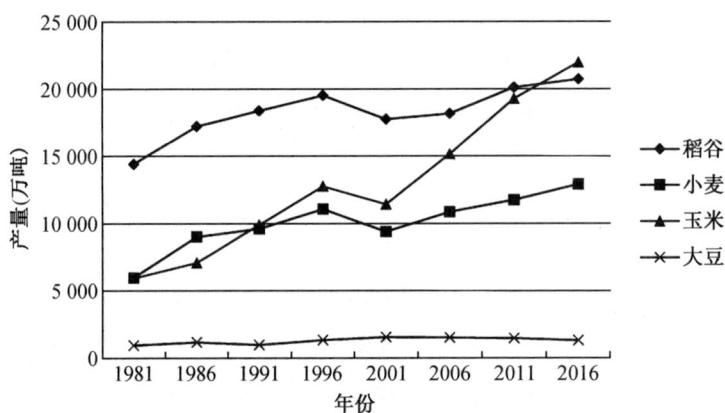

图 3.7　1981—2016 年国内稻谷、小麦、玉米和大豆产量

表 3.2　1981—2016 年国内稻谷、小麦、玉米和大豆产量每五年年均增长率　　（单位:%）

时间	稻谷	小麦	玉米	大豆
1981—1986 年	3.65	8.59	3.66	4.48
1986—1991 年	1.31	1.28	6.87	−3.51
1991—1996 年	1.20	2.88	5.23	6.37
1996—2001 年	−1.86	−3.22	−2.19	3.10
2001—2006 年	0.46	2.93	5.85	−0.42
2006—2011 年	2.04	1.60	4.92	−0.80
2011—2016 年	0.60	1.88	2.63	2.24

　　虽然国内稻谷、小麦、玉米产量自 1981 年以来都实现了明显的增长,但在 1996—2001 年,三类粮食作物都出现了减产的现象。其中小麦的减产幅度最大,年均减产率达到了 3.22%,稻谷和玉米的年均减产率也分别达到了 1.86% 和 2.19%。稻谷在 2001 年之后产量回升幅度也较为缓慢,直到 2008 年产量才重新回到 19 000 万吨以上。

　　相比于前三种粮食作物,我国大豆产量在 1981—2016 年整体变化幅度较为平缓。产量从 1981 年的 932.5 万吨增长至 2016 年的 1 293.7 万吨,增幅仅为 38.73%,是国内四种主要粮食作物增幅最小的品种。我国的大豆作物在总产量方面与稻谷、小麦、玉米这三大粮食作物差距较大,在产量增减趋势方面也与这三类作物存在明显的区别。大豆产量在1991—
1996年年均增速最大,在1986—1991年、2001—2006年、2006—2011年三个时间段产量年
均增长率均为负增长。与水稻、玉米和小麦最高产量均出现在2010年之后不同,大豆产量
最高值并没有出现在2010年后,而是出现在2004年。虽然大豆产量在最近五年出现了回
升迹象,但是总体上看,未来几年我国大豆产量突破1500万吨的可能性依然面临很大困
难,即便是有中美贸易的因素考虑,国内大豆生产会迎来较好的政策支持环境,但是其不确
定性仍然很大。

3.2.2　国内主要粮食作物单产现状

　　根据图3.8中显示的四类粮食作物各年份的单位面积产量变化可以看出,稻谷、小麦、
玉米、大豆作物的单产都存在着明显的差距。稻谷一直是国内单位面积产量最高的粮食作
物,稻谷单产从1981年的4 323.66公斤/公顷增长至2016年的6 861.7公斤/公顷,单产增
幅为58.70%。根据表3.3的数据,1981—1986年,稻谷单产年增长率最高,平均能够达到
4.30%。在1995年超过6 000公斤/公顷后,稻谷单产增加趋势逐渐减缓,只有2006—2011
年的单产年平均增长率达到了1%以上。

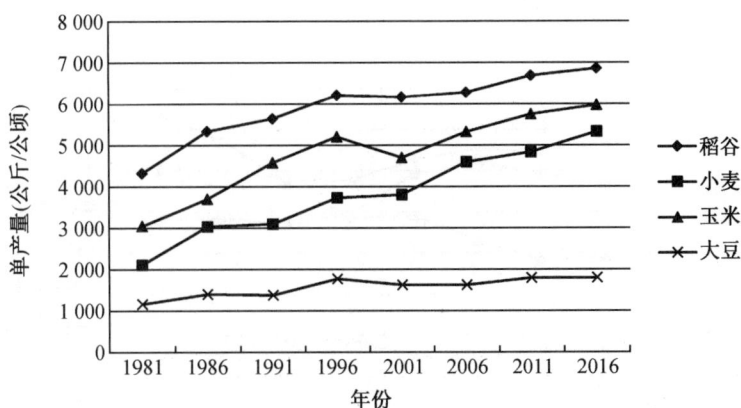

图3.8　1981—2016年国内稻谷、小麦、玉米和大豆单产

　　国内的小麦单产与其他三类主要粮食作物相比,单产增加幅度最高,近35年间平均每
公顷增产3 220.18公斤,增幅达到了152.84%。在1981—1986年、1991—1996年、2001—
2006年、2011—2016年,小麦的年均增速都高于稻谷和玉米。但由于小麦单产在1981年才
达到2000公斤/公顷,并且无法保持稳定的高增速,因此国内小麦单产仍然与稻谷和玉米保
持着差距。玉米单产增幅在近35年间达到了95.92%,但在1996—2001年,玉米单产出现
了明显的下降,年均下降率为2.02%,特别是在1997年玉米单产每公顷比上一年减少了
815.98公斤。直到2004年,玉米单产才重新回到了5 000公斤/公顷以上。大豆在1981—
2016年单产平均每公顷增加了634.09公斤,增幅为54.56%。国内大豆单产在各年份间出
现过明显的波动情况,在1986—1991年、1996—2001年、2001—2006年、2011—2016年单产
都出现了负增长的状况,使得大豆单产增幅不稳定,与其他三类粮食作物存在较大的差距。

表 3.3　1981—2016 年国内稻谷、小麦、玉米和大豆单产每五年年均增长率　（单位:%）

时间	稻谷	小麦	玉米	大豆
1981—1986 年	4.30	7.61	3.98	3.80
1986—1991 年	1.11	0.39	4.32	−0.30
1991—1996 年	1.95	3.79	2.59	5.11%
1996—2001 年	0.16	0.38	−2.02	−1.70
2001—2006 年	0.37	3.83	2.54	−0.05
2006—2011 年	1.27	1.04	1.53	2.02
2011—2016 年	0.52	1.95	0.77	−0.05

3.2.3　国内主要粮食作物播种面积现状

根据图 3.9 显示的数据曲线得知,自 1981 年以来,国内除了玉米播种面积增加外,其他三种主要农作物——稻谷、小麦、大豆的播种面积整体上都出现了明显的下降。稻谷播种面积在近 35 年最高值为 1981 年的 3 329.473 万公顷,在此后的 20 年间,稻谷播种面积整体减少了 448.235 万公顷,降幅达到了 13.46%。

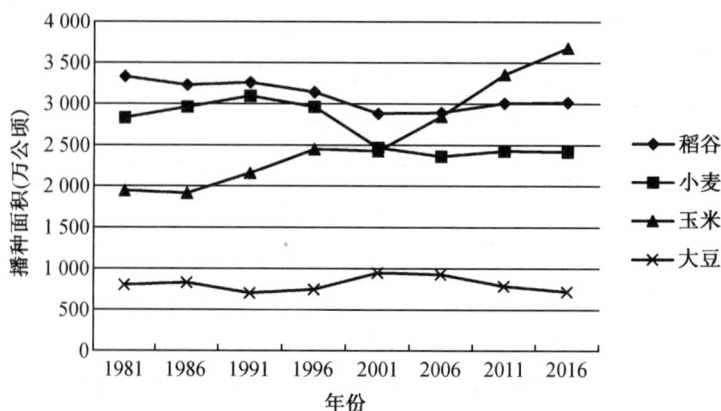

图 3.9　1981—2016 年国内稻谷、小麦、玉米和大豆播种面积

根据表 3.4 的数据得知,稻谷播种面积在 1996—2001 年间年均降幅最大,为 1.71%,并在 2003 年播种面积达到了最低的 2 650.783 万公顷。虽然在 2001—2016 年稻谷播种面积出现了一定的增加,但由于增长幅度不明显,在 2001—2006、2011—2016 年年均增速仅达到了 0.09% 和 0.08%,较 20 世纪八九十年代相比仍然有较大差距。

表 3.4　1981—2016 年国内稻谷、小麦、玉米和大豆播种面积每五年年均增长率　（单位:%）

时间	稻谷	小麦	玉米	大豆
1981—1986 年	−0.63	0.91	−0.32	0.67

表 3.4(续)

时间	稻谷	小麦	玉米	大豆
1986—1991 年	0.20	0.88	0.24	-3.22
1991—1996 年	-0.74	-0.88	2.57	1.19
1996—2001 年	-1.71	-3.59	-0.18	4.88
2001—2006 年	0.09	-0.87	3.23	-0.38
2006—2011 年	0.76	0.55	3.33	-3.25
2011—2016 年	0.08	-0.07	1.85	-1.80

国内小麦播种面积在近 35 年间下降了 411.988 万公顷,区别于稻谷,小麦播种面积在 1981—1991 年先保持着一定的增长,并在 1991 年达到了历史最高的 3 094.787 万公顷。在 1991 年之后一直到 2006 年,小麦播种面积出现了大幅度减少,特别是在 1996—2001 年,年均降幅高达 3.59%。在 2004 年,小麦播种面积达到了近 35 年最低的 2 062.597 万公顷,随后几年出现了一定程度的回升,但播种面积仍然没有超过 2 500 万公顷。大豆播种面积呈现的变化趋势起伏不定,多次出现大幅度的减少和增加。首先在 1991 年跌至 1981 年以来最低的 704.10 万公顷后,两年的时间播种面积又猛增到 945.41 万公顷。并且在 1996—2001 年年均增速最高,能够达到 4.88%,但在此后的 15 年间,年均增速一直为负数。2015 年,大豆播种面积又下降到 1981 年以来最低的 650.61 万公顷。

玉米播种面积在近 35 年来增加明显,除了在 1981—1986 年稍有下降外,其他年份均保持着稳步增长。在步入 21 世纪后,玉米播种面积取得了大幅度的增加,在 2001—2011 年年均增长率均保持在 3% 以上。玉米播种面积在 2012 年达到了 3 502.982 万公顷,并在 2015 年达到了历史最高的 3 811.931 万公顷。自 1981 年以来,国内玉米播种面积增加幅度达到了 89.28%。

3.3　国内外主要粮食作物生产现状比较分析

3.3.1　玉米产量增加明显,逐渐成为全球第一大粮食作物

在世界范围内,自 1981 年以来增产幅度最高的粮食作物是玉米,增产原因有很多。最直接的原因便是玉米的种植面积在 21 世纪后大幅度增加。在我国,首先采取了一系列有利于发展玉米生产的政策和措施,特别是从 2004 年开始,我国相继推出了种粮补贴、良种补贴、免征农业税等一系列惠农政策。使得全国玉米价格出现了明显上涨,调动了农民种植玉米的积极性。20 世纪 80 年代之前,高粱作物在我国也属于主要的粮食作物,高粱一直有食用、饲料用、加工用三大用途。到 1984 年以后,全国粮食供求关系长期紧张的问题基本得到解决,面粉和大米的充足供应,再加上高粱的口感相对较差,将高粱作为主食的人群越来越少。此外,高粱的用途与玉米高度重合,随着科技的发展,玉米在单位面积产量方面的优

势越来越大,相对于种植高粱可以带来更多的收益,这也进一步降低了人们对高粱的需求量。

如图 3.10 所示,在 2001—2016 年世界玉米产量增速最快的 15 年间,其年平均产量占比已经高达 34%,在四种主要粮食作物中所占比值最高。玉米在饲料中也逐渐占据了主导地位,玉米已经发展为粮食、饲料、经济兼用作物。在发展畜牧业,将之转化为肉类、蛋类和奶类的过程中起到了重要的作用,这使得对玉米类饲料的需求大量增加,并且科学的培育技术使得玉米的单产得到了显著提升。除此之外,玉米还可用作工业原料。据不完全统计,玉米加工产品超过四千多种。玉米通过加工成玉米淀粉糖与糖类产业发生关联,通过加工成燃料乙醇与能源行业发生关联,通过食用加工与粮食安全发生关联,因此,玉米既属于资源型产业、食品安全型产业,也属于能源战略型产业。由于玉米产业链条长、涉及主体多、加工产品多,在世界各国的农作物生产和居民日常生活中均占据举足轻重的地位。

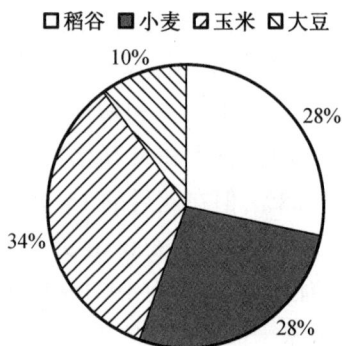

图 3.10　2001—2016 年世界主要粮食作物年平均产量占比

3.3.2　我国稻谷、小麦单产明显高于世界平均水平

近年来,我国稻谷、小麦和玉米单产量连创新高,特别是稻谷和小麦作物,单产量已经明显高于世界平均水平。

由图 3.11 可知,我国稻谷单产自 1981 年起就明显高于世界平均单产量,我国稻谷单产平均值为 6 028.14 公斤/公顷,世界稻谷单产平均值为 3 833.74 公斤/公顷,我国单产量高于世界平均单产 57.24%。我国小麦在 20 世纪 80 年代初单产量仅略高于世界平均值,但国内小麦单产量凭借在 1981—1986 年 7.61% 的高增长率,与世界平均值相比迅速取得了优势,此后也保持了高于世界平均增长率的增长态势。1981—2016 年,我国小麦单产平均值为 3 859.74 公斤/公顷,世界小麦单产平均值为 2 678.41 公斤/公顷,我国单产高于世界平均单产的 44.11%。

近年来,我国在育种方面的技术不断提高,通过科学的培育和筛选,保证了粮食种子的质量,使得稻谷小麦单产大幅度增加。生产条件的进步也起到了很大的促进作用,目前我国的农业机械化率显著提升,大型农用机械的广泛使用使得播种收割等耕作环节所用的时间大大减少。例如播种环节,在一个县域范围内如果采用人工和小播种机播种,大约需要一个月的时间,若采用大型播种机播种,仅需一周左右就可以完成。这也保证了播种任务能够在适宜的时期内完成。适量的使用化学农药可以减少杂草和病虫害对粮食单产的影响,从而提高劳动生产率。再加上我国对自然灾害方面的应对能力逐年加强,也进一步减少了外界因素对粮食单产方面的影响。

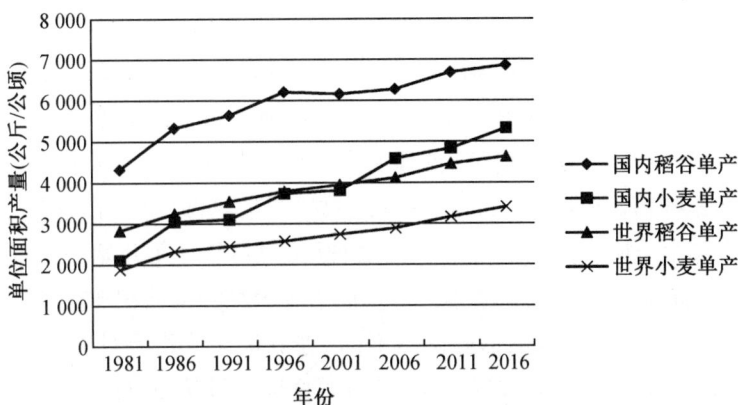

图 3.11　国内外稻谷小麦单位面积产量

3.3.3　我国主要粮食作物种植结构区别于世界

通过对图 3.12 和图 3.13 的比较分析得知,我国主要粮食作物种植结构与世界主要粮食作物种植结构相比,存在着明显的区别。

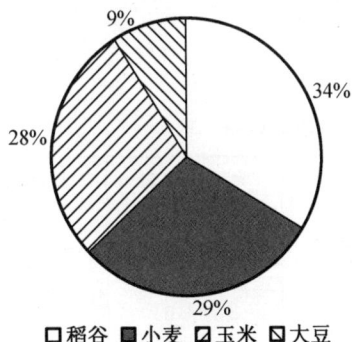

图 3.12　1981—2016 年我国主要粮食作物种植结构

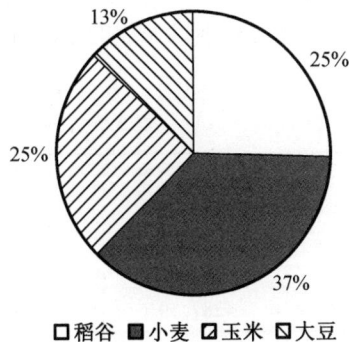

图 3.13　1981—2016 年世界主要粮食作物种植结构

根据国内主要粮食作物种植结构,可以直观看出:稻谷的平均种植面积占比最大,可以达到 34%;小麦和玉米的平均种植面积占比分别达到了 29% 和 28%。而在世界范围内,平均种植面积占比最高的主要粮食作物是小麦,占到了 37%,其次是稻谷和玉米,平均占比均为 25%。造成这种差异的主要原因是国内外人群饮食结构的差异,区别于玉米作物具有多方面的用途,稻谷和小麦绝大多数产量都用于口粮消费,只有少部分用于饲料和工业消费。我国一直以来都是稻米消费大国,有 60% 以上的人群以大米为主食,以小麦粉为主食的人群仅占到30%左右。但从世界范围看,以稻米为主食的国家大多数都集中在亚洲,特别是中国、印度和东南亚地区。但西方国家人群的主食基本以小麦制成的面包为主,而且小麦在单产方面并不具备优势,这也致使小麦种植面积比例被进一步扩大。

3.3.4　我国大豆产量下降,主要粮食作物进口量逐年增加

目前我国大豆产量较21世纪初不升反降,而且大豆单位面积产量也没有明显提高,目前已落后于世界平均水平,2016年,国内大豆每公顷的单位面积产量已落后世界平均水平959.30公斤。我国大豆主要种植在黑龙江省,由于该地区属于温带季风性气候,夏季多雨,且雨热同期,地形平坦开阔,水源充足,再加上黑龙江地区本身的土质优势,因此有利于大豆的生长和大面积种植。但由于大豆原本单位面积产量较低,农户收益低,近年来农户种植大豆的积极性明显下降。黑龙江地区大豆播种面积自2012年开始一直低于3 000千公顷,与1980年以来的平均播种面积基本持平。而世界大豆种植面积却在20世纪80年代以后不断增加,这与我国的大豆种植态势截然不同,进一步导致我国对进口大豆的依赖程度日益增加。通过查询国家统计局数据发现,我国大豆进口量从20世纪90年代开始明显增加,21世纪之后进口量增长更为迅速,如今已经超越美国成为世界大豆进口量最高的国家。

由表3.5的数据可知,我国大豆进口量在短短20年间从111万吨增长到8 391万吨,增幅高达655.95%。而相比于进口量,国内的大豆出口量却极少,近20年都低于50万吨。近年来增多的大豆进口量反映出了我国大豆产量已无法满足国内的需求,而且我国进口的大豆大多是美国、巴西、阿根廷生产的转基因大豆,由于这几个国家生产大豆多采用大规模的农业机械化生产方式,生产规模远超中国,种植方面的优势使得他们生产的大豆成本更加低廉,单产量也高于国内。这就进一步挤压了国内的大豆市场,导致国产大豆的竞争优势逐渐消失,对国外进口大豆的依赖程度越来越大。

表3.5　1996—2016年国内大豆年进出口数量

时间	大豆进口量(万吨)	大豆出口量(万吨)	时间	大豆进口量(万吨)	大豆出口量(万吨)
1996年	110.75	19.17	2007年	3 081.72	45.65
1997年	287.59	18.57	2008年	3 743.63	46.51
1998年	319.25	16.99	2009年	4 255.17	34.66
1999年	431.86	20.44	2010年	5 479.78	16.36
2000年	1 041.91	21.08	2011年	5 245.29	20.83
2001年	1 393.95	24.84	2012年	5 838.26	32.01
2002年	1 131.44	27.59	2013年	6 337.79	20.90
2003年	2 074.10	26.75	2014年	7 140.31	20.71
2004年	2 023.00	33.46	2015年	8 168.97	13.36
2005年	2 659.00	39.65	2016年	8 391.33	12.72
2006年	2 827.00	37.90			

　　相较于大豆,虽然稻谷、玉米和小麦的进口量没有达到数千万吨,但在近年来进口数量也有所增加,在 2012 年之后均达到了百万吨以上。国家进口主要的粮食作物用途也很广泛,如进口的大豆加工出来的豆粕和玉米主要用于饲料加工;进口小麦大多是硬质小麦,口感较好,主要用于烘焙面包;而从越南、巴基斯坦进口的大米,主要用于制作味精和米粉,从泰国和日本进口的长粒米主要用于直接销售,占据国内高端大米的市场份额。虽然粮食进口既是维护国家粮食安全、调剂和补充国内余缺的重要手段,也是我国农业参与国际分工的体现,但有些粮食作物若过度依赖进口则不利于国内宏观市场调控,从而使国内的农业生产面临更大的压力。

第4章 东北地区粮食生产的地位与贡献

我国学者为保障粮食的安全、稳定、持续供给,从多个角度对我国不同地区的粮食生产问题进行研究与探索。根据"四分法"将全国粮食主要生产地区划分为中部地区(山西、安徽、江西、河南、湖北、湖南)、东部地区(北京、天津、河北、上海、江苏、浙江、福建、山东、广东、海南)、西部地区(四川、贵州、云南、西藏、重庆、陕西、甘肃、青海、新疆、宁夏、内蒙古、广西)和东北地区(辽宁、吉林、黑龙江)。1996年以来,我国的粮食增长中心从南方逐渐向北方移动,粮食供求结构也发生了变化。从"南粮北调"变成了"北粮南调"[108]。在此种形式的推动下,东北地区作为我国重要的粮食生产基地、保障粮食安全的商品粮供给地,对非粮食主产地的粮食供给发挥了重要作用。本章以四大粮食主产区为基础,比较分析1998年以来我国粮食生产贡献率,以期发挥东北地区农业优势,促进我国粮食安全、稳定、持续生产。

4.1 东北地区粮食生产的现状

4.1.1 东北地区粮食播种面积

1998—2017年,东北地区粮食播种面积总体呈上升趋势(表4.1、图4.1)。辽宁省粮食播种面积从303.92万公顷升至346.75万公顷,共上涨42.83万公顷,年均上涨2.14万公顷;吉林省粮食播种面积从356.72万公顷升至554.40万公顷,共上涨197.68万公顷,年均上涨9.88万公顷;黑龙江省粮食播种面积从808.89万公顷升至1 415.43万公顷,共上涨606.54万公顷,年均上涨30.33万公顷。

表 4.1 东北地区粮食作物播种面积(1998—2017 年)

年份	辽宁			吉林			黑龙江		
	播种面积(万公顷)	全国比重(%)	全国排名	播种面积(万公顷)	全国比重(%)	全国排名	播种面积(万公顷)	全国比重(%)	全国排名
1998 年	303.92	2.7	19	356.72	3.1	14	808.89	7.1	3
1999 年	305.53	2.7	19	351.34	3.1	15	809.85	7.2	3
2000 年	285.86	2.6	19	383.37	3.5	12	785.25	7.2	2
2001 年	316.29	3.0	16	420.16	4.0	11	853.40	8.0	2

表 4.1(续)

年份	辽宁省			吉林省			黑龙江省		
	播种面积 (万公顷)	全国 比重(%)	全国 排名	播种面积 (万公顷)	全国 比重(%)	全国 排名	播种面积 (万公顷)	全国 比重(%)	全国 排名
2002 年	284.54	2.7	19	403.76	3.9	11	829.12	8.0	2
2003 年	274.33	2.8	19	401.38	4.0	11	811.47	8.2	2
2004 年	290.67	2.9	18	431.21	4.2	9	845.80	8.3	2
2005 年	305.20	2.9	17	429.45	4.1	10	865.08	8.3	2
2006 年	315.64	3.0	16	432.55	4.1	10	902.37	8.6	2
2007 年	312.72	3.0	14	433.47	4.1	10	1 082.05	10.2	1
2008 年	303.59	2.8	16	439.12	4.1	10	1 098.89	10.3	1
2009 年	312.41	2.9	16	442.77	4.1	10	1 139.10	10.5	1
2010 年	317.93	2.9	15	449.22	4.1	10	1 145.47	10.4	1
2011 年	316.98	2.9	15	454.51	4.1	10	1 150.29	10.4	1
2012 年	321.73	2.9	15	461.03	4.1	10	1 151.95	10.4	1
2013 年	322.64	2.9	15	478.99	4.3	10	1 156.44	10.3	1
2014 年	323.51	2.9	15	500.07	4.4	9	1 169.64	10.4	1
2015 年	329.74	2.9	14	507.80	4.5	9	1 176.52	10.4	1
2016 年	323.14	2.9	15	502.17	4.4	9	1 180.47	10.4	1
2017 年	346.75	3.1	14	554.40	4.9	8	1 415.43	12.5	1

资料来源:历年《中国农业统计年鉴》。

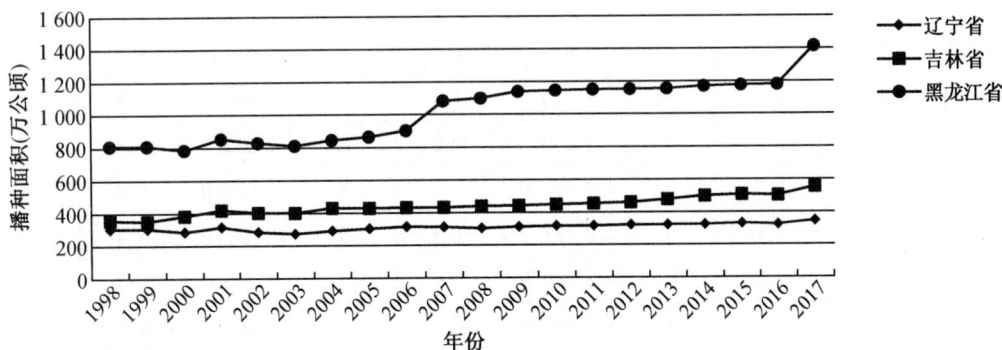

图 4.1　东北地区粮食作物播种面积(1998—2017 年)

　　辽宁省粮食播种面积在全国比重中微弱增长,1998—2017 年共增长了 0.4 个百分点。2000 年全国比重最低(2.6%),2017 年全国比重最高(3.1%);吉林省粮食播种面积占全国的比重缓慢增长,1998—2017 年共增长 1.8%,年均增长 0.1 个百分点,其中 1998 年、1999 年占全国比重最低(均为 3.1%),2017 年占全国比重最高,为 4.9%;黑龙江省粮食播种面积占全国比重呈显著增长趋势,1998—2017 年增长 5.4%。其中 1998 年全国比重最低,为

7.1%,2017 年全国比重最高,为 12.5%,2007 年占全国比重突破 10%。根据全国排名,辽宁省粮食播种面积从第 19 位升至第 14 位;吉林省的粮食播种面积从 1998 年 14 位上升至 2017 年的第 8 位,自 2004 年排名进入前 10;黑龙江省粮食播种面积在全国排名遥遥领先,从第 3 位升至第 1 位,共上升了 2 个名次,自 2007 年以来,一直保持第 1 名,成为全国粮食种植第一大省。

研究年限期间按各省份数值大小排名,根据粮食播种面积排序为黑龙江省、吉林省、辽宁省;根据粮食播种面积上涨幅度排序为黑龙江省、吉林省、辽宁省,其中黑龙江省变动趋势呈两段式特征,上升趋势明显,吉林省平稳中有缓慢增长的态势,辽宁省整体平稳增长,变动趋势微弱;根据粮食播种面积占全国比重排序为黑龙江省、吉林省、辽宁省。

4.1.2 东北地区粮食产量

由表 4.2 和图 4.2 可知,1998—2017 年东北地区粮食产量保持较为明显的上升趋势。辽宁省由 1 828.9 万吨升至 2 330.7 万吨,年均上涨 25.1 万吨;吉林省由 2 506.0 万吨升至 4 154.0 万吨,年均上涨 82.4 万吨;黑龙江省由 3 008.5 万吨升至 7 410.3 万吨,年均上涨 220.1 万吨。

表 4.2 东北地区粮食产量(1998—2017 年)

年份	辽宁省			吉林省			黑龙江省		
	播种面积(万吨)	全国比重(%)	全国排名	播种面积(万吨)	全国比重(%)	全国排名	播种面积(万吨)	全国比重(%)	全国排名
1998 年	1 828.9	3.6	12	2 506.0	4.9	9	3 008.5	5.9	5
1999 年	1 648.8	3.2	13	2 305.6	4.5	10	3 074.6	6.0	5
2000 年	1 140.0	2.5	18	1 638.0	3.5	11	2 545.5	5.5	7
2001 年	1 394.4	3.1	15	1 953.4	4.3	10	2 651.7	5.9	6
2002 年	1 510.4	3.3	12	2 214.8	4.8	9	2 941.2	6.4	4
2003 年	1 498.3	3.5	11	2 259.6	5.2	8	2 512.3	5.8	4
2004 年	1 720.0	3.7	11	2 510.0	5.3	8	3 001.0	6.4	4
2005 年	1 745.8	3.6	12	2 581.2	5.3	9	3 092.0	6.4	4
2006 年	1 725.0	3.5	12	2 720.0	5.5	7	3 346.4	6.7	3
2007 年	1 835.0	3.7	12	2 453.8	4.9	9	3 462.9	6.9	3
2008 年	1 860.3	3.5	13	2 840.0	5.4	8	4 225.0	8.0	3
2009 年	1 591.0	3.0	13	2 460.0	4.6	9	4 353.0	8.2	2
2010 年	1 765.4	3.2	13	2 842.5	5.2	9	5 012.8	9.2	2
2011 年	2 035.5	3.6	13	3 171.0	5.6	7	5 570.6	9.8	1
2012 年	2 070.5	3.5	13	3 343.0	5.7	5	5 761.5	9.8	1
2013 年	2 195.6	3.6	12	3 551.0	5.9	4	6 004.1	10.0	1

表 4.2(续)

年份	辽宁省			吉林省			黑龙江省		
	播种面积 (万吨)	全国 比重(%)	全国 排名	播种面积 (万吨)	全国 比重(%)	全国 排名	播种面积 (万吨)	全国 比重(%)	全国 排名
2014 年	1 753.9	2.9	14	3 532.8	5.8	4	6 242.2	10.3	1
2015 年	2 002.5	3.2	13	3 647.0	5.9	4	6 324.0	10.2	1
2016 年	2 100.6	3.4	13	3 717.2	6.0	4	6 058.5	9.8	1
2017 年	2 330.7	3.5	12	4 154.0	6.3	4	7 410.3	11.2	1

资料来源:历年《中国农业统计年鉴》。

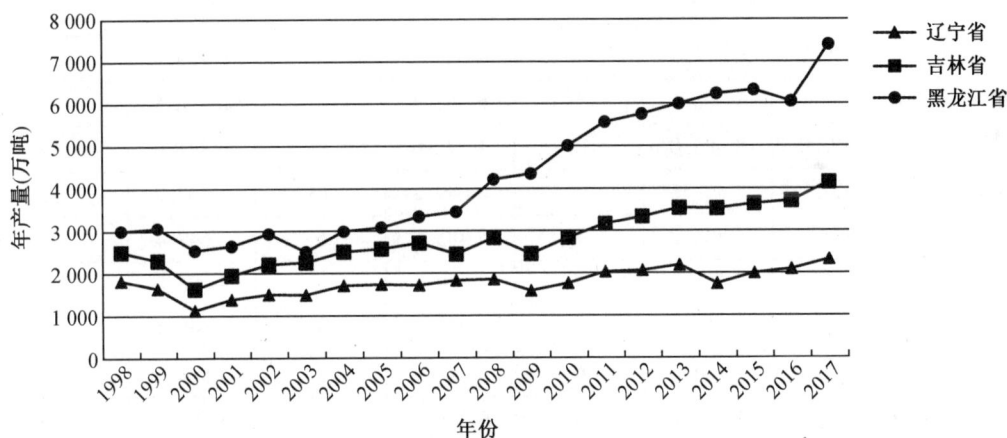

图 4.2　东北地区粮食产量折线图

从全国范围看,辽宁省粮食产量占全国比重 2000 年数值最低(2.5%),2004 年和 2007 年占全国比重最高(均为 3.7%);吉林省的占比近 20 年共上升 1.4%,2000 年数值最低 (3.5%),2017 年所占比重最高(6.3%);黑龙江省的占比近 20 年共上升 5.3%,2000 年占比最低(5.5%),2017 年所占比重最高(11.2%)。

从全国排名情况来看,辽宁省粮食产量全国排名没有太大变化,2001 年排名最低,为第 15 名,2003 年和 2004 年排名最前,均为第 11 名;吉林省粮食产量的全国排名呈上升趋势,从第 9 名升至第 4 名,除 2000 年外其余年份均进入全国前 10 的行列;黑龙江省粮食产量在全国排名从第 5 位升至第 1 位,2000 年全国排名最低,为第 7 名,从 2011 年开始连续 7 年排名第 1 位,粮食产量地位突出。

综合来看,整个东北地区研究年限中黑龙江省粮食产量、粮食产量占全国比重数值均最高,辽宁省均最低。黑龙江省在 2007 年之前粮食产量呈现出较为明显的波动,2008 年开始快速上升,且和辽宁、吉林二省拉开差距;吉林省粮食产量以 2009 年为分界线,在 2009 年之前波动显著,之后呈明显上升趋势;辽宁省的粮食产量在部分年份波动不明显,但整体呈上升态势。

4.1.3 东北地区粮食单位面积产量

由表 4.3 和图 4.3 可知,1998—2017 年整个东北地区的粮食单产呈现波动上升的状态。辽宁省由 6 017.7 公斤/公顷升至 6 721.6 公斤/公顷,年均上涨 35.2 公斤/公顷;吉林省由 7 025.1 公斤/公顷升至 7 492.8 公斤/公顷,年均上涨 23.4 公斤/公顷;黑龙江省由 3 719.3 公斤/公顷升至 5 235.4 公斤/公顷,年均上涨 75.8 公斤/公顷。

表 4.3 东北地区粮食单产(1998—2017 年)

年份	全国单产（公斤/公顷）	辽宁省		吉林省		黑龙江省	
		单产（公斤/公顷）	全国排名	单产（公斤/公顷）	全国排名	单产（公斤/公顷）	全国排名
1998 年	3 290.1	6 017.7	3	7 025.1	1	3 719.3	21
1999 年	3 251.1	5 396.5	5	6 562.3	1	3 796.5	21
2000 年	2 957.0	3 988.0	18	4 272.6	14	3 241.6	24
2001 年	2 907.0	4 408.6	14	4 649.2	13	3 107.2	26
2002 年	2 955.7	5 308.2	7	5 485.4	5	3 547.4	22
2003 年	2 825.8	5 461.7	5	5 629.6	3	3 096.0	31
2004 年	3 057.4	5 917.4	3	5 820.8	4	3 548.1	28
2005 年	3 112.9	5 720.2	6	6 010.5	2	3 574.2	26
2006 年	3 269.7	5 465.1	8	6 288.3	2	3 708.5	23
2007 年	3 335.2	5 867.9	7	5 660.8	8	3 200.3	29
2008 年	3 440.1	6 127.7	3	6 467.5	2	3 844.8	25
2009 年	3 411.7	5 092.7	16	5 555.9	9	3 821.4	24
2010 年	3 485.5	5 552.8	11	6 327.6	3	4 376.2	21
2011 年	3 573.2	6 421.5	3	6 976.7	1	4 842.8	19
2012 年	3 643.3	6 435.5	3	7 251.2	1	5 001.5	19
2013 年	3 682.6	6 805.1	3	7 413.5	1	5 191.9	18
2014 年	3 679.7	5 421.5	12	7 064.6	1	5 336.9	14
2015 年	3 725.0	6 073.0	7	7 182.0	1	5 375.2	15
2016 年	3 691.5	6 500.6	3	7 402.3	1	5 132.3	20
2017 年	3 977.6	6 721.6	3	7 492.8	2	5 235.4	20

资料来源:历年《中国农业统计年鉴》。

从全国排名情况来看,辽宁省粮食单产排名变化幅度较大,1998 年和 2017 年均为第3 名,近 20 年间 2000 年排名最低,除 2000 年、2001 年、2009 年、2010 年、2014 年这 5 年外,其余年间均保持在前 10 名;吉林省粮食单产排名呈现出先下降再上升最后趋于稳定的特征,其中 2000 年和 2001 年排名最低,分别为第 14 名和第 13 名,1998 年、1999 年均排名第一,2011—2016 年连续 6 年保持第 1 位。黑龙江省粮食单产排名波动明显,其中 2003 年排名最低为 31 名,2014 年排名最高为 14 名。从粮食单产折线图来看,辽宁省粮食单产呈较明显波动和上升特征,可分为三个阶段:第一阶段(1998—2008 年),2000 年下降到最低点 3 988.0 公斤/公顷;第二阶段(2009—2013 年),2009 年单产最低;第三阶段(2014—2017 年),2014 年单产最低。吉林省粮食单产变化的三个阶段:第一阶段(1998—2006 年),2000 年单产最低;第二阶段(2007—2009 年),波动幅度较小;第三阶段(2010—2017 年),快速上升后趋于稳定。黑龙江省粮食单产大体可分为两个阶段:第一阶段(1998—2007 年),波动较为明显,增长相对缓慢,其中 2007 年单产低于全国粮食平均单产;第二阶段(2008—2017 年),快速上升后逐渐趋于稳定。

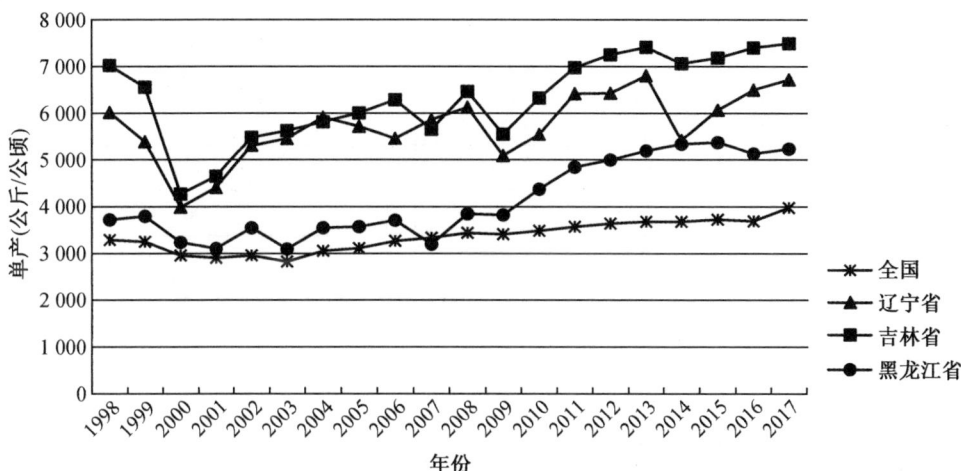

图 4.3 东北地区粮食单产折线图

综合来看,各省份粮食单产排序依次为吉林省、辽宁省、黑龙江省。

4.1.4 东北地区粮食调出量

国家统计局历年统计年鉴中没有关于粮食调入量的数据,因此本书将全国人均粮食占有量视为人均粮食需求量,近似得出省粮食调出量的计算公式[109]如下:

省粮食调出量=(省粮食人均占有量−人均粮食需求量)×省人口数量

由于在历年统计年鉴中,人均粮食占有量这一变量缺失 2001 年之前的数据,因此本书关于省粮食调出量的研究年限为 2001—2017 年。

根据表 4.4 和图 4.4,2001—2017 年,辽宁省粮食调出量在波动中上涨,其中 2001 年、2009 年、2010 年、2014 年这 4 年的省粮食调出量为负值,也就是说这 4 年辽宁省的粮食产量不能满足当年全省的粮食需求,需从外省调拨粮食。吉林省粮食调出量增势较明显,2001—2017 年共增加 1 862.5 万吨,年均增加 109.6 万吨。黑龙江省粮食调出量增加趋势显著,2001—2017 年,年均增加 250.3 万吨。

表 4.4　东北地区粮食调出量(2001—2017 年)

年份	辽宁省		吉林省		黑龙江省	
	调出量(万吨)	全国排名	调出量(万吨)	全国排名	调出量(万吨)	全国排名
2001 年	−104.9	20	982.2	2	1 337.7	1
2002 年	12.6	14	1 255.0	2	1 582.4	1
2003 年	92.6	10	1 357.4	1	1 239.9	2
2004 年	194.0	8	1 530.6	2	1 618.4	1
2005 年	185.7	8	1 580.7	2	1 684.6	1
2006 年	115.3	11	1 691.0	2	1 900.0	1
2007 年	202.0	11	1 416.9	3	2 007.6	1
2008 年	142.4	9	1 752.5	2	2 700.5	1
2009 年	−129.6	18	1 370.0	3	2 827.4	1
2010 年	−13.1	13	1 722.4	2	3 449.7	1
2011 年	175.3	8	2 004.0	2	3 941.4	1
2012 年	153.6	8	2 142.3	2	4 087.0	1
2013 年	250.2	7	2 332.8	2	4 306.7	1
2014 年	−202.0	18	2 308.9	2	4 534.4	1
2015 年	13.1	11	2 400.6	2	4 578.2	1
2016 年	144.5	8	2 481.6	2	4 349.9	1
2017 年	244.7	9	2 844.7	2	5 592.6	1

资料来源:历年《中国农业统计年鉴》。

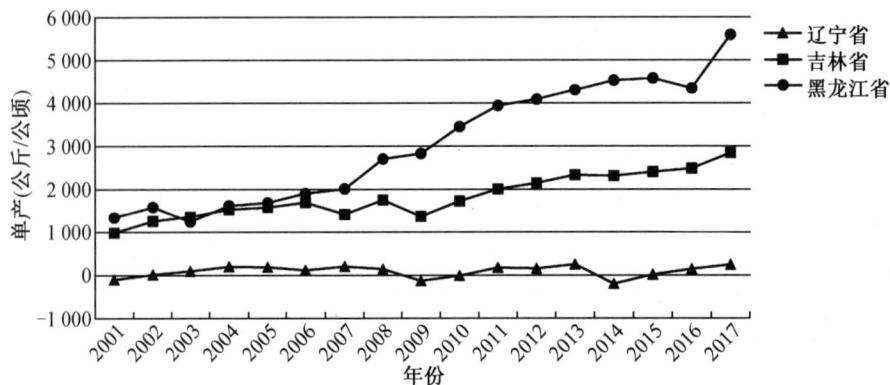

图 4.4　东北地区粮食调出量折线图(2001—2017 年)

　　从粮食调出量的全国排名来看,辽宁省的名次有所上升,但波动幅度较大,不是很稳定;吉林省的名次基本保持在第二名,比较稳定;黑龙江省排名除 2003 年为第 2 位外,其余年份均排名第一。

　　总体来看,按粮食调出量的多少依次排序为黑龙江省、吉林省、辽宁省。黑龙江省粮食调出量在全国排名最高,辽宁省最低。

4.1.5　东北地区稻谷生产现状

根据表 4.5,从稻谷播种面积来看,辽宁省有所波动,但总体变化不大;吉林省有明显上升,1998—2017 年共上涨 36.18 万公顷;黑龙江省上升幅度较大,1998—2017 年共上涨 238.22 万公顷。

表 4.5　东北地区稻谷生产现状

年份	辽宁省			吉林省			黑龙江省		
	播种面积 (万公顷)	总产量 (万吨)	每公顷产量 (公斤/公顷)	播种面积 (万公顷)	总产量 (万吨)	每公顷产量 (公斤/公顷)	播种面积 (万公顷)	总产量 (万吨)	每公顷产量 (公斤/公顷)
1998 年	49.60	378.9	7 639.1	45.90	385.5	8 398.7	156.67	925.8	5 909.2
1999 年	50.15	414.6	8 267.2	46.52	405.9	8 725.3	161.49	944.3	5 847.4
2000 年	48.97	377.1	7 700.6	58.48	374.8	6 409.0	160.59	1 042.2	6 489.8
2001 年	51.55	335.2	6 502.4	68.69	371.2	5 404.0	156.70	1 016.3	6 485.6
2002 年	55.64	406.2	7 300.5	66.61	370.0	5 554.7	156.44	921.0	5 887.2
2003 年	50.06	351.4	7 019.6	54.10	318.2	5 881.7	129.09	842.8	6 528.8
2004 年	54.42	401.5	7 377.8	60.01	437.6	7 292.1	158.78	1 130.0	7 116.8
2005 年	56.84	416.5	7 327.6	65.40	473.3	7 237.0	165.03	1 121.5	6 795.7
2006 年	62.44	427.6	6 848.2	66.40	493.0	7 424.7	192.53	1 205.5	6 261.4
2007 年	66.06	505.0	7 644.6	66.99	500.0	7 463.8	225.32	1 417.9	6 292.8
2008 年	65.87	505.6	7 675.7	65.87	579.0	8 790.0	239.07	1 518.0	6 349.6
2009 年	65.67	506.0	7 705.2	66.04	505.0	7 646.9	246.08	1 574.5	6 398.3
2010 年	67.75	457.6	6 754.2	67.35	568.5	8 441.0	276.88	1 843.9	6 659.6
2011 年	65.96	505.1	7 657.7	69.12	623.5	9 020.5	294.56	2 062.1	7 000.6
2012 年	66.18	507.8	7 673.0	70.12	532.0	7 587.0	306.98	2 171.2	7 072.8
2013 年	64.92	506.9	7 808.1	72.67	563.3	7 751.5	317.56	2 220.6	6 992.7
2014 年	56.21	451.5	8 032.4	74.71	587.6	7 865.1	320.55	2 251.0	7 022.3
2015 年	54.49	467.7	8 583.2	76.17	630.1	8 272.3	314.78	2 199.7	6 988.1
2016 年	56.25	484.6	8 615.1	78.07	654.1	8 378.4	320.33	2 255.3	7 040.6
2017 年	49.27	422.0	8 565.0	82.08	684.4	8 338.2	394.89	2 819.3	7 139.5

资料来源:历年《中国农业统计年鉴》。

从稻谷的产量来看,辽宁省有所上升,但不明显,2012 年产量最高为 507.8 万吨;吉林省、黑龙江省产量上升幅度均较为明显,吉林省1998—2017年共上涨298.9万吨,黑龙江省1998—2017年共上涨1 893.5万吨。

根据稻谷单产分析,在20年的时间里,辽宁省从7 639.1公斤/公顷升至8 565.0公斤/公顷,吉林省没有明显的上升趋势;黑龙江省的上升趋势明显,1988—2017年,共上升1 230.3公斤/公顷。

总体来看,东北地区稻谷播种面积、产量排序均依次为黑龙江省、吉林省、辽宁省。但从单产角度看,辽宁省最高,黑龙江省最低。

4.1.6　东北地区小麦生产现状

从表4.6可以看出,在研究年限期间,从小麦的播种面积来看,整个东北地区都在下降,1998—2017年辽宁省从15.02万公顷降至0.36万公顷(共下降14.66万公顷);吉林省从7.45万公顷降至0.24万公顷(共下降7.21万公顷),其中2012年、2013年小麦零种植;黑龙江省从96.14万公顷降至10.18万公顷(共下降85.96万公顷)。2009年和2011年虽然有所回升,但整体依然是下降的。

从小麦产量看,1998—2017年辽宁省从61.4万吨降至1.3万吨(共下降60.1万吨);吉林省从10.6万吨降至0.1万吨(共下降10.5万吨);黑龙江省从285.2万吨降至38.1万吨(共下降247.1万吨)。

从小麦单产看,辽宁省波动幅度较大,2011年最高(5 362.3公斤/公顷),2001年最低(1 568.8公斤/公顷);吉林省波动较为明显,但整体保持上升趋势;黑龙江省保持上升状态,1998—2017年共上涨776.1公斤/公顷。

总体来看,从小麦播种面积和总产量角度分析各省份排名均依次为黑龙江省、辽宁省、吉林省;从小麦平均单产角度分析,各省份排名依次为辽宁省、黑龙江省、吉林省。

表4.6　东北地区小麦生产现状

年份	辽宁省			吉林省			黑龙江省		
	播种面积 (万公顷)	总产量 (万吨)	单产 (公斤/ 公顷)	播种面积 (万公顷)	总产量 (万吨)	单产 (公斤/ 公顷)	播种面积 (万公顷)	总产量 (万吨)	单产 (公斤/ 公顷)
1998年	15.02	61.4	4 087.9	7.45	10.6	1 422.8	96.14	285.2	2 966.5
1999年	15.30	59.2	3 869.3	6.75	16.1	2 385.2	95.34	284.2	2 980.9
2000年	11.76	35.8	3 044.2	7.73	16.3	2 108.7	59.02	95.8	1 623.2
2001年	9.88	15.5	1 568.8	5.38	11.6	2 156.1	42.33	93.8	2 215.9
2002年	4.98	11.5	2 309.2	2.30	7.9	3 434.8	26.08	89.4	3 427.9
2003年	2.01	6.2	3 084.6	2.21	6.0	2 714.9	22.96	39.7	1 729.1
2004年	2.06	8.9	4 320.4	1.14	3.4	2 982.5	25.50	83.0	3 254.9

表 4.6(续)

年份	辽宁省			吉林省			黑龙江省		
	播种面积 (万公顷)	总产量 (万吨)	单产 (公斤/ 公顷)	播种面积 (万公顷)	总产量 (万吨)	单产 (公斤/ 公顷)	播种面积 (万公顷)	总产量 (万吨)	单产 (公斤/ 公顷)
2005 年	2.23	7.9	3 542.6	0.95	2.7	2 842.1	24.85	94.0	3 782.7
2006 年	1.68	6.5	3 869.0	0.75	3.0	4 000.0	24.90	93.0	3 734.9
2007 年	1.24	5.3	4 274.2	0.54	1.6	2 963.0	23.30	68.8	2 952.8
2008 年	1.03	4.9	4 757.3	0.57	1.8	3 157.9	23.88	89.5	3 747.9
2009 年	0.88	4.5	5 113.6	0.41	1.0	2 439.0	29.31	116.3	3 967.9
2010 年	0.75	3.7	4 933.3	0.36	1.2	3 333.3	28.00	92.5	3 303.6
2011 年	0.69	3.7	5 362.3	0.32	1.3	4 062.5	29.78	103.8	3 485.6
2012 年	0.68	3.2	4 705.9	0.32	0.99	3 093.7	21.01	70.0	3 331.7
2013 年	0.56	2.7	4 821.4	0.27	0.91	3 370.4	13.30	38.9	2 924.8
2014 年	0.58	2.8	4 827.6	0.04	0.1	2 500.0	14.57	46.6	3 198.4
2015 年	0.56	2.7	4 821.4	0.03	0.1	3 333.3	7.11	21.8	3 066.1
2016 年	0.58	2.2	3 793.1	0.03	0.1	3 333.3	7.97	29.0	3 638.6
2017 年	0.36	1.3	3 611.1	0.24	0.1	416.7	10.18	38.1	3 742.6

资料来源:历年《中国农业统计年鉴》。

4.1.7　东北地区玉米生产现状

由表4.7可以看出,在研究年限期间,从玉米的播种面积来看,整个东北地区都在上涨,辽宁省从163.80万公顷增至269.20万公顷,共上涨105.4万公顷;吉林省从242.13万公顷增至416.40万公顷,共上涨174.27万公顷;黑龙江省从248.72万公顷增至586.28万公顷,共上涨337.56万公顷。

从玉米的产量来看,辽宁省有较为明显的波动,整体走向是先下降(1998—2003年),稳定再下降(2004—2009年),再上升(2010—2017年);吉林省有所波动,整体呈上升趋势,从1 924.7万吨增至3 250.8万吨,共增长1 326.1万吨;黑龙江省波动幅度较为明显,但整体上升,从1 199.7万吨增至3 703.1万吨,共增长2 503.4万吨。

表 4.7 东北地区玉米生产现状

年份	辽宁省			吉林省			黑龙江省		
	播种面积（万公顷）	总产量（万吨）	单产（公斤/公顷）	播种面积（万公顷）	总产量（万吨）	单产（公斤/公顷）	播种面积（万公顷）	总产量（万吨）	单产（公斤/公顷）
1998 年	163.80	1 120.9	6 843.1	242.13	1 924.7	7 949.0	248.72	1 199.7	4 823.5
1999 年	167.78	985.4	5 873.2	237.55	1 692.6	7 125.2	265.19	1 228.4	4 632.2
2000 年	142.25	551.1	3 874.2	219.73	993.2	4 520.1	180.13	790.8	4 390.2
2001 年	156.68	818.7	5 225.3	260.95	1 328.4	5 090.0	213.27	819.5	3 842.5
2002 年	143.16	858.0	5 993.3	257.95	1 540.0	5 970.1	228.56	1 070.5	4 683.7
2003 年	143.49	907.2	6 322.4	262.72	1 615.3	6 148.4	205.38	830.9	4 045.7
2004 年	159.88	1 079.7	6 753.2	290.15	1 810.0	6 238.2	217.95	939.5	4 310.6
2005 年	179.25	1 135.5	6 334.7	277.52	1 800.7	6 488.5	222.02	1 042.9	4 697.3
2006 年	190.03	1 138.7	5 992.2	280.57	1 984.0	7 071.3	245.72	1 223.0	4 977.2
2007 年	199.86	1 167.8	5 843.1	285.37	1 800.0	6 307.6	388.36	1 442.0	3 713.0
2008 年	188.49	1 189.0	6 308.0	292.25	2 083.0	7 127.5	359.39	1 822.0	5 069.7
2009 年	196.41	963.1	4 903.5	295.72	1 810.0	6 120.7	401.02	1 920.2	4 788.3
2010 年	209.30	1 150.5	5 496.9	304.67	2 004.0	6 577.6	436.84	2 324.4	5 320.9
2011 年	213.46	1 360.3	6 372.6	313.42	2 339.0	7 462.8	458.74	2 675.8	5 832.9
2012 年	220.67	1 423.5	6 450.8	328.43	2 578.8	7 851.9	519.06	2 887.9	5 563.7
2013 年	224.56	1 563.2	6 961.2	349.91	2 775.7	7 932.6	544.75	3 216.4	5 904.4
2014 年	233.01	1 170.5	5 023.4	369.66	2 733.5	7 394.6	544.02	3 343.4	6 145.7
2015 年	241.68	1 403.5	5 807.3	380.00	2 805.7	7 383.4	582.11	3 544.1	6 088.4
2016 年	225.89	1 465.6	6 488.1	365.69	2 833.0	7 747.0	521.74	3 127.4	5 994.2
2017 年	269.20	1 789.4	6 647.1	416.40	3 250.8	7 806.9	586.28	3 703.1	6 316.3

资料来源：历年《中国农业统计年鉴》。

从玉米的单产来看，辽宁省和吉林省都是波动中有所下降，但总体下降不多；黑龙江省虽有所波动，但整体上升，从 4 823.5 公斤/公顷增至 6 316.3 公斤/公顷。

简言之，从玉米生产角度、播种面积、总产量分析均依次为黑龙江省、吉林省、辽宁省；从玉米单产角度看，依次为吉林省、黑龙江省、辽宁省。

4.1.8 东北地区豆类生产现状

由表 4.8 可以看出，在研究年限期间，从豆类的播种面积来看，辽宁省下降趋势明显，从 27.34 万公顷降至 8.53 万公顷；吉林省的整体趋势是先上升（1998—2004），再下降（2005—2017），从 37.16 万公顷降至 32.90 万公顷；黑龙江省呈波动上升的趋势，从 254.56 万公顷增至 398.21 万公顷。

表 4.8　东北地区豆类生产现状

年份	辽宁省			吉林省			黑龙江省		
	播种面积（万公顷）	总产量（万吨）	单产（公斤/公顷）	播种面积（万公顷）	总产量（万吨）	单产（公斤/公顷）	播种面积（万公顷）	总产量（万吨）	单产（公斤/公顷）
1998 年	27.34	52.2	1 909.3	37.16	88.1	2 370.8	254.56	458.6	1 801.5
1999 年	25.70	41.5	1 614.8	33.86	74.2	2 191.4	229.17	474.1	2 068.8
2000 年	32.62	50.2	1 538.9	66.65	140.6	2 109.5	317.83	489.6	1 540.4
2001 年	36.59	57.4	1 568.7	64.65	134.2	2 075.8	370.20	537.5	1 451.9
2002 年	31.77	56.9	1 791.0	58.29	185.0	3 173.8	338.12	610.7	1 806.2
2003 年	34.39	71.0	2 064.6	60.77	191.1	3 144.6	381.30	616.1	1 615.8
2004 年	33.35	55.6	1 667.2	63.32	166.9	2 635.8	391.36	693.5	1 772.0
2005 年	29.45	43.6	1 480.5	63.29	152.8	2 414.3	403.20	680.0	1 686.5
2006 年	26.00	36.1	1 388.5	54.98	150.0	2 728.3	383.67	652.0	1 699.4
2007 年	15.15	36.2	2 389.4	61.69	92.1	1 492.9	409.94	442.7	1 079.9
2008 年	20.39	52.9	2 594.4	61.87	106.6	1 723.0	432.44	667.0	1 542.4
2009 年	18.36	32.1	1 748.4	58.10	85.0	1 463.0	425.14	618.5	1 454.8
2010 年	15.10	37.0	2 450.3	53.73	112.9	2 101.2	375.04	601.9	1 604.9
2011 年	14.34	37.0	2 580.2	48.19	101.3	2 102.1	338.67	577.8	1 706.1
2012 年	13.99	34.2	2 444.6	37.00	52.6	1 421.6	276.40	479.6	1 735.2
2013 年	13.42	31.3	2 332.3	33.74	58.8	1 742.7	250.08	400.2	1 600.3
2014 年	11.70	25.7	2 196.6	33.16	55.5	1 673.7	262.17	469.6	1 791.2
2015 年	11.45	27.2	2 375.5	28.46	48.6	1 707.7	247.61	437.3	1 766.1
2016 年	14.97	30.7	2 050.8	32.83	62.5	1 903.7	304.53	522.5	1 715.8
2017 年	8.53	21.0	2 461.9	32.90	67.1	2 039.5	398.21	719.6	1 807.1

资料来源:历年《中国农业统计年鉴》。

在研究期间内,根据豆类总产量,辽宁省下降趋势明显,从 52.2 万吨降至 21.0 万吨,共下降 31.2 万吨;吉林省波动幅度较大,总体走向是先上升(1998—2003 年),波动下降(2004—2012 年),波动上升(2013—2017 年);黑龙江省从 458.6 万吨升至 719.6 万吨,共上涨 261 万吨。

从豆类单产看,辽宁省从 1 909.3 公斤/公顷增至 2 461.9 公斤/公顷;吉林省从 2 370.8 公斤/公顷降至 2 039.5 公斤/公顷;黑龙江省虽有波动,但总体比较稳定。

总体而言,从豆类播种面积和总产量角度看,各省份均依次为黑龙江省、吉林省、辽宁省;从豆类平均单产角度看,各省份依次为吉林省、辽宁省、黑龙江省。即黑龙江省在播种面积、粮食产量和粮食调出量中均占据显著优势;吉林省在粮食单产和调出量中占据优势地位;辽宁省小麦单产占据优势地位。

4.2　四大地区粮食生产比较

4.2.1　数据来源

本书涉及的播种面积及总产量数据均来自国家统计年鉴。

4.2.2　计算方法

本书计算粮食贡献率的方法主要参考了崔奇峰等[110]学者的研究。

粮食产量贡献率计算公式:

$$Y_n = \frac{X_n}{U} \cdot 100\%。$$

Y_n、X_n、U分别为第 n 地区粮食产量贡献率、粮食总产量与全国粮食总产量。

粮食播种面积贡献率计算公式:

$$Y_{sn} = \frac{X_{sn}}{U_s} \cdot 100\%$$

Y_{sn}、X_{sn}、U_s分别为第 n 地区粮食播种面积贡献率、粮食播种面积与全国粮食总播种面积。

粮食单产贡献率计算公式:

$$Y_{mn} = \frac{X_{mn}}{U_{mn}} \cdot 100\%$$

Y_{mn}、X_{mn}、U_m分别为第 n 地区粮食单产贡献率、粮食单产与全国粮食单产。

通过对各省、自治区、直辖市的粮食产量、播种面积求和,进而算出全国以及各地区粮食单产,再依据上述的公式,进行贡献率的计算。

4.2.3　四大地区粮食播种面积贡献比较

由表4.9和图4.5可以看出,1998—2017年中部地区粮食作物平均播种面积3 168.41万公顷,最大为3 503.6万公顷(2017年),最小为2 905.28万公顷(2003年),除2001—2003年外,其余年份中部地区粮食作物播种面积均超过3 000万公顷;中部地区粮食作物播种面积平均贡献率为29.1%,1998年贡献率最低为27.8%,2006年和2017年贡献率最高为29.7%。除1998年、1999年和2001年外,其余年间贡献率基本稳定在29%左右。

表 4.9　四大地区粮食播种面积贡献率(1998—2017 年)

年份	全国粮食播种面积(万公顷)	中部地区		东部地区		西部地区		东北地区	
		粮食播种面积(万公顷)	贡献率(%)	粮食播种面积(万公顷)	贡献率(%)	粮食播种面积(万公顷)	贡献率(%)	粮食播种面积(万公顷)	贡献率(%)
1998 年	11 378.70	3 160.71	27.80	3 153.46	27.70	3 595.05	31.60	1 469.53	12.90
1999 年	11 316.10	3 156.29	27.90	3 103.97	27.40	3 589.14	31.70	1 466.72	13.00
2000 年	10 846.30	3 090.80	28.50	2 848.11	26.30	3 452.88	31.80	1 454.48	13.40
2001 年	10 608.00	2 962.53	27.90	2 673.29	25.20	3 382.31	31.90	1 589.85	15.00
2002 年	10 389.10	2 980.13	28.70	2 562.15	24.70	3 329.40	32.00	1 517.42	14.60
2003 年	9 941.00	2 905.28	29.20	2 377.92	23.90	3 170.62	31.90	1 487.18	15.00
2004 年	10 160.60	3 002.43	29.50	2 372.54	23.40	3 217.97	31.70	1 567.68	15.40
2005 年	10 427.80	3 080.48	29.50	2 466.98	23.70	3 280.66	31.50	1 599.73	15.30
2006 年	10 548.90	3 132.78	29.70	2 479.48	23.50	3 286.08	31.20	1 650.56	15.60
2007 年	10 563.80	3 101.20	29.40	2 428.21	23.00	3 206.18	30.40	1 828.24	17.30
2008 年	10 679.30	3 134.60	29.40	2 447.82	22.90	3 255.24	30.50	1 841.60	17.20
2009 年	10 898.60	3 185.21	29.20	2 473.48	22.70	3 345.59	30.70	1 894.28	17.40
2010 年	10 987.60	3 211.24	29.20	2 484.11	22.60	3 379.65	30.80	1 912.62	17.40
2011 年	11 057.30	3 242.11	29.30	2 489.95	22.50	3 403.48	30.80	1 921.78	17.50
2012 年	11 120.50	3 266.27	29.40	2 497.72	22.50	3 421.77	30.80	1 934.71	17.40
2013 年	11 195.60	3 286.73	29.40	2 501.40	22.30	3 449.10	30.80	1 958.07	17.50
2014 年	11 272.30	3 316.79	29.40	2 514.45	22.30	3 447.79	30.60	1 993.22	17.70
2015 年	11 334.30	3 330.36	29.40	2 527.80	22.30	3 462.06	30.50	2 014.06	17.80
2016 年	11 303.40	3 318.58	29.40	2 515.81	22.30	3 463.30	30.60	2 005.78	17.70
2017 年	11 798.90	3 503.60	29.70	2 545.53	21.60	3 433.19	29.10	2 316.58	19.60
平均值	10 891.41	3 168.41	29.10	2 573.21	23.60	3 378.57	31.00	1 771.20	16.20

资料来源:历年《中国农业统计年鉴》。

在研究期间,东部地区粮食作物播种面积均值为 2 573.21 万公顷,1998 年最大(3 153.46万公顷),2004 年最小,为 2 372.54 万公顷,1998 年、1999 年该地区粮食作物播种面积均超过 3 000 万公顷;东部地区粮食作物播种面积平均贡献率为 23.6%,1998 年贡献率最大为27.7%,2017 年贡献率最低为 21.6%,2013—2016 年,贡献率在 22%左右,呈缓慢下降趋势。

西部地区粮食作物平均播种面积 3 378.57 万公顷,最大时 3 595.05 万公顷,最小时3 170.62 万公顷,除 1998 年、1999 年外,其余年间粮食作物播种面积均未超过 3 500 万公顷;粮食作物播种面积平均贡献率为 31%,2002 年该值最高(32%),2017 年最低(29.1%),其余年份贡献率均维持在 31%上下。

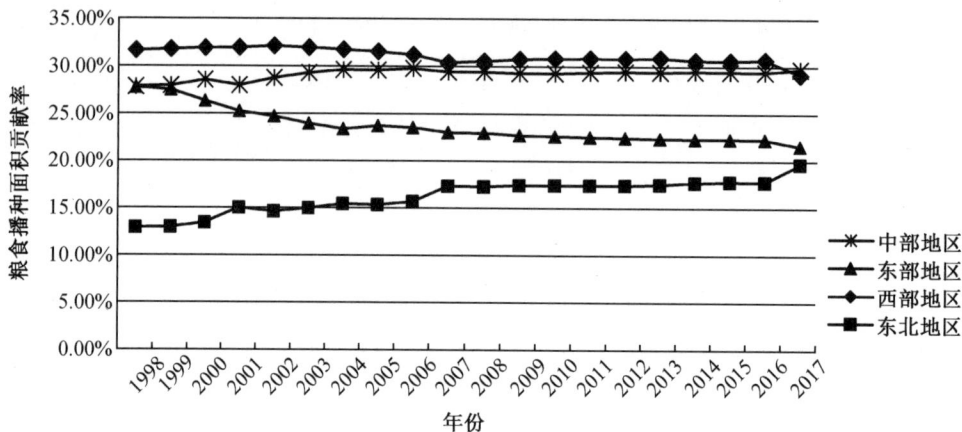

图 4.5　四大地区粮食播种面积贡献率

　　中部、东部、西部和东北地区的粮食作物播种面积平均贡献率分别为 29.1%、23.6%、31% 和 16.2%，2017 年相比 1998 年，中部地区、东北地区粮食作物播种面积分别增加 342.89 万公顷、847.05 万公顷，贡献率分别增加 1.9%、6.7%；东部、西部地区粮食作物播种面积分别下降 607.93 万公顷、161.86 万公顷，贡献率分别下降 6.1%、2.5%。东北地区的三个省份粮食作物播种面积贡献率均超过其他地区的 1/2，2017 年甚至和东部地区差不多持平，分别达到另外两个地区的 2/3。由此可知东北地区粮食作物播种面积占全国粮食作物播种面积的比重逐年加大，大粮仓地位愈加稳固。

4.2.4　四大地区粮食产量贡献比较

　　根据表 4.10 和图 4.6 可知，1998—2017 年中部地区粮食产量均值为 16 113.2 万吨，其中 2017 年粮食产量最高（20 040.4 万吨），2003 年最低（12 557.2 万吨），该地区粮食产量平均贡献率为 30.3%，最高时期在 2007 年（31.8%），最低时期为 1998 年（28%），且除 1998 年、1999 年、2003 年、2013 年和 2016 年粮食产量贡献率低于 30% 外，其余年份均超过 30%。

表 4.10　四大地区粮食产量贡献率（1998—2017 年）

年份	全国粮食产量（万吨）	中部地区		东部地区		西部地区		东北地区	
		粮食产量（万吨）	贡献率（%）	粮食产量（万吨）	贡献率（%）	粮食产量（万吨）	贡献率（%）	粮食产量（万吨）	贡献率（%）
1998 年	51 229.50	14 361.30	28.0	15 811.00	30.9	13 714.00	26.8	7 343.40	14.3
1999 年	50 838.60	14 756.20	29.0	15 677.60	30.8	13 375.90	26.3	7 029.00	13.8
2000 年	46 217.50	14 028.00	30.4	13 969.80	30.2	12 896.30	27.9	5 323.50	11.5
2001 年	45 263.70	13 751.10	30.4	13 240.00	29.3	12 273.20	27.1	5 999.50	13.3
2002 年	45 705.80	13 998.30	30.6	12 359.20	27.0	12 682.00	27.7	6 666.40	14.6
2003 年	43 069.50	12 557.20	29.2	11 712.90	27.2	12 529.10	29.1	6 270.20	14.6

表 4.10(续)

年份	全国粮食产量（万吨）	中部地区		东部地区		西部地区		东北地区	
		粮食产量（万吨）	贡献率（%）	粮食产量（万吨）	贡献率（%）	粮食产量（万吨）	贡献率（%）	粮食产量（万吨）	贡献率（%）
2004 年	46 946.90	14 468.10	30.8	12 276.70	26.2	12 971.40	27.6	7 231.00	15.4
2005 年	48 402.20	14 778.30	30.5	12 766.30	26.4	13 438.80	27.8	7 419.00	15.3
2006 年	49 747.90	15 714.80	31.6	13 315.70	26.8	12 925.90	26.0	7 791.40	15.7
2007 年	50 160.30	15 935.30	31.8	13 307.00	26.5	13 166.40	26.2	7 751.70	15.5
2008 年	52 870.90	16 407.10	31.0	13 586.70	25.7	13 951.80	26.4	8 925.30	16.9
2009 年	53 082.10	16 615.30	31.3	13 817.60	26.0	14 245.40	26.8	8 404.00	15.8
2010 年	54 647.70	16 720.70	30.6	13 870.00	25.4	14 436.40	26.4	9 620.70	17.6
2011 年	57 120.80	17 251.70	30.2	14 315.70	25.1	14 776.50	25.9	10 777.10	18.9
2012 年	58 958.00	17 734.90	30.1	14 553.40	24.7	15 494.70	26.3	11 175.00	19.0
2013 年	60 193.80	17 849.20	29.7	14 606.40	24.3	15 987.70	26.6	11 750.70	19.5
2014 年	60 702.60	18 247.90	30.1	14 768.10	24.3	16 157.70	26.6	11 528.90	19.0
2015 年	62 143.90	18 719.70	30.1	14 949.60	24.1	16 501.00	26.6	11 973.50	19.3
2016 年	61 625.00	18 327.90	29.7	14 917.40	24.2	16 503.60	26.8	11 876.30	19.3
2017 年	66 160.70	20 040.40	30.3	15 581.50	23.6	16 643.50	25.2	13 895.00	21.0
平均值	53 254.40	16 113.20	30.3	13 970.10	26.4	14 233.60	26.8	8 937.60	16.5

资料来源：历年《中国农业统计年鉴》。

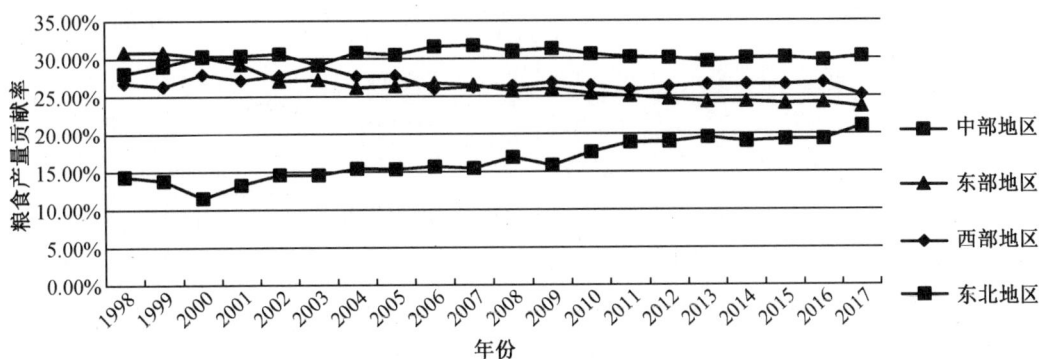

图 4.6　四大地区粮食产量贡献率折线图

　　东部地区粮食平均产量为 13 970.1 万吨，其中 1998 年粮食产量最高（15 811.0 万吨），2003 年最低（11 712.9 万吨），1998 年、1999 年和 2017 年该地区粮食产量均超过 15 000 万吨；东部地区粮食产量平均贡献率为 26.4%，1998 年中部地区粮食产量贡献率最高为 30.9%，只有 1998—2000 年东部地区粮食产量贡献率超过了 30%。

　　西部地区在研究期间粮食产量平均值为 14 233.6 万吨，2017 年粮食产量达到最高

（16 643.5 万吨），2001 年该值最低（12 273.2 万吨），西部地区粮食产量平均贡献率为 26.8%，最高时为 2003 年的 29.1%，并且 2000—2005 年西部地区粮食产量贡献率均超过了 27%。

从整体上看，1998—2017 年中部地区粮食产量平均贡献率为 30.3%，东部地区粮食产量平均贡献率为 26.4%，西部、东北地区粮食产量平均贡献率分别为 26.8%、16.5%，各地排名为中、西、东、东北地区。显而易见，虽然东北地区粮食产量平均贡献率排在最后一位，但是其 3 个省份的粮食产量占全国 31 个省、自治区、直辖市的 16.5%，平均贡献率超过中部地区 6 个粮食大省贡献率的 1/2，从粮食产量贡献率看，2017 年东北地区该值大于中部地区的 2/3，即将赶上东部和西部地区的粮食产量贡献率。另外，在表 4.10 中可以明显看出，从粮食产量贡献率看，中、西部地区基本保持稳定，东部地区一直下降，只有东北地区保持稳步上升趋势。这充分说明，东北地区极其重视粮食生产，东北地区在全国粮食生产中的地位非常重要，并且会越来越重要。

4.2.5 四大地区粮食单产贡献比较

从表 4.11 和图 4.7 可以看出，中部地区在 1998—2017 年，粮食单产均值为 5 056.5 公斤/公顷，2003 年最低（4 322.2 公斤/公顷），2017 年粮食单产最高为 5 719.9 公斤/公顷；中部地区粮食单位相对于全国粮食单产平均贡献率为 103.7%，其中 2003 年贡献率最低（99.8%），2001 年贡献率最高为 108.8%。另外，从表中可以明显地看出，除 2003 年外，中部地区粮食单产数值均高于全国水平。

表 4.11 四大地区粮食单产贡献率（1998—2017 年）

年份	全国粮食产量（公斤/公顷）	中部地区		东部地区		西部地区		东北地区	
		粮食产量（公斤/公顷）	贡献率（%）	粮食产量（公斤/公顷）	贡献率（%）	粮食产量（公斤/公顷）	贡献率（%）	粮食产量（公斤/公顷）	贡献率（%）
1998 年	4 502.2	4 543.7	100.9	5 013.9	111.4	3 473.4	77.1	4 997.1	111.0
1999 年	4 492.6	4 675.2	104.1	5 050.8	112.4	3 726.8	83.0	4 792.3	106.7
2000 年	4 261.1	4 538.6	106.5	4 904.9	115.1	3 734.9	87.7	3 660.1	85.9
2001 年	4 266.9	4 641.7	108.8	4 952.7	116.1	3 628.6	85.0	3 450.2	80.9
2002 年	4 399.4	4 433.4	100.8	4 823.8	109.6	3 809.1	86.6	4 393.2	99.9
2003 年	4 332.5	4 322.2	99.8	4 271.2	98.6	3 951.6	91.2	4 216.2	97.3
2004 年	4 620.5	4 818.8	104.3	5 174.5	112.0	4 030.9	87.2	4 612.5	99.8
2005 年	4 641.7	4 797.4	103.4	5 174.9	111.5	4 096.4	88.3	4 637.7	99.9
2006 年	4 715.9	5 016.2	106.4	5 370.4	113.9	3 933.5	83.4	4 720.5	100.1
2007 年	4 748.3	5 138.4	108.2	5 480.2	115.4	4 106.6	86.5	4 240.0	89.3

表 4.11(续)

年份	全国粮食产量（公斤/公顷）	中部地区		东部地区		西部地区		东北地区	
		粮食产量（公斤/公顷）	贡献率（%）	粮食产量（公斤/公顷）	贡献率（%）	粮食产量（公斤/公顷）	贡献率（%）	粮食产量（公斤/公顷）	贡献率（%）
2008 年	4 950.8	5 234.2	105.7	5 550.5	112.1	4 286.0	86.6	4 846.5	97.9
2009 年	4 870.5	5 216.4	107.1	5 586.3	114.7	4 258.0	87.4	4 436.5	91.1
2010 年	4 973.6	5 206.9	104.7	5 467.0	109.9	4 505.4	90.6	5 030.1	101.1
2011 年	5 165.9	5 321.1	103.0	5 749.4	111.3	4 341.6	84.0	5 607.9	108.6
2012 年	5 301.7	5 429.7	102.4	6 879.6	129.8	4 528.2	85.4	5 776.1	108.9
2013 年	5 376.6	5 430.7	101.0	5 839.3	108.6	4 635.3	86.2	6 001.2	111.6
2014 年	5 385.1	5 501.7	102.2	5 873.3	109.1	4 686.4	87.0	5 784.1	107.4
2015 年	5 482.8	5 620.9	102.5	5 914.1	107.9	4 766.2	86.9	5 945.0	108.4
2016 年	5 451.9	5 522.8	101.3	5 929.5	108.8	4 765.3	87.4	5 921.0	108.6
2017 年	5 607.4	5 719.9	102.0	6 121.1	109.2	4 847.8	86.2	5 998.1	107.0
平均值	4 877.4	5 056.5	103.7	5 456.4	111.9	4 205.6	86.2	4 953.3	101.1

资料来源:历年《中国农业统计年鉴》。

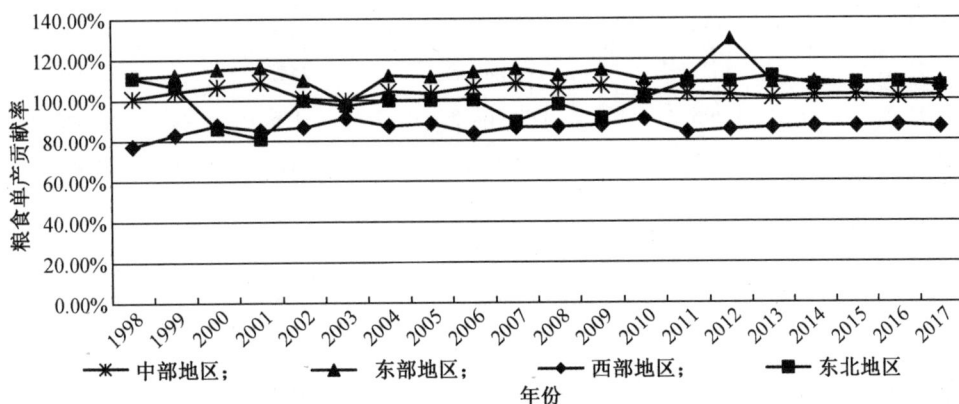

图 4.7　四大地区粮食单产贡献率

东部地区粮食单产均值为 5 456.4 公斤/公顷,2003 年该值最低(4 271.2 公斤/公顷),2012 年粮食单产最高为 6 879.6 公斤/公顷;东部地区粮食单产相对于全国粮食单产的平均贡献率为 111.9%,其中 2003 年贡献率最低为 98.6%,2012 年贡献率最高为 129.8%。可以很明显地看出,除 2003 年外,东部地区粮食单产相对于全国粮食单产的贡献率均超过100%,并且大部分年间超过了 110%。

西部地区粮食单产均值为 4 205.6 公斤/公顷,1998 年该值最低(3 473.4 公斤/公顷),2017 年粮食单产最高为 4 847.8 公斤/公顷;西部地区粮食单产相对于全国粮食单产平均贡献率为 86.2%,其中 1998 年贡献率最低(77.1%),2003 年最高(91.2%),另外,西部地区粮食单产相对于全国粮食单产贡献率均未达到 100%,只有两年(2003 年、2010 年)达到了 90%,其余年间均在 90% 以下。

整体上看,各地区相对于全国的粮食单产平均贡献,依次排序为东部地区(111.9%)、中部地区(103.7%)、东北地区(101.1%)、西部地区(86.2%)。

4.2.6　四大地区粮食调出量比较

根据表 4.12 和图 4.8 可知,从粮食调出量来看,2001—2017 年,中部地区呈波动上涨趋势,从 1 125.2 万吨增至 2 485.5 万吨,年均上涨 80.0 万吨,平均调出量为 1 907.3 万吨,2003 年调出量最低(462.1 万吨),2007 年最高(2 494.5 万吨)。

从数据来看,东部地区粮食生产不能满足其需求,需要粮食调入,并且粮食调入量逐年递增,这和东部沿海地区第二、三产业快速发展有很大关系。17 年来,东部地区粮食调入量从 2 446.4 万吨增至 9 817.6 万吨,共增加 7 371.2 万吨,年均增加 433.6 万吨,粮食平均调入量为 6 071.6 万吨。

表 4.12　四大地区粮食调出量(2001—2017 年)

年份	中部地区(万吨)	东部地区(万吨)	西部地区(万吨)	东北地区(万吨)
2001 年	1 125.2	−2 446.4	−557.5	2 215.0
2002 年	1 148.3	−3 318.6	−374.9	2 850.0
2003 年	462.1	−3 088.5	244.3	2 689.9
2004 年	1 296.8	−3 968.3	−436.7	3 343.0
2005 年	1 762.1	−4 411.5	131.3	3 451.1
2006 年	2 369.7	−4 402.7	−746.2	3 706.3
2007 年	2 494.5	−4 719.2	−635.2	3 626.5
2008 年	2 295.4	−5 496.0	−578.1	4 595.3
2009 年	2 446.4	−5 467.1	−371	4 067.8
2010 年	2 131.0	−6 657.2	−400.6	5 158.9
2011 年	2 067.1	−7 331.7	−577.7	6 120.7
2012 年	2 063.7	−7 894.4	−381.8	6 382.9
2013 年	1 901.4	−8 309.5	−197.9	6 889.8
2014 年	2 152.1	−8 401.7	−191.5	6 641.4
2015 年	2 244.9	−8 800.8	−261.9	6 992.0
2016 年	1 977.7	−8 685.8	−156.7	6 975.9
2017 年	2 485.5	−9 817.6	−1 282.7	8 681.9

资料来源:历年《中国农业统计年鉴》。

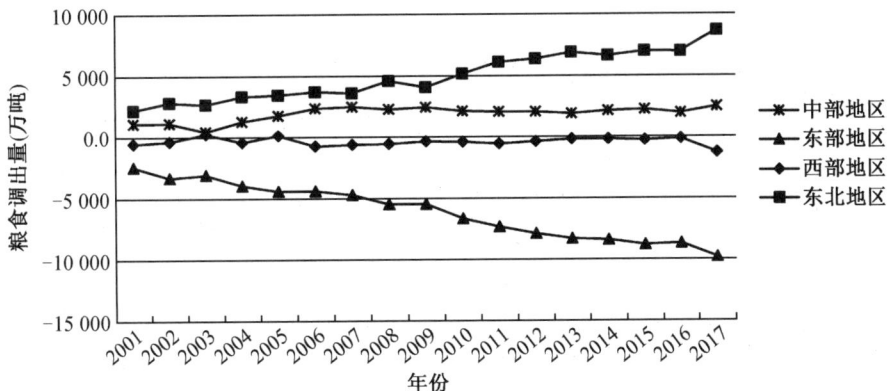

图 4.8　四大地区粮食调出量折线图

西部地区粮食调出量波动较大,但整体来说也是下降的,另外,西部地区粮食基本上需要调入,调出很少。粮食平均调出量为-398.5万吨,2003年调出量最高为244.3万吨,2017年调出量最低为-1 282.7万吨。

东北地区的粮食调出量逐年上涨趋势明显。2001—2017年共上涨6 466.9万吨,年均上涨380.4万吨。

综合来看,在研究年限期间,东部地区粮食没有调出,全部是调入,调入量逐年增长趋势十分明显,说明其是全国粮食主销区;西部地区虽有较少的调出量,但绝大部分需要调入,不能满足本地区的需求;中部地区有较多的粮食调出量,但相对东北地区来说还是有一定差距的;东北地区粮食调出量的遥遥领先,在很大程度上能够说明其在粮食生产中的地位和贡献。

综上所述,单从数据上看,东北地区在粮食播种面积、粮食产量和粮食单产上相比三大地区都不具备优势,西部地区在粮食播种面积上占据优势地位,中部地区在粮食产量上占据优势地位,东部地区在粮食单产上占据优势地位,但2013年东北地区粮食单产已赶超东部地区。从变化趋势来看,相比三大地区而言,东北地区的变化曲线都是上涨趋势。在其他地区下降或稳定的情况下,东北地区粮食生产数据的明显增长,足以说明东北地区作为全国粮食的主产区,其地位越来越重要,贡献越来越大。

4.3　本章小结

本章通过分析东北地区粮食生产现状,发现黑龙江省在粮食播种面积、产量、调出量中均占有优势,在单产中优势较弱;吉林省在粮食单产和调出量中占优势地位;辽宁省小麦单产占据优势地位。通过对四大地区粮食生产的比较分析发现,东北地区作为全国粮食的主产区,其地位越来越重要,贡献越来越大。

第 5 章　粮食生产主体发展分析

我国的农业生产从中华人民共和国成立之前到改革开放再到如今,发生了翻天覆地的变化,从事农业生产和经营的人或组织也经历了诸多变革,即农业生产的主体也在发生着变化,中国正在以农村单个农户为生产主体向多种形式的生产主体转变[111]。通过整理已有研究,我们发现,对于从事粮食生产和经营主体的研究多是放在研究农业生产经营主体的范围之内的,即农业生产主体(或称农业生产经营主体)涵盖了粮食生产主体的内容,且常以传统和新型来说明从事农业主体的发展变化,因此本章主要以农业生产主体的发展为主进行阐述。

5.1　农业生产主体发展背景

从历史上看,我国一直都有小农经济分散经营的特点。中华人民共和国成立后,我国农业生产经营主体经历了几个重要阶段,从初期的个体经营到发展互助组,再到农业合作社模式,逐渐过渡到人民公社模式的集体经营,这种小农经济的分散经营方式一直延续到20世纪70年代末。这一时期,虽然土地是集中的,但农民的生产积极性差、农业生产效率低、农业的效益低下、农产品供给严重不足。改革开放后,我国开始实行家庭承包经营制度,普通农户是主要农业生产主体,虽然家庭经营在一定程度上解放了农业生产力,但农业生产特点仍然沿袭了小农生产方式,土地相对分散,生产效率低。从20世纪80年代中期开始,乡镇企业蓬勃发展,促使了农业生产方式开始有所转变,农业劳动生产效率明显提升,推动了从事农业生产者分化现象的出现[112]。农业劳动力流向非农产业,土地开始不断流转,传统的小农生产方式无法适应经济社会的发展变化,农业生产方式开始变化。当时许多研究认为,多种农业经营主体的出现,开始于土地的流转,汪发元认为,我国农业经营主体的现状完全是由我国农村的土地性质决定的[113]。至今,各类新型的农业经营主体的生产和发展仍基于土地的流转,同时也极大地受到国家政策调整、农业发展环境以及农民思想意识转变的影响。

5.1.1　土地流转为多种生产经营主体的产生提供条件

我国的土地流转开始于20世纪80年代,在很长一段时间内流转规模相对稳定,且发展缓慢,流转面积比基本维持在4.4%~5.4%。至2007年和2008年,全国土地流转速率明显提升,尤其是2008年,土地承包经营权的流转面积达731.18万公顷,占承包耕地总面积的

8.7%(图 5.1)。2009—2015 年,土地的流转促使规模经营主体发展较快,流转面积从 1 006.7 万公顷增加到 2 979 万公顷,流转面积占承包面积比重由 12%增加到 33%。土地流转速度的提高,推动了多种类型的农业经营主体的出现和发展。2016 年,全国流转的土地中,有 58%流入承包农户手中,加快促进了专业大户和家庭农场的产生。全国经营承包耕地面积在 50 亩以上的农户数量由 274 万户增加到 341 万户,这些农户经营的耕地面积约为 3.5 亿亩,占耕地总面积的 26.4%[114]。2016 年,东北三省耕地流转面积达 693.33 万公顷,占全国总耕地流转面积的 21.7%,其中流转的耕地中 91.5%流转到农户和合作社[115]。

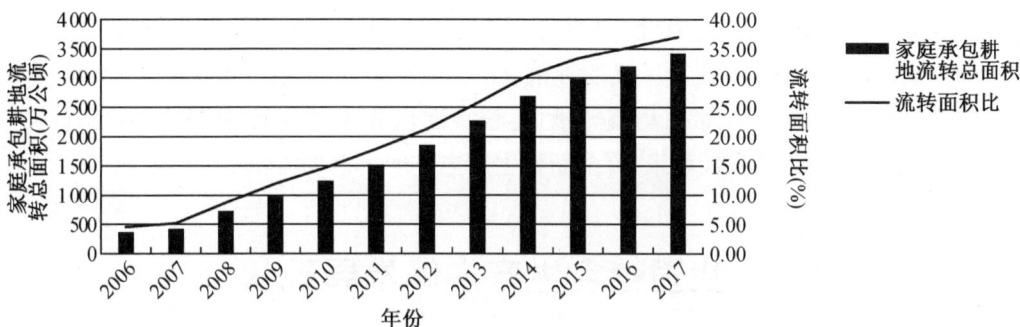

图 5.1　2006—2017 年家庭承包经营耕地流转情况

数据来源:《中国农业统计资料》以及国家统计局网站。

5.1.2　鼓励多种农业生产经营主体发展

基于我国的国情与农业发展的历程和特点,无论在国家层面还是在学术界,应发展不同类型的农业生产经营主体的观点一直被认可。国家层面根据不同阶段的发展实际,出台土地流转相关政策,以及鼓励发展多种农业生产经营主体发展的政策。1986 年,中共中央、国务院《关于一九八六年农村工作的部署》中首次出现了适度规模的概念,提出支持耕田好手通过耕地流转集中的方式发展适度规模的专业化粮食生产。随后人们开始探索土地的规模经营、经营方式和主体等,发展新型农业经营主体成为每一年中央涉农会议和文件的重要内容[116]。2008 年,中国共产党第十七届中央委员会第三次全体会议通过的《中共中央关于推进农村改革发展若干重大问题的决定》提出:"加强土地承包经营权流转管理和服务,建立健全土地承包经营权流转市场……有条件的地方可以发展专业大户、家庭农场、农民专业合作社等规模经营主体。"2012 年,党的十八大报告提出:"培养新型农业经营主体,发展多种形式规模经营,构建集约化、专业化、组织化、社会化相结合的新型农业经营主体。"2013 年,中央农村工作会议提出:"鼓励发展、大力扶持家庭农场、专业大户、农民合作社、产业化龙头企业等新型主体。"2014 年,中共中央办公厅、国务院办公厅印发的《关于引导农村土地经营权有序流转发展农业适度规模经营的意见》提出:"实践证明,土地流转和适度规模经营是发展现代农业的必由之路。"2015 年,中共中央、国务院印发的《关于加大改革创新力度加快农业现代化建设的若干意见》提出:"鼓励发展规模适度的农户家庭农场,完善对粮食生产规模经营主体的支持服务体系。"2016 年,《中共中央 国务院关于落实发展新理念加快农业现代化实现全面小康目标的若干意见》再次强调:"探索开展粮食生产规模经营主体营销贷款改革试点。积极培育家庭农场、专业大户、农民合作社、龙头企业等新型农业经营主体"。《中共中央 国务院关于坚持农业农村优先发展做好"三农"工作的若干意见》(2019年)和《中共中央 国务院关于抓好"三农"领域重点工作确保如期实现全面小康的意见》(2020年)均突出了抓好家庭农场和农民合作社这两种新型农业经营主体的发展的主题。

5.1.3　农户思想观念的转变促使生产方式转变

随着农业的多样化发展,与农业现代化进程的推进,越来越多的粮食种植农户意识到小农生产方式的许多弊端,改变了传统的种粮观念。为适应农业生产方式的转变,也为响应国家政策号召,许多农户开始主动流转土地,包括向内和向外流转,探索规模经营的方式,多种粮食生产主体逐渐发展起来,许多新型生产主体的土地均流转自普通农户。

5.2　我国粮食生产主体发展现状

改革开放以来,我国粮食生产主体逐渐呈现多种类型并存的格局,主要包括传统意义上的农户和与之相对而言的新型农业经营主体[117],目前我国对新型农业经营主体的分类还没有统一的标准。综合现有研究,新型农业生产主体主要包括专业大户(种粮大户)、农民专业合作社、家庭农场,农业企业等,普通农户始终是最基本的生产主体[118]。与粮食生产主体分类相关的是郭红东和王长川进行的分类[119],见表5.1。由于本书所研究的主体为普通农户、种粮大户、家庭农场、农民专业合作社,因此本章就这几类主体分析其发展情况。

表 5.1　粮食生产主体分类及特征

主体类型		特征
普通农户	小规模农户	使用家庭劳动力,粮食生产经营面积<5亩的农户
	中等规模农户	使用家庭劳动力,粮食生产经营规模在5~20亩的农户
种粮大户		以家庭劳动力为主,土地转入达到一定规模(20~100亩),多集中在20~50亩
家庭农场		以家庭劳动力为主,从事农业规模化、集约化、商品化生产经营,并以农业收入为家庭主要收入来源的新型农业经营主体(100亩以上)
农民专业合作社		大部分以种粮专业大户或家庭农场领头,吸引一部分小农户组建而成的合作组织
公司农场		注册为法人企业,包含工商资本办的农场企业等

5.2.1 普通农户

自改革开放以来,家庭联产承包责任制的实施使农业生产的主体从农民集体回到了以农户为单位的家庭,产生了数以亿计的小农户,农民以家庭作为基本的经营单位,以家庭成员作为农业生产的劳动力,在家庭承包耕地上生产,不太涉及土地流转等,呈现分户生产、自给自足、规模小、分散经营的特点。在中国的农业经营主体中,传统农户始终是最基本的单位,且总体数量仍然在增加,根据国家统计数据,到 2013 年 9 月底,我国普通农户有2.67 亿户,占农业经营主体的 99.3%[113]。根据中华人民共和国农业农村部(简称农业部)调查结果,我国 2014 年有农户 2.4 亿多户,2015 年有 2.67 亿农户,较上一年增加了 0.7%,经营面积在 10 亩以下的农户占比为 85.7%。根据第三次全国农业普查数据,2016 年全国有 20 743 万农业经营户,其中,398 万户为规模农业经营户,其余为普通农户。2017 年,全国有 2.6 亿农户,经营规模在 30 亩以下的占 96%[120]。总体来看,我国仍然是以小农户分散经营生产为主,规模经营体系尚未形成,传统农户一直占有生产主体的绝大多数,并且这一现象会长期存在。

5.2.2 种粮大户

随着农民工外出务工、土地的流转和国家政策的鼓励,随之而出现的是各类专业大户。当时刚出现的专业大户主要是以农业某一领域的专业化生产经营为主,开始实现规模化生产经营的农户,尤其是从事种植业的农户,最开始进行了大量土地的流转,形成了规模化的种植[121],在粮食生产和经营领域即出现了种粮大户。种粮大户多内生于农村,最初主要是种粮能手发展演变成种粮大户[122]。罗振军和于丽红认为,"种粮大户是专业大户中的一个类型,目前已经发展成为新型农业经营主体的重要组成部分"[123]。

目前,关于种粮大户的界定和划分并无统一的标准,对于不同种类的作用,划分标准也不同,全国不同地市自行制定了相应符合当地情况的划分标准。目前在学术研究方面,普遍采用的种粮大户划分标准是农业部 2013 年在全国范围内对种粮大户和粮食生产合作社进行摸底调查时的标准,即基于南北农业资源的不同,将南方种粮大户的标准确定为经营的耕地面积大于 50 亩(3.33 公顷),北方耕地面积大于 100 亩(6.67 公顷),其中经营的耕地面积包括承包耕地和流转耕地。种粮大户是土地流转后,最初出现的规模经营主体,呈不断发展和壮大的态势,但最初缺乏有效统计,直至 2013 年,农业部才真正针对一些新型农业经营主体开展摸底调查。据统计,全国种植面积超过 6.67 公顷的种粮大户不少于 47.84万户,经营的总耕地面积约为 649.6 万公顷,占总耕地面积的 5.3%[124],且主要分布在北方地区,其中,黑龙江省总数超过 30 万户。内蒙古和吉林省种粮大户分别为 59 562 户和54 819 户,均突破了 5 万户。由此来看,种粮大户在人均耕地面积较大的区域已逐渐发展成为重要的生产主体[125]。2012 年底,种粮大户发展到 68.2 万户,占全国农户数量的0.28%,这些种粮大户经营的耕地面积为 893 万公顷,占全国总耕地面积的 7.3%[126]。2013年底,全国的种粮大户经营耕地面积大于 50 亩的超过 287 万户,2014 年底,经营面积大于50 亩的各类农户超过 341 万户,2015 年超过 356 万户。

近年来有许多向种粮大户倾斜的农业政策出台,在补贴等方面调动了种粮大户的积极性,例如 2012 年中央财政部下拨 6 亿元在几个粮食主产省开展种粮大户补贴试点。2014 年,四川省出台了针对种粮大户的相关补贴政策,随着种粮规模大小进行针对性补贴,种粮规模越大补贴越高。但在专业大户中,由于粮食生产环节能够获得的利润和收益低,并且存在许多诸如劳动力不足、资金周转的瓶颈问题,因此从事粮食生产的在专业大户中占比较低,发展较缓慢。

5.2.3　家庭农场

“家庭农场”起源于欧美国家,原指欧美国家的大规模经营农户,但在我国具有不同的含义[127]。现有文献中,绝大多数人认为,发展“家庭农场”首次被提出是在 2013 年“中央一号文件”中。实际上我国早在 2008 年十七届三中全会时就已经提到“家庭农场”一词。之后 2013 年的“中央一号文件”又开始强调鼓励发展家庭农场。我国家庭农场处于起步阶段,各省具体的认定范围和标准存在较大差异,同时对认证注册登记也没有严格限制。2013 年,农业部认定家庭农场的标准为:经营者应具有农村户籍;以家庭成员为主要劳动力;以农业收入为主;经营规模发展到一定水平并保持相对平稳,如从事粮食生产的,租期或承包期超过 5 年的耕地经营面积达到 3.33 公顷(一年两熟制地区)或 6.67 公顷(一年一熟制地区)以上[118]。

目前,对家庭农场普遍的定义是:家庭农场的主要劳动力是农户的家庭成员,从事农业规模化、集约化、商品化生产经营,家庭主要收入来源以农业收入为主,收入水平与当地居民平均水平相近,同时经营稳定性相对较高的一种经营模式[119]。家庭农场主要有三大特点:一是依赖家庭成员进行农业生产,即便雇工,也仅仅是起到协助作用;二是专门进行农业生产,其中以种养业的专业化生产为主;三是具有较大的种养规模。目前我国家庭农场大多采用大规模机械化种植粮食作物的模式,作物相对单一,一般选用农业机械耕作[128]。最具成效性和代表性的家庭农场所在地区有浙江省宁波市、上海市松江区、湖北省武汉市、吉林省延边市和安徽省郎溪县。

(1)家庭农场数量快速增加。2013 年“中央一号文件”发布后,各地家庭农场有了快速的发展,家庭农场数量迅速增加。农业部于 2013 年对家庭农场开展专项调查,数据表明,家庭农场已开始起步,初具规模,且专业化和规模化水平相对较高。根据家庭农场发展报告数据,至 2012 年底,全国 30 个省、区、市(不含西藏,下同)符合此次统计条件的家庭农场共计 87.7 万个,占全国农户总量的 0.34%。其中被有关部门认定或注册的有 3.32 万个。全部统计的家庭农场总经营耕地面积 1 173.3 万公顷,占全国承包耕地面积的 13.4%。经营规模较大,平均经营耕地面积 13.33 公顷,是全国承包农户平均耕地面积的近 27 倍[118]。2013 年,农业部认定的家庭农场数量增加到 7.23 万个。2014 年,是我国家庭农场快速发展和推进的重要年份,国家指导意见相继出台,农业部印发了更加具有明确指导意义的《关于促进家庭农场发展的指导意见》。所有的省份相应出台了更加详细的家庭农场发展指导意见。带动了家庭农场数量的快速增长。经营的耕地面积也是稳步增加。2014 年,家庭农场数量达到 13.9 万个,比 2013 年增加了 92%。至 2019 年底,全国进入农业部家庭农场名录的已经达到 70 万个。近年来,家庭农场经营耕地主要依靠流转而来,2016—2018 年流转的耕地面积超过 70%(表 5.2)。

表 5.2　2013—2018 年我国家庭农场数量以及经营耕地情况

时间	家庭农场数量 (万个)	经营耕地面积 (万公顷)	来自流转的耕地面积 (万公顷)	流转面积占比(%)
2013 年	7.23			
2014 年	13.90			
2015 年	34.30	222.90		
2016 年	44.50	378.33	378.33	70.8
2017 年	54.90	461.06	312.49	70.4
2018 年	60.00	1 066.67	758.40	71.1%

(2)从家庭农场从事产业来看,从事种植业的家庭农场占多数,自 2015 年起种植业家庭农场占家庭农场总数的比例超过 60%,养殖业类型其次。且在种植业类型家庭农场中,从事粮食生产的家庭农场为多数,占从事种植业家庭农场数量的 65% 左右。即从事粮食生产的家庭农场占家庭农场总数的 40% 以上,结构呈良性发展(表 5.3)。

表 5.3　种植业和粮食生产家庭农场数量

时间	种植业家庭 农场数量(万个)	占家庭农场 总数比重(%)	粮食生产家庭 农场数量(万个)	占种植业比重(%)
2012 年	40.95	46.7		
2015 年	21.20	61.9	14.40	67.9
2016 年	27.10	60.8	17.80	65.8
2017 年	33.70	61.5	22.50	66.6
2018 年	37.62	62.7	23.85	63.4

(3)对于家庭农场的规模没有限定。从发展实际来看,经营的耕地面积大小不一。且耕地规模在 3.33~13.33 公顷的占大多数,2015—2018 年,在此范围的家庭农场数量均占家庭农场总数的 60% 以上,平均每个家庭农场耕地面积 11.67 公顷左右。如图 5.2 所示。

5.2.4　农民专业合作社

农民专业合作社能够将分散经营的小农户组织起来,以土地入股的形式,集中分散的资金、土地和劳动力,联合生产,使粮食生产规模化,也能够促进机械的使用,提高农民培训的作用,加快新技术推广[129]。同其他新型经营主体相比,农民专业合作社是唯一有明确法律规定可依的主体。2007 年 7 月 1 日,国家实施了《中华人民共和国农民专业合作社法》,

后于 2017 年重新修订并于 2018 年 7 月 1 日起开始施行。相对来说,合作社更加容易对各种生产要素和资源进行整合,最有可能满足农业生产规模化、集约化发展的要求[130]。2019年的"中央一号文件"提出要促进农民合作社规范发展。我国农民专业合作社以及粮食生产合作社发展呈以下特点。

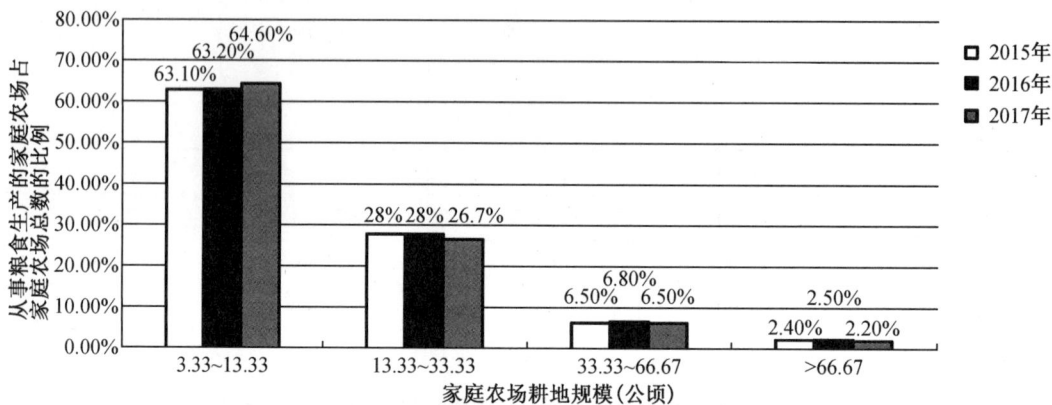

图 5.2　从事粮食生产的家庭农场经营耕地规模分布

(1)数量不断增加,但增速呈放缓趋势。自 2007 年开始,农民专业合作社发展迅速,据统计,当年合作社数量以每月一万家的速度迅速增长。经过十多年的发展,至 2018 年 2 月末,全国备案在册的农民专业合作社达 204.4 万家,是 2012 年的 3 倍;实际入社农户 11 759万户,占全国总农户数的 48.1%。但自 2015 年起,整体来看增速呈放缓趋势。

(2)农民专业合作社以种养业为主,占总体数量的 80% 以上,其中,粮食类生产合作社占少数。彭超等指出,2011 年粮食生产合作社占比不到 12%,且实力强、效益好的是少数。2012 年农业部公布的全国 600 家示范合作社中,从事粮食生产类的合作社只占 10%,且大多数只存在于生产环节[131]。黑龙江省委农村工作办公室原主任王忠林认为,在合作社中,种植类合作社由于种植环节相对于销售环节利润低而非常少,且在种植类合作社中,粮食的效益相对偏低,因此真正种植粮食的合作社少,而种植蔬菜、水果、特色农产品的相对较多。但随着政策的变化以及合作方式的不断创新,可以看出粮食生产合作社的比重呈上升趋势,见表 5.4。

表 5.4　农民专业合作社数量发展情况

时间	农民专业合作社数量(万个)	增长率(%)	粮食类合作社数量(万个)	粮食类占全部合作社比重(%)
2010 年	37.90			
2011 年	52.17	37.65	6.00	11.5
2012 年	68.00	30.34	5.90	8.68
2013 年	89.00	30.88	5.90	6.60
2014 年	113.80	27.87	21.30	18.72

表 5.4(续)

时间	农民专业合作社数量(万个)	增长率(%)	粮食类合作社数量(万个)	粮食类占全部合作社比重(%)
2015 年	133.60	17.40	27.60	20.66
2016 年	156.20	16.92	32.40	20.74
2017 年	193.30	23.75	37.90	19.61
2018 年	204.40	5.74		
2019 年	220.10	7.68	39.60	18.00

5.3　东北地区粮食生产主体发展情况

东北地区粮食生产主体的发展与我国整体发展历程与趋势相同,同时由于东北地区的地理区位以及农业生产和发展的特点,又具有东北地区的特殊性。东北地区耕地的特点是相对较为集中,且连片,更容易实现规模经营,耕地流转面积大。2016 年,东北三省家庭经营耕地规模 3.33~6.67 公顷、6.67~13.33 公顷和 13.33 公顷以上的农户数量占全国对应比重的 34.5%、37.9% 和 37.2%。同年,东北三省耕地流转面积达 693.33 万公顷,占全国耕地总流转面积的 21.7%。流转的耕地中 91.5% 流转到农户和合作社手中。东北三省流转的耕地中用于种植粮食作物的面积占区域家庭承包耕地流转面积的比重为 79.6%,占全国流转用于种植粮食作物的耕地面积比重为 30.57%,这表明东北三省耕地仍以扩大粮食生产为主。

东北地区从事粮食生产的新型农业经营主体发展较好,例如,在家庭农场和农民专业合作社中,从事粮食产业的个体比重显著高于全国平均水平。2016 年,全国从事种植业的家庭农场占家庭农场总数的 60.8%,从事粮食产业的占 40%,同年,东北地区从事种植业的家庭农场占区域家庭农场总数的比重为 86.1%,从事粮食产业的占总数的 74.3%。全国从事种植业的农民专业合作社比例是 53.98%,从事直接粮食产业的占 20.8%。同年,东北地区从事种植业的农民专业合作社的比例为 60.68%,从事直接粮食产业的占总数的 60.68%。这表明从全国来看,东北地区家庭农场和农民专业合作社中主要以粮食生产经营为主,东北粮食产业具有很大的发展潜力[115]。

5.3.1　黑龙江省粮食生产主体发展情况

黑龙江省在创新发展农业经营主体方面进行了积极探索和尝试,2005 年以前,黑龙江省通过独有的自然资源优势和政策、科技、机械等多方面努力发展,早期已成为农业大省,粮食产量位居全国前列,但此时多种农业经营主体发展较为落后。2005 年开始,黑龙江省农业开始了飞跃发展,农户对种植品类进行了一系列的调整,由单一粮食生产变为种植多元化作物,农业基础设施不断完善,加大了对农业科技的投入力度。至 2010 年,黑龙江省的粮食生产有了跨越式的发展,体现在粮食产量的不断增加、农业收入的较快增长、规模化经营面积增加等方面,开始形成特色农产品的专业大户以及农业科技合作社。同时,家庭农场在 2010 年以前的数量极少,各村镇仅 1~2 个,建立了农机合作社和种植专业合作社。2010 年以后,黑龙江省农业开始多元发展,打造特色农业,粮食生产也迈上新的台阶,粮食播种面积不断加大,产量逐年增加,涌现出更多的农业生产经营主体,即新型农业经营主体快速发展。

本书所研究的黑龙江省粮食生产主体主要包括以下四类:普通农户、种粮大户、家庭农场以及农民专业合作社[132]。

1. 普通农户

传统农户始终是粮食生产最基本的主体,自 2008 年起乡村户数呈较为稳定的增长(图 5.3),由 2008 年的 504.9 万户增长到 2018 年的 530.8 万户。根据第三次农业普查数据,黑龙江省 2016 年农业经营户数量为 328.5 万户,其中规模农业经营户 55.3 万户,各类新型农业经营主体约 19 万个。

图 5.3　2008—2018 年黑龙江省乡村户数

2. 种粮大户

黑龙江省作为农业大省,在粮食作物种植方面一直稳居全国首位,由于黑龙江省土地从全国来看具有相对集中、人均耕地面积大的特点,因此黑龙江省种粮大户发展的势头较足,发展速度较快。根据国家统计局黑龙江调查队于 2015 年对种植面积在 1 000 亩以上的种粮大户的调查结果显示,从事粮食生产的主要原因是规模效益较大,和对国家政策扶持满意度较高,同时大部分种粮大户有注册家庭农场和加入合作组织的意愿,种粮大户存在一定程度的兼业,如兼畜牧业、粮食收储、零售业、加工业等。

目前,对规模种植户一般按照专业大户或种植大户的口径来加以统计,但在黑龙江省,从事粮食生产的专业大户占绝大多数。2012 年,黑龙江省经营规模较大的种植大户有 8.7 万个,其规模经营面积均达 13 公顷以上,土地规模经营面积 130 多万公顷。2013 年种粮大户(包括家庭农场)达 10.1 万户,规模经营面积 5 000 万亩。2014 年,继续增长 4 000 多户,达 10.5 万户,规模经营面积 5 700 万亩,同比增长 12%。随着国家政策对新型农业经营主体发展的支持,种粮大户数量不断增长,且国家统计局黑龙江省调查总队对 2017 年全省各市县拥有 1 000 亩以上耕地的专业大户的抽样调查结果显示,专业大户中近八成选择粮食种植。这一调查数据反映了黑龙江省专业大户的种植规模在稳定增长且不断扩大[133]。就黑龙江省哈尔滨市所辖地区而言,2017 年专业大户的数量就较 2015 年时增长了近 10 倍,且增长势头不断攀升。

3. 家庭农场

很多家庭农场是从专业大户发展而来的,因此在统计过程中,常将二者一起统计。2012 年,黑龙江省经营土地面积在 1 000 亩以上的家庭农场有 911 个[134],自 2013 年起,国家提出大力发展家庭农场的战略后,黑龙江省家庭农场开始蓬勃、多样化发展。2014 年,随着农业部印发了更加具有明确指导意义的《关于促进家庭农场发展的指导意见》推进家庭农场的发展进程,黑龙江省下发《关于鼓励和扶持新型农业经营主体发展意见》,对新型农业经营主体进行扶持,农业补贴向家庭农场倾斜。家庭农场数量达到 2012 年的 3 倍。随着黑龙江省农业政策支持力度的加大、农业产业结构的调整以及农业的加速发展,2015 年,黑龙江省家庭农场数量达到 1.86 万个,经营土地面积 39.9 万公顷[134],黑龙江省家庭农场从事的产业大多是种植业,数量为 1.58 万个,占家庭农场总数的 85%。2016 年,黑龙江省出台《黑龙江省农民家庭农场认定管理办法》和《黑龙江省示范家庭农场创建管理办法》,进一步完善了家庭农场的认定标准,提出了相应的具体要求,使家庭农场的发展逐步规范。截至 2017 年底,全省农民合作社 9.6 万个,家庭农场(包括农业大户)10.9 万个。家庭农场的队伍不断壮大,是当前黑龙江省粮食生产主体的非常重要的部分,且发展势头良好。

4. 农民专业合作社

2007 年,黑龙江省农民专业合作社数量为 419 个,入社成员 4 560 户。自 2009 年开始实施《黑龙江省农民专业合作社条例》后,农民专业合作社发展迅速且以种植业和养殖业为主。2009 年,黑龙江省农民专业合作社数量为 6 480 个[135],2010 年,数量增加到 14 347 个,带动农户 110 万户,其中从事种植业的合作社为 7 496 个,占总数的 52%。

2011 年底,全省农民专业合作社总数为 18 853 个,比 2010 新增 4 236 个,社员 20.6 万人,带动农户近 100 万户,从事种植业 10 051 个,占总数的 54%。2012 年增长到 29 089 个,与 2007 相比增长了 69 倍,入社成员增加到 40.06 万户,增长 88 倍,从事种植业 14 738 个,占总数的 54.2%,合作社规模经营土地的面积达到 2 296 万亩[136]。2013 年开始,"中央一号文件"中提出鼓励专业合作社发展,黑龙江省农民专业合作社的发展迈上了新台阶,数量达 5.1 万个,2014 年 9 月,数量新增 5 000 多个。截至 2016 年底,黑龙江省农民专业合作社有 8.93 万个,约占全国总数的 5%。总体来看,农民专业合作社不断发展壮大,且从事的范围越来越广,服务内容和功能不断增加,带动了更多的农户,从事粮食生产的合作社也同时增加。

5.3.2 吉林省粮食生产主体发展情况

吉林省农业生产主体包括粮食生产主体,主要是以家庭为单位的普通农户为主。根据吉林省第三次农业普查数据,吉林省 2016 年农业经营户 308.55 万户,其中普通小规模经营农户 293.9 万,规模农业经营户 14.65 万户。自 2008 年以来,吉林省乡村户数经过了快速增加又减少的过程,由 2008 年的 399.1 万户增加到 2015 年的 428.2 万户,至 2019 年又减少到 426 万户,如图 5.4 所示。

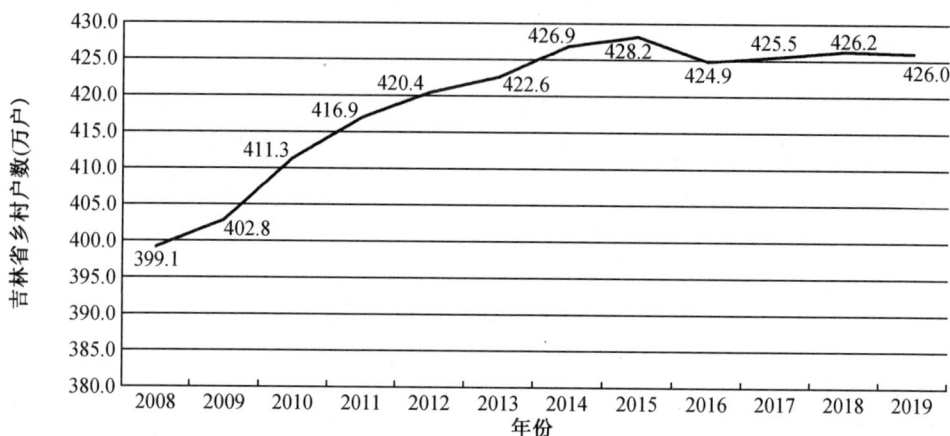

图 5.4　2008—2018 年吉林省乡村户数

吉林省经济社会快速发展,同时新型农业经营主体也随之快速发展,逐渐形成一定的规模,目前新型农业经营主体已经成为农业发展的中坚力量。吉林省的专业大户是从相对较大规模的种养农户发展起来的,数量多,发展速度快。截至 2015 年底,吉林省专业大户 28 162 个,家庭农场 21 558 个,农民专业合作社 62 733 个[137]。至 2019 年,新型农业经营主体总数达 22.18 万户,经营规模 2 455 万亩。

由于专业大户运营模式在一定程度上类似于家庭农场,因此有一部分专业大户开始转向家庭农场经营。吉林省家庭农场自 2010 年的 18 340 个发展到 2015 年的 21 558 个,以种植业为主,数量为 19 243 个,占 89%。尤其是在 2013 年"中央一号文件"提出大力扶持家庭农场发展后,吉林延边作为全国五个代表性的家庭农场发展模式之一,发展迅速,发展的质量和数量均显著。吉林省家庭农场机械化水平较高,同时规模经营面积较大,到 2015 年底,家庭农场经营性耕地总面积 421 万亩,经营面积 50~200 亩的占 47%,201~500 亩的占 31.8%、501~1000 亩占 18.3%、1001 亩以上占 2.9%。至 2019 年,家庭农场总数 31 227 个,被农业主管部门认定的县级以上示范社 2 189 个,国家级示范社 69 个[138]。

2003 年以前,是吉林省农民专业合作社萌芽阶段,主要是粮食种植业和养殖业,此时合作社的规模小,服务内容单一。2003—2007 年,合作社的发展得到重视,省里出台了一系列政策加以支持,由 2003 年的 2 491 个增加到 2007 年的 4 510 个,增长了 81%。此阶段合作社除粮食种植和养殖外,还扩展了多个领域,丰富了服务内容和环节,但由于没有统一规定和指导,因此发展不规范[139]。2007 年至今,农民专业合作社数量和质量有了非常快速的发展,尤其是 2009 年吉林省颁布了《吉林省关于扶持农民专业合作社发展若干政策的意见》后发展迅速,在带动农户增收方面成效显著,合作社数量从 2009 年的 5 723 个到 2014 年的

52 065 个,增长了 9 倍,有 93 个国家级示范社,1 743 个省级示范社[140]。其中 2011 年合作社数量达到 21 331 个,比 2010 年增长近 30%,超额完成"十一五"的计划目标,随后也是逐年增长。2013 年数量为 43 035 个,居东北三省第一,农民专业合作社联社 66 户。2015 年又增长了 20.2%,达到 62 733 个,平均每个合作社带动农户数近 13 户,处于东北三省中间水平。2016 年为 7.56 万户,是 2007 年的 16.7 倍。粮食生产逐渐规模化,机械化水平不断提高,且就其类型来看,从事种植业的合作社占 57.05%,2007—2015 年,合作社的发展带动了大量农户,带动农户数量从 2007 年的 7 万户到 2015 年的 240 万户。并使农民稳步增收,现已占据农业经营主体的主要地位。2019 年,吉林省农民专业合作社数量达到 8.94 万户,是 2007 年的近 20 倍,带动农民 105.1 万人,发展质量明显提升[141],其中国家级示范社 143 个,省级示范社 171 个,均高于全国平均水平。

5.3.3　辽宁省粮食生产主体发展情况

辽宁省农业生产主体包括粮食生产主体,在当前与今后相当长的一段时期内,都是普通农户占绝大多数的状态。同时,辽宁省新型农业经营主体已经成为当前农业发展的重要力量。

1. 普通农户

辽宁省农户数量多于黑龙江省和吉林省。根据第三次农业普查数据,2016 年,辽宁省农业经营户 552.7 万户,其中普通农户 540 万户,规模农业经营户 12.7 万户。2008—2010 年乡村户数快速增加,但自 2010 年以来,乡村户数有下降的趋势,由 2010 年的 722.9 万到 2019 年的 708.3 万户,如图 5.5 所示。

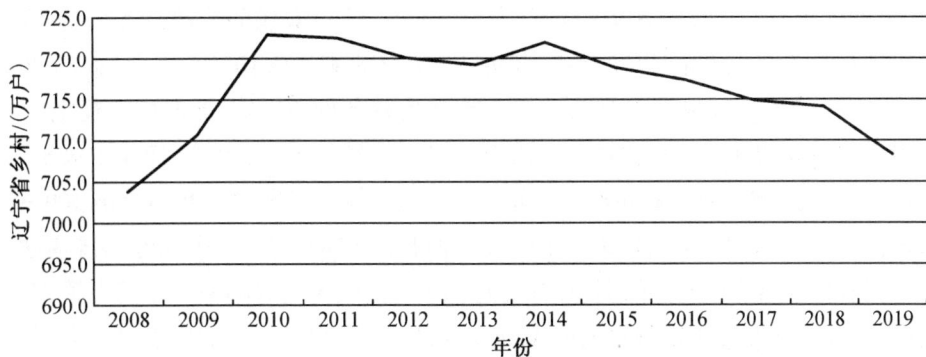

图 5.5　2008—2018 年辽宁省乡村户数

2. 种粮大户

种粮大户在辽宁省已经成为重要的农业生产主体之一,但占比不多。2013 年,沈阳农业大学新农村研究院对辽宁省种粮大户进行了一次大样本调查,调查的种粮大户标准为规模 6.67 公顷以上,种粮大户占农户总数的 0.43%,规模在 6.67~13.33 公顷的大户占多数。

调查结果显示,种粮大户的数量与农民外出打工人数和人均耕地面积呈正相关。种粮大户的土地大部分来自流转,流转的土地占经营土地面积95%。绝大多数种粮大户实现了全机械化,种粮大户的机械化水平明显高于普通农户[142]。

3. 家庭农场

辽宁省属于东北地区的典型农业大省,耕地面积达到了409.3万公顷,占辽宁省土地总面积的27.7%,具有先天的地理优势、肥沃的土地资源,为家庭农场的培育提供了良好的条件[143]。辽宁省的家庭农场行业种类比较多样化,比如种植业、畜牧业、渔业、种养结合等行业,但是以种植业为主。辽宁省家庭农场在2013年有关扶持政策下达后开始快速发展,辽宁省第一个家庭农场"大洼区宝振水稻种植家庭农场"于2013年在盘锦市工商部门登记备案,之后,仅仅半个月,大洼区就已经备案登记了110个家庭农场,截至2013年底,辽宁省在农业部门登记的家庭农场共计1 441个[144],经营的耕地面积约36.6万亩,其中,耕地面积超过1 000亩的家庭农场近90个,每个家庭农场平均耕地面积约283.5亩[145]。到2014年底,辽宁省家庭农场的发展又迎来了一波高峰,新增家庭农场为1 551户,达到近3 000户,比2013年增加一倍。辽宁省家庭农场在2015年这一年得到了蓬勃的发展,也取得了历史性的进步[141]。到2015年5月,通过相关部门认证的家庭农场有3 620个,基本上完成了各地区的全覆盖,其中沈阳市区域的家庭农场数最多,已经达到551个。其中规模比较大的家庭农场一般是由种粮大户发展而来,经营的土地多是本村或组的土地流转而来[146]。为了大力发展家庭农场,按照《辽宁省省级示范家庭农场评选暂行办法》,2015年6月,辽宁省选举出省级示范家庭农场共计202个,并给予官方的奖励。同时顺利地推动了铁岭、葫芦岛、锦州、抚顺等地区的家庭农场,为整个辽宁省的家庭农场的发展提供了宝贵经验,为全省树立了榜样[141]。到2016年底,辽宁省的家庭农场的数量又创新高,总数达到5 321个[142]。其中,从事种植业的家庭农场有4 620家,占比86.8%;家庭农场的劳动力共有2.6万,每个家庭农场平均在4.9人左右[147]。2017年底,辽宁省的家庭农场数已经超过7 000个,是2013年的5倍,受各个区域耕地面积、人口数量等客观条件的影响,此时整个辽宁省的家庭农场数量各区域分布并不均衡,其中:沈阳市1 447个、铁岭市1 229个、锦州市725个,增长迅猛,排名全省前三位;而本溪市80个、盘锦市51个,两个区域数量并未突破100家,排在全省后两位。到2017年,家庭农场的土地经营面积为178.6万亩,平均经营规模超过240亩。从家庭农场经营产值看,年销售产品总产额18亿元,家庭农场平均年销售额24万元左右。其中10万~50万元年销售总值的家庭农场已近4 000家,总占比达53.7%[144]。2018年,辽宁省的家庭农场数量持续稳定增长,总数达到7 629个。

4. 农民专业合作社

辽宁省农民专业合作社自20世纪90年代初开始始终发展缓慢,至2005年,合作社数量仅有366个,2006年为462个[148]。辽宁省农民专业合作社进入快速发展阶段是在2007年1月发布了《中华人民共和国农民专业合作社法》之后,2007年有1 620个,2008年增长了约3.4倍,增加到5 481个,2009年继续增长到9 247个,2010年达到12 531个。从事种植业和畜牧业所占比重较大,生产经营范围和涉及的领域不断扩大[148]。到 2011 年底,辽宁省农民专业合作社数量达到 17 828 户,从事种植业的为 6 220 户,占总量的 34.88%;从事养殖业的为 5 173 户,占总量的 29.01%,其中户数在 1 000 户以上的达到 7 个市,占全省总量的 70.12%[149]。合作社总数是 2008 年的 3.25 倍,总出资额达 280 亿元,是 2008 年的 4.6 倍,成员总数达 29.7 万,是 2008 年的 4.3 倍。但总体来看总数仅占全国的 3.4%,增速低于全国当年增速。2012 年发展到 18 467 个,而到 2013 年末合作社总数已发展到 28 829 个[150],此时从事行业分布更加广泛,种植业占比最大,达到 48.5%,畜牧业占 27.89%,林业占 5.38%,渔业占 2.07%,服务业占 9.53%[151],约为 125 万户,入社农户仅占全省农户的 15%左右,低于全国的 28.5%平均水平[152]。截至 2016 年底,农民合作社发展到 4.8 万个。其中,有 2.69 万个合作社从事种植业,占总数的 56%。2019 年 9 月 4 日,国家印发《关于开展农民合作社规范提升行动的若干意见》,标志着农民专业合作社进入高质量发展的阶段。辽宁省出台了一系列政策文件,推动合作社发展,再加之积累了多年的发展经验,目前农民专业合作社运行良好。截至 2019 年 10 月末,工商部门统计的农民专业合作社达到 6.81 万个,比 2018 年增长 2.2%。入社农户和带动非成员农户数占纯农户的 39.4%,从事的产业范围较广,但仍以种养业为主,种养业占比 80%以上[153]。

5.4　本章小结

新型农业经营主体的提出是相对于普通农户而言,传统农户分散、小规模的经营方式无法跟随我国市场经济快速发展的步伐,对于发展多种农业生产经营主体早已达成共识。一方面农村经济条件的转变、各类要素的重新配置促使了生产经营主体的分化;另一方面国家政策的倾向、农民意识的转变也促进了农业新型经营主体的快速发展。但由于我国农业发展历程的特殊性,总体来看,以普通农户为基本生产单位的土地细碎化和分散经营方式仍是未来很长一段时期内我国农业发展最基本的状态。在从事粮食生产的农业生产经营主体中,种粮大户、家庭农场、粮食生产合作社发展均很迅速,已经成为粮食生产主体中重要的组成部分,为稳定粮食生产、保障粮食安全起到非常重要的作用,同时也解决了部分农村土地问题,尤其是种粮大户和家庭农场表现出的作用越来越大,并促进了农民增收。但在实际的发展中,也遇到很多困难和难以突破的瓶颈问题,比如土地流转方式的不稳定以及政策仍需完善、规模扩大带来的雇工、生产成本、机械使用问题,尤其是资金缺乏、难周转的问题。同时粮食不同于其他农产品,还要起到保障民生的作用,且东北地区作为我国粮食主产区之一,具有粮食产量高、耕地面积大、粮食商品率高的特点,农业经营主体的发展趋同于我国整体的发展情况,但又具有不同于全国的特点。因此,粮食生产应是值得迫切关注的,不同主体的发展情况也需及时看清和理性评价,应在以坚持家庭经营为基础的前提下,继续在政策上加以鼓励、在生产经营方式上加以创新,逐步解决粮食生产主体发展过程中遇到的问题,促进多个主体良性发展。

第6章　东北地区不同粮食生产主体效率测算

6.1　数据来源和评价指标体系构建

6.1.1　数据来源

在遵循代表性、准确性和时效性三项基本原则的前提下,运用分层抽样调查法进行实际调研。具体方法是:根据统计年鉴数据分析,东北地区玉米、水稻、大豆的种植比例约占粮食总播种面积的90%,因此选择这3种代表性作物进行分析。根据统计年鉴中各粮食品种的产量确定调研主产区,从大到小依次确定调查市、县和镇,采取随机抽样调查,根据不同粮食生产经营主体类型合理确定种植户的数量。

本书数据来源于2018年4月至11月东北地区不同粮食生产主体效率研究课题组于黑龙江省、吉林省、辽宁省的调研数据,调研地点为:在黑龙江省选取哈尔滨市、佳木斯市、齐齐哈尔市、绥化市、大庆市、牡丹江市;在吉林省选取长春市、吉林市、榆树市、德惠市、扶余市、四平市、公主岭市、伊通满族自治县、梨树县、延吉市、敦化市、安图县;在辽宁省选取沈阳市、开原市、葫芦岛市、辽阳市、盘锦市、阜新市、锦州市。问卷采用一对一的方式填写,发放问卷1 345份,剔除信息不完整等非有效问卷,有效问卷计为1 303份,问卷有效率96.88%,其中:(1)按种植作物划分,玉米种植户523户,占比40.14%;大豆种植260户,占比19.95%;水稻种植520户,占比39.91%。(2)按区域划分,黑龙江省调查样本数507户,占比38.91%;吉林省调查样本数417户,占比32%;辽宁省调查样本数379户,占比29.09%。(3)按照农业经营主体类型划分,普通农户628户,占比48.2%;种植大户313户,占比24.02%;家庭农场170户,占比13.05%;专业合作社192户,占比14.74%。

样本数据区域及类型分布如图6.1所示。

6.1.2　基于DEA模型的评价指标体系构建

DEA法也叫数据包络分析法,是一种非参数方法,主要评价带有类型一致的多个投入及多个产出的决策单元,将相对效率作为基础研究,把过程中的每一个投入决策单元中的主体作为一个决策单元(称为DMU),使决策单元中的每个投入产出指标保持一致,通过把各决策单元的投入和产出的数值投射到效率前沿面上,以此来求出最小投入或最大产出的效率边界,最终求得各决策单元的效率值,用来判断各决策单元效率值的生产效率是否达到 DEA 有效。数据包络分析法的优势在于不需要事先设定函数类型,也不需要对相关参数进行估计,能够有效地对多投入多产出问题进行效率评估[158]。

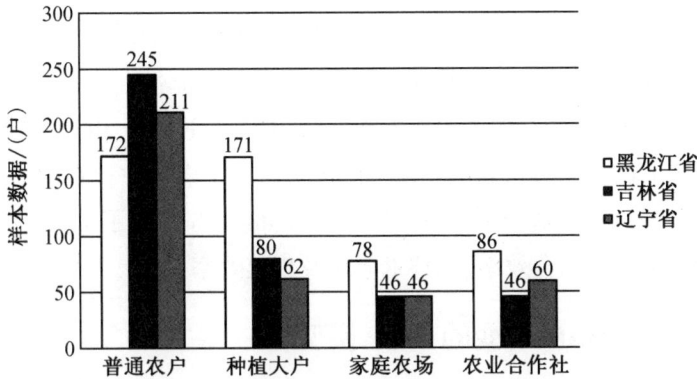

图 6.1　样本数据区域及类型分布

DEA 模型的基本形式是假设研究样本有 n 个决策单元,每个决策单元都有 m 种类型的输入和 s 种类型的输出,其表现形式为

$$\boldsymbol{X}=\begin{Bmatrix} v_1 \\ v_2 \\ \vdots \\ v_i \\ \vdots \\ v_m \end{Bmatrix}=\begin{Bmatrix} & 1 & 2 & 3 & \cdots & j & \cdots & n \\ 1 & X_{11} & X_{12} & X_{13} & \cdots & X_{1j} & \cdots & X_{1n} \\ 2 & X_{21} & X_{22} & X_{23} & \cdots & X_{2j} & \cdots & X_{2n} \\ \vdots & \vdots & \vdots & \vdots & & \vdots & & \vdots \\ i & X_{i1} & \vdots & \vdots & \cdots & X_{ij} & \cdots & \vdots \\ \vdots & \vdots & \vdots & \vdots & & \vdots & & \vdots \\ m & X_{m1} & X_{m2} & X_{m3} & \cdots & X_{mj} & \cdots & X_{mn} \end{Bmatrix}$$

$$\boldsymbol{Y}=\begin{Bmatrix} Y_{11} \\ Y_{21} \\ \vdots \\ Y_{r1} \\ \vdots \\ Y_{s1} \end{Bmatrix}=\begin{Bmatrix} 1 & Y_{12} & Y_{13} & \cdots & Y_{1j} & \cdots & Y_{1n} \\ 2 & Y_{22} & Y_{23} & \cdots & Y_{2j} & \cdots & Y_{2n} \\ \vdots & \vdots & \vdots & & \vdots & & \vdots \\ r & Y_{r2} & Y_{r3} & \cdots & Y_{rj} & \cdots & Y_{rn} \\ \vdots & \vdots & \vdots & & \vdots & & \vdots \\ s & Y_{s2} & Y_{s3} & \cdots & Y_{sj} & \cdots & Y_{sn} \end{Bmatrix}$$

其中,$X_j=(X_{1j},X_{2j},\cdots,X_{mj})^{\mathrm{T}}$ 和 $Y_j=(Y_{1j},Y_{2j},\cdots,Y_{mj})^{\mathrm{T}}$ 表示输入和输出向量,且 $X_{ij}\geqslant0$ $(i=1,2,\cdots,m)$,$Y_{ij}\geqslant0(i=1,2,\cdots,n)$,$v$ 表示第 i 种输入指标的权重,表示第 r 种输出指标的权重,有权重均由各决策单元构成的评价总体被评价对象来决定,DMU_j 对 j 个的效率评价指数为

$$h_j = \frac{\sum\limits_{r=1}^{s} u_r y_{rj}}{\sum\limits_{i=1}^{m} v_i x_{ij}}, \quad j = 1, 2, \cdots, n$$

在上式中,$v = (V_1, V_2, \cdots V_n)^T$ 和 $u = (u_1, u_2, \cdots, u_m)^T$ 是权重向量,通过选择合适的 v 和 u,使 h_j 满足:$0 < h_j < 1$,h_j 为 DMU_j 各个加权输出指标之和与输入指标的比值。A. Charnes 等首先提出了 DEA 法中的 CCR 模型,它是通过投入、产出来评价各个决策单元的效率,综合效率结果介于 0 和 1 的区间,1 代表效率值有效,小于 1 则无效[25]。由于 CCR 只能在规模报酬保持不变的情况下进行测算,适用范围具有局限性。在现实中存在较多的则是变化的、处在动态的规模报酬。所以基于 CCR 模型,R. D. Banker 等提出了 BCC 模型,该模型是从规模报酬可变的角度测算综合效率、纯技术效率及规模效率[155]。

6.1.3　选择规模报酬可变的 BCC 模型

DEA 模型中有的是从投入角度分析,有的是从产出角度分析。本书也主要根据东北地区不同粮食生产主体的特点来选择适当的模型,根据东北地区的粮食生产主体特点,形成组织化和规模化的新型经营主体的时间较短,相比普通农户来说,新型经营主体目前仍然处在发展扩建阶段,根据往年农业部数据表明新型经营主体数量不断增加,同时也因为在调研中发现土地流转年限较短,所以粮食生产主体规模报酬并没达到不变的程度,随着不受控制的外界环境影响,规模报酬仍然处在改变的时期。从投入产出角度上看,不同粮食生产主体只能通过改变投入变量来改变和实现粮食产量最大化。生产规模报酬可变是 BCC 模型的假设条件。综上所述,本书选取规模报酬可变的并且从投入角度分析的 BCC 模型更加符合东北地区不同粮食生产主体的生产现状,为此测算东北地区不同粮食生产主体的综合效率、纯技术效率及规模效率,其中:

综合效率 = 纯技术效率 × 规模效率

6.1.4　评价指标的确定

DEA 法用于测算各个决策单元上的效率值,运用线性数学规划的基本方法,将进入每个决策单元的产出值和投入值投放在同一个生产前沿面上。指标选取的适当性同时也关系到最终结果的好坏,依据 W. W. Cooper 等所说,投入和产出的输入指标可以不是一致的,在 DEA 中运行的数据不用进行量纲化处理,对输出结果并没有影响[156]。根据以上分析,同时联系东北地区不同粮食生产主体粮食生产的真实情况,本书选取表 6.1 中的投入产出指标对东北地区粮食生产主体效率进行测算。

根据参考《全国农产品成本收益汇编》和相关文献的调查问卷,内容包括粮食各项生产投入与产出的实际情况,本书经过反复测算确定投入产出指标,投入指标选取土地投入、种子投入、化肥投入、农药投入、动力投入、人工投入、固定资产投入和其他投入;产出指标为粮食生产主体总产量与生产主体总产值。

表 6.1　不同水稻生产主体相关变量

变量名称		变量定义
投入	土地投入	自有土地面积与承包土地面积之和
	种子投入	包括种子、育秧费用
	化肥投入	使用各种化肥的费用
	农药投入	使用各种农药的费用
	动力投入	插秧机、旋耕机、打浆机、收割机的租用费,水电费,机械维护费,燃料动力费之和
	人工投入	雇佣人工费用
	固定资产投入	拖拉机、插秧机、旋耕机、打浆机、大棚折旧之和
	其他投入	土地流转费、保险费之和
产出	生产主体总产量	生产面积与亩产量之积
	生产主体总产值	生产主体总产量与出售单价之积

(1)土地投入是不同生产主体种植粮食作物的耕地面积。

(2)种子投入是种子费用,选用费用作为投入指标避免当用量作为投入指标时,忽视价格对生产效率的影响。

(3)化肥投入是使用化肥的费用。

(4)农药投入是使用农药的费用。

(5)动力投入是指租用机械投入,按照租用机械费每亩价格乘以生产面积得出,包括租用打浆机、旋耕机、插秧机、收割机的费用,还包括水电费、机械维护费、燃料动力费。

(6)人工投入,粮食作物生产具有特殊性,其间需要人工管理,劳动力投入若用天数表示,工时存在不合理性,根据问卷实际调研情况,90%以上每户均有 2 人从事生产,默认为每户均有两位劳动力,所以劳动力投入以雇工投入表示。雇工投入指生产过程中,播种、追肥、喷药、人工收割,尤其水稻涉及更为复杂的起苗、挑苗、补苗、人工插秧、叠梗等环节雇工所支付的费用。

(7)固定资产是自家拥有的农用机械,包括拖拉机、插秧机、旋耕机、打浆机、收割机等用于生产的机器,使用快速折旧法折旧,将机械购买时的价格减去残值,为农机生产过程中投入的价格,按照相关规定的农机具使用年限进行折旧,根据折旧原则,农业机械计提残值15%,V 带传动的拖拉机、手扶、三轮车使用年限按 6 年计算。直接传送双驱以上的四轮农用运输车、小四轮拖拉机、大中型拖拉机等使用年限按 9 年计算。根据实际的调研情况,对机械折旧以价格为划分标准,1.5 万元以下农业机械折旧 6 年,1.5 万元以上农业机械折旧9 年。因为每一年的折旧值不同,所以机械折旧按照机械全寿命折旧后,折旧金额平均分配到每一年记为机械投入。由于水稻生产的特殊性,同时将大棚投入归入固定资产中,大棚的最高使用年限按照大棚的折旧原则,大棚计提残值 5%,水稻育秧棚为焊接式钢架结构设施,该类大棚的折旧年限按 6 年计算,调研过程中部分地区农户使用小棚进行育秧,所以对水稻育秧棚进行折旧时,折旧年限大棚按 6 年、小棚按 3 年计算。

（8）其他费用包括保险费、土地流转费等。

（9）生产主体总产量为生产面积、亩产量之积。

（10）生产主体总产值为生产主体总产量与出售单价之积。

DEA 模型在经济管理领域被广泛使用在效率评价上，但在运用中经常会遇到投入或产出为 0 或为负的现象，基本的 DEA 模型对产出值与投入值的要求必须是正数，如果存在非正数产出与投入的数据，DEA 模型使用会受到一定的限制，沈江建和龙文提出了解决负产出的方法，通过案例比较计算，将非正数用很小的正数替代，负产出用 0.001 和 0.1 替代得到了与 MATlAB 相同的正确结果，准确性会因为很小的数值变大而下降，不过仅仅影响进行数据变换的决策单元，替代值需要注意足够小的程度，最准确的是初等行变换法[157]。在本书的投入变量中，存在生产环节不雇工、生产环节不雇佣机械等投入为零的情况，而且考虑到数据量大且投入产出复杂，本书选用将非正数用很小的正数替代的方法，对投入为 0 的投入指标用 0.000 1 代替。由于各指标变量量级与量纲间差距太大，指标间进行对比与分析存在困难，需要对各个指标进行无量纲处理；尤其是土地投入与其他投入相差悬殊，在投入指标中投入费用选用万元为单位。

6.2　黑龙江省不同粮食生产主体效率的测算

本书采用 DEAP2.1 软件来测算东北地区各类粮食生产主体的综合效率、纯技术效率和规模效率，选取 DEA 模型中适用于规模报酬可变条件下的 BCC 模型。计算结果中，效率值越接近于 1 说明粮食生产主体效率越高。具体步骤如下。

（1）将同一种粮食作物不同生产主体依次代入 DEA 模型，求出其综合效率、纯技术效率和规模效率。

（2）将相同粮食品种的每个主体的平均值测算结果进行对比。

6.2.1　玉米生产主体效率测算

如表 6.2 所示，2017 年黑龙江省玉米普通农户平均玉米种植面积为 43.42 亩，最大种植面积 80 亩，最小种植面积为 10 亩；种粮大户平均种植面积为 343.56 亩，最大种植面积为 680 亩，最小种植面积为 120 亩，其规模化、集约化水平逐渐显现；家庭农场平均玉米种植面积为 1 028.11 亩，土地连片生产程度大于种粮大户，是实现规模生产的有效载体；合作社土地平均种植面积为 2 897.29 亩，本书调研合作社主要是从事玉米生产的、规范性的、真正在运营的合作社。

表 6.2　2017 年黑龙江省玉米生产主体投入产出变量描述性统计

变量名称		普通农户	种粮大户	家庭农场	合作社
土地投入（种植面积/亩）	最大值	80	680	5 000	12 000
	最小值	10	120	230	450
	平均值	43.42	343.56	1 028.11	2 897.29
	标准差	22.03	132.91	996.05	2 523.55
种子投入（元）	最大值	8 000	61 200	350 000	1 200 000
	最小值	900	0	9 000	18 000
	平均值	3 770	30 448	68 961	210 587
	标准差	2 227	12 683	65 507	251 724
化肥投入（元）	最大值	13 500	81 600	600 000	1 440 000
	最小值	900	11 250	30 000	54 000
	平均值	5 289	38 331	125 074	370 757
	标准差	3 022	17 071	118 367	296 886
农药投入（元）	最大值	187 5	25 200	10 500	240 000
	最小值	70	1 304	2 500	9 000
	平均值	5 780	8 869	23 448	70 240
	标准差	5 210	5 797	26 473	57 603
动力投入（元）	最大值	9 360	96 500	117 800	458 500
	最小值	2 500	9 200	2 400	0
	平均值	3 101	44 406	44 985	58 399
	标准差	2 749	26 325	38 709	124 161
人工投入（元）	最大值	3 000	17 500	60 480	504 000
	最小值	0	0	0	0
	平均值	3 930	2 015	11 866	90 321
	标准差	7 490	3 047	13 676	119 969
固定资产（元）	最大值	12 500	25 000	255 000	3 600 000
	最小值	38	1 875	51 875	2
	平均值	2 562	11 861	54 863	382 985
	标准差	2 598	5 710	65 366	687 601
其他投入（元）	最大值	25 938	281 350	2 003 800	3 236 000
	最小值	0	2 200	67 500	0
	平均值	3 023	126 899	390 625	1 120 250
	标准差	6 853	70 943	407 426	853 097

表 6.2(续)

变量名称		普通农户	种粮大户	家庭农场	合作社
总产值 (元)	最大值	78 400	422 400	3 080 000	7 800 000
	最小值	6 600	82 680	234 000	325 000
	平均值	33 628.75	226 536.02	719 170.56	2 153 195.83
	标准差	20 264.95	80 405.01	642 290.57	1 737 248.73
总产量 (斤)	最大值	112 000	768 000	5 500 000	15 600 000
	最小值	11 000	156 000	343 000	540 000
	平均值	56 140.38	412 943.926	1 259 770.37	3 792 194.4
	标准差	32 522.72	147 166.38	1 166 093.27	3 295 682.67

数据来源:问卷调研。

1. 普通农户效率(表 6.3)测算

表 6.3 普通农户生产效率

项目	综合效率			纯技术效率			规模效率		
	平均 效率	个数	比例 (%)	平均 效率	个数	比例 (%)	平均 效率	个数	比例 (%)
几乎无效率 ($m \leqslant 0.7$)	—	—	—	—	—	—	—	—	—
无效率程度严重 ($0.7 < m \leqslant 0.8$)	—	—	—	—	—	—	—	—	—
无效率程度中等 ($0.8 < m \leqslant 0.9$)	0.846 5	2	7.69	0.8560	2	7.69	—	—	—
无效率程度轻微 ($0.9 < m \leqslant 0.99$)	0.945 7	6	23.08	0.9490	4	15.38	0.965 0	4	15.38
有效率 ($0.99 < m \leqslant 1$)	1	18	69.23	1	20	76.92	0.999 8	22	84.62
平均值	0.976			0.981			0.994		

(1)普通农户的综合效率

粮食生产主体的综合效率是在投入确定的条件下,每个主体对应决策单元各粮食主体的农业纯收益取得最大值的能力,可以代表不同粮食生产主体生产能力水平。通过表 6.3 可知,有 18 个普通农户的综合效率值处在 0.99~1 区间内,达到最优指标值,其数量占普通农户总体的 69.23%,经营无效的普通农户占到总体的 30.77%,效率值在 0.9~0.99 区间内的农户有 6 个,无效率程度轻微占总体的 23.08%;效率值在 0.8~0.9 区间内的农户有

2个,所占比重为7.69%。

（2）普通农户的纯技术效率

纯技术效率是能够在不同粮食生产主体投入指标相对固定的前提下,反映经营管理好坏及技术水平高低的指标值。从表6.3中可知,有20户农户的生产纯技术效率表现为有效,其数量占总体的76.92%,其余农户表现为效率值无效,其数量占总体的23.08%。效率值处在0.9~0.99区间内的农户有4个,无效率程度轻微占比15.38%;处在0.8~0.9区间内的农户有2个,表现为无效率程度中等的农户占总数的7.69%。纯技术效率无效的普通农户占比较低,说明黑龙江省玉米普通农户种植面积相对较小,农户能够将全部精力放在玉米种植上,这也使得玉米普通农户的纯技术效率水平显著。

（3）普通农户的规模效率

规模效率是反映不同粮食生产主体生产效益的测算标准值。体现各主体是否处在适度规模,反映农户的规模化、专业化生产水平的高低。根据表6.3,普通农户中有22户农户表现为规模有效,其数值占总体的84.62%;其余农户表现为效率值无效,其数量占总体的15.38%。其中规模效率值处在0.9~0.99区间内的农户有4个,其无效率程度轻微的农户占比15.38%。说明黑龙江省玉米普通农户的规模化生产能力较高。

2. 种粮大户效率（表6.4）测算

表6.4　种粮大户生产效率

项目	综合效率			纯技术效率			规模效率		
	平均效率	个数	比例(%)	平均效率	个数	比例(%)	平均效率	个数	比例(%)
几乎无效率($m\leq0.7$)	0.6510	3	5.88	0.6600	3	5.88	—	—	—
无效率程度严重($0.7<m\leq0.8$)	0.7626	5	9.8%	0.7730	2	3.92	—	—	—
无效率程度中等($0.8<m\leq0.9$)	0.8528	16	31.37	0.8475	10	19.61	0.8950	1	1.96
无效率程度轻微($0.9<m\leq0.99$)	0.9518	12	23.53	0.9428	18	35.29	0.9713	27	52.94
有效率($0.99<m\leq1$)	0.9992	15	29.41	1	17	33.33	0.9892	23	45.1
平均值	0.898			0.918			0.978		

（1）种粮大户的综合效率

根据表6.4,有15个种粮大户的综合效率值处在0.99~1区间内,指标值达到最优,其数量占种粮大户总体的29.41%,所占比重相对较低;而经营无效的种粮大户占总体的70.59%,在经营无效的生产主体中,效率值在0.9~0.99区间内的种粮大户有12个,表现为无效率程度轻微的农户占农户总数的 23.53%;效率值在 0.8~0.9 区间内的种粮大户有16 个,表现为无效程度中等的农户占农户总数的 31.37%;效率值在 0.7~0.8 区间内的种粮大户有 5 个,表现为无效率程度严重的农户占农户总数的 9.8%;而效率值低于 0.7 的农户有 3 个,占总体的 5.88%。

(2)种粮大户的纯技术效率

根据表 6.4,有 17 个种粮大户的纯技术效率表现为有效,约占种粮大户总数的 33.33%,其余农户表现为效率值无效,约占总体的 66.67%。其中效率值在 0.9~0.99 区间内的种粮大户有 18 个,无效率程度轻微的农户占农户总数的 35.29%;效率值在 0.8~0.9 区间内的种粮大户有 10 个,无效率程度中等的农户占农户总数的 19.61%;效率值在 0.7~0.8 区间内的种粮大户有 2 个,无效率程度严重的农户占农户总数的 3.92%;而效率值低于 0.7 的种粮农户有 3 个,几乎无效率的农户占农户总数的 5.88%,在玉米生产中种粮大户表现为纯技术效率无效的种粮大户比重偏高。

(3)种粮大户的规模效率

根据表 6.4,23 个种粮大户的规模效率值表现为有效,其数量约占总体的 45.1%,其余54.9%的农户表现为效率值无效。规模效率为 0.9~0.99 的种粮农户有 27 个,表现为无效率程度轻微的农户占农户总数的 52.94%;效率值在 0.8~0.9 区间内的种粮大户有 1 个,表现为无效率程度中等的农户占农户总数的 1.96%。

3. 家庭农场效率(表 6.5)测算

表 6.5　家庭农场生产效率

项目	综合效率			纯技术效率			规模效率		
	平均效率	个数	比例(%)	平均效率	个数	比例(%)	平均效率	个数	比例(%)
几乎无效率 ($m \leqslant 0.7$)	—	—	—	—	—	—	—	—	—
无效率程度严重 ($0.7 < m \leqslant 0.8$)	0.744 3	3	11.11	0.739 5	2	7.41	0.782 0	1	3.7
无效率程度中等 ($0.8 < m \leqslant 0.9$)	0.841 8	9	33.33	0.838 3	4	14.81	0.846 0	1	3.7
无效率程度轻微 ($0.9 < m \leqslant 0.99$)	0.941 0	6	22.22	0.946 3	8	29.63	0.948 6	12	44.44
有效率 ($0.99 < m \leqslant 1$)	1	9	33.33	1	13	48.15	0.999 9	13	48.15
平均值	0.906			0.941			0.963		

(1)家庭农场的综合效率

依据表 6.5,有 9 个家庭农场的综合效率值处在 0.99~1 区间内,其效率值达到最优,其数量约占家庭农场总数的33.33%,而经营无效的农场占总体比重为66.67%,所占比重相对较低。在经营无效的生产主体中,效率值在0.9~0.99区间内的家庭农场有6个,综合效率表现为无效率程度轻微的农场数占总体比重为22.22%;效率值在0.8~0.9区间内的家庭农场有9个,综合效率表现为无效的家庭农场占总体比重为33.33%;效率值在0.7~0.8区间内家庭农场有3个,综合效率表现为无效率程度严重的家庭农场占总体比重为11.11%。

(2)家庭农场的纯技术效率

依据表6.5,有13个家庭农场纯技术效率表现为有效,其数量占总体的比重为48.15%,其余51.85%的家庭农场的纯技术效率表现为无效,比重超过1/2。效率值在0.9~0.99区间内的家庭农场有8个,表现为无效率程度轻微的家庭农场占总体的比重为35.29%;效率值在0.8~0.9区间内的家庭农场有4个,表现为无效率程度中等的农场占总体的比重为14.81%;效率值在0.7~0.8区间内家庭农场有2个,表现为无效率程度严重的家庭农场占总体的比重为7.41%。

(3)家庭农场的规模效率

依据表6.5,有13个家庭农场的规模效率表现为有效,占总体的比重为48.15%,其余51.85%的家庭农场表现为效率值无效。其中规模效率值处在0.9~0.99区间内的家庭农场有12个,规模效率表现为无效率程度轻微的家庭农场占总体的比重为44.44%;效率值在0.8~0.9区间内的家庭农场有1个,其无效率程度表现为中等的家庭农场占总体的比重为3.7%;效率值在0.7~0.8区间内的家庭农场有1个,其无效率程度表现为严重的家庭农场数量占总体的比重为3.7%。

4. 合作社效率(表6.6)测算

表6.6 合作社生产效率

项目	综合效率			纯技术效率			规模效率		
	平均效率	个数	比例(%)	平均效率	个数	比例(%)	平均效率	个数	比例(%)
几乎无效率 ($m \leq 0.7$)	—	—	—	—	—	—	—	—	—
无效率程度严重 ($0.7 < m \leq 0.8$)	0.750 5	2	8	—	—	—	—	—	—
无效率程度中等 ($0.8 < m \leq 0.9$)	0.873 0	3	12	0.868 0	3	12	0.860 0	2	8
无效率程度轻微 ($0.9 < m \leq 0.99$)	0.941 0	1	4	0.904 0	1	4	0.949 3	4	16
有效率 ($0.99 < m \leq 1$)	0.999 4	19	76	0.999 0	21	84	1	19	76
平均值	0.962			0.98			0.981		

（1）合作社的综合效率

如表6.6，有19个玉米种植合作社的综合效率值在0.99~1区间内，占比为76%，而经营无效的玉米种植合作社数量占总体的24%，即玉米种植合作社的最优效率值所占比重较高。在经营无效的生产主体中，效率值在0.9~0.99区间内的合作社有1个，其表现为无效率程度轻微，占总体的比重为的4%；效率值在0.8~0.9区间内的合作社有3个，其无效程度位于中等，占总体的比重为12%；效率值在0.7~0.8区间内的合作社有2个，其表现为无效率程度严重，约占总体的比重为8%。由此可知黑龙江省玉米合作社目前发展情况较其他生产主体较优，合作社应利用好自身优势，继续提高合作社的综合效率。

（2）合作社的纯技术效率

如表6.6，有21个合作社纯技术效率有效，占总体的84%，其余16%的合作社表现为效率值无效，纯技术效率有效的合作社比重较高。效率值在0.9~0.99区间内的合作社有1个，表现为无效率程度轻微的合作社占总体的比重为4%，效率值在0.8~0.9区间内的合作社有3个，表现为无效率程度中等的合作社占总体的比重为12%。由此可见，黑龙江省玉米合作社的生产水平、纯技术效率较其他主体高，农业机械使用广泛，技术相对成熟。

（3）合作社的规模效率

如表6.6所示，规模有效的合作社有19个，占总体的76%。规模效率值处在0.9~0.99区间内的合作社有4个，约占总体的比重为16%，表现为无效率程度轻微；效率值在0.8~0.9区间内的合作社有2个，表现为无效率程度中等的合作社占总体的比重为8%。说明黑龙江省玉米合作社的规模效率相对较高，大多数合作社的规模已经达到最优。

6.2.2　水稻生产主体效率测算

如表6.7所示，黑龙江普通农户平均水稻种植面积39.21亩，极差为95亩；种粮大户平均水稻种植面积为226.53亩，极差为400亩；家庭农场平均水稻种植面积653.39亩，极差为9930亩；合作社土地平均水稻种植面积为2881.1亩，极差为16050亩。

表6.7　2017年黑龙江水稻生产主体投入产出变量描述性统计

变量名称		普通农户	种粮大户	家庭农场	合作社
土地投入 （种植面积/亩）	最大值	98	500	10 000	16 200
	最小值	3	100	70	150
	平均值	39.21	226.53	653.39	2 881.1
	标准差	25.02	99.58	1 638.21	3 226.77
种子投入 （元）	最大值	32 340	106 200	294	3 189 200
	最小值	3 220	3 500	5 040	32 000
	平均值	6 806	25 420	124 314	450 456
	标准差	6 246	22 368	469 035	658 931

表 6.7(续)

变量名称		普通农户	种粮大户	家庭农场	合作社
化肥投入 (元)	最大值	30 000	90 400	33 800 000	10 350 000
	最小值	60	10 000	12 800	2 000
	平均值	7 836	28 657	962 059	1 339 188
	标准差	6 115	16 883	5 399 909	2 186 915
农药投入 (元)	最大值	20 580	105 000	3 800 000	4 760 000
	最小值	10 000	2 000	3 000	10 000
	平均值	3 805	14 704	136 051	456 896
	标准差	4 442	15 601	606 016	802 419
动力投入 (元)	最大值	47 750	125 250	800 000	7 775 000
	最小值	200	7 000	3 100	0
	平均值	10 221	36 970	77 362	965 592
	标准差	7 988	25 893	166 650	1 370 237
人工投入 (元)	最大值	21 450	160 000	3 600 000	4 641 000
	最小值	0	0	28	5 000
	平均值	2 378	26 010	147 757	781 585
	标准差	2 999	30 044	585 793	926 467
固定资产 (元)	最大值	19 075	92 500	925 000	1 500 000
	最小值	93.75	4 750	4 375	11 250
	平均值	5 644	20 511	56 138	291 643
	标准差	4 203	13 939	154 870	285 930
其他投入 (元)	最大值	110 797	380 456	15 000 000	17 850 000
	最小值	0	1 328	45 000	0
	平均值	25 786	37 200	743 937	2 740 111
	标准差	26 652	65 051	2 435 570	3 429 215
总产值 (元)	最大值	480 000	1 356 000	90 000 000	114 240 000
	最小值	6 720	145 000	177 600	360 000
	平均值	113 312.32	395 535.4	3 678 349.21	18 467 256.1
	标准差	89 008.23	217 318.51	14 435 113.55	21 541 034.26
总产量 (斤)	最大值	176 400	650 000	9 000 000	21 060 000
	最小值	3 500	100 000	90 000	225 000
	平均值	57 159.28	259 035.97	693 565.79	3 739 085.37
	标准差	40 577.46	113 622.71	1 523 974.49	4 689 196.45

数据来源:问卷调研。

1. 普通农户效率(表 6.8)测算

表 6.8　普通农户生产效率

项目	综合效率			纯技术效率			规模效率		
	平均效率	个数	比例	平均效率	个数	比例	平均效率	个数	比例
几乎无效率 ($m \leqslant 0.7$)	0.459 8	70	53.44%	0.467 5	68	51.91%	——	——	——
无效率程度严重 ($0.7 < m \leqslant 0.8$)	0.747 3	7	5.34%	0.766 1	9	6.87%	——	——	——
无效率程度中等 ($0.8 < m \leqslant 0.9$)	0.830 8	4	3.05%	0.846 4	5	3.82%	0.854 5	6	4.58%
无效率程度轻微 ($0.9 < m \leqslant 0.99$)	0.943	9	6.87%	0.941 1	7	5.34%	0.966 3	51	38.93%
有效率 ($0.99 < m \leqslant 1$)	1	41	31.3%	0.999 8	42	32.06%	0.998 8	74	56.49%
平均值	0.691			0.702			0.98		

(1)普通农户的综合效率

依据表 6.8,有 41 个普通农户的综合效率值在 0.99~1 区间内,达到最优值,其数量约占普通农户的 31.3%,而经营无效的普通农户约占总体的比重为 69.7%。在经营无效的生产主体中,效率值在 0.9~0.99 区间内的普通农户有 9 个,表现为无效率程度轻微的普通农户占总体的比重为 6.87%;效率值在 0.8~0.9 区间内的普通农户有 4 个,表现为无效程度中等的普通农户占总体的比重为 3.05%;效率值在 0.7~0.8 区间内的普通农户有 7 个,表现为无效程度严重的普通农户占总体的比重为 5.34%。效率值小于 0.7 的普通农户有 70 个,表现为几乎无效率的普通农户占总体比重为 53.44%。

(2)普通农户的纯技术效率

依据表 6.8,有 42 个普通农户纯技术效率表现为有效的普通农户占总体的 32.06%,效率值无效的普通农户占总体的 67.94%。效率值在 0.9~0.99 区间内的普通农户有 7 个,表现为无效率程度轻微的普通农户占总体的比重为 5.34%;效率值在 0.8~0.9 区间内的普通农户有 5 个,表现为无效率程度中等的普通农户占总体的比重为 3.82%;效率值在 0.7~0.8 区间内的普通农户有 9 个,无效率程度表现为严重的普通农户占总体比重为 6.87%;效率值小于 0.7 的普通农户有 68 个,即几乎无效率的普通农户所占比重为 51.91%。

(3)普通农户的规模效率

依据表 6.8,有 74 个普通农户的规模效率表现为有效,约占总体比重为 56.49%,规模化生产相对较高,效率值无效的普通农户数约占总体的 43.51%。规模效率值处在 0.9~0.99 区间内的普通农户有 51 个,即表现为无效率程度轻微的普通农户占总体比重为

38.93%;而效率值在 0.8~0.9 区间内的普通农户有 6 个,其无效程度位于中等且所占比重为 4.58%。

2. 种粮大户效率(表 6.9)测算

表 6.9　种粮大户生产效率

项目	综合效率			纯技术效率			规模效率		
	平均效率	个数	比例(%)	平均效率	个数	比例(%)	平均效率	个数	比例(%)
几乎无效率 ($m \leqslant 0.7$)	0.564 7	39	54.17	0.550 4	31	43.06	—	—	—
无效率程度严重 ($0.7 < m \leqslant 0.8$)	0.736 7	13	19.44	0.746 5	17	23.61	0.767 0	2	2.78
无效率程度中等 ($0.8 < m \leqslant 0.9$)	0.845 1	7	9.72	0.845 6	5	6.94	0.844 5	4	5.56
无效率程度轻微 ($0.9 < m \leqslant 0.99$)	0.928 0	6	8.33	0.928 7	9	12.50	0.957 6	48	66.67
有效率 ($0.99 < m \leqslant 1$)	0.998 5	6	8.33	0.998 4	10	13.89	0.998 1	18	25.00
平均值	0.692			0.727			0.956		

(1)种粮大户的综合效率

根据表 6.9,有 6 个种粮大户的综合效率值处在 0.99~1 区间内,且达到最优,占种粮大户总数的 8.33%,比重相对较低,而经营无效的种粮大户占总体的 91.67%。在经营无效的生产主体中,效率值在 0.9~0.99 区间内、0.8~0.9 区间内、0.7~0.8 区间内、低于 0.7 的种粮农户分别占总体的 8.33%、9.72%、19.44%、54.17%。

(2)种粮大户的纯技术效率

根据表 6.9,有 10 个种粮大户的纯技术效率表现为有效,约占总体的 13.89%。效率值在 0.9~0.99 区间内的种粮大户有 9 个,效率值在 0.8~0.9 区间内的种粮大户有 5 个,效率值在 0.7~0.8 区间内种粮大户有 17 个,效率值低于 0.7 的有 31 个,分别约占总体的 12.5%、6.94%、23.61%、43.06%。

(3)种粮大户的规模效率

根据表 6.9,种粮大户规模效率表现为有效的有 18 个,占总体的 25%。规模效率表现为无效率程度轻微的种粮农户占总体的 66.67%;无效率程度中等的种粮农户占总体的 5.56%;无效率程度严重的种粮农户占总体的 2.78%。

3. 家庭农场效率(表 6.10)测算

表 6.10　家庭农场生产效率

项目	综合效率			纯技术效率			规模效率		
	平均效率	个数	比例(%)	平均效率	个数	比例(%)	平均效率	个数	比例(%)
几乎无效率 ($m \leq 0.7$)	0.482 7	24	63.16	0.495 9	24	63.16	—	—	—
无效率程度严重 ($0.7 < m \leq 0.8$)	0.666 5	2	5.26	0.730 0	2	5.26	—	—	—
无效率程度中等 ($0.8 < m \leq 0.9$)	0.858 5	2	5.26	0.878 0	2	5.26	0.884 0	2	5.26
无效率程度轻微 ($0.9 < m \leq 0.99$)	0.912 7	3	7.89	0.931 0	3	7.89	0.957 1	14	36.84
有效率 ($0.99 < m \leq 1$)	1	7	18.42	1	7	18.42	0.998	22	57.89
平均值	0.641			0.656			0.977		

(1)家庭农场的综合效率

在家庭农场的水稻生产效率测算分析中(表 6.10),有 7 个家庭农场的综合效率值在 0.99~1 达到最优,占家庭农场总体的 18.42%,所占比重相对较低,而经营无效的家庭农场占总体的 81.58%。在经营无效的生产主体中,效率值在 0.9~0.99 区间内的家庭农场有 3 个,在 0.8~0.9 区间内的家庭农场有 2 个,在 0.7~0.8 区间内家庭农场有 2 个,小于 0.7 区间内家庭农场有 24 个。

(2)家庭农场的纯技术效率

根据表 6.10,有 7 个家庭农场水稻种植的纯技术效率表现为有效,约占总体的 18.42%。表现为效率值无效率程度轻微、无效程度位于中等、无效率程度严重、几乎无效率的家庭农场分别有 3 个、2 个、2 个、24 个,分别占总体比重的 7.89%、5.36%、5.26%、63.16%。

(3)家庭农场的规模效率

根据表 6.10,有 22 个家庭农场表现为规模有效,占总体的 57.89%,其余是效率值无效,占总体的 42.11%。规模效率值在 0.9~0.99 区间内的家庭农场有 14 个,占总体的 36.84%;效率值在 0.8~0.9 区间内的家庭农场有 2 个,占总体的比重为 5.26%。

4. 合作社效率（表 6.11）测算

表 6.11 合作社生产效率

项目	综合效率			纯技术效率			规模效率		
	平均效率	个数	比例（%）	平均效率	个数	比例（%）	平均效率	个数	比例（%）
几乎无效率（$m \leq 0.7$）	0.487 3	18	43.9	0.512 1	18	43.9	—	—	—
无效率程度严重（$0.7 < m \leq 0.8$）	0.748 5	4	9.76	0.788 5	2	4.88	0.714 0	1	2.44
无效率程度中等（$0.8 < m \leq 0.9$）	0.844 7	3	7.32	0.844 3	3	7.32	0.839 7	3	7.32
无效率程度轻微（$0.9 < m \leq 0.99$）	0.933 5	2	4.88	0.932 0	2	4.88	0.940 6	12	29.27
有效率（$0.99 < m \leq 1$）	1	14	34.15	1	16	39.02	0.999	25	60.98
平均值	0.736			0.761			0.963		

（1）合作社的综合效率

在合作社的水稻生产综合效率测算中（表 6.11），有 14 个合作社的综合效率值在 0.99~1 区间内，占比 34.15%，比重相对较低。而经营无效的合作社占总体的 65.85%，其中表现为无效率程度轻微、无效程度位于中等、无效率程度严重、几乎无效率的合作社分别有 2 个、3 个、4 个、18 个，表现为无效率程度严重与几乎无效率的农户占总体的比重大于 50%。

（2）合作社的纯技术效率

在合作社的水稻生产纯技术效率测算中（表 6.11），纯技术效率有效的合作社有 16 个，占比 39.02%。效率值在 0.9~0.99 区间内、0.8~0.9 区间内、0.7~0.8 区间内、低于 0.7 的合作社分别有 2 个、3 个、2 个、18 个，表现为无效率程度轻微、无效率程度中等、无效率程度严重、几乎无效率的合作社分别占总体的 4.88%、7.32%、4.88%、43.9%。

（3）合作社的规模效率

根据对合作社水稻生产规模效率的测算（表 6.11），有 25 个合作社表现为规模有效，占合作社总量的 60.98%。规模效率值在 0.9~0.99 有 12 个，占总体的 29.27%；在 0.8~0.9 区间内的合作社有 3 个，占总体的 7.32%。体现了黑龙江省水稻合作社生产的规模优势，超过 50% 的合作社规模已达最优。

6.2.3 大豆生产主体效率测算

由表 6.12 知，黑龙江省普通农户大豆平均种植面积 33.93 亩，种粮大户大豆平均种植面积 336.02 亩，家庭农场大豆平均种植面积 1 431 亩，合作社大豆平均种植面积 5 050.39 亩。

表 6.12 2017 年黑龙江大豆生产主体投入产出变量描述性统计

变量名称		普通农户	种粮大户	家庭农场	合作社
土地投入（种植面积/亩）	最大值	80	600	6 000	29 000
	最小值	15	100	450	300
	平均值	33.93	336.02	1 431	5 050.39
	标准差	22.33	142.08	1 372.66	6 630.09
种子投入（元）	最大值	2 550	21 000	120 000	638 000
	最小值	4 200	2 400	13 500	9 000
	平均值	1 069	10 017	39 623	139 756
	标准差	677	4 468	27 693	159 958
化肥投入（元）	最大值	4 200	33 600	240 000	1 276 000
	最小值	1 000	4 500	20 250	15 000
	平均值	2 291	15 354	67 175	228 718
	标准差	1 164	6 573	55 494	298 804
农药投入（元）	最大值	1 500	22 500	180 000	450 000
	最小值	225	1 200	9 900	7 500
	平均值	628	7 797	38 067	107 972
	标准差	381	4 121	43 796	124 668
动力投入（元）	最大值	7 200	83 400	106 400	3 480 000
	最小值	150	4 800	4 150	1
	平均值	2 742	34 046	44 020	279 238
	标准差	0.232 1	22 015	32 665	767 351
人工投入（元）	最大值	1 800	2 400	103 320	450 000
	最小值	0	0	0	0
	平均值	682	1 338	12 762	65 977
	标准差	623	603	26 618	110 795
固定资产（元）	最大值	5 750	24 750	255 000	3 600 000
	最小值	513	2 500	12 875	21 250
	平均值	2 123	11 481	82 710	389 468
	标准差	1 635	5 028	84 541	766 302
其他投入（元）	最大值	13 600	260 250	2 418 000	6 750 000
	最小值	0	21 250	186 187.5	0
	平均值	2 034	124 149	566 009	1 444 065
	标准差	4 349	71 621	555 356	1 613 607

表 6.12(续)

变量名称		普通农户	种粮大户	家庭农场	合作社
总产值 （元）	最大值	43 312.5	420 000	3 675 000	14 401 980
	最小值	6 825	53 550	291 375	162 000
	平均值	17 923.05	201 443.43	809 625.63	2 585 354.43
	标准差	12 546.82	107 212.84	847 492.537	3 310 129.36
总产量 （斤）	最大值	24 750	240 000	2 100 000	8 091 000
	最小值	3 900	30 000	166 500	90 000
	平均值	10 194	115 175.75	466 143.08	1 464 223.5
	标准差	7 174.99	61 070.06	483 789.68	1 866 560.39

数据来源：问卷调研。

1.普通农户效率（表 6.13）测算

表 6.13 普通农户生产效率

项目	综合效率			纯技术效率			规模效率		
	平均 效率	个数	比例 （%）	平均 效率	个数	比例 （%）	平均 效率	个数	比例 （%）
几乎无效率 （$m \leq 0.7$）	—	—	—	—	—	—	—	—	—
无效率程度严重 （$0.7 < m \leq 0.8$）	—	—	—	—	—	—	—	—	—
无效率程度中等 （$0.8 < m \leq 0.9$）	—	—	—	—	—	—	—	—	—
无效率程度轻微 （$0.9 < m \leq 0.99$）	0.972 0	5	33.33	0.986 0	1	6.67	0.962 7	3	20.00
有效率 （$0.99 < m \leq 1$）	1	10	66.67	0.999 6	14	93.33	0.999 3	12	80.00
平均值	0.991			0.999			0.992		

（1）普通农户的综合效率

根据对普通农户大豆生产综合效率的测算结果（表 6.13），有 10 个普通农户的综合效率值在 0.99~1，达到最优状态，占普通农户的 66.67%，而经营无效的普通农户占总体的 33.33%。在经营无效的生产主体的总体分布中，效率值在 0.9~0.99 区间内的农户有 5 个，无效率程度轻微占 33.33%。

（2）普通农户的纯技术效率

根据对普通农户大豆生产纯技术效率的测算结果（表6.13），纯技术效率有效的农户有14个，占总体的93.33%。效率值在0.9~0.99区间内的农户有1个，无效率程度轻微占6.67%。纯技术效率有效的普通农户占比相对较高，可以说明黑龙江省种植大豆的普通农户的机械化水平相对较好。

（3）普通农户的规模效率

根据对普通农户大豆生产规模效率的测算结果（表6.13），规模有效占总体的80%，规模无效的占总体的20%。表现为无效率程度轻微的农户占比20%，可以说明黑龙江省大豆种植户中的普通农户生产主体的规模化生产水平相对较高。

2. 种粮大户效率（表6.14）测算

表6.14　种粮大户生产效率

项目	综合效率			纯技术效率			规模效率		
	平均效率	个数	比例（%）	平均效率	个数	比例（%）	平均效率	个数	比例（%）
几乎无效率（$m \leq 0.7$）	0.660 7	3	6.25	0.612 5	2	4.17	——	——	——
无效率程度严重（$0.7 < m \leq 0.8$）	0.776 5	2	4.17	0.763 0	2	4.17	——	——	——
无效率程度中等（$0.8 < m \leq 0.9$）	0.835 0	8	16.67	0.840 9	9	18.75	——	——	——
无效率程度轻微（$0.9 < m \leq 0.99$）	0.948 3	12	25.00	0.953 5	12	25%	0.974 6	5	10.42
有效率（$0.99 < m \leq 1$）	0.999 6	23	47.92	0.999 8	23	47.92	0.998 5	43	89.58
平均值	0.929			0.932			0.996		

（1）种粮大户的综合效率

根据对种粮大户大豆生产综合效率的测算结果（表6.14），综合效率值在0.99~1区间内的种粮大户占总体的47.92%，而经营无效的种粮大户占总体的52.08%。其中无效率程度轻微占比25%；无效程度位于中等所占比重为16.67%；无效率程度严重占比4.17%，几乎无效率的占比6.25%。

（2）种粮大户的纯技术效率

根据对种粮大户大豆生产纯技术效率的测算结果（表6.14），有23个种粮大户表现为有效，占比47.92%。效率值在0.9~0.99区间内的种粮大户有12个；在0.8~0.9区间内的大户有9个；在0.7~0.8区间内大户有2个；低于0.7的有2个。

（3）种粮大户的规模效率

根据对种粮大户大豆生产规模效率的测算结果（表 6.14），有 43 个种粮大户表现为规模有效，占比 89.58%。规模效率值在 0.9~0.99 有 5 个，无效率程度轻微占 10.42%。这表明种植大豆的种粮大户具有较高的规模效率，合理的种植将会进一步优化规模效率。

3. 家庭农场效率（表 6.15）测算

表 6.15　家庭农场生产效率

项目	综合效率			纯技术效率			规模效率		
	平均效率	个数	比例（%）	平均效率	个数	比例（%）	平均效率	个数	比例（%）
几乎无效率（$m \leq 0.7$）	—	—	—	—	—	—	—	—	—
无效率程度严重（$0.7 < m \leq 0.8$）	0.778 0	1	7.69	—	—	—	—	—	—
无效率程度中等（$0.8 < m \leq 0.9$）	0.869 5	2	15.38	0.841 0	1	7.69	0.879 0	1	7.69
无效率程度轻微（$0.9 < m \leq 0.99$）	0.950 3	4	30.77	0.935 4	5	38.46	0.954 0	2	15.38
有效率（$0.99 < m \leq 1$）	1	6	46.15	1	7	53.85	0.999 7	10	76.92
平均值	0.948			0.963			0.983		

（1）家庭农场的综合效率

表 6.15 为对家庭农场大豆生产综合效率的测算结果。有 6 个家庭农场的综合效率值达到最优状态，占家庭农场总体的比重为 46.15%。而经营无效的家庭农场占比 53.85%，在经营无效的生产主体中，无效率程度轻微、无效率程度中等、无效率程度严重的家庭农场个数分别为 4 个、2 个、1 个。

（2）家庭农场的纯技术效率

根据对家庭农场大豆生产纯技术效率的测算结果（表 6.15），其中表现为纯技术效率有效的占总量的 53.85%，无效的占 46.15%。效率值在 0.9~0.99 区间内的家庭农场占总体的 38.46%；

效率值在 0.8~0.9 区间内的家庭农场占比 7.69%。

（3）家庭农场的规模效率

如表 6.15 所示，表现为规模有效的家庭农场有 10 个，占比 76.92%。表现为规模效率是无效率程度轻微的占比 15.38%；无效率程度中等的占比 7.69%。

4. 合作社效率(表 6.16)测算

表 6.16 合作社生产效率

项目	综合效率			纯技术效率			规模效率		
	平均效率	个数	比例(%)	平均效率	个数	比例(%)	平均效率	个数	比例(%)
几乎无效率 (m≤0.7)	—	—	—	—	—	—	—	—	—
无效率程度严重 (0.7<m≤0.8)	0.775 0	2	10	—	—	—	0.776 0	1	5
无效率程度中等 (0.8<m≤0.9)	0.862 7	3	15	0.845	1	5	0.846 5	2	10
无效率程度轻微 (0.9<m≤0.99)	0.961	5	25	0.964 8	5	25	0.934 3	3	15
有效率 (0.99<m≤1)	1	10	50	1	14	70	0.999 1	14	70
平均值	0.947			0.983			0.963		

(1)合作社的综合效率

根据对合作社大豆生产综合效率的测算结果(表 6.16)。有 10 个合作社的综合效率值在 0.99~1,达到最优,占合作社总体的 50%。被调查的合作社表现为无效率程度轻微、无效程度位于中等、无效率程度严重的分别有 5 个、3 个、2 个,所占比重分别为 25%、15%、10%。

(2)合作社的纯技术效率

根据对合作社大豆生产纯技术效率的测算结果(表 6.16),有 70%的合作社表现为纯技术效率有效,效率值在 0.9~0.99 区间内的合作社有 5 个;在 0.8~0.9 区间内的合作社有 1 个。

(3)合作社的规模效率

根据对合作社大豆生产规模效率的测算结果(表 6.16),有 70%的合作社规模有效。表现为无效率程度轻微、无效率程度中等的合作社分别有 3 个、2 个。黑龙江省近 3/4 生产大豆的合作社规模效率已达最优。

6.3　吉林省不同粮食生产主体效率的测算

6.3.1　玉米生产主体效率测算

如表 6.17 所示,吉林省普通农户平均玉米种植面积为 19.2 亩,最大种植面积为 47 亩,最小种植面积为 1 亩,其玉米种植面积还是处在相差较大的状态;种粮大户平均玉米种植面积为 84.11 亩,最大种植面积为 400 亩,最小种植面积为 50 亩,其最大种植面积为最小种植面积的 8 倍,其最小种植面积比普通农户中的最大种植面积还大,从而体现种粮大户的种植规模远大于普通农户;家庭农场平均玉米种植面积为 183.35 亩,最大种植面积为 780 亩,最小种植面积为 13 亩,其玉米面积相差值达到 767 亩;合作社平均玉米种植面积为 924.5 亩,最大种植面积为 4 000 亩,最小种植面积为 200 亩,相比四种种植主体来看,合作社种植玉米最大种植面积分别是普通农户、种粮大户、家庭农场种植玉米最大面积的 85 倍、10 倍、5 倍。

表 6.17　2017 年吉林省玉米生产主体投入产出变量描述性统计

变量名称		普通农户	种粮大户	家庭农场	合作社
土地投入（种植面积/亩）	最大值	47	400	780	4 000
	最小值	1	50	13	200
	平均值	19.2	84.11	183.35	924.5
	标准差	11.35	66.49	161.12	825.3
种子投入（元）	最大值	4 050	36 000	78 000	320 000
	最小值	120	2 600	1 300	18 000
	平均值	1 404	6 296	15 450	72 310
	标准差	922	5 831	16 370	67 845
化肥投入（元）	最大值	15 040	117 000	156 000	1 000 000
	最小值	300	6 000	3 900	32 000
	平均值	5 187	23 254	40 036	228 155
	标准差	3 277	18 268	32 669	212 453
农药投入（元）	最大值	3 760	11 700	46 800	112 000
	最小值	0	750	390	0
	平均值	537	2 289	7 788	29 660
	标准差	501	1 858	10 232	27 494

表 6.17(续)

变量名称		普通农户	种粮大户	家庭农场	合作社
动力投入（元）	最大值	11 960	115 000	5 000	20 200
	最小值	0	4 400	1 200	200
	平均值	3 512	16 899	2 746	2 350
	标准差	2 689	16 874	701	4 669
人工投入（元）	最大值	0	0	0	0
	最小值	0	0	0	0
	平均值	0	0	0	0
	标准差	0	0	0	0
固定资产（元）	最大值	8 200	13 125	4 375	250 000
	最小值	25	590	1	1
	平均值	1 195	2 366	1 318	76 975
	标准差	1 271	2 234	1 196	68 935
其他投入（元）	最大值	32 400	293 120	283 900	96 000
	最小值	0	7 800	0	0
	平均值	5 603	48 361	61 572	13 979
	标准差	7 818	45 922	65 037	27 803
总产值（元）	最大值	102 000	704 000	1 329 120	5 704 000
	最小值	132	58 800	22 750	312 000
	平均值	31 852.8	136 975.55	317 468.1	1 559 889
	标准差	20 223.97	107 113.28	273 014.91	1 211 465.72
总产量（斤）	最大值	120 000	936 000	1 872 000	9 200 000
	最小值	220	84 000	32 500	480 000
	平均值	44 413.91	196 098.11	432 745	2 232 200
	标准差	27 933.44	151 854.01	382 715.44	1 903 868.58

数据来源：问卷调研。

1. 普通农户效率（表 6.18）测算

表 6.18　普通农户生产效率

项目	综合效率			纯技术效率			规模效率		
	平均效率	个数	比例（%）	平均效率	个数	比例（%）	平均效率	个数	比例（%）
几乎无效率（$m \leqslant 0.7$）	0.571 9	19	12.18	0.565 6	18	11.54	—	—	—

表 6.18(续)

项目	综合效率			纯技术效率			规模效率		
	平均效率	个数	比例(%)	平均效率	个数	比例(%)	平均效率	个数	比例(%)
无效率程度严重 (0.7<m≤0.8)	0.756 7	39	25.00	0.756 9	39	25.00	—	—	—
无效率程度中等 (0.8<m≤0.9)	0.847 8	44	28.21	0.850 4	45	28.85	—	—	—
无效率程度轻微 (0.9<m≤0.99)	0.935 4	22	14.1	0.941 9	19	12.18	0.967 9	20	12.82
有效率 (0.99<m≤1)	0.999 9	32	20.51	0.999 8	35	22.44	0.999 6	136	87.18
平均值	0.835			0.839			0.996		

(1)普通农户的综合效率

根据表 6.18 普通农户的综合效率可知,综合效率值处在 0.99~1 区间内达到最优的普通农户有 32 个,占总体的 20.51%,所占比例较低,而经营无效的普通农户占总体的 79.49%。综合效率值处在 0.9~0.99 区间内无效率程度轻微的普通农户有 22 个,占普通农户的总量为 14.1%;综合效率值处在 0.8~0.9 区间内无效程度中等的普通农户有 44 个,占普通农户的总量为 28.21%;综合效率值处在 0.7~0.8 区间内无效程度严重的普通农户有 39 个,占普通农户的总量为 25%;综合效率值小于 0.7 几乎无效率的普通农户有 19 个,占普通农户的总量为 12.18%。

(2)普通农户的纯技术效率

根据表 6.18 普通农户的纯技术效率可知,纯技术效率有效的普通农户有 35 个,占总体的 22.44%,其余是纯技术效率值无效的普通农户占总体的 77.56%。纯技术效率值位于 0.9~0.99 区间内无效率程度轻微的普通农户有 19 个,所占比重为 12.18%;纯技术效率值位于 0.8~0.9 区间内无效率程度中等的普通农户有 45 个,所占比重为 28.85%;纯技术效率值位于 0.7~0.8 区间内无效率程度严重的普通农户有 39 个,所占比重为 25%;纯技术效率值小于 0.7 几乎无效率的普通农户有 18 个,所占比重为 11.54%。纯技术效率无效的普通农户占比相对较高,说明吉林省普通农户种植玉米机械化程度不高,其种植玉米的纯技术效率有待提高。

(3)普通农户的规模效率

根据表 6.18 普通农户的规模效率可知,规模有效的普通农户有 134 个,占总体的 87.18%,其余是规模效率值无效的普通农户占总体的 12.82%。规模效率值位于 0.9~0.99 区间内无效率程度轻微的普通农户有 20 个,所占比重为 12.82%,说明吉林省普通农户玉米规模化生产相对程度较高。

2. 种粮大户效率(表 6.19) 测算

表 6.19　种粮大户生产效率

项目	综合效率			纯技术效率			规模效率		
	平均效率	个数	比例(%)	平均效率	个数	比例(%)	平均效率	个数	比例(%)
几乎无效率 ($m \leq 0.7$)	0.653 0	3	5.66	0.653 0	3	5.66	—	—	—
无效率程度严重 ($0.7 < m \leq 0.8$)	0.771 4	5	9.43	0.771 4	5	9.43	—	—	—
无效率程度中等 ($0.8 < m \leq 0.9$)	0.858 7	17	32.08	0.858 7	17	32.08	—	—	—
无效率程度轻微 ($0.9 < m \leq 0.99$)	0.938 6	22	41.51	0.938 6	22	41.51	—	—	—
有效率 ($0.99 < m \leq 1$)	0.999 7	6	11.32	0.999 7	6	11.32	1	53	100
平均值	0.888			0.888			1		

(1)种粮大户的综合效率

根据表 6.19 种粮大户的综合效率可知,综合效率值位于 0.99～1 区间内达到最优的种粮大户有 6 个,占总体的 11.32%,而经营无效的种粮大户占到总体的 88.68%。综合效率值位于 0.9～0.99 区间内无效率程度轻微的种粮大户有 22 个,所占比重为 41.51%;综合效率值位于 0.8～0.9 区间内无效程度中等的种粮大户有 17 个,所占比重为 32.08%;综合效率值位于 0.7～0.8 区间内无效率程度严重的种粮大户有 5 个,所占比重为 9.43%;综合效率值低于 0.7 几乎无效率的种粮大户有 3 个,所占比重为 5.66%。

(2)种粮大户的纯技术效率

根据表 6.19 种粮大户的纯技术效率可知,纯技术效率有效的种粮大户有 6 个,占总体的 11.32%,其余是纯技术效率值无效的种粮大户,占总体的 88.68%。纯技术效率值处在 0.9～0.99 区间内无效率程度轻微的种粮大户有 22 个,所占比重为 41.51%;纯技术效率值处在 0.8～0.9 区间内无效率程度中等的种粮大户有 17 个,所占比重为 32.08%;纯技术效率值处在 0.7～0.8 区间内无效率程度严重的种粮大户有 5 个,所占比重为 9.43%;纯技术效率值低于 0.7 几乎无效率的种粮大户有 3 个,所占比重为 5.66%。

(3)种粮大户的规模效率

根据表 6.19 种粮大户的规模效率可知,规模有效的种粮大户占 100%。说明吉林省种粮大户种植玉米的规模效率相对较高,充分发挥了种粮大户的规模化经营优势。

3.家庭农场效率(表6.20)测算

表6.20 家庭农场生产效率

项目	综合效率			纯技术效率			规模效率		
	平均效率	个数	比例(%)	平均效率	个数	比例(%)	平均效率	个数	比例(%)
几乎无效率 ($m \leq 0.7$)	—	—	—	—	—	—	—	—	—
无效率程度严重 ($0.7 < m \leq 0.8$)	0.779 0	1	5	0.779 0	1	5	—	—	—
无效率程度中等 ($0.8 < m \leq 0.9$)	0.867 3	3	15	0.867 3	3	15	—	—	—
无效率程度轻微 ($0.9 < m \leq 0.99$)	0.949 3	4	20	0.949 3	4	20	—	—	—
有效率 ($0.99 < m \leq 1$)	0.999 4	12	60	0.999 4	12	60	1	20	100
平均值	0.959			0.959			1		

(1)家庭农场的综合效率

根据表6.20家庭农场的综合效率可知,综合效率值处在0.99~1区间内的家庭农场有12个,占总量的60%,所占比重相对较高,经营无效的家庭农场占到总体的40%。综合效率值处在0.9~0.99区间内无效率程度轻微的家庭农场有4个,所占比重为20%;综合效率值处在0.8~0.9区间内无效程度中等的家庭农场有3个,所占比重为15%;综合效率值处在0.7~0.8区间内无效率程度严重的家庭农场有1个,所占比重为5%。

(2)家庭农场的纯技术效率

根据表6.20家庭农场的纯技术效率可知,纯技术效率有效的家庭农场有12个,占总体的60%,其余是纯技术效率值无效的家庭农场占总体的40%。纯技术效率值处在0.9~0.99区间内无效率程度轻微的家庭农场有4个,所占比重为20%;纯技术效率值处在0.8~0.9区间内无效程度中等的家庭农场有3个,所占比重为15%;纯技术效率值处在0.7~0.8区间内无效程度严重的家庭农场有1个,所占比重为5%,即纯技术效率有效的家庭农场超过一半。

(3)家庭农场的规模效率

根据表6.20家庭农场的规模效率可知,规模有效的家庭农场占100%,说明吉林省家庭农场能够较好地发挥种植玉米的规模化经营优势。

4. 合作社效率(表6.21)测算

表 6.21　合作社生产效率

项目	综合效率			纯技术效率			规模效率		
	平均效率	个数	比例(%)	平均效率	个数	比例(%)	平均效率	个数	比例(%)
几乎无效率 ($m \leq 0.7$)	—	—	—	—	—	—	—	—	—
无效率程度严重 ($0.7 < m \leq 0.8$)	—	—	—	—	—	—	—	—	—
无效率程度中等 ($0.8 < m \leq 0.9$)	—	—	—	—	—	—	—	—	—
无效率程度轻微 ($0.9 < m \leq 0.99$)	0.931 0	3	15	0.931 0	3	15	—	—	—
有效率 ($0.99 < m \leq 1$)	0.999 9	17	85	0.999 9	17	85	1	20	100
平均值	0.99			0.99			1		

（1）合作社的综合效率

根据表6.21合作社的综合效率可知,综合效率值处在0.99~1区间内达到合作社有17个,占总量的85%,而经营无效的合作社占到总体的15%。综合效率值处在0.9~0.99区间内无效率程度轻微的合作社有3个,所占比重为15%。

（2）合作社的纯技术效率

根据表6.21合作社的纯技术效率可知,纯技术效率有效的合作社有17个,占总体的85%,其余是纯技术效率值无效的合作社占总体的15%。纯技术效率值处在0.9~0.99区间内无效率程度轻微的合作社有3个,所占比重为15%。

（3）合作社的规模效率

根据表6.21合作社的规模效率可知,规模效率有效的合作社占100%。说明吉林省合作社种植玉米的规模效率相比其他生产主体较高,体现出合作社生产的规模优势。

6.3.2　水稻生产主体效率测算

如表6.22所示,吉林省普通农户平均水稻种植面积为19.17亩,最大种植面积为40亩,最小种植面积为2亩,存在有些普通农户水稻种植面积过于小;种粮大户平均水稻种植面积为75.91亩,最大种植面积为150亩,最小种植面积为50亩,其水稻种植面积最大的为最小的3倍;家庭农场平均水稻种植面积为140亩,最大种植面积为300亩,最小种植面积为90亩,其水稻种植面积大小比较集中;合作社平均水稻种植面积为526.36亩,最大种植面积为1 200亩,最小种植面积为30亩,其最大种植面积和最小种植面积相差较大。综上所述,水稻生产效率中种粮大户和家庭农场的种植面积大小都比较集中化。

表 6.22 2017 年吉林省水稻生产主体投入产出变量描述性统计

变量名称		普通农户	种粮大户	家庭农场	合作社
土地投入 (种植面积 /亩)	最大值	40	150	300	1 200
	最小值	2	50	90	30
	平均值	19.17	75.91	140	526.36
	标准差	10.97	30.81	58.48	396.22
种子投入 (元)	最大值	13 300	32 200	134 400	224 000
	最小值	220	5280	6 480	5 400
	平均值	4 094	12 392	27 928	94 222
	标准差	3 474	7 486	36 269	80 428
化肥投入 (元)	最大值	12 000	30 000	45 000	240 000
	最小值	600	9 000	19 800	4 350
	平均值	4 512	19 318	31 600	107 741
	标准差	3 245	6 503	8 744	72 671
农药投入 (元)	最大值	3 200	9 000	21 000	64 000
	最小值	105	2 400	3 600	2 100
	平均值	1 039	4 609	7 665	30 827
	标准差	687	2 142	4 629	22 636
动力投入 (元)	最大值	21 050	39 200	21 100	45 500
	最小值	100	13 000	1 400	1 700
	平均值	7 144	23 368	11 000	25 582
	标准差	4 927	8 610	4 838	13 864
人工投入 (元)	最大值	7 500	10 560	20 000	26 000
	最小值	0	2 000	10 000	16 000
	平均值	1 814	5 805	17 800	19 409
	标准差	1 770	2 738	2 786	2 704
固定资产 (元)	最大值	6 875	15 000	17 125	162 250
	最小值	0	0	2 250	1 450
	平均值	2 230	6 790	75 375	74 768
	标准差	1 583	4 219	4 570	60 790
其他投入 (元)	最大值	22 000	126 000	171 000	408 000
	最小值	0	18 500	27 000	0
	平均值	6 927	46 277	6 776	94 864
	标准差	6 768	31 560	37 301	137 161

表 6.22（续）

变量名称		普通农户	种粮大户	家庭农场	合作社
总产值 （元）	最大值	100 800	433 500	1 008 000	3 264 000
	最小值	4 200	105 000	252 000	129 600
	平均值	45 806.46	191 277.27	419 500	1 486 827.27
	标准差	27 097.75	96 017.64	212 669.82	1 122 873.94
总产量 （斤）	最大值	60 000	255 000	420 000	1 920 000
	最小值	3 000	72 000	126 000	54 000
	平均值	29 326.83	122 909.09	230 200	859 636.36
	标准差	16 571.03	56 167.69	79 933.47	649 251.22

数据来源：问卷调研。

1.普通农户效率（表 6.23）测算

表 6.23　普通农户生产效率

项目	综合效率			纯技术效率			规模效率		
	平均 效率	个数	比例 （%）	平均 效率	个数	比例 （%）	平均 效率	个数	比例 （%）
几乎无效率 （$m \leqslant 0.7$）	—	—	—	—	—	—	—	—	—
无效率程度严重 （$0.7 < m \leqslant 0.8$）	0.755 2	5	12.20	0.763 6	5	12.2	—	—	—
无效率程度中等 （$0.8 < m \leqslant 0.9$）	0.858 6	9	21.95	0.850 3	7	17.07	—	—	—
无效率程度轻微 （$0.9 < m \leqslant 0.99$）	0.945 4	5	12.20	0.929 5	6	14.63	0.986 2	5	12.20
有效率 （$0.99 < m \leqslant 1$）	0.999 7	22	53.66	1	23	56.1	0.998	36	87.8
平均值	0.932			0.935			0.997		

（1）普通农户的综合效率

根据表 6.23 普通农户的综合效率可知，综合效率值处在 0.99～1 区间内达到最优的有普通农户有 22 个，占总体的 53.66%，而经营无效的普通农户占到总体的 46.34%。综合效率值处在 0.9～0.99 区间内无效率程度轻微的普通农户有 5 个，占比为 12.2%；综合效率值处在 0.8～0.9 区间内无效程度中等的普通农户有 9 个，占比为 21.95%；综合效率值处在 0.7～0.8 区间内无效程度严重的普通农户有 5 个，占比为 12.2%。

（2）普通农户的纯技术效率

根据表6.23普通农户的纯技术效率可知,纯技术效率有效的普通农户有23个,占总体的56.1%,其余是纯技术效率值无效的普通农户占总体的43.9%。纯技术效率值处在0.9~0.99区间内无效率程度轻微的普通农户有6个,所占比重为14.63%;纯技术效率值处在0.8~0.9区间内无效率程度中等的普通农户有7个,所占比重为17.07%;纯技术效率值处在0.7~0.8区间内无效率程度严重的普通农户有5个,所占比重为12.2%。纯技术效率无效的普通农户占比较高,说明吉林省普通农户种植水稻机械化程度不高,其种植水稻的纯技术效率有待提高。

（3）普通农户的规模效率

根据表6.23普通农户的规模效率可知,规模有效的普通农户有36个,占总体的87.8%,其余是效率值无效的占总体的12.2%。规模效率值处在0.9~0.99区间内无效率程度轻微的有5个,所占比重为12.2%,说明吉林省普通农户种植水稻的规模化生产程度相对较高。

2. 种粮大户效率（表6.24）测算

表6.24 种粮大户生产效率

项目	综合效率			纯技术效率			规模效率		
	平均效率	个数	比例（%）	平均效率	个数	比例（%）	平均效率	个数	比例（%）
几乎无效率 ($m \leq 0.7$)	—	—	—	—	—	—	—	—	—
无效率程度严重 ($0.7 < m \leq 0.8$)	0.769 3	3	27.27	0.786 0	3	27.27	—	—	—
无效率程度中等 ($0.8 < m \leq 0.9$)	0.857 0	2	18.18	0.856 0	1	9.09	—	—	—
无效率程度轻微 ($0.9 < m \leq 0.99$)	0.941 7	3	27.27	0.927 0	3	27.27	0.977 3	7	63.64
有效率 ($0.99 < m \leq 1$)	1	3	27.27	0.999 3	4	36.36	0.998 3	4	36.36
平均值	0.895			0.908			0.985		

（1）种粮大户的综合效率

根据表6.24种粮大户的综合效率可知,综合效率值处在0.99~1区间内达到最优的种粮大户有3个,占总体的27.27%,而经营无效的种粮大户占到总体的72.73%。综合效率值处在0.9~0.99区间内无效率程度轻微的种粮大户有3个,所占比重为27.27%;综合效率值处在0.8~0.9区间内无效程度中等的种粮大户有2个,所占比重为18.18%;综合效率值处在0.7~0.8区间内无效率程度严重的种粮大户有3个,所占比重为27.27%。

（2）种粮大户的纯技术效率

根据表 6.24 种粮大户的纯技术效率可知,纯技术效率有效的种粮大户有 4 个,占总体的 36.36%,其余是纯技术效率值无效的种粮大户占总体的 63.64%。纯技术效率值处在 0.9~0.99 区间内无效率程度轻微的种粮大户有 3 个,所占比重为 27.27%;纯技术效率值处在 0.8~0.9 区间内无效率程度中等的种粮大户有 1 个,所占比重为 9.09%;纯技术效率值处在 0.7~0.8 区间内无效率程度严重的种粮大户有 3 个,所占比重为 27.27%。

（3）种粮大户的规模效率

根据表 6.24 种粮大户的规模效率可知,规模有效的种粮大户有 4 个,占总体的 36.36%,其余是规模效率值无效的种粮大户占总体的 63.64%。规模效率值处在 0.9~0.99 区间内无效率程度轻微的有 7 个,所占比重为 63.64%,说明吉林省种粮大户种植水稻的规模效率较低。

3. 家庭农场效率（表 6.25）测算

表 6.25　家庭农场生产效率

项目	综合效率			纯技术效率			规模效率		
	平均效率	个数	比例（%）	平均效率	个数	比例（%）	平均效率	个数	比例（%）
几乎无效率（$m \leq 0.7$）	—	—	—	—	—	—	—	—	—
无效率程度严重（$0.7 < m \leq 0.8$）	—	—	—	—	—	—	—	—	—
无效率程度中等（$0.8 < m \leq 0.9$）	—	—	—	—	—	—	—	—	—
无效率程度轻微（$0.9 < m \leq 0.99$）	—	—	—	—	—	—	—	—	—
有效率（$0.99 < m \leq 1$）	0.999 3	10	100	1	10	100	0.999 3	10	100
平均值	0.999 3			2			0.999 3		

（1）家庭农场的综合效率

根据表 6.25 家庭农场的综合效率可知,综合效率值处在 0.99~1 区间内达到最优的家庭农场占 100%。由此可知吉林省家庭农场水稻目前发展情况较好,在生产经营各个方面发挥了资源的优越性,合理化地投入各种要素的配置。

（2）家庭农场的纯技术效率

根据表 6.25 家庭农场的纯技术效率可知,纯技术效率有效的家庭农场占 100%。由此可知,吉林省家庭农场水稻纯技术效率很高,农业机械能够普及并较好的使用。

（3）家庭农场的规模效率

根据表 6.25 家庭农场的规模效率可知,规模有效的家庭农场占 100%。说明吉林省家庭农场在种植水稻方面能够较好地发挥其规模优势。

4. 合作社效率（表 6.26）测算

表 6.26　合作社生产效率

项目	综合效率			纯技术效率			规模效率		
	平均效率	个数	比例（%）	平均效率	个数	比例（%）	平均效率	个数	比例（%）
几乎无效率 $m \leqslant 0.7$	—	—	—	—	—	—	—	—	—
无效率程度严重 $0.7 < m \leqslant 0.8$	—	—	—	—	—	—	—	—	—
无效率程度中等 $0.8 < m \leqslant 0.9$	0.860 7	3	27.27	0.865 7	3	27.27	—	—	—
无效率程度轻微 $0.9 < m \leqslant 0.99$	0.928 0	1	9.09	0.931 0	1	9.09	0.987 0	1	9.09
有效率 $0.99 < m \leqslant 1$	1	7	63.64	1	7	63.64	0.999 1	10	90.91
平均值	0.955			0.957			0.998		

（1）合作社的综合效率

根据表 6.26 合作社的综合效率可知,综合效率值处在 0.99~1 区间内的合作社有 7 个,占总体的 63.64%,而经营无效的合作社占到总体的 36.36%。综合效率值处在 0.9~0.99 区间内无效率程度轻微的合作社有 1 个,所占比重为 9.09%;综合效率值处在 0.8~0.9 区间内无效程度中等的合作社有 3 个,所占比重为 27.27%。

（2）合作社的纯技术效率

根据表 6.26 合作社的纯技术效率可知,纯技术效率有效的合作社有 7 个,占总体的 63.64%,其余是纯技术效率值无效的合作社占总体的 36.36%。纯技术效率值处在 0.9~0.99 区间内无效率程度轻微的合作社有 1 个,所占比重为 9.09%;纯技术效率值处在 0.8~0.9 区间内无效率程度中等的合作社有 3 个,所占比重为 27.27%。

（3）合作社的规模效率

根据表 6.26 合作社的规模效率可知,规模效率值无效的合作社占总体的 9.09%。规模效率值处在 0.9~0.99 区间内无效率程度轻微的合作社有 1 个,所占比重为 9.09%,说明吉林省合作社种植水稻的规模效率相比其他生产较高,体现出合作社生产水稻的规模优势。

6.3.3　大豆生产主体效率测算

如表 6.27 所示,吉林省普通农户平均大豆种植面积为 22.77 亩,最大种植面积为 46 亩,最小种植面积为 3 亩,其大豆种植面积相差最大值为 43 亩,较小的种植面积会较强程度地影响整体的效率的提升;种粮大户平均大豆种植面积为 60.94 亩,最大种植面积为 100 亩,最小种植面积为 50 亩,其最大种植面积为最小种植面积的 2 倍,各种粮大户的大豆种植面积相差不大,并且都能够达成一定的规模,有利于整体效率的提升;家庭农场平均大豆种植面积为 239.06 亩,最大种植面积为 650 亩,最小种植面积为 12 亩,其大豆面积相差值达到 638 亩,各家庭农场大豆种植面积有的存在着较大的差距,种植面积偏小的家庭农场更大程度地影响其整体效率的高低;合作社平均大豆种植面积为 598.67 亩,最大种植面积为 1 300 亩,最小种植面积为 200 亩,其最大种植面积为最小种植面积的 6.5 倍,虽然各合作社种植面积的差距较大,但是最小的种植面积 200 亩也可以规模化种植,所以合作社种植大豆发挥了其规模化种植的优势。综上所述,种粮大户和合作社在种植大豆方面更佳地发挥了土地面积的规模化种植。

表 6.27　2017 年吉林省大豆生产主体投入产出变量描述性统计

变量名称		普通农户	种粮大户	家庭农场	合作社
土地投入（种植面积/亩）	最大值	46	100	650	1 300
	最小值	3	50	12	200
	平均值	22.77	60.94	239.06	598.67
	标准差	12.61	11.64	193.32	351.41
种子投入（元）	最大值	2 220	3 840	25 025	83 200
	最小值	84	1 600	576	5 760
	平均值	1 005	2 717	8 634	23 217
	标准差	574	658	7 361	18 430
化肥投入（元）	最大值	8 000	15 000	88 500	300 000
	最小值	450	3 500	1 440	28 000
	平均值	3 180	8 958	36 743	103 587
	标准差	2 052	2 960	25 643	78 069
农药投入（元）	最大值	2 025	3 500	27 500	52 000
	最小值	90	1 000	480	6 000
	平均值	801	2 182	9 068	18 847
	标准差	502	729	8 317	11 909
动力投入（元）	最大值	9 200	15 200	5 400	2 700
	最小值	0	2 000	1 200	200
	平均值	2 374	9 096	3 134	743
	标准差	2 126	3 488	944	838

表 6.27(续)

变量名称		普通农户	种粮大户	家庭农场	合作社
人工投入 (元)	最大值	0	0	0	0
	最小值	0	0	0	0
	平均值	0	0	0	0
	标准差	0	0	0	0
固定资产 (元)	最大值	5 875	6 312.5	9 750	125 000
	最小值	25	113	37.5	625
	平均值	1 356	2 759	3 385	55 205
	标准差	1 340	1 520	2 152	35 575
其他投入 (元)	最大值	16 200	36 000	174 100	356 000
	最小值	0	5 965	0	45 000
	平均值	3 020	13 645	49 127	153 120
	标准差	4 341	7 573	56 961	95 658
总产值 (元)	最大值	37 800	107 800	1 122 000	944 580
	最小值	2 550	26 553	7 680	134 400
	平均值	16 528.82	46 938.94	228 515.54	433 158.67
	标准差	9 446.17	19 423.01	265 649.48	251 220.49
总产量 (斤)	最大值	21 000	49 000	660 000	546 000
	最小值	1 500	15 900	4 800	80 000
	平均值	9 808.33	27 134.38	134 371.25	255 466.67
	标准差	5 511.91	8 602.26	155 677.62	147 024.65

数据来源:问卷调研。

1. 普通农户效率(表 6.28)测算

表 6.28　普通农户生产效率

项目	综合效率			纯技术效率			规模效率		
	平均 效率	个数	比例 (%)	平均 效率	个数	比例 (%)	平均 效率	个数	比例 (%)
几乎无效率 ($m \leqslant 0.7$)	0.271 8	20	41.67	0.291 6	20	41.67	—	—	—
无效率程度严重 ($0.7 < m \leqslant 0.8$)	0.741 8	4	8.33	0.741 8	4	8.33	0.710 0	1	2.08
无效率程度中等 ($0.8 < m \leqslant 0.9$)	0.881 7	3	6.25	0.875 5	2	4.17	0.861 3	3	6.25

表 6.28(续)

项目	综合效率			纯技术效率			规模效率		
	平均效率	个数	比例（%）	平均效率	个数	比例（%）	平均效率	个数	比例（%）
无效率程度轻微 （0.9<m≤0.99）	0.935 0	2	4.17	0.935 0	2	4.17	0.944 0	12	25
有效率 （0.99<m≤1）	0.999 9	19	39.58	0.999 9	20	41.67	0.999 6	32	66.67
平均值	0.665			0.675			0.971		

（1）普通农户的综合效率

根据表6.28普通农户的综合效率可知,综合效率值处在0.99~1区间内达到最优的普通农户有19个,占总体的39.58%,而经营无效的普通农户占到总体的60.42%。综合效率值处在0.9~0.99区间内无效率程度轻微的普通农户有2个,占比为4.17%;综合效率值处在0.8~0.9区间内无效程度中等的普通农户有3个,占比为6.25%;综合效率值处在0.7~0.8区间内无效程度严重的普通农户有4个,占比为8.33%;综合效率值小于0.7几乎无效率的普通农户有20个,所占比重为41.67%。

（2）普通农户的纯技术效率

根据表6.28普通农户的纯技术效率可知,纯技术效率有效的普通农户有20个,占总体的41.67%,其余是纯技术效率值无效的普通农户占总体的58.33%。纯技术效率值处在0.9~0.99区间内无效率程度轻微的普通农户有2个,所占比重为4.17%;纯技术效率值处在0.8~0.9区间内无效率程度中等的普通农户有2个,所占比重为4.17%;纯技术效率值处在0.7~0.8区间内无效率程度严重的普通农户有4个,所占比重为8.33%;纯技术效率值小于0.7几乎无效率的普通农户有20个,所占比重为41.67%。纯技术效率无效的普通农户占比较高,说明吉林省普通农户种植大豆机械化程度不高,其种植大豆的纯技术效率有待提高。

（3）普通农户的规模效率

根据表6.28普通农户的规模效率可知,规模有效的普通农户有32个,占总体的66.67%,其余是规模效率值无效的普通农户占总体的33.33%。规模效率值处在0.9~0.99区间内无效率程度轻微的普通农户有12个,所占比重为25%;规模效率值处在0.8~0.9区间内无效率程度中等的普通农户有3个,所占比重为6.25%;规模效率值处在0.7~0.8区间内无效率程度严重的普通农户有1个,所占比重为2.08%。

2.种粮大户效率(表6.29)测算

表 6.29　种粮大户生产效率

项目	综合效率			纯技术效率			规模效率		
	平均效率	个数	比例（%）	平均效率	个数	比例（%）	平均效率	个数	比例（%）
几乎无效率（$m \leq 0.7$）	0.221 1	15	93.75	0.228 4	15	93.75	—	—	—
无效率程度严重（$0.7 < m \leq 0.8$）	—	—	—	—	—	—	—	—	—
无效率程度中等（$0.8 < m \leq 0.9$）	—	—	—	—	—	—	—	—	—
无效率程度轻微（$0.9 < m \leq 0.99$）	0.943 0	1	6.25	0.943 0	1	6.25	0.966 0	12	75
有效率（$0.99 < m \leq 1$）	—	—	—	—	—	—	—	1	4	25
平均值	0.266			0.273			0.975		

（1）种粮大户的综合效率

根据表 6.29 种粮大户的综合效率可知,没有综合效率值处在 0.99~1 达到最优的种粮大户。综合效率值处在 0.9~0.99 区间内无效率程度轻微的种粮大户有 1 个,所占比重为 6.25%;综合效率值小于 0.7 几乎无效率的种粮大户有 15 个,所占比重为 93.75%。

（2）种粮大户的纯技术效率

根据表 6.29 种粮大户的纯技术效率可知,没有纯技术效率有效的种粮大户,纯技术效率值处在 0.9~0.99 区间内无效率程度轻微的种粮大户有 1 个,所占比重为 6.25%;纯技术效率值小于 0.7 几乎无效率的大户有 15 个,所占比重为 93.75%。

（3）种粮大户的规模效率

根据表 6.29 种粮大户的规模效率可知,规模有效的种粮大户有 4 个,占总体的 25%,其余是规模效率值无效的种粮大户占总体的 75%,规模效率值处在 0.9~0.99 区间内无效率程度轻微的种粮大户有 12 个,所占比重为 75%,可以说明吉林省种植大豆的种粮大户的规模效率较低。

3. 家庭农场效率(表6.30)测算

表6.30　家庭农场生产效率

项目	综合效率			纯技术效率			规模效率		
	平均效率	个数	比例(%)	平均效率	个数	比例(%)	平均效率	个数	比例(%)
几乎无效率 ($m \leq 0.7$)	0.368 5	10	62.5	0.368 5	9	56.25	—	—	—
无效率程度严重 ($0.7 < m \leq 0.8$)	0.738 0	1	6.25	0.738 0	1	6.25	—	—	—
无效率程度中等 ($0.8 < m \leq 0.9$)	0.844 0	2	12.5	0.844 0	2	12.5	—	—	—
无效率程度轻微 ($0.9 < m \leq 0.99$)	—	—	—	—	—	—	—	—	—
有效率 ($0.99 < m \leq 1$)	1	3	18.75	1	3	18.75	1	16	100
平均值	0.569			0.569			1		

(1)家庭农场的综合效率

根据表6.30家庭农场的综合效率可知,综合效率值处在0.99~1区间内达到最优的家庭农场有3个,占总体的18.75%,而经营无效的家庭农场占到总体的71.25%。综合效率值处在0.8~0.9区间内无效程度中等的有2个,所占比重为12.5%;综合效率值处在0.7~0.8区间内无效率程度严重的有1个,所占比重为6.25%;综合效率值小于0.7几乎无效率的家庭农场有10个,所占比重为62.5%。

(2)家庭农场的纯技术效率

根据表6.30家庭农场的纯技术效率可知,纯技术效率值无效的家庭农场占总体的81.25%。纯技术效率值处在0.8~0.9区间内无效程度中等的有2个,所占比重为12.5%;纯技术效率值处在0.7~0.8区间内无效率程度严重的有1个,所占比重为6.25%;纯技术效率值小于0.7几乎无效率的有10个,所占比重为62.5%。

(3)家庭农场的规模效率

根据表6.30家庭农场的规模效率可知,规模有效的家庭农场有10个,占总体的76.92%,其余是规模效率值无效的家庭农场占总体的42.11%。规模效率值处在0.9~0.99区间内无效率程度轻微的有2个,所占比重为15.38%;规模效率值处在0.8~0.9区间内无效率程度中等的有1个,所占比重为7.69%。说明黑龙江省家庭农场种植大豆时能够较好地利用规模优势。

4. 合作社效率(表 6.31)测算

表 6.31 合作社生产效率

项目	综合效率			纯技术效率			规模效率		
	平均效率	个数	比例(%)	平均效率	个数	比例(%)	平均效率	个数	比例(%)
几乎无效率 ($m \leqslant 0.7$)	0.357 3	4	26.67	0.357 5	4	26.67	—	—	—
无效率程度严重 ($0.7 < m \leqslant 0.8$)	—	—	—	—	—	—	—	—	—
无效率程度中等 ($0.8 < m \leqslant 0.9$)	0.894	1	6.67	0.894 0	1	6.67	—	—	—
无效率程度轻微 ($0.9 < m \leqslant 0.99$)	0.940 5	4	26.67	0.941 0	4	26.67	—	—	—
有效率 ($0.99 < m \leqslant 1$)	1	6	40	1	6	40	0.999 9	15	100
平均值	0.806			0.806			1		

(1)合作社的综合效率

根据表 6.31 合作社的综合效率可知,综合效率值处在 0.99~1 区间内的合作社有 6 个,占总体的 40%,而经营无效的合作社占到总体的 60%。综合效率值处在 0.9~0.99 区间内无效率程度轻微的合作社有 4 个,所占比重为 26.67%;综合效率值处在 0.8~0.9 区间内无效程度中等的合作社有 1 个,所占比重为 6.67%;综合效率值小于 0.7 几乎无效率的合作社有 4 个,所占比重为 26.67%。

(2)合作社的纯技术效率

根据表 6.31 合作社的纯技术效率可知,纯技术效率有效的合作社有 6 个,占总体的 40%,其余是纯技术效率值无效的合作社占总体的 60%。纯技术效率值处在 0.9~0.99 区间内无效率程度轻微的合作社有 4 个,所占比重为 26.67%;纯技术效率值处在 0.8~0.9 区间内无效程度中等的合作社有 1 个,所占比重为 6.67%;纯技术效率值小于 0.7 几乎无效率的合作社有 4 个,所占比重为 26.67%。

(3)合作社的规模效率

根据表 6.31 合作社的规模效率可知,规模效率有效的合作社占 100%。说明吉林省合作社种植大豆的规模效率相比其他生产较高,体现出合作社生产大豆的规模优势。

6.4　辽宁省不同粮食生产主体效率的测算

6.4.1　玉米生产主体效率测算

如表6.32所示,辽宁省普通农户平均玉米种植面积为21.32亩,最大种植面积为45亩,最小种植面积为2亩,其玉米种植面积还是处在相差较大的状态;种粮大户平均玉米种植面积为84.11亩,最大种植面积为200亩,最小种植面积为50亩,其最大种植面积为最小种植面积的4倍,其最小种植面积比普通农户中的最大种植面积还大,从而体现种粮大户的种植规模远大于普通农户;家庭农场平均玉米种植面积为351.5亩,最大种植面积为600亩,最小种植面积为150亩;合作社平均玉米种植面积为429.82亩,最大种植面积为1 000亩,最小种植面积为150亩,相比四种种植主体来看,合作社种植玉米最大面积分别是普通农户、种粮大户、家庭农场最大种植规模的22.2倍、5倍、1.7倍。

表6.32　2017年辽宁省玉米生产主体投入产出变量描述性统计

变量名称		普通农户	种粮大户	家庭农场	合作社
土地投入（种植面积/亩）	最大值	45	200	600	1 000
	最小值	2	50	150	150
	平均值	21.32	84.44	351.5	429.82
	标准差	10.96	37.89	109.51	214.05
种子投入（元）	最大值	9 450	12 000	36 000	36 000
	最小值	23	600	3 600	3 600
	平均值	1 712	4 875	11 078	13 242
	标准差	1 437	2 582	7 053	8 800
化肥投入（元）	最大值	9 000	44 000	108 000	140 000
	最小值	100	5 500	20 250	20 250
	平均值	3 170	13 228	54 603	67 327
	标准差	1 814	8 969	20 535	32 507
农药投入（元）	最大值	8 400	16 000	24 000	30 000
	最小值	0	1 040	4 500	4 500
	平均值	752	2 869	10 710	12 983
	标准差	985	3 290	4 679	6 548

表 6.32（续）

变量名称		普通农户	种粮大户	家庭农场	合作社
动力投入 （元）	最大值	10 350	25 000	147 400	147 200
	最小值	0	2 500	3 500	0
	平均值	3 302	12 722	37 083	32 948
	标准差	2 427	6 022	41 683	40 961
人工投入 （元）	最大值	4 800	4 400	144 000	144 000
	最小值	0	1	0	0
	平均值	113	1 096	50 592	55 484
	标准差	552	1 501	44 049	46 323
固定资产 （元）	最大值	27 288	14 125	27 500	65 000
	最小值	0	0	6 250	2 500
	平均值	1 247	2 627	13 869	16 105
	标准差	4 074	4 200	6 429	12 603
其他投入 （元）	最大值	27 000	82 500	300 000	606 000
	最小值	0	0	45 000	45 000
	平均值	2 101	36 286	131 700	163 500
	标准差	5 461	21 887	63 308	114 143
总产值 （元）	最大值	79 040	189 600	720 000	1 440 000
	最小值	1 400	43 550	135 000	135 000
	平均值	21 961.72	86 923.89	355 420	446 265.91
	标准差	13 543.32	37 672.86	151 829.75	282 082.73
总产量 （斤）	最大值	72 000	260 000	900 000	1 800 000
	最小值	2 000	65 000	180 000	180 000
	平均值	31 390.59	126 416.67	480 100	597 318.19
	标准差	17 992.81	53 728.81	181 306.9	347 427.35

数据来源：问卷调研。

1. 普通农户效率（表 6.33）测算

表 6.33　普通农户生产效率

项目	综合效率			纯技术效率			规模效率		
	平均 效率	个数	比例 （%）	平均 效率	个数	比例 （%）	平均 效率	个数	比例 （%）
几乎无效率 （$m \leqslant 0.7$）	0.617 9	15	17.65	0.610 8	9	10.59	0.636 3	4	4.71

表 6.33(续)

项目	综合效率			纯技术效率			规模效率		
	平均效率	个数	比例(%)	平均效率	个数	比例(%)	平均效率	个数	比例(%)
无效率程度严重 (0.7<m≤0.8)	0.754 5	13	15.29	0.756	14	16.47	—	—	—
无效率程度中等 (0.8<m≤0.9)	0.840 9	14	16.47	0.837 7	15	17.65	0.876 0	1	1.18
无效率程度轻微 (0.9<m≤0.99)	0.946 4	11	12.94	0.946 9	11	12.94	0.943 2	6	7.06
有效率 (0.99<m≤1)	0.999 8	32	37.65	0.999 9	36	42.35	0.999 7	74	87.06
平均值	0.862			0.883			0.977		

(1)普通农户的综合效率

通过表 6.33 可知,所有种植玉米的普通农户中综合效率值处在 0.99~1(有效率)达到的数量最多有 32 个,占所有普通农户 37.65%,所占比例相较于无效率普通农户低,经营无效率的普通农户占到总体的 62.35%,在经营无效的生产主体的总体分布中,效率值在 0.9~0.99(无效率程度轻微)的农户有 11 个,占总体的比重为 12.94%;效率值在 0.8~0.9(无效程度位于中等)的农户有 14 个,占总体的比重为 16.47%;效率值在 0.7~0.8(无效程度位于严重)的农户有 13 个,占总体的比重为 15.29%。效率值小于 0.7(几乎无效率)的有 15 个,占所有普通农户 17.65%。

(2)普通农户的纯技术效率

通过表 6.33 可知,所有种植玉米的普通农户纯技术效率有效的农户相较于综合效率有效的农户数量增多有 36 个占 42.35%,其余是效率值无效的占总体的 57.65%,效率值在 0.9~0.999(无效率程度轻微)的农户有 11 个,占总体的比重为 12.94%;效率值在 0.8~0.9(无效率程度中等)的农户有 15 个,占总体的比重为 17.65%;效率值在 0.7~0.8(无效率程度严重)的农户有 14 个,占总体的比重为 16.47%;效率值小于 0.7(几乎无效率)的有 9 个,占所有普通农户 10.59%。

(3)普通农户的规模效率

通过表 6.33 可知,所有种植玉米的普通农户有 74 个农户中规模效率有效,占总体的比重为 87.06%,只有 11 个农户规模效率无效率,效率值无效的占总体的比重为 12.94%。相较于辽宁省种植玉米的普通农户其他两个效率,规模效率表现最出色,说明辽宁省玉米普通农户的规模化生产还算可以。

2. 种粮大户效率(表 6.34)测算

表 6.34　种粮大户生产效率

项目	综合效率			纯技术效率			规模效率		
	平均效率	个数	比例(%)	平均效率	个数	比例(%)	平均效率	个数	比例(%)
几乎无效率 ($m \leqslant 0.7$)	0.628 5	2	11.11	—	—	—	—	—	—
无效率程度严重 ($0.7 < m \leqslant 0.8$)	—	—	—	0.745 0	1	5.56	0.742 0	1	5.56
无效率程度中等 ($0.8 < m \leqslant 0.9$)	0.857 0	2	11.11	0.851 0	2	11.11	0.851 0	2	11.11
无效率程度轻微 ($0.9 < m \leqslant 0.99$)	0.924	1	5.56	—	—	—	0.924 0	1	5.56
有效率 ($0.99 < m \leqslant 1$)	1	13	72.22	1	15	83.33	0.999 7	14	77.78
平均值	0.938			0.969			0.965		

(1)种粮大户的综合效率

通过表 6.34 可知,在所有种植玉米的种粮大户中有 13 个种粮大户的综合效率值在 0.99~1 达到最优,占所有种粮大户 72.22%。综合效率无效的 5 个种粮大户的总体分布中,效率值在 0.9~0.99 区间内的种粮大户有 1 个,无效率程度轻微占 5.56%;效率值在 0.8~0.9 区间内的种粮大户有 2 个,无效率程度中等占 11.11%;效率值小于 0.7 的大户有 2 个,无效率程度严重占 11.11%。

(2)种粮大户的纯技术效率

通过表 6.34 可知,有 15 个种粮大户的纯技术效率值在 0.99~1 达到最优,占所有种粮大户 83.33%。只有 3 个种粮大户的纯技术效率存在无效率情况,占所有种粮大户 16.67%。

(3)种粮大户的规模效率

通过表 6.34 可知,有 14 个种粮大户规模有效的占 77.78%,其余是效率值无效的占总体的 22.22%,规模效率值处在 0.9~0.99 有 1 个,无效率程度轻微占 5.56%;效率值在 0.8~0.9 区间内的种粮大户有 2 个,无效率程度中等占 11.11%;效率值在 0.7~0.8 区间内的种粮大户有 1 个,无效率程度轻微占 5.56%。

3.家庭农场效率(表6.35)测算

表 6.35　家庭农场生产效率

项目	综合效率			纯技术效率			规模效率		
	平均效率	个数	比例(%)	平均效率	个数	比例(%)	平均效率	个数	比例(%)
几乎无效率 ($m \leqslant 0.7$)	0.6670	2	10	—	—	—	—	—	—
无效率程度严重 ($0.7 < m \leqslant 0.8$)	0.7601	7	35	0.7710	1	5	0.7723	4	20
无效率程度中等 ($0.8 < m \leqslant 0.9$)	0.8207	3	15	0.8428	5	25	0.8394	5	25
无效率程度轻微 ($0.9 < m \leqslant 0.99$)	0.9537	3	15	0.9662	6	30	0.9554	5	25
有效率 ($0.99 < m \leqslant 1$)	1	5	25	1	8	40	0.9993	6	30
平均值	0.849			0.939			0.903		

(1)家庭农场的综合效率

通过表6.35可知,只有5个家庭农场的综合效率值处在有效,占所有种植玉米的家庭农场的25%,所占比重相对较低,而经营无效的家庭农场占到总体的75%,在经营无效的生产主体的总体分布中,效率值在0.9~0.99区间内的家庭农场有3个,所占比重为15%;效率值在0.8~0.9区间内的家庭农场有3个,所占比重为15%;效率值在0.7~0.8区间内家庭农场有7个,在所有家庭农场中占35%;效率值小于0.7有2个,在所有家庭农场中占10%。

(2)家庭农场的纯技术效率

通过表6.35可知,有8个家庭农场纯技术效率有效,占所有种植玉米的家庭农场的40%,其余家庭农场纯技术效率是无效的,效率值在0.9~0.99区间内的家庭农场有6个,无效程度位于轻微所占比重为30%;效率值在0.8~0.9区间内的家庭农场有5个,无效程度位于中等所占比重为25%;效率值在0.7~0.8区间内家庭农场有1个,无效率程度严重占5%。

(3)家庭农场的规模效率

通过表6.35可知,有6个家庭农场中规模效率有效,占所有种植玉米的家庭农场的30%,其余是效率值无效的占总体的70%,有5个无效率程度轻微,占所有种植玉米的家庭农场的25%;效率值在0.8~0.9区间内的家庭农场有5个,无效率程度中等占所有种植玉米的家庭农场的25%;效率值在0.7~0.8区间内家庭农场有4个,无效率程度严重占所有种植玉米的家庭农场的20%。

4. 合作社效率(表 6.36)测算

表 6.36 合作社生产效率

项目	综合效率			纯技术效率			规模效率		
	平均效率	个数	比例(%)	平均效率	个数	比例(%)	平均效率	个数	比例(%)
几乎无效率 ($m \leq 0.7$)	0.649 0	1	4.55	—	—	—	0.696 0	1	4.55
无效率程度严重 ($0.7 < m \leq 0.8$)	0.757 0	7	31.82	—	—	—	0.785 8	4	18.18
无效率程度中等 ($0.8 < m \leq 0.9$)	0.835 5	4	18.18	0.829 6	5	22.73	0.852	4	18.18
无效率程度轻微 ($0.9 < m \leq 0.99$)	0.933 7	3	13.64	0.948 7	3	13.64	0.959 2	6	27.27
有效率 ($0.99 < m \leq 1$)	1	7	31.82	1	14	63.64	1	7	31.82
平均值	0.868			0.954			0.909		

(1)合作社的综合效率

通过表 6.36 可知,在 22 个种植玉米的合作社中只有 7 个合作社的综合效率值处在有效区间,占所有合作社的 31.82%,而经营无效的合作社占到总体的 69.18%,在经营无效的生产主体的总体分布中,效率值在 0.9~0.99 区间内的合作社有 3 个,无效率程度轻微占 13.64%;效率值在 0.8~0.9 区间内的大户有 4 个,无效程度位于中等所占比重为 18.18%;效率值在 0.7~0.8 区间内的大户有 7 个,无效程度位于中等所占比重为 31.82%;效率值小于 0.7 有 1 个,几乎无效率占 4.55%。

(2)合作社的纯技术效率

通过表 6.36 可知,在全部种植玉米的合作社中有 14 个合作社纯技术效率有效,占所有合作社的 63.64%,相较于其他两种效率表现较好,其余是效率值无效的占总体的 36.36%,效率值在 0.9~0.99 区间内的合作社有 3 个,效率值在 0.8~0.9 区间内的合作社有 5 个。

(3)合作社的规模效率

通过表 6.36 看出,在所有种植玉米的合作社中有 7 个合作社规模效率有效,占比 31.82%,其余是效率值无效的占总体的 68.18%,规模效率值处在 0.9~0.99 有 6 个,占所有合作社的 27.27%;效率值在 0.8~0.9 区间内的合作社有 4 个,占所有合作社的 18.18%;效率值在 0.7~0.8 区间内的合作社有 4 个,占所有合作社的 18.18%;效率值小于 0.7 的合作社有 1 个。

6.4.2　水稻生产主体效率测算

如表 6.37 所示,辽宁省普通农户平均水稻种植面积为 18.07 亩,最大种植面积为 45 亩,最小种植面积为 6 亩,其水稻种植面积相差最大值为 43 亩,较小的种植面积会较强程度地影响整体效率的提升;种粮大户平均水稻种植面积为 142.41 亩,最大种植面积为 670 亩,最小种植面积为 50 亩,其最大种植面积为最小种植面积的 13.4 倍,各种粮大户水稻种植面积有的存在着较大的差距,种植面积偏小的种粮大户更大程度地影响其整体效率的高低。家庭农场平均水稻种植面积为 400.63 亩,最大种植面积为 600 亩,最小种植面积为 200 亩,各家庭农场的水稻种植面积能够达成一定的规模,有助于整体效率的提升;合作社平均水稻种植面积为 519.44 亩,最大种植面积为 1 000 亩,最小种植面积为 350 亩,虽然各合作社种植面积的差距较大,但是最小的种植面积 350 亩也可以规模化种植,所以合作社种植水稻发挥了其规模化种植的优势。综上所述,种粮大户和合作社在种植水稻方面更佳地发挥了土地面积的规模化种植。

表 6.37　2017 年辽宁省水稻生产主体投入产出变量描述性统计

变量名称		普通农户	种粮大户	家庭农场	合作社
土地投入（种植面积/亩）	最大值	45	670	600	1 000
	最小值	6	50	200	350
	平均值	18.07	142.41	400.63	519.44
	标准差	8.8	143.61	115.51	202.17
种子投入（元）	最大值	10 800	13 400	103 500	116 800
	最小值	108	800	8 316	9 600
	平均值	1 063	4 140	53 540	67 458
	标准差	1 685	3 090	31 100	36 864
化肥投入（元）	最大值	9 900	134 000	150 000	150 000
	最小值	0	6 000	40 500	54 000
	平均值	3 183	25 770	82 980	97 847
	标准差	1 767	29 150	33 340	29 015
农药投入（元）	最大值	4 500	53 600	33 600	64 000
	最小值	0	1 750	7 200	12 250
	平均值	1 154	8 370	17 860	21 792
	标准差	802	10 660	5 530	11 336
动力投入（元）	最大值	16 795	120 000	565 000	565 000
	最小值	0	0	44 200	40 000
	平均值	4 953	33 160	121 280	193 000
	标准差	3 446	32 130	122 380	176 483

表 6.37(续)

变量名称		普通农户	种粮大户	家庭农场	合作社
人工投入 (元)	最大值	6 000	53 000	72 000	32 000
	最小值	0	0	2 040	2 040
	平均值	352	7 130	27 880	16 353
	标准差	790	12 090	17 990	13 094
固定资产 (元)	最大值	22 500	67 500	249 750	112 500
	最小值	0	0	7 750	0
	平均值	953	9 040	32 050	38 889
	标准差	3 003	17 670	56 490	38 680
其他投入 (元)	最大值	31 500	680 050	360 000	624 000
	最小值	0	0	144 000	188 000
	平均值	2 836	91 780	268 000	296 444
	标准差	5 742	141 790	73 230	119 868
总产值 (元)	最大值	89 460	1 262 950	1 800 000	1 800 000
	最小值	7 560	8 880	507 500	782 600
	平均值	37 626.14	290 578.89	1 089 925	1 283 797.22
	标准差	18 883.76	280 409.97	346 946.4	306 416.87
总产量 (斤)	最大值	63 000	871 000	1 200 000	1 200 000
	最小值	9 000	60 000	290 000	455 000
	平均值	26 795.87	198 537.04	652 375	770 694.44
	标准差	12 534.77	192 117	223 351.146	224 829.88

数据来源:问卷调研。

1. 普通农户效率(表 6.38)测算

表 6.38 普通农户生产效率

项目	综合效率			纯技术效率			规模效率		
	平均 效率	个数	比例 (%)	平均 效率	个数	比例 (%)	平均 效率	个数	比例 (%)
几乎无效率 (m≤0.7)	0.696 0	1	0.96	0.696 0	1	0.96	—	—	—
无效率程度严重 (0.7<m≤0.8)	0.794 0	1	0.96	—	—	—	—	—	—
无效率程度中等 (0.8<m≤0.9)	0.858 6	17	16.35	0.857 4	16	15.38	0.865	1	0.96

表 6.38(续)

项目	综合效率			纯技术效率			规模效率		
	平均效率	个数	比例(%)	平均效率	个数	比例(%)	平均效率	个数	比例(%)
无效率程度轻微(0.9<m≤0.99)	0.953 7	31	29.81	0.953 7	30	28.85	0.973 6	9	8.65
有效率(0.99<m≤1)	0.999 9	54	51.92	0.999 8	57	54.81	0.999 8	94	90.38
平均值	0.958			0.962			0.996		

(1)普通农户的综合效率

通过表 6.38 可知,在 104 个调查主体中有 54 个普通农户的综合效率值处在 0.99~1 达到最优,占所有普通农户 51.92%,而经营无效的普通农户有 50 个占到总体的 48.08%,在经营无效的生产主体的总体分布中,效率值在 0.9~0.99 区间内的农户有 31 个,效率值在 0.8~0.9 区间内的农户有 17 个,效率值在 0.7~0.8 区间内的农户有 1 个,效率值小于 0.7 的有 1 个,

(2)普通农户的纯技术效率

通过表 6.38 可知,有 57 个普通农户纯技术效率有效的农户占 54.81%,和种植水稻普通农户的综合效率相差不大,其余是效率值无效的占总体的 45.19%,效率值在 0.9~0.99 区间内的普通农户有 30 个,效率值在 0.8~0.9 区间内的普通农户有 16 个,效率值小于 0.7 的有 1 个,普通农户中纯技术效率有效的占一半以上。

(3)普通农户的规模效率

通过表 6.38 可知,有 94 个普通农户中规模效率有效占 90.38%,其余是效率值无效的只有 10 户占总体的 9.62%。规模效率值处在 0.9~0.99 的有 9 个,属于无效率程度轻微。效率值在 0.8~0.9 区间内无效率程度中等的农户有 1 个。辽宁省水稻普通农户的规模化生产相对较高,大部分规模效率达到了最优。

2. 种粮大户效率(表 6.39)测算

表 6.39　种粮大户生产效率

项目	综合效率			纯技术效率			规模效率		
	平均效率	个数	比例(%)	平均效率	个数	比例(%)	平均效率	个数	比例(%)
几乎无效率(m≤0.7)	0.602 0	1	3.7	—	—	—	—	—	—
无效率程度严重(0.7<m≤0.8)	0.752 0	3	11.11	0.783 0	2	7.41	0.732 0	1	3.7

表 6.39(续)

项目	综合效率			纯技术效率			规模效率		
	平均效率	个数	比例（%）	平均效率	个数	比例（%）	平均效率	个数	比例（%）
无效率程度中等（$0.8<m≤0.9$）	0.833 3	7	25.93	0.839 0	6	22.22	0.802 0	1	3.7
无效率程度轻微（$0.9<m≤0.99$）	0.939 3	4	14.81	0.933 8	5	18.52	0.943 1	8	29.63
有效率（$0.99<m≤1$）	0.999 6	12	44.44	0.999 5	13	48.15	0.999 7	17	62.96
平均值	0.905			0.936			0.966		

（1）种粮大户的综合效率

通过表 6.39 可知,在 27 个种植水稻种粮大户调查主体中有 12 个种粮大户的综合效率值在 0.99~1 达到最优,占总体的 44.44%。在经营无效的生产主体的总体分布中,效率值在 0.9~0.99 区间内的种粮大户有 4 个,占总体的 14.81%;效率值在 0.8~0.9 区间内的种粮大户有 7 个,占总体的 25.93%;效率值在 0.7~0.8 区间内的种粮大户有 3 个,占总体的 11.11%;效率值小于 0.7 的大户有 1 个,占总体的 3.7%。

（2）种粮大户的纯技术效率

通过表 6.39 可知,有 13 个种粮大户的纯技术效率值在 0.99~1 达到最优,占总体的 48.15%。在经营无效的生产主体的总体分布中,效率值在 0.9~0.99 区间内的种粮大户有 5 个,占总体的 18.52%,效率值在 0.8~0.9 区间内的种粮大户有 6 个,占总体的 22.22%;效率值在 0.7~0.8 区间内的种粮大户有 2 个,占总体的 7.41%,没有几乎无效率的种粮大户。

（3）种粮大户的规模效率

通过表 6.39 可看出,规模效率相较于其他两个效率表现较好,有 17 个种粮大户规模效率有效的占 62.96%,其余是效率值无效的占总体的 37.04%,规模效率值处在 0.9~0.99 有 8 个,效率值在 0.8~0.9 区间内的种粮大户有 1 个,效率值在 0.7~0.8 区间内的种粮大户有 1 个。

3. 家庭农场效率(表 6.40) 测算

表 6.40　家庭农场生产效率

项目	综合效率			纯技术效率			规模效率		
	平均效率	个数	比例（%）	平均效率	个数	比例（%）	平均效率	个数	比例（%）
几乎无效率（$m≤0.7$）	0.6 800	1	6.25	—	—	—	—	—	—

表 6.40（续）

项目	综合效率			纯技术效率			规模效率		
	平均效率	个数	比例（%）	平均效率	个数	比例（%）	平均效率	个数	比例（%）
无效率程度严重（0.7<m≤0.8）	—	—	—	—	—	—	0.744 0	1	6.25
无效率程度中等（0.8<m≤0.9）	0.839 7	3	18.75	0.856 5	2	12.5	0.810 0	1	6.25
无效率程度轻微（0.9<m≤0.99）	0.960 6	7	43.75	0.955 3	7	43.75	0.986 0	2	12.5
有效率（0.99<m≤1）	0.999 8	5	31.25	1	7	43.75	0.997 7	12	75
平均值	0.933			0.963			0.969		

（1）家庭农场的综合效率

通过表 6.40 可知，在 16 个种植水稻家庭农场调查主体中，有 5 个家庭农场的综合效率值在 0.99~1 达到最优，占比 31.25%，所占比重相对较低，经营无效的家庭农场占总体的比重为 68.75%。在无效率的家庭农场的总体分布中，效率值在 0.9~0.99 区间内的家庭农场有 7 个，占总体的 43.75%；效率值在 0.8~0.9 区间内的家庭农场有 3 个，占总体的 18.75%；效率值小于 0.7 有 1 个，占总体的 6.25%，不存在综合效率无效程度严重的家庭农场。

（2）家庭农场的纯技术效率

通过表 6.40 可知，有 7 个家庭农场纯技术效率有效占 43.75%，其余是效率值无效的占总体的 56.25%，效率值在 0.9~0.99 区间内的家庭农场有 7 个，占总体的 43.75%；效率值在 0.8~0.9 区间内的家庭农场有 2 个，占总体的 12.5%，所有家庭农场的纯技术效率值都在 0.8 以上。

（3）家庭农场的规模效率

通过表 6.40 可以看出，在调查主体中有 12 个家庭农场中规模效率有效占总体的 75%，相较于其他两个效率表现较好，效率值无效的占总体的 25%，效率值处在 0.9~0.99 区间内的家庭农场有 5 个，效率值处在 0.8~0.9 区间内的家庭农场有 1 个，效率值处在 0.7~0.8 区间内的家庭农场有 1 个。说明辽宁省水稻家庭农场能够较好地发挥规模优势。

4. 合作社效率(表 6.41)测算

表 6.41　合作社生产效率

项目	综合效率			纯技术效率			规模效率		
	平均效率	个数	比例(%)	平均效率	个数	比例(%)	平均效率	个数	比例(%)
几乎无效率 ($m \leq 0.7$)	0.688 0	1	5.56	0.692 0	1	5.56	—	—	—
无效率程度严重 ($0.7 < m \leq 0.8$)	0.716 0	1	5.56	0.719 0	1	5.56	—	—	—
无效率程度中等 ($0.8 < m \leq 0.9$)	0.801 0	1	5.56	—	—	—	0.801 0	1	5.56
无效率程度轻微 ($0.9 < m \leq 0.99$)	0.951 8	5	27.78	0.961 0	2	11.11	0.967 2	5	27.78
有效率 ($0.99 < m \leq 1$)	0.999 9	10	55.56	1	14	77.78	0.999 1	12	66.67
平均值	0.942			0.963			0.979		

(1)合作社的综合效率

通过表 6.41 可知,有 10 个合作社的综合效率值处在 0.99~1 达到最优,占比 55.56%,而经营无效的合作社占到总体的 44.44%,在经营无效的生产主体的总体分布中,效率值在 0.9~0.99 区间内的合作社有 5 个,无效率程度轻微占 27.78%;效率值在 0.8~0.9 区间内,无效程度位于中等的合作社有 1 个,占比 5.56%;效率值在 0.7~0.8 区间内,无效程度位于严重的合作社有 1 个,占比 5.56%;效率值小于 0.7 有 1 个,几乎无效率占 5.56%。

(2)合作社的纯技术效率

通过表 6.41 可知,有 14 个合作社纯技术效率有效占 77.78%,其余是效率值无效的占总体的 22.22%,效率值在 0.9~0.99 区间内的合作社有 2 个,无效率程度轻微占 11.11%;效率值在 0.7~0.8 区间内的合作社有 1 个,无效程度位于中等所占比重为 5.56%;效率值小于 0.7 有 1 个,几乎无效率占 5.56%。由此可见辽宁省玉米合作社纯技术效率较高,在农业机械使用,种植技术上都较好。

(3)合作社的规模效率

通过表 6.41 中数据看出,有 12 个合作社规模效率有效的占 66.67%,其余是效率值无效的占总体的 34.33%,规模效率值处在 0.9~0.99 有 5 个,无效率程度轻微占 27.78%;效率值在 0.8~0.9 区间内的合作社有 1 个,无效率程度中等占 5.56%。说明辽宁省玉米合作社相比其他主体,应利用耕地规模大的优势,提高规模效率。

6.4.3　大豆生产主体效率测算

如表 6.42 所示,辽宁省普通农户平均大豆种植面积为 17.18 亩,最大种植面积为 40
亩,最小值种植面积为 3 亩,存在有些普通农户大豆种植面积过于小;种粮大户平均大豆种
植面积为 114.71 亩,最大种植面积为 370 亩,最小种植面积为 50 亩,其大豆种植面积最大
的为最小的 7.4 倍,种粮大户的最少种植面积比普通农户最大种植面积还要大,种粮大户规
模化集约化水平逐渐显现出来;家庭农场平均大豆种植面积为 330 亩,最大种植面积为 600
亩,最小种植面积为 200 亩,其大豆种植面积大小比较集中;合作社平均大豆种植面积为
971.5 亩,最大种植面积为 8 000 亩,最小种植面积为 200 亩,其最大种植面积和最小种植面
积相差较大,但是最小的种植面积 200 亩也可以规模化种植,所以合作社种植大豆发挥了其
规模化种植的优势。

表 6.42　2017 年辽宁大豆生产主体投入产出变量描述性统计

变量名称		普通农户	种粮大户	家庭农场	合作社
土地投入 (种植面积 /亩)	最大值	40	370	600	8 000
	最小值	3	50	200	200
	平均值	17.18	114.71	330	971.5
	标准差	10.26	81.18	104.31	1 792.97
种子投入 (元)	最大值	0.144	2.22	1.92	24
	最小值	84	1 000	7 200	5 400
	平均值	576	3 871	11 836	35 656
	标准差	388	4 818	3 490	65 556
化肥投入 (元)	最大值	5 600	40 700	84 000	960 000
	最小值	330	5 000	22 000	28 000
	平均值	2 156	14 112	40 640	116 085
	标准差	1 399	9 463	16 275	211 589
农药投入 (元)	最大值	1 600	9 250	21 600	240 000
	最小值	120	1 500	7 000	8 000
	平均值	612	3 982	11 025	28 740
	标准差	376	2 327	3 889	52 158
动力投入 (元)	最大值	6 200	77 700	119 000	1 328 000
	最小值	480	0	37 000	45 200
	平均值	2 578	13 818	73 040	192 732
	标准差	1 567	17 226	20 802	317 529

表 6.42(续)

变量名称		普通农户	种粮大户	家庭农场	合作社
人工投入（元）	最大值	1 100	8 000	54 000	72 000
	最小值	0	0	10 080	8 000
	平均值	114	2 574	25 584	27 216
	标准差	278	2 467	14 626	17 031
固定资产（元）	最大值	5 000	15 000	12 500	25 000
	最小值	0	0	6 250	0
	平均值	1 640	3 151	10 125	14 050
	标准差	1 914	4 919	2 050	6 402
其他投入（元）	最大值	28 000	185 000	180 000	3 200 000
	最小值	1	25 000	60 000	105 000
	平均值	3 296	72 559	99 000	436 355
	标准差	7 538	45 903	31 292	858 040
总产值(元)	最大值	30 400	310 800	324 000	6 480 000
	最小值	2 268	36 000	144 000	152 000
	平均值	13 078.82	88 537.65	217 241.5	709 684.5
	标准差	7 645.41	67 094.58	58 913.79	1 387 502.46
总产量（斤）	最大值	16 000	155 400	180 000	3 600 000
	最小值	1 200	19 500	80 000	80 000
	平均值	7 010	46 411.77	119 430	385 415
	标准差	4 076.36	33 875.88	31 131.72	772 126.42

数据来源:问卷调研。

1. 普通农户效率(表 6.43)测算

表 6.43　普通农户生产效率

项目	综合效率			纯技术效率			规模效率		
	平均效率	个数	比例（%）	平均效率	个数	比例（%）	平均效率	个数	比例（%）
几乎无效率（$m \leq 0.7$）	—	—	—	—	—	—	—	—	—
无效率程度严重（$0.7 < m \leq 0.8$）	—	—	—	—	—	—	—	—	—
无效率程度中等（$0.8 < m \leq 0.9$）	—	—	—	—	—	—	—	—	—

表 6.43(续)

项目	综合效率			纯技术效率			规模效率		
	平均效率	个数	比例(%)	平均效率	个数	比例(%)	平均效率	个数	比例(%)
无效率程度轻微 ($0.9<m\leqslant0.99$)	0.968 4	8	36.36	0.971 5	4	18.18	0.976 4	5	22.73
有效率 ($0.99<m\leqslant1$)	1	14	63.64	0.999 1	18	81.82	0.999 8	17	77.27
平均值	0.989			0.994			0.994		

（1）普通农户的综合效率

通过表 6.43 可知,有 14 个普通农户的综合效率值处在 0.99~1 达到有效,占普通农户 63.64%,经营无效的普通农户占到总体的 36.36%,在经营无效的生产主体的总体分布中,效率值在 0.9~0.99 区间内的农户有 8 个,无效率程度轻微占 36.36%。由此可知辽宁省大豆普通农户目前发展情况较好,要素配置合理。

（2）普通农户的纯技术效率

通过表 6.43 可知,有 18 个普通农户纯技术效率有效的农户占 81.82%,其余是效率值无效的占总体的 18.18%,效率值在 0.9~0.99 区间内的农户有 4 个,无效率程度轻微占 18.18%。纯技术效率有效的普通农户达到五分之四。

（3）普通农户的规模效率

通过表 6.43 上看出,有 17 个普通农户中规模效率有效占 72.27%,其余是效率值无效的占总体的 22.73%。规模效率值处在 0.9~0.99 的有 5 个,无效率程度轻微占 22.73%。说明辽宁省大豆普通农户的规模化生产相对较高,大部分规模效率达到了最优。

2. 种粮大户效率(表 6.44)测算

表 6.44　种粮大户生产效率

项目	综合效率			纯技术效率			规模效率		
	平均效率	个数	比例(%)	平均效率	个数	比例(%)	平均效率	个数	比例(%)
几乎无效率 ($m\leqslant0.7$)	——	——	——	——	——	——	——	——	——
无效率程度严重 ($0.7<m\leqslant0.8$)	——	——	——	——	——	——	——	——	——
无效率程度中等 ($0.8<m\leqslant0.9$)	——	——	——	——	——	——	——	——	——

表 6.44(续)

项目	综合效率			纯技术效率			规模效率		
	平均效率	个数	比例（%）	平均效率	个数	比例（%）	平均效率	个数	比例（%）
无效率程度轻微（0.9<m≤0.99）	0.956 0	3	17.65	0.961 3	3	17.65	0.989 0	1	5.88
有效率（0.99<m≤1）	0.999 8	14	82.35%	1	14	82.35%	0.999 5	16	94.12%
平均值	0.992			0.993			0.999		

（1）种粮大户的综合效率

通过表 6.44 可知,总体来看有综合效率有效的种粮大户所占比例较高,有 14 个种粮大户的综合效率值处在 0.99~1 达到有效率,占总体的 82.35%,有在经营无效的生产主体的总体分布中,效率值在 0.9~0.99 区间内的种粮大户有 3 个,无效率程度轻微占 17.65%。由此可知辽宁省大豆种粮大户目前发展情况较好,在生产经营各个方面比较合理。

（2）种粮大户的纯技术效率

通过表 6.44 可知,有 14 个种粮大户的纯技术效率值在 0.99~1 达到有效,占 82.35%。在经营无效的生产主体的总体分布中,效率值在 0.9~0.99 区间内的种粮大户有 3 个,无效率程度轻微占 17.65%。

（3）种粮大户的规模效率

通过表 6.44 上看出,有 16 个种粮大户规模效率有效的占 94.12%,其余是效率值无效的占总体的 5.88%,规模效率值处在 0.9~0.99 有 1 个,无效率程度轻微占 5.88%。说明辽宁省大豆种粮大户较好地发挥了规模优势,规模效率接近最优。

3. 家庭农场效率(表 6.45)测算

表 6.45　家庭农场生产效率

项目	综合效率			纯技术效率			规模效率		
	平均效率	个数	比例（%）	平均效率	个数	比例（%）	平均效率	个数	比例（%）
几乎无效率（m≤0.7）	0.658 5	2	20	0.667 0	1	10	—	—	—
无效率程度严重（0.7<m≤0.8）	0.799 0	2	20	0.793 0	2	20	—	—	—
无效率程度中等（0.8<m≤0.9）	0.849 0	2	20	0.860 0	3	30	—	—	—

表 6.45(续)

项目	综合效率			纯技术效率			规模效率		
	平均效率	个数	比例(%)	平均效率	个数	比例(%)	平均效率	个数	比例(%)
无效率程度轻微 (0.9<m≤0.99)	0.935 3	4	40	0.966 3	3	30	0.946 4	8	80
有效率 (0.99<m≤1)	—	—	—	1	1	10	0.998 0	2	20
平均值	0.835			0.873			0.957		

(1)家庭农场的综合效率

通过表 6.45 可知,在所有调查对象中没有一个种植大豆的家庭农场规模效率有效,效率值在 0.9~0.99 区间内的家庭农场有 4 个,无效程度位于轻微所占比重为 40%;效率值在 0.8~0.9 区间内的家庭农场有 2 个,无效程度位于中等所占比重为 20%;效率值在 0.7~0.8 区间内的家庭农场有 2 个,无效程度位于中等所占比重为 20%;效率值小于 0.7 有 2 个,几乎无效率占 20%。由此可知辽宁省大豆家庭农场目前发展情况需要加强,在生产经营各个方面需要改善,应注重发挥资源的优越性,合理化地投入各种要素的配置,提高家庭农场的综合效率。

(2)家庭农场的纯技术效率

从表 6.45 中可知,只有 1 个家庭农场纯技术效率有效,占所有家庭农场的 10%,其余是效率值无效的占总体的 90%,效率值在 0.9~0.99 区间内的家庭农场有 3 个,效率值在 0.8~0.9 区间内的家庭农场有 3 个,效率值在 0.7~0.8 区间内的家庭农场有 2 个,效率值小于 0.7 有 1 个。

(3)家庭农场的规模效率

从表 6.45 上看出,有 2 个家庭农场中规模效率有效占总体的 20%,其余是效率值无效的占总体的 80%,规模效率值处在 0.9~0.99 有 8 个。

4. 合作社效率(表 6.46) 测算

表 6.46　合作社生产效率

项目	综合效率			纯技术效率			规模效率		
	平均效率	个数	比例(%)	平均效率	个数	比例(%)	平均效率	个数	比例(%)
几乎无效率 (m≤0.7)	0.663 5	2	10	—	—	—	—	—	—
无效率程度严重 (0.7<m≤0.8)	—	—	—	0.789 5	2	10	—	—	—

表 6.46(续)

项目	综合效率			纯技术效率			规模效率		
	平均效率	个数	比例(%)	平均效率	个数	比例(%)	平均效率	个数	比例(%)
无效率程度中等 (0.8<m≤0.9)	0.861 0	6	30	0.852 3	4	20	0.853 3	3	15
无效率程度轻微 (0.9<m≤0.99)	0.938 4	5	25	0.954 0	5	25	0.966 5	6	30
有效率 (0.99<m≤1)	1	7	35	1	9	45	0.999 4	11	55
平均值	0.909			0.938			0.968		

(1)合作社的综合效率

通过表 6.46 可知,有 7 个合作社的综合效率值处在有效的,占所有合作社的 35%,而经营无效的合作社占到总体的 65%,在经营无效的生产主体的总体分布中,效率值在 0.9~0.99 区间内的合作社有 5 个,效率值在 0.8~0.9 区间内的合作社有 6 个,效率值小于 0.7 有 2 个。

(2)合作社的纯技术效率

从表 6.46 中可知,有 9 个合作社纯技术效率是有效的,占所有合作社的 45%,其余是效率值无效的有 11 个占总体的 55%,效率值在 0.9~0.99 区间内的合作社有 5 个,效率值在 0.8~0.9 区间内的合作社有 4 个,效率值在 0.7~0.8 区间内有 2 个。

(3)合作社的规模效率

从表 6.46 上看出,有 11 个合作社规模效率有效,占所有种植大豆合作社的 55%,其余是效率值无效的占总体的 45%,规模效率值处在 0.9~0.99 有 6 个,无效率程度轻微占总体的 30%;效率值在 0.8~0.9 区间内的合作社有 3 个,无效率程度中等占总体的 15%。

6.5 本章小结

本章根据东北地区的实际情况选取了恰当的评价指标体系,选取 DEA 的规模报酬可变的 BCC 模型,对东北地区的粮食生产主体效率进行测算分析,分别对黑龙江、吉林、辽宁三省不同粮食生产主体(普通农户、种粮大户、家庭农场、农民专业合作社)的玉米、水稻、大豆三种主要粮食作物的生产主体效率进行了测算。

第7章　不同粮食生产主体规模报酬及投入冗余与产出不足情况分析

7.1　不同粮食生产主体的规模报酬情况

7.1.1　黑龙江省不同生产主体的规模报酬情况

1. 玉米不同生产主体的规模报酬情况

黑龙江省 129 个玉米生产主体中,其中有 26 家普通农户,51 家种粮大户,27 家家庭农场,25 家专业合作社从事玉米生产。从规模报酬分布角度来看,普通农户和合作社的规模报酬主要集中在规模报酬不变,种粮大户和家庭农场集中在规模报酬递减,具体见表 7.1。26 家普通农户中有 2 家处于规模报酬递增,占 7.69%;不变的有 21 家,占 80.77%;递减的有 3 家,占 11.54%,规模报酬递增和递减所占比重较小。51 家种粮大户中有 1 家处于规模报酬递增,占 1.96%;不变的有 14 家,占 27.45%;递减的有 36 家,占 70.59%,主要集中在规模报酬递减。27 家家庭农场中处于规模报酬递增的有 1 家,占 3.7%;不变的有 12 家,占 44.44%;递减的有 14 家,占 51.85%,规模报酬递增占比微小。25 家合作社中处于规模报酬不变的有 19 家,占 76%;递减的有 6 家,占 24%;未出现规模报酬递增情况。

表 7.1　玉米不同生产主体的规模报酬相关情况

粮食生产主体	个数	规模报酬递增		规模报酬不变		规模报酬递减	
		个数	比例(%)	个数	比例(%)	个数	比例(%)
普通农户	26	2	7.69	21	80.77	3	11.54
种粮大户	51	1	1.96	14	27.45	36	70.59
家庭农场	27	1	3.7	12	44.44	14	51.85
专业合作社	25	0	—	19	76	6	24
总计	129	4	—	66	—	59	—

2. 水稻不同生产主体的规模报酬情况

通过对黑龙江省的 282 家水稻生产主体的实地调研,分析发现不同粮食生产主体的规模报酬阶段的分布情况如下(表 7.2)。131 家普通农户中有 35 家规模报酬呈现递增,占 26.72%;有 42 家规模报酬不变,占 32.06%;余下 54 家规模报酬呈现递减,占 41.22%。72 家种粮大户中有 13 家规模报酬呈现递增,占 18.06%;有 8 家规模报酬不变,占 11.11%;余下 51 家规模报酬呈现递减,占 80.83%,规模报酬递减占比最大。38 家家庭农场中有 8 家规模报酬呈现递增,占 21.05%;有 13 家规模报酬不变,占 34.21%;有 17 家规模报酬呈现递减,占 44.74%。41 家专业合作社中有 21 家规模报酬不变,占 51.22%;有 20 家规模报酬呈现递减,占 48.78%,不存在规模报酬递增的情况。

表 7.2　水稻不同生产主体的规模报酬相关情况

粮食生产主体	个数	规模报酬递增		规模报酬不变		规模报酬递减	
		个数	比例(%)	个数	比例(%)	个数	比例(%)
普通农户	131	35	26.72	42	32.06	54	41.22
种粮大户	72	13	18.06	8	11.11	51	70.83
家庭农场	38	8	21.05	13	34.21	17	44.74
专业合作社	41	0	—	21	51.22	20	48.78
总计	282	56	—	84	—	142	—

3. 大豆不同生产主体的规模报酬情况

针对大豆不同生产主体的规模报酬相关情况如表 7.3 所示,96 家大豆生产主体中有 15 家普通农户,48 家种粮大户,13 家家庭农场和 20 家专业合作社,具体如下。普通农户的分布情况是处于规模报酬递增的有 4 家,占 26.67%;不变的有 11 家,占 73.33%,不存在规模报酬递减。种粮大户的分布情况是处于规模报酬递增的有 10 家,占 20.83%;不变的有 25 家,占 52.08%;递减的有 13 家,占 27.08%;家庭农场的分布情况是处于规模报酬递增的有 1 家,占 7.69%;不变的有 8 家,占 61.54%;递减的有 4 家,占 30.77%,规模报酬递增占比较少。专业合作社的分布情况是处于规模报酬递增的有 5 家,占 25%;不变的有 11 家,占 55%;递减的有 4 家,占 20%。

表 7.3　大豆不同生产主体的规模报酬相关情况

粮食生产主体	个数	规模报酬递增		规模报酬不变		规模报酬递减	
		个数	比例(%)	个数	比例(%)	个数	比例(%)
普通农户	15	4	26.67	11	73.33	—	—
种粮大户	48	10	20.83	25	52.08	13	27.08

表 7.3(续)

粮食生产主体	个数	规模报酬递增		规模报酬不变		规模报酬递减	
		个数	比例(%)	个数	比例(%)	个数	比例(%)
家庭农场	13	1	7.69	8	61.54	4	30.77
专业合作社	20	5	25	11	55	4	20
总计	96	20	—	55	—	21	—

7.1.2　吉林省不同生产主体的规模报酬情况

1. 玉米不同生产主体的规模报酬情况

吉林省 249 个玉米生产主体中,种粮大户、家庭农场、专业合作社这三者皆集中在报酬不变,具体见表 7.4。普通农户中处于规模报酬不变的有 122 家,占 78.21%;递减的有 34 家,占 21.79%,无规模报酬递增。种粮大户中处于规模报酬不变的有 53 家,占 100%,无规模报酬递增和递减。家庭农场中处于规模报酬不变的有 20 家,占 100%,无规模报酬递增和递减。专业合作社中处于规模报酬不变的有 20 家,占 100%,无规模报酬递增和递减。

表 7.4　玉米不同生产主体的规模报酬相关情况

粮食生产主体	个数	规模报酬递增		规模报酬不变		规模报酬递减	
		个数	比例(%)	个数	比例(%)	个数	比例(%)
普通农户	156	0	—	122	78.21	34	21.79
种粮大户	53	0	—	53	100	0	—
家庭农场	20	0	—	20	100	0	—
专业合作社	20	0	—	20	100	0	—
总计	249	0	—	215	—	34	—

2. 水稻不同生产主体的规模报酬情况

吉林省 73 个水稻生产主体中,种粮大户、家庭农场和专业合作社的规模报酬主要集中在报酬不变和递减,普通农户则三种情况都存在(表 7.5)。普通农户的分布情况是处于规模报酬递增的有 7 家,占 17.07%;不变的有 22 家,占 53.66%;递减的有 12 家,占 29.27%,规模报酬不变占比最大。种粮大户的分布情况是处于规模报酬不变的有 3 家,占 27.27%;递减的有 8 家,占 72.73%,无规模报酬递增情况发生。家庭农场的分布情况是处于规模报酬不变的有 9 家,占 90%;递减的有 1 家,占 10%,规模报酬不变占比最大,且无规模报酬递增情况发生。专业合作社的分布情况是处于规模报酬不变的有 3 家,占 27.27%;递减的有 8 家,占 72.73%;无规模报酬递增情况发生。

表 7.5 水稻不同生产主体的规模报酬相关情况

粮食生产主体	个数	规模报酬递增		规模报酬不变		规模报酬递减	
		个数	比例（%）	个数	比例（%）	个数	比例（%）
普通农户	41	7	17.07	22	53.66	12	29.27
种粮大户	11	0	—	3	27.27	8	72.73
家庭农场	10	0	—	9	90	1	10
专业合作社	11	0	—	3	27.27	8	72.73
总计	73	7	—	37	—	29	—

3. 大豆不同生产主体的规模报酬情况

吉林省 95 个大豆生产主体中，种粮大户、家庭农场和专业合作社的规模报酬皆无递减情况（表 7.6）。普通农户的分布情况是处于规模报酬递增的有 18 家，占 37.5%；不变的有 30 家，占 62.5%，规模报酬不变占比最大，且无规模报酬递减情况发生。种粮大户的分布情况是处于规模报酬递增的有 12 家，占 75%；不变的有 4 家，占 25%，规模报酬主要呈现递增。家庭农场的分布情况是处于规模报酬不变的有 16 家，占 100%，无规模报酬不变和递减情况发生。专业合作社的分布情况是处于规模报酬递增的有 1 家，占 6.67%；递减的有 14 家，占 93.33%，规模报酬不变占比最大，且无规模报酬递减情况发生。

表 7.6 大豆不同生产主体的规模报酬相关情况

粮食生产主体	个数	规模报酬递增		规模报酬不变		规模报酬递减	
		个数	比例（%）	个数	比例（%）	个数	比例（%）
普通农户	48	18	37.5	30	62.5	0	—
种粮大户	16	12	75	4	25	0	—
家庭农场	16	0	—	16	100	0	—
专业合作社	15	1	6.67	14	93.33	0	—
总计	95	31	—	64	—	0	—

7.1.3 辽宁省不同生产主体的规模报酬情况

1. 玉米不同生产主体的规模报酬情况

辽宁省 145 个玉米生产主体中，规模报酬分布同吉林省水稻不同生产主体的规模报酬分布情况相似（表 7.7）。普通农户的分布情况是处于规模报酬递增的有 11 家，占 12.94%；不变的有 69 家，占 81.18%；递减的有 5 家，占 5.88%，规模报酬不变占比最大。种粮大户的分布情况是处于规模报酬不变的有 13 家，占 72.22%；递减的有 5 家，占 27.78%，无规模报酬递增情况发生。家庭农场的分布情况是处于规模报酬不变的有 5 家,占 25%;递减的有 15 家,占 75%;无规模报酬递增情况发生。专业合作社的分布情况是处于规模报酬不变的有 7 家,占 31.82%;递减的有 15 家,占 68.18%,规模报酬递减占比最大;无规模报酬递增情况发生。

表 7.7　玉米不同生产主体的规模报酬相关情况

粮食生产主体	个数	规模报酬递增		规模报酬不变		规模报酬递减	
		个数	比例(%)	个数	比例(%)	个数	比例(%)
普通农户	85	11	12.94	69	81.18	5	5.88
种粮大户	18	0	—	13	72.22	5	27.78
家庭农场	20	0	—	5	25.00	15	75.00
专业合作社	22	0	—	7	31.82	15	68.18
总计	145	11	—	94	—	40	—

2. 水稻不同生产主体的规模报酬情况

辽宁省 165 个水稻生产主体中,种粮大户、家庭农场和专业合作社的规模报酬主要集中在报酬不变和递减,普通农户则三种情况都存在(表 7.8)。普通农户的分布情况是处于规模报酬递增的有 11 家,占 10.58%;不变的有 89 家,占 85.58%;递减的有 4 家,占 3.85%,规模报酬不变占比最大。种粮大户的分布情况是处于规模报酬不变的有 16 家,占 59.26%;递减的有 11 家,占 40.74%;无规模报酬递增情况发生。家庭农场的分布情况是处于规模报酬不变的有 5 家,占 31.25%;递减的有 11 家,占 68.75%,规模报酬递减占比最大;无规模报酬递增情况发生。专业合作社的分布情况是处于规模报酬不变的有 9 家,占 50%;递减的有 9 家,占 50%,规模报酬不变和递减占比最大;无规模报酬递增情况发生。

表 7.8　水稻不同生产主体的规模报酬相关情况

粮食生产主体	个数	规模报酬递增		规模报酬不变		规模报酬递减	
		个数	比例(%)	个数	比例(%)	个数	比例(%)
普通农户	104	11	10.58	89	85.58	4	3.85
种粮大户	27	0	—	16	59.26	11	40.74
家庭农场	16	0	—	5	31.25	11	68.75
专业合作社	18	0	—	9	50.00	9	50.00
总计	165	11	—	119	—	35	—

3. 大豆不同生产主体的规模报酬情况

辽宁省 69 个大豆生产主体中,家庭农场集中在规模报酬递减,种粮大户和合作社的规模报酬主要集中在报酬不变和递减,普通农户则三种情况都存在(表7.9)。普通农户的分布情况是处于规模报酬递增的有5家,占22.73%;不变的有15家,占68.18%,规模报酬不变占比最大;递减的有2家,占9.09%。种粮大户的分布情况是处于规模报酬不变的有13家,占76.47%;递减的有4家,占23.53%;无规模报酬递增情况发生。家庭农场的分布情况是处于规模报酬递减的有10家,占100%,规模报酬递减占比最大;无规模报酬递增和不变情况发生。专业合作社的分布情况是处于规模报酬不变的有9家,占45%;递减的有11家,占55%,规模报酬不变和递减占比相对均匀;无规模报酬递增情况发生。

表7.9　大豆不同生产主体的规模报酬相关情况

生产主体	个数	规模报酬递增		规模报酬不变		规模报酬递减	
		个数	比例(%)	个数	比例(%)	个数	比例(%)
普通农户	22	5	22.73	15	68.18	2	9.09
种粮大户	17	0	—	13	76.47	4	23.53
家庭农场	10	0	—	0	—	10	100
专业合作社	20	0	—	9	45.00	11	55.00
总计	69	5	—	37	—	27	—

7.2　不同粮食生产主体投入冗余与产出不足情况

松弛变量包括投入和产出两个方面,分别代表着投入冗余量和产出不足量,投入冗余即投入的生产要素过量存在资源浪费现象,产出不足即当前的水平下产出未达到应有的水平。

7.2.1　黑龙江省粮食投入冗余与产出不足分析

1. 玉米投入冗余与产出不足分析

如表7.10所示,黑龙江省129个主产玉米的不同粮食生产主体中,存在产出不足和投入冗余的一共61个,其中普通农户有6个,占比23.08%;种粮大户有34个,占比66.67%;家庭农场有14个,占比51.85%;专业合作社有7个,占28%。

表 7.10 黑龙江省玉米生产主体投入产出松弛变量分析

生产主体		投入冗余								产出不足	
		土地投入	种子投入	化肥投入	农药投入	动力投入	人工投入	固定资产	其他投入	总产量	总产值
普通农户	个数	2	4	3	3	0	0	5	1	3	1
	比例(%)	7.69	15.38	11.54	11.54	—	—	19.23	3.85	11.54	3.85
种粮大户	个数	3	32	14	20	25	1	7	30	31	0
	比例(%)	5.88%	62.75	27.45	39.22	49.0	1.96	13.73	58.82	60.78	—
家庭农场	个数	2	9	6	6	11	1	7	11	9	0
	比例(%)	7.41	33.33	22.22	22.22	40.74	3.70	25.93	40.74	33.33	—
专业合作社	个数	1	3	3	7	4	5	5	3	6	0
	比例(%)	4	12	12	28	16	20	20	12	24	—

从投入冗余上看,黑龙江省普通农户投入冗余最多的分布在固定资产,其次是种子,化肥和农药相同,其余投入冗余分布很少;种粮大户在种子、农药、化肥、动力、其他投入冗余等方面均呈现出较大的分布;家庭农场除了动力和其他投入分布较高外,其余不同粮食生产主体分布较平均;专业合作社整体投入冗余分布比较平均化。所有投入冗余分布中,土地投入冗余分布较少,因而可以推断多数主体的投入冗余是由于土地规模不足的原因。产出不足分布除了种粮大户外,家庭农场和专业合作社的分布相当,普通农户最少。

2. 水稻投入冗余与产出不足分析

如表 7.11 所示,黑龙江省 282 个主产水稻的不同粮食生产主体中,存在产出不足和投入冗余的主体一共 212 个,比例较大,其中普通农户 91 个,占比 69.47%;种粮大户 64 个,占比 88.89%;家庭农场 32 个,占比 84.21%;专业合作社 25 个,占比 60.98%。从投入冗余上看,普通农户冗余主要分布在化肥和其他投入方面;种粮大户几乎在各个投入上都有较高分布;家庭农场与种粮大户相比虽然在各个投入上也分布较高,但在人工投入和固定资产投入方面的冗余分布显著低于种粮大户的分布比重;合作社在种子、化肥、人工和其他投入方面冗余分布较高,固定资产冗余分布最低。水稻产出不足从产量角度考察,专业合作社体现出了明显的较高资源利用效率,但是与其产量不相称的是从产值角度看,产出不足的分布比重较高,与其组织化程度不符。

表 7.11　黑龙江省水稻生产主体投入产出松弛变量分析

生产主体		投入冗余								产出不足	
		土地投入	种子投入	化肥投入	农药投入	动力投入	人工投入	固定资产	其他投入	总产量	总产值
普通农户	个数	34	42	74	43	53	21	24	66	59	18
	比例(%)	25.95	32.06	56.49	32.82	40.46	16.03	18.32	50.38	45.04	13.74
种粮大户	个数	47	38	25	40	45	42	31	23	62	2
	比例(%)	65.28	52.78	34.72	55.56	62.50	58.33	43.06	31.94	86.11	2.78
家庭农场	个数	20	16	23	16	14	10	10	29	29	9
	比例(%)	52.63	42.11	60.53	42.11	36.84	26.32	26.32	76.32	76.32	23.68
专业合作社	个数	9	21	18	14	11	21	3	19	7	14
	比例(%)	21.95	51.22	43.9	34.15	26.83	51.22	7.32	46.34	17.07	34.15

3. 大豆投入冗余与产出不足分析

如表 7.12 所示,黑龙江省 96 个主产大豆的不同粮食生产主体中,存在产出不足和投入冗余的主体一共有 48 个,其中普通农户 3 个,占比 20%;种粮大户 27 个,占比 56.25%;家庭农场 6 个,占比 46.15%;专业合作社 6 个,占比 30%。从投入冗余上看,黑龙江省大豆投入冗余分布占比变化较平缓,各投入要素冗余分布比较平均,普通农户冗余分布占比不超过 20%,种粮大户和家庭农场在某些投入上冗余分布较高,但也不超过 40%,合作社只是在人工投入和固定资产投入上冗余分布占比达到 30%,其余不超过 20%。产出不足方面也同样分布占比不高,最高占比为 25%。与水稻相同,合作社在产值方面的表现相对于其组织化并不能令人满意。

表 7.12　黑龙江省大豆生产主体投入产出松弛变量分析

生产主体		投入冗余								产出不足	
		土地投入	种子投入	化肥投入	农药投入	动力投入	人工投入	固定资产	其他投入	总产量	总产值
普通农户	个数	1	1	2	0	3	0	2	0	1	1
	比例(%)	6.67	6.67	13.33	—	20	—	13.33	—	6.67	6.67

表 7.12(续)

生产主体		投入冗余								产出不足	
		土地投入	种子投入	化肥投入	农药投入	动力投入	人工投入	固定资产	其他投入	总产量	总产值
种粮大户	个数	9	14	16	10	17	12	16	10	12	11
	比例(%)	18.75	29.17	33.33	20.83	35.42	25	33.33	20.83	25	22.92
家庭农场	个数	2	2	4	3	1	2	5	3	3	3
	比例(%)	15.38	15.38	30.77	23.08	7.69	15.38	38.46	23.08	23.08	23.08
专业合作社	个数	2	4	3	4	2	6	6	4	1	5
	比例(%)	10	20	15	20	10	30	30	20	5	25

7.2.2 吉林省粮食投入冗余与产出不足分析

1. 玉米投入冗余与产出不足分析

如表 7.13 所示,吉林省 249 个主产玉米的不同粮食生产主体,存在产出不足和投入冗余的一共 182 个,其中普通农户 122 个,占比 78.21%;种粮大户 48 个,占比 90.57%;家庭农场 8 个,占比 40%;专业合作社 4 个,占 40%。从投入冗余上看,吉林省玉米的投入冗余分布与黑龙江省有很大不同,吉林省的普通农户除了人工外在各个投入上均有较高的冗余分布,其中动力方面的冗余分布最高,同期黑龙江省普通农户整体冗余分布较低。同理,吉林省的家庭农场和合作社表现出了与黑龙江省冗余分布的较大差异,相比较而言,吉林省的玉米不同生产投入冗余分布比重较低,表现出较好的资源利用水平。从产出不足看,吉林省玉米规模生产表现出了较好的资源利用水平,无论从产量角度还是从产值角度都是规模化经营主体比普通农户表现好。

表 7.13 吉林省玉米生产主体投入产出松弛变量分析

生产主体		投入冗余								产出不足	
		土地投入	种子投入	化肥投入	农药投入	动力投入	人工投入	固定资产	其他投入	总产量	总产值
普通农户	个数	23	52	68	74	108	0	68	71	98	10
	比例(%)	14.74	33.33	43.59	47.44	69.23	—	43.59	45.51	62.82	6.41

表 7.13(续)

生产主体		投入冗余								产出不足	
		土地投入	种子投入	化肥投入	农药投入	动力投入	人工投入	固定资产	其他投入	总产量	总产值
种粮大户	个数	5	15	30	12	44	0	1	45	31	3
	比例(%)	9.43	28.3	56.6	22.64	83.02	—	1.89	84.91	58.49	5.66
家庭农场	个数	1	5	2	6	6	0	1	5	5	0
	比例(%)	5	25	10	30	30	—	5	25	25	—
专业合作社	个数	1	2	2	2	1	0	1	3	4	0
	比例(%)	5	10	10	10	5	—	5	15	20	—

2. 水稻投入冗余与产出不足分析

如表 7.14 所示,吉林省 73 个主产水稻的不同粮食生产主体中,存在产出不足和投入冗余的主体一共 30 个,其中普通农户 18 个,占比 43.9%;种粮大户 8 个,占比 72.73%;家庭农场没有;专业合作社有 4 个,占比 36.36%。从投入冗余上看,普通农户冗余主要集中在种子、化肥、农药和动力方面,种粮大户冗余主要集中在种子、化肥、农药、动力固定资产和其他投入上,合作社冗余主要集中在种子、化肥、农药、固定资产和其他投入。因此,种子、化肥农药是各个生产主体共同具有的冗余特征。从产出不足看,种粮大户产量产出不足表现最差,但从产值角度看,所有主体市场表现都很好。

表 7.14　吉林省水稻生产主体投入产出松弛变量分析

生产主体		投入冗余								产出不足	
		土地投入	种子投入	化肥投入	农药投入	动力投入	人工投入	固定资产	其他投入	总产量	总产值
普通农户	个数	3	15	13	14	18	9	8	3	11	0
	比例(%)	7.32	36.59	31.71	34.15	43.9	21.95	19.51	7.32	26.83	—
种粮大户	个数	0	5	8	8	8	2	7	4	6	0
	比例(%)	—	45.45	72.73	72.73	72.73	18.18	63.64	36.36	54.55	—

表 7.14(续)

生产主体		投入冗余								产出不足	
		土地投入	种子投入	化肥投入	农药投入	动力投入	人工投入	固定资产	其他投入	总产量	总产值
家庭农场	个数	0	0	0	0	0	0	0	0	0	0
	比例(%)	—	—	—	—	—	—	—	—	—	—
专业合作社	个数	0	3	4	3	2	2	4	3	4	0
	比例(%)	—	27.27	36.36	27.27	18.18	18.18	36.36	27.27	36.36	—

3. 大豆投入冗余与产出不足分析

如表 7.15 所示,吉林省 95 个主产大豆的不同粮食生产主体中,存在产出不足和投入冗余的主体一共有 67 个,其中普通农户 29 个,占比 60.42%;种粮大户 16 个,占比 100%;家庭农场 13 个,占比 81.25%;专业合作社 9 个,占比 60%。从投入冗余和产出不足上看,大豆的投入冗余除了人工投入外,所有生产主体在其余各项投入上均表现出了较低的资源利用率,在产出不足上也呈现出了与投入冗余高度相似的结果。由此可以看出,吉林省的大豆生产资料利用还有较大提升空间。

表 7.15　吉林省大豆生产主体投入产出松弛变量分析

生产主体		投入冗余								产出不足	
		土地投入	种子投入	化肥投入	农药投入	动力投入	人工投入	固定资产	其他投入	总产量	总产值
普通农户	个数	19	22	8	26	26	0	20	15	16	13
	比例(%)	39.58	45.83	16.67	54.17	54.17	—	41.67	31.25	33.33	27.08
种粮大户	个数	14	16	2	15	16	0	14	12	10	6
	比例(%)	87.5	100	12.5	93.75	100	—	87.5	75	62.5	37.5
家庭农场	个数	11	11	12	12	8	0	5	7	8	5
	比例(%)	68.75	68.75	75	75	50	—	31.25	43.75	50	31.25
专业合作社	个数	6	6	4	9	0	0	5	3	3	5
	比例(%)	40	40	26.67	60	—	—	33.33	20	20	33.33

7.2.3 辽宁省粮食投入冗余与产出不足分析

1. 玉米投入冗余与产出不足分析

如表7.16所示,辽宁省145个主产玉米的不同生产主体中,存在产出不足和投入冗余的主体一共有71个,其中普通农户47个,占比55.29%;种粮大户4个,占比22.22%;家庭农场12个,占比60%;专业合作社8个,占比36.36%。从投入冗余看,种粮大户和合作社表现较好,资源利用率较高,普通农户和家庭农场的表现较差,在多种投入上均有较高冗余分布。

表7.16 辽宁省玉米生产主体投入产出松弛变量分析

生产主体		投入冗余								产出不足	
		土地投入	种子投入	化肥投入	农药投入	动力投入	人工投入	固定资产	其他投入	总产量	总产值
普通农户	个数	14	38	26	10	36	6	12	6	28	9
	比例(%)	16.47	44.71	30.59	11.76	42.35	7.06	14.12	7.06	32.94	10.59
种粮大户	个数	1	4	1	2	0	0	2	1	3	0
	比例(%)	5.56	22.22	5.56	11.11	—	—	11.11	5.56	16.67	—
家庭农场	个数	7	4	9	4	8	6	10	2	5	1
	比例(%)	35	20	45	20	40	30	50	10	25	5
专业合作社	个数	6	4	6	5	3	4	6	1	3	0
	比例(%)	27.27	18.18	27.27	22.73	13.64	18.18	27.27	4.55	13.64	—

2. 水稻投入冗余与产出不足分析

如表7.17所示,辽宁省165个主产水稻的不同粮食生产主体中,存在产出不足和投入冗余的主体一共79个,其中普通农户50个,占比48.08%;种粮大户14个,占比51.85%;家庭农场11个,占比68.75%;专业合作社4个,占比22.22%。从投入冗余上看,种粮大户在7项投入上冗余分布较高,家庭农场在5项投入上冗余分布较高,而普通农户和合作社分别只有3项和2项。在投入不足上,从产量角度看种粮大户和普通农户表现不佳,从产值角度看,家庭农场表现不佳。

表 7.17　辽宁省水稻生产主体投入产出松弛变量分析

生产主体		投入冗余								产出不足	
		土地投入	种子投入	化肥投入	农药投入	动力投入	人工投入	固定资产	其他投入	总产量	总产值
普通农户	个数	16	22	35	29	17	15	8	9	27	10
	比例(%)	15.38	21.15	33.65	27.88	16.35	14.42	7.69	8.65	25.96	9.62
种粮大户	个数	6	3	6	6	8	10	7	7	9	3
	比例(%)	22.22	11.11	22.22	22.22	29.63	37.04	25.93	25.93	33.33	11.11
家庭农场	个数	0	5	2	5	6	9	3	7	1	6
	比例(%)	—	31.25	12.5	31.25	37.5	56.25	18.75	43.75	6.25	37.5
专业合作社	个数	0	4	0	4	2	2	2	2	1	2
	比例(%)	—	22.22	—	22.22	11.11	11.11	11.11	11.11	5.56	11.11

3. 大豆投入冗余与产出不足分析

如表 7.18 所示,辽宁省 69 个主产大豆的不同粮食生产主体中,存在产出不足和投入冗余的主体一共有 30 个,其中普通农户 7 个,占比 31.82%;种粮大户 3 个,占比 17.65%;家庭农场 9 个,占比 90%;专业合作社 11 个,占比 55%。从投入冗余上看,家庭农场与合作社表现不佳,几乎在全部投入上都有较高冗余分布,相比较而言,普通农户和种粮大户表现较好,没有呈现出多指标高冗余分布现象。从产出不足角度看,也是家庭农场和合作社表现不佳。

表 7.18　辽宁省大豆生产主体投入产出松弛变量分析

生产主体		投入冗余								产出不足	
		土地投入	种子投入	化肥投入	农药投入	动力投入	人工投入	固定资产	其他投入	总产量	总产值
普通农户	个数	2	4	3	6	3	2	4	3	4	0
	比例(%)	9.09	18.18	13.64	27.27	13.64	9.09	18.18	13.64	18.18	—
种粮大户	个数	1	2	2	3	0	3	1	3	1	0
	比例(%)	5.88%	11.76	11.76	17.65	—	17.65	5.88	17.65	5.88	—

表 7.18(续)

生产主体		投入冗余								产出不足	
		土地投入	种子投入	化肥投入	农药投入	动力投入	人工投入	固定资产	其他投入	总产量	总产值
家庭农场	个数	6	8	4	7	8	8	1	0	8	0
	比例(%)	60	80	40	0	80	80	10	—	80	
专业合作社	个数	9	7	5	8	10	9	8	2	9	0
	比例(%)	45	35	25	40	50	45	40	10	45	—

7.3 本章小结

本章主要围绕两部分内容展开,分别是对东北地区(黑龙江省、吉林省、辽宁省)不同粮食生产主体(普通农户、种粮大户、家庭农场、农民专业合作社)三种粮食作物(玉米、水稻、大豆)的规模报酬的分析和不同粮食生产主体粮食投入冗余与产出不足的分析,从投入冗余与产出不足的实际结果看,各个生产主体在不同省份的不同粮食品种上表现出了较大的差异。

第8章 东北地区粮食生产主体效率对比分析

8.1 基于省级视角的不同粮食生产主体效率对比分析

8.1.1 黑龙江省不同粮食生产主体效率分析

1.玉米生产主体效率分析

得到的结果显示依据平均值,如表8.1所示,综合效率的排名从高到低依次为普通农户、专业合作社、家庭农场、种粮大户,纯技术效率的排名从高到低依次为普通农户、专业合作社、家庭农场、种粮大户。规模效率的排名依次为普通农户、专业合作社、种粮大户、家庭农场。普通农户的综合效率平均水平最高,为0.976。普通农户之间综合效率差距最小,最高为1,最低为0.818。将综合效率分解开来看,普通农户的纯技术效率为0.981,低于规模效率水平的0.994。种粮大户综合效率平均水平不高,为0.898,种粮大户之间差距较大,综合效率最高大户可以达到1,最低仅为0.633。纯技术效率为0.918,低于0.978的规模效率。家庭农场综合效率为0.906,纯技术效率为0.941,高于0.963的规模效率。专业合作社综合效率为0.962,纯技术效率为0.98,低于0.981的规模效率。

表8.1 黑龙江玉米 DEA 分析结果

生产主体效率		普通农户	种粮大户	家庭农场	专业合作社
综合效率	最大值	1	1	1	1
	最小值	0.818	0.633	0.710	0.716
	中位数	1	0.925	0.915	1
	平均值	0.976	0.898	0.906	0.962
	标准差	0.046	0.101	0.089	0.076
纯技术效率	最大值	1	1	1	1
	最小值	0.837	0.640	0.727	0.849
	中位数	1	0.943	0.987	1
	平均值	0.981	0.918	0.941	0.980
	标准差	0.042	0.093	0.081	0.045

表 8.1(续)

生产主体效率		普通农户	种粮大户	家庭农场	专业合作社
规模效率	最大值	1	1	1	1
	最小值	0.916	0.895	0.782	0.825
	中位数	1	0.987	0.99	1
	平均值	0.994	0.978	0.963	0.981
	标准差	0.017	0.024	0.053	0.042

2. 水稻主体生产效率分析

得到的结果显示依据平均值,如表 8.2 所示,综合效率的排名从高到低依次为专业合作社、种粮大户、普通农户、家庭农场,纯技术效率的排名从高到低依次为专业合作社、种粮大户、普通农户、家庭农场。规模效率的排名从高到低依次为专业合作社、家庭农场、普通农户、种粮大户。普通农户综合效率平均水平不高,为 0.691,普通农户之间差距较大,综合效率最高农户可以达到 1,最低仅为 0.223。将综合效率分解开来看,普通农户的纯技术效率为 0.702,低于规模效率水平的 0.98。种粮大户综合效率为 0.692,种粮大户内部之间效率也相差很大,综合效率最高的达到 1,最低的为 0.242,纯技术效率为 0.656,低于 0.956 的规模效率。家庭农场综合效率为 0.641,纯技术效率为 0.656,低于 0.977 的规模效率。专业合作社各项效率值在四个主体中最高,综合效率为 0.736,纯技术效率为 0.761,低于 0.963 的规模效率。

表 8.2 黑龙江水稻 DEA 分析结果

生产主体效率		普通农户	种粮大户	家庭农场	专业合作社
综合效率	最大值	1	1	1	1
	最小值	0.223	0.242	0.310	0.221
	中位数	0.657	0.685	0.592	0.761
	平均值	0.691	0.692	0.641	0.736
	标准差	0.266	0.181	0.234	0.247
纯技术效率	最大值	1	1	1	1
	最小值	0.232	0.245	0.314	0.221
	中位数	0.687	0.729	0.609	0.823
	平均值	0.702	0.727	0.656	0.761
	标准差	0.261	0.194	0.232	0.243

表 8.2（续）

生产主体效率		普通农户	种粮大户	家庭农场	专业合作社
规模效率	最大值	1	1	1	1
	最小值	0.812	0.755	0.883	0.714
	中位数	0.996	0.968	0.995	0.999
	平均值	0.98	0.956	0.977	0.963
	标准差	0.035	0.050	0.033	0.062

3. 大豆主体生产效率分析

得到的结果显示依据平均值,如表 8.3 所示,综合效率的排名从高到低依次为普通农户、家庭农场、专业合作社、种粮大户,纯技术效率的排名从高到低依次为普通农户、专业合作社、家庭农场、种粮大户。规模效率的排名从高到低依次为种粮大户、普通农户、家庭农场、专业合作社。普通农户综合效率平均水平最高,为 0.991,普通农户之间差距较小,综合效率最高农户为 1,最低为 0.926。将综合效率分解开来看,普通农户的纯技术效率为 0.999,高于规模效率水平的 0.992。种粮大户综合效率为 0.929,种粮大户内部之间效率也相差最大,综合效率最高的达到 1,最低的为 0.571,纯技术效率为 0.932,低于 0.996 的规模效率。家庭农场综合效率为 0.948,纯技术效率为 0.963,低于 0.983 的规模效率。专业合作社综合效率为 0.947,纯技术效率为 0.983,高于 0.963 的规模效率。

表 8.3　黑龙江大豆 DEA 分析结果

生产主体效率		普通农户	种粮大户	家庭农场	专业合作社
综合效率	最大值	1	1	1	1
	最小值	0.926	0.571	0.778	0.774
	中位数	1	0.985 5	0.983	0.993 5
	平均值	0.991	0.929	0.948	0.947
	标准差	0.019	0.101	0.068	0.077
纯技术效率	最大值	1	1	1	1
	最小值	0.986	0.578	0.841	0.845
	中位数	1	0.987 5	1	1
	平均值	0.999	0.932	0.963	0.983
	标准差	0.004	0.098	0.051	0.037

表 8.3（续）

生产主体效率		普通农户	种粮大户	家庭农场	专业合作社
规模效率	最大值	1	1	1	1
	最小值	0.926	0.953	0.879	0.776
	中位数	1	1	1	1
	平均值	0.992	0.996	0.983	0.963
	标准差	0.019	0.009	0.036	0.066

8.1.2　吉林省不同粮食生产主体效率分析

1. 玉米主体生产效率分析

得到的结果显示依据平均值,如表 8.4 所示,综合效率的排名从高到低依次为专业合作社、家庭农场、普通农户、种粮大户。纯技术效率的排名从高到低依次为专业合作社、家庭农场、种粮大户、普通农户。规模效率合作社、家庭农场与种粮大户相同。普通农户综合效率平均水平最低,为 0.835,普通农户之间差距较大,综合效率最高农户可以达到 1,最低仅为 0.007。将综合效率分解开来看,普通农户的纯技术效率为 0.839,低于规模效率水平的 0.996。种粮大户综合效率为 0.888,种粮大户内部之间效率也相差很大,综合效率最高的达到 1,最低的仅为 0.583,纯技术效率为 0.888,低于 1 的规模效率。家庭农场综合效率为 0.959,纯技术效率为 0.959,低于 1 的规模效率。专业合作社各项效率值在四个主体中最高,综合效率为 0.99,纯技术效率为 0.99,低于 1 的规模效率。

表 8.4　吉林玉米 DEA 分析结果

生产主体效率		普通农户	种粮大户	家庭农场	专业合作社
综合效率	最大值	1	1	1	1
	最小值	0.007	0.583	0.779	0.904
	中位数	0.845	0.917	1	1
	平均值	0.835	0.888	0.959	0.99
	标准差	0.149	0.088	0.064	0.026
纯技术效率	最大值	1	1	1	1
	最小值	0.007	0.583	0.779	0.904
	中位数	0.849	0.917	1	1
	平均值	0.839	0.888	0.959	0.990
	标准差	0.150	0.088	0.064	0.026

表 8.4（续）

生产主体效率		普通农户	种粮大户	家庭农场	专业合作社
规模效率	最大值	1	1	1	1
	最小值	0.914	1	1	1
	中位数	1	1	1	1
	平均值	0.996	1	1	1
	标准差	0.013	0	0	0

2. 水稻主体生产效率分析

得到的结果显示依据平均值,如表 8.5 所示,综合效率的排名从高到低依次为家庭农场、专业合作社、普通农户、种粮大户,纯技术效率的排名从高到低依次为家庭农场、专业合作社、普通农户、种粮大户。规模效率的排名从高到低依次为家庭农场、专业合作社、普通农户、种粮大户。普通农户综合效率为 0.932,普通农户之间差距较大,综合效率最高农户可以达到 1,最低为 0.726。将综合效率分解开来看,普通农户的纯技术效率为 0.935,低于规模效率水平的 0.997。种粮大户综合效率为 0.895,种粮大户内部之间效率也相差很大,综合效率最高的达到 1,最低的仅为 0.767,纯技术效率为 0.908,低于 0.985 的规模效率。家庭农场综合效率为 0.957,低于 0.998 的规模效率。

表 8.5 吉林水稻 DEA 分析结果

生产主体效率		普通农户	种粮大户	家庭农场	专业合作社
综合效率	最大值	1	1	1	1
	最小值	0.726	0.767	0.993	0.838
	中位数	0.998	0.916	1	1
	平均值	0.932	0.895	0.999	0.955
	标准差	0.089	0.091	0.002	0.062
纯技术效率	最大值	1	1	1	1
	最小值	0.731	0.784	1	0.842
	中位数	1	0.927	1	1
	平均值	0.935	0.908	1	0.957
	标准差	0.087	0.087	0	0.060
规模效率	最大值	1	1	1	1
	最小值	0.976	0.966	0.993	0.987
	中位数	1	0.983	1	1
	平均值	0.997	0.985	0.999	0.998
	标准差	0.005	0.011	0.002	0.004

3. 大豆主体生产效率分析

得到的结果显示依据平均值,如表 8.6 所示,综合效率的排名从高到低依次为专业合作社、普通农户、家庭农场、种粮大户,纯技术效率的排名从高到低依次为专业合作社、普通农户、家庭农场、种粮大户。规模效率的排名从高到低依次为专业合作社等于家庭农场、种粮大户、普通农户。普通农户综合效率平均水平不高,为 0.634,普通农户之间差距较大,综合效率最高农户可以达到 1,最低仅为 0.125。将综合效率分解开来看,普通农户的纯技术效率为 0.675,低于规模效率水平的 0.971。种粮大户综合效率最小仅为 0.266,种粮大户内部之间效率相差很大,综合效率最高的达到 0.943,最低的仅为 0.113,纯技术效率为 0.273,远低于 0.975 的规模效率。家庭农场综合效率为 0.569,纯技术效率为 0.569,低于 1 的规模效率。专业合作社各项效率值在四个主体中最高,综合效率为 0.806,纯技术效率为 0.806,低于 1 的规模效率。

表 8.6 吉林大豆 DEA 分析结果

生产主体效率		普通农户	种粮大户	家庭农场	专业合作社
综合效率	最大值	1	0.943	1	1
	最小值	0.125	0.113	0.166	0.280
	中位数	0.829	0.23	0.543	0.945
	平均值	0.665	0.266	0.569	0.806
	标准差	0.350	0.189	0.301	0.279
纯技术效率	最大值	1	0.943	1	1
	最小值	0.129	0.116	0.166	0.28
	中位数	0.829	0.234	0.543	0.947
	平均值	0.675	0.273	0.569	0.806
	标准差	0.343	0.19	0.301	0.279
规模效率	最大值	1	1	1	1
	最小值	0.710	0.920	1	0.998
	中位数	1	0.971 5	1	1
	平均值	0.971	0.975	1	1
	标准差	0.056	0.02	0	0

8.1.3 辽宁省不同粮食生产主体效率分析

1. 玉米主体生产效率分析

得到的结果显示依据平均值,如表 8.7 所示,综合效率的排名从高到低依次为种粮大户、专业合作社、普通农户、家庭农场,纯技术效率的排名从高到低依次为种粮大户、专业合作社、家庭农场、普通农户。规模效率的排名从高到低依次为普通农户、种粮大户、专业合作社、家庭农场。普通农户综合效率平均水平不高,为0.862,普通农户之间差距较大,综合效率最高农户可以达到1,最低仅为0.412。将综合效率分解开来看,普通农户的纯技术效率为0.883,低于规模效率水平的0.977。种粮大户综合效率最高,为0.938,种粮大户内部之间效率也相差很大,综合效率最高的达到1,最低的为0.625,纯技术效率为0.969,高于0.965的规模效率。家庭农场综合效率为0.849,纯技术效率为0.939,高于0.903的规模效率。专业合作社综合效率值为0.868,纯技术效率为0.954,高于0.909的规模效率。

表8.7　辽宁玉米 DEA 分析结果

生产主体效率		普通农户	种粮大户	家庭农场	专业合作社
综合效率	最大值	1	1	1	1
	最小值	0.412	0.625	0.649	0.649
	中位数	0.905	1	0.806	0.855
	平均值	0.862	0.938	0.849	0.868
	标准差	0.148	0.119	0.118	0.114
纯技术效率	最大值	1	1	1	1
	最小值	0.412	0.745	0.771	0.81
	中位数	0.948	1	0.977	1
	平均值	0.883	0.969	0.939	0.954
	标准差	0.135	0.072	0.075	0.071
规模效率	最大值	1	1	1	1
	最小值	0.515	0.742	0.741	0.696
	中位数	1	1	0.927 5	0.955
	平均值	0.977	0.965	0.903	0.909
	标准差	0.080	0.072	0.092	0.095

2. 水稻主体生产效率分析

得到的结果显示依据平均值,如表8.8所示,综合效率的排名从高到低依次为普通农户、专业合作社、家庭农场、种粮大户,纯技术效率的排名从高到低依次为专业合作社与家庭农场并列、普通农户、种粮大户。规模效率的排名从高到低依次为普通农户、专业合作社、家庭农场、种粮大户。普通农户综合效率平均水平最高,为0.958。将综合效率分解开来看,普通农户的纯技术效率为0.963,低于规模效率水平的0.996。种粮大户综合效率为0.905,种粮大户内部之间效率也相差最大,综合效率最高的达到1,最低的为0.602,纯技术效率为0.936,低于0.966的规模效率。家庭农场综合效率为0.933,纯技术效率为0.963,低于0.969的规模效率。专业合作社综合效率为0.942,纯技术效率为0.963,低于0.979的规模效率。

表 8.8　辽宁水稻 DEA 分析结果

生产主体效率		普通农户	种粮大户	家庭农场	专业合作社
综合效率	最大值	1	1	1	1
	最小值	0.696	0.602	0.68	0.688
	中位数	0.999 5	0.948	0.961 5	0.999 5
	平均值	0.958	0.905	0.933	0.942
	标准差	0.061	0.109	0.087	0.098
纯技术效率	最大值	1	1	1	1
	最小值	0.696	0.771	0.850	0.692
	中位数	1	0.993	0.972 5	1
	平均值	0.962	0.936	0.963	0.963
	标准差	0.058	0.078	0.047	0.092
规模效率	最大值	1	1	1	1
	最小值	0.865	0.732	0.744	0.801
	中位数	1	1	0.996 5	0.999 5
	平均值	0.996	0.966	0.969	0.979
	标准差	0.015	0.063	0.074	0.047

3. 大豆主体生产效率分析

得到的结果显示依据平均值,如表 8.9 所示,综合效率的排名从高到低依次为种粮大户、普通农户、专业合作社、家庭农场,纯技术效率的排名从高到低依次为普通农户、种粮大户、专业合作社、家庭农场。规模效率的排名从高到低依次为种粮大户、普通农户、专业合作社、家庭农场。普通农户综合效率为 0.989,普通农户之间差距较小,综合效率最高农户可以达到 1,最低为 0.942。将综合效率分解开来看,普通农户的纯技术效率为 0.994,等于规模效率。种粮大户综合效率为 0.992,种粮大户内部之间效率相差较小,最高的综合效率达到 1,最低的为 0.923,纯技术效率为 0.993 低于 0.999 的规模效率。家庭农场综合效率为 0.835,家庭农场内部之间效率相差较大,综合效率最高的为 0.945,最低的为 0.658。纯技术效率为 0.873,低于 0.957 的规模效率。专业合作社综合效率为 0.909,纯技术效率为 0.938,低于 0.968 的规模效率。

表 8.9　辽宁大豆 DEA 分析结果

生产主体效率		普通农户	种粮大户	家庭农场	专业合作社
综合效率	最大值	1	1	0.945	1
	最小值	0.942	0.923	0.658	0.662
	中位数	1	1	0.849	0.939
	平均值	0.989	0.992	0.835	0.909
	标准差	0.018	0.019	0.104	0.101
纯技术效率	最大值	1	1	1	1
	最小值	0.944	0.933	0.667	0.788
	中位数	1	1	0.871	0.966 5
	平均值	0.994	0.993	0.873	0.938
	标准差	0.013	0.017	0.100	0.076
规模效率	最大值	1	1	0.999	1
	最小值	0.956	0.989	0.839	0.837
	中位数	1	1	0.959 5	0.996 5
	平均值	0.994	0.999	0.957	0.968
	标准差	0.011	0.003	0.043	0.051

8.2　基于粮食种类视角的生产主体效率对比分析

应用 DEA-SOLVERPro5.0 软件,投入角度的 CCR 与 BCC 模型,计算得出东北地区不同粮食生产主体的效率值。上文仅是每个省内部进行效率运算,按照每个省的每个品种进行效率测算,一共运行了 9 组数据。与上文不同的是,接下来的运算结果是将数据按照玉米大豆水稻的大类,一共 3 组数据运算的,同一组数据算出的结果进行省与省之间的对比更具有可比性与说服力。

8.2.1　玉米生产主体生产效率对比分析

1.玉米普通农户生产效率对比分析

东北地区玉米普通农户得到的结果显示依据平均值,如表 8.10 所示,综合效率的排名从高到低依次为吉林省、辽宁省、黑龙江省;纯技术效率的排名从高到低依次为吉林省、辽宁省、黑龙江省;规模效率的排名从高到低依次为黑龙江省、辽宁省、吉林省。黑龙江省综合效率为 0.791 4,普通农户之间差距较小,综合效率最高农户可以达到 1,最低为 0.488 5。将综合效率分解开来看,黑龙江省普通农户的纯技术效率为 0.944 9,大于 0.840 1 的规模效率。吉林省综合效率为 0.831 1,普通农户内部之间效率相差很大,综合效率最高的达到 1,

最低的为 0.007 3,纯技术效率为 1,高于 0.831 1 的规模效率。辽宁省综合效率为 0.816 9,普通农户内部之间效率相差较大,最高的综合效率为 1,最低的为 0.370 1。纯技术效率为 0.979 3,高于 0.836 7 的规模效率。

表 8.10　玉米普通农户生产效率

生产主体效率		黑龙江省	吉林省	辽宁省
综合效率	最大值	1	1	1
	最小值	0.488 5	0.007 3	0.370 1
	中位数	0.831 4	0.833 9	0.838 4
	平均值	0.791 4	0.831 1	0.816 9
	标准差	0.148 6	0.148 4	0.169 8
纯技术效率	最大值	1	1	1
	最小值	0.541 7	1	0.500 7
	中位数	1	1	1
	平均值	0.944 9	1	0.979 3
	标准差	0.134 1	0	0.086 2
规模效率	最大值	1	1	1
	最小值	0.567 8	0.007 3	0.370 1
	中位数	0.847 7	0.833 9	0.887 2
	平均值	0.840 1	0.831 1	0.836 7
	标准差	0.111 5	0.148 4	0.163 6

2. 玉米种粮大户生产效率对比分析

东北地区玉米种粮大户得到的结果显示依据平均值,如表 8.11 所示,综合效率的排名从高到低依次为吉林省、辽宁省、黑龙江省;纯技术效率的排名从高到低依次为吉林省、辽宁省、黑龙江省;规模效率的排名从高到低依次为辽宁省、吉林省、黑龙江省。黑龙江省综合效率为 0.520 4,种粮大户之间差距较大,综合效率最高可以达到 1,最低为 0.318 1。将综合效率分解开来看,黑龙江省种粮大户的纯技术效率为 0.728 6,小于 0.720 9 的规模效率。吉林省综合效率为 0.887 1,种粮大户内部之间效率相差较大,最高的综合效率达到 1,最低的为 0.569,纯技术效率为 1,高于 0.887 1 的规模效率。辽宁省综合效率为 0.822 5,种粮大户内部之间效率相差较大,综合效率最高的为 1,最低的为 0.455 2。纯技术效率为 0.908 1,低于 0.908 5 的规模效率。

表 8.11　玉米种粮大户生产效率

生产主体效率		黑龙江省	吉林省	辽宁省
综合效率	最大值	1	1	1
	最小值	0.318 1	0.569	0.455 2
	中位数	0.482 2	0.916 9	0.853 9
	平均值	0.520 4	0.887 1	0.822 5
	标准差	0.143 5	0.088 9	0.167 4
纯技术效率	最大值	1	1	1
	最小值	0.474 1	1	0.472 2
	中位数	0.702 1	1	1
	平均值	0.728 6	1	0.908 1
	标准差	0.168 3	0	0.170 0
规模效率	最大值	1.000 0	1	1
	最小值	0.504 2	0.569 0	0.693 8
	中位数	0.719 6	0.916 9	0.939 4
	平均值	0.720 9	0.887 1	0.908 5
	标准差	0.119 2	0.088 9	0.086 6

3. 玉米家庭农场生产效率对比分析

东北地区玉米家庭农场得到的结果显示依据平均值,如表 8.12 所示,综合效率的排名从高到低依次为吉林省、辽宁省、黑龙江省;纯技术效率的排名从高到低依次为吉林省、黑龙江省、辽宁省;规模效率的排名从高到低依次为吉林省、辽宁省、黑龙江省。黑龙江省综合效率为 0.619,家庭农场之间差距较大,综合效率最高可以达到 1,最低为 0.428。将综合效率分解开来看,黑龙江省家庭农场的纯技术效率为 0.830 2,大于 0.749 8 的规模效率。吉林省综合效率为 0.958 3,家庭农场内部之间效率相差较大,综合效率最高的达到 1,最低的为 0.958 3,纯技术效率为 1,低于 0.958 3 的规模效率。辽宁省综合效率为 0.772 9,家庭农场内部之间效率相差较大,最高的综合效率为 1,最低的为 0.503 2。纯技术效率为 0.825 6,低于 0.929 6 的规模效率。

表 8.12　玉米家庭农场生产效率

生产主体效率		黑龙江省	吉林省	辽宁省
综合效率	最大值	1	1	1
	最小值	0.428 0	0.958 3	0.503 2
	中位数	0.601 4	1	0.725 4
	平均值	0.619 0	0.958 3	0.772 9
	标准差	0.149 7	0.064 5	0.162 7

表 8.12（续）

生产主体效率		黑龙江省	吉林省	辽宁省
纯技术效率	最大值	1	1	1
	最小值	0.469 3	1	0.585 0
	中位数	0.824 5	1	0.797 5
	平均值	0.830 2	1	0.825 6
	标准差	0.146 4	0	0.136 4
规模效率	最大值	1	1	1
	最小值	0.545 5	0.779 2	0.852 6
	中位数	0.775 2	1	0.932 5
	平均值	0.749 8	0.958 3	0.929 6
	标准差	0.133 8	0.064 5	0.053 5

4. 玉米合作社生产效率对比分析

东北地区玉米专业合作社得到的结果显示依据平均值,如表 8.13 所示,综合效率的排名从高到低依次为吉林省、黑龙江省、辽宁省;纯技术效率的排名从高到低依次为吉林省、黑龙江省、辽宁省;规模效率的排名从高到低依次为吉林省、辽宁省、黑龙江省。黑龙江省综合效率为 0.829 5,合作社之间差距较大,综合效率最高可以达到 1,最低为 0.402 6。将综合效率分解开来看,黑龙江省合作社的纯技术效率为 0.939 9,大于 0.877 的规模效率。吉林省综合效率为 0.989 4,合作社内部之间效率相差较大,综合效率最高的达到 1,最低的为 0.904,纯技术效率为 1,低于 0.989 4 的规模效率。辽宁省综合效率为 0.793 5,家庭农场内部之间效率相差较大,最高的综合效率为 1,最低的为 0.503 5。纯技术效率为 0.854 4,低于 0.924 2 的规模效率。

表 8.13　东北地区玉米专业合作社生产效率

生产主体效率		黑龙江省	吉林省	辽宁省
综合效率	最大值	1	1	1
	最小值	0.402 6	0.904 0	0.503 5
	中位数	0.951 5	1	0.766 4
	平均值	0.829 5	0.989 4	0.793 5
	标准差	0.197 8	0.026 0	0.163 9
纯技术效率	最大值	1	1	1
	最小值	0.529 8	1	0.591 4
	中位数	1	1	0.883 4
	平均值	0.939 9	1	0.854 4
	标准差	0.116 7	0	0.133 9

表 8.13(续)

生产主体效率		黑龙江省	吉林省	辽宁省
规模效率	最大值	1	1	1
	最小值	0.478 2	0.904 0	0.738 9
	中位数	0.951 5	1	0.945 9
	平均值	0.877 0	0.989 4	0.924 2
	标准差	0.156 3	0.026 0	0.081 2

8.2.2 水稻生产主体生产效率对比分析

1. 水稻普通农户生产效率对比分析

东北地区水稻普通农户得到的结果显示依据平均值,如表 8.14 所示,综合效率的排名从高到低依次为黑龙江省、吉林省、辽宁省;纯技术效率的排名从高到低依次为辽宁省、黑龙江省、吉林省;规模效率的排名从高到低依次为黑龙江省、吉林省、辽宁省。黑龙江省综合效率为 0.614 1,普通农户之间差距很大,综合效率最高农户可以达到 1,最低为 0.051。将综合效率分解开来看,黑龙江省普通农户的纯技术效率为 0.759 7,小于 0.819 7 的规模效率。吉林省综合效率为 0.378 8,普通农户内部之间效率相差很大,综合效率最高的达到1,最低的为 0.02,纯技术效率为 0.621,高于 0.620 6 的规模效率。辽宁省综合效率为 0.245 7,普通农户内部之间效率相差很大,最高的综合效率为 1,最低的为 0.000 1。纯技术效率为 0.876 2,高于 0.282 3 的规模效率。

表 8.14 水稻普通农户生产效率

生产主体效率		黑龙江省	吉林省	辽宁省
综合效率	最大值	1	1	1
	最小值	0.051 0	0.020	0.000 1
	中位数	0.654 9	0.370 4	0.010 2
	平均值	0.614 1	0.378 8	0.245 7
	标准差	0.283 5	0.242 1	0.336 8
纯技术效率	最大值	1	1	1
	最小值	0.135 6	0.173 7	0.209 7
	中位数	0.882 7	0.516 6	1
	平均值	0.759 7	0.620 0	0.876 2
	标准差	0.267 2	0.273 2	0.226 3

表 8.14(续)

生产主体效率		黑龙江省	吉林省	辽宁省
规模效率	最大值	1	1	1
	最小值	0.051 0	0.027 8	0.000 1
	中位数	0.929 2	0.727 2	0.015 0
	平均值	0.819 7	0.620 6	0.282 3
	标准差	0.239 6	0.294 2	0.360 3

2. 水稻种粮大户生产效率对比分析

东北地区水稻种粮大户得到的结果显示依据平均值,如表 8.15 所示,综合效率的排名从高到低依次为辽宁省、吉林省、黑龙江省;纯技术效率的排名从高到低依次为辽宁省、吉林省、黑龙江省;规模效率的排名从高到低依次为吉林省、黑龙江省、辽宁省。黑龙江省综合效率为 0.341 3,种粮大户之间差距很大,综合效率最高可以达到 1,最低为 0.072 6。将综合效率分解开来看,黑龙江省种粮大户的纯技术效率为 0.385 8,小于 0.876 的规模效率。吉林省综合效率为 0.505 1,种粮大户内部之间效率相差较大,综合效率最高的达到 0.697 7,最低的为 0.337 6,纯技术效率为 0.523 7,高于 0.964 的规模效率。辽宁省综合效率为 0.698 9,种粮大户内部之间效率相差极大,最高的综合效率为 1,最低的为 0.000 01。纯技术效率为 0.743 8,低于 0.824 6 的规模效率。

表 8.15 水稻种粮大户生产效率

生产主体效率		黑龙江省	吉林省	辽宁省
综合效率	最大值	1	0.697 7	1
	最小值	0.072 6	0.337 6	0.000 01
	中位数	0.168 3	0.482 0	0.780 0
	平均值	0.341 3	0.505 1	0.698 9
	标准差	0.295 0	0.109 0	0.368 6
纯技术效率	最大值	1	0.738 1	1
	最小值	0.073 8	0.364 2	0.034 3
	中位数	0.287 8	0.500 1	1
	平均值	0.385 8	0.523 7	0.743 8
	标准差	0.305 4	0.111 7	0.336 2
规模效率	最大值	1	0.998 1	1
	最小值	0.374 0	0.927 0	0.000 3
	中位数	0.934 7	0.960 7	0.999 7
	平均值	0.876 0	0.964 0	0.824 6
	标准差	0.162 0	0.024 9	0.335 3

3. 水稻家庭农场生产效率对比分析

东北地区水稻家庭农场得到的结果显示依据平均值,如表 8.16 所示,综合效率的排名从高到低依次为黑龙江省、辽宁省、吉林省;纯技术效率的排名从高到低依次为黑龙江省、辽宁省、吉林省;规模效率的排名从高到低依次为吉林省、黑龙江省、辽宁省。黑龙江省综合效率为 0.831 1,家庭农场之间差距较大,综合效率最高可以达到 1,最低为 0.149 9。将综合效率分解开来看,黑龙江省家庭农场的纯技术效率为 0.854 2,低于 0.970 7 的规模效率。吉林省综合效率为 0.469 4,家庭农场内部之间效率相差较大,综合效率最高的达到 0.917,最低的为 0.246 2,纯技术效率为 0.477 7,低于 0.980 9 的规模效率。辽宁省综合效率为 0.745,家庭农场内部之间效率相差较大,最高的综合效率为 1,最低的为 0.499 8。纯技术效率为 0.806 4,低于 0.926 4 的规模效率。

表 8.16　水稻家庭农场生产效率

生产主体效率		黑龙江省	吉林省	辽宁省
综合效率	最大值	1	0.917 0	1
	最小值	0.149 9	0.246 2	0.499 8
	中位数	0.900 9	0.427 0	0.763 1
	平均值	0.831 1	0.469 4	0.745
	标准差	0.196 2	0.174 7	0.164 8
纯技术效率	最大值	1	0.930 2	1
	最小值	0.168 1	0.256 6	0.501 9
	中位数	0.938 3	0.431 7	0.825 1
	平均值	0.854 2	0.477 7	0.806 4
	标准差	0.193 9	0.176	0.176 9
规模效率	最大值	1	0.996 6	1
	最小值	0.791 3	0.959 6	0.811 8
	中位数	0.991 5	0.984 1	0.925 2
	平均值	0.970 7	0.980 9	0.926 4
	标准差	0.043 7	0.010 9	0.057 2

4. 水稻合作社生产效率对比分析

东北地区水稻合作社得到的结果显示依据平均值,如表 8.17 所示,综合效率的排名从高到低依次为黑龙江省、辽宁省、吉林省;纯技术效率的排名从高到低依次为黑龙江省、辽宁省、吉林省;规模效率的排名从高到低依次为黑龙江省、辽宁省、吉林省。黑龙江省综合效率为 0.762 9,合作社之间差距很大,综合效率最高可以达到 1,最低为 0.040 4。将综合效率分解开来看,黑龙江省合作社的纯技术效率为 0.864 3,大于 0.860 9 的规模效率。吉林省综合效率为 0.366,合作社内部之间效率相差较大,最高的综合效率达到 0.736 3,最低的为 0.043 6,纯技术效率为 0.657 1,低于 0.604 4 的规模效率。辽宁省综合效率为 0.699 2,家庭农场内部之间效率相差较大,综合效率最高的为 1,最低的为 0.503 5。纯技术效率为 0.852,高于 0.819 4 的规模效率。

表 8.17 水稻合作社生产效率

生产主体效率		黑龙江省	吉林省	辽宁省
综合效率	最大值	1	0.736 3	1
	最小值	0.040 4	0.043 6	0.373 6
	中位数	0.901 2	0.282 8	0.666 9
	平均值	0.762 9	0.366 0	0.699 2
	标准差	0.282 4	0.233 7	0.166 2
纯技术效率	最大值	1	1	1
	最小值	0.081 8	0.081	0.510 7
	中位数	1	0.669 3	0.888 0
	平均值	0.864 3	0.657 1	0.852 0
	标准差	0.241 7	0.295 1	0.156 5
规模效率	最大值	1	0.999 7	1
	最小值	0.225 1	0.211 2	0.657 8
	中位数	0.962 3	0.736 3	0.794 8
	平均值	0.860 9	0.604 4	0.819 4
	标准差	0.196 2	0.329 3	0.104 3

8.2.3 大豆生产主体生产效率对比分析

1.大豆普通农户生产效率对比分析

东北地区大豆普通农户得到的结果显示依据平均值,如表 8.18 所示,综合效率的排名从高到低依次为辽宁省、吉林省、黑龙江省;纯技术效率的排名从高到低依次为吉林省、辽宁省、黑龙江省;规模效率的排名从高到低依次为黑龙江省、辽宁省、吉林省。黑龙江省综合效率为 0.313 3,普通农户之间差距很大,综合效率最高农户为 0.637 2,最低为 0.094 8。将综合效率分解开来看,黑龙江省普通农户的纯技术效率为 0.659 9,高于 0.490 8 的规模效率。吉林省综合效率为 0.392 3,普通农户内部之间效率相差很大,综合效率最高的达到 1,最低的为 0.008 7,纯技术效率为 1,高于 0.392 3 的规模效率。辽宁省综合效率为 0.433 8,普通农户内部之间效率相差很大,最高的综合效率为 1,最低的为 0.000 1。纯技术效率为 0.923,高于 0.446 5 的规模效率。

表 8.18　大豆普通农户生产效率

生产主体效率		黑龙江省	吉林省	辽宁省
综合效率	最大值	0.637 2	1	1
	最小值	0.094 8	0.008 7	0.000 1
	中位数	0.315 7	0.321 8	0.106
	平均值	0.313 3	0.392 3	0.433 8
	标准差	0.190 9	0.301 6	0.443 8
纯技术效率	最大值	1	1	1
	最小值	0.149 6	1	0.119 2
	中位数	0.542 2	1	1
	平均值	0.659 9	1	0.923 0
	标准差	0.293 9	0	0.240 9
规模效率	最大值	0.950 6	1	1
	最小值	0.261 2	0.008 7	0.000 2
	中位数	0.356 2	0.321 8	0.200 9
	平均值	0.490 8	0.392 3	0.446 5
	标准差	0.248 1	0.301 6	0.437 3

2. 大豆种粮大户生产效率对比分析

　　东北地区大豆种粮大户得到的结果显示依据平均值,如表8.19所示,综合效率的排名从高到低依次为辽宁省、黑龙江省、吉林省;纯技术效率的排名从高到低依次为黑龙江省、吉林省、辽宁省;规模效率的排名从高到低依次为黑龙江省、辽宁省、吉林省。黑龙江省综合效率为0.766 2,种粮大户之间差距很大,综合效率最高可以达到1,最低为0.984 2。将综合效率分解开来看,黑龙江省种粮大户的纯技术效率为0.776 4,小于0.876 的规模效率。吉林省综合效率为0.538 7,种粮大户内部之间效率相差较大,综合效率最高的达到1,最低的为0.245 9,纯技术效率为1,高于0.538 7的规模效率。辽宁省综合效率为0.980 6,种粮大户内部之间效率相差极大,最高的综合效率为1,最低的为0.723 4。纯技术效率为0.981 3,低于0.999 1的规模效率。

表 8.19　大豆种粮大户生产效率

生产主体效率		黑龙江省	吉林省	辽宁省
综合效率	最大值	1	1	1
	最小值	0.317 1	0.245 9	0.723 4
	中位数	0.827 9	0.499 6	1
	平均值	0.766 2	0.538 7	0.980 6
	标准差	0.200 2	0.227 1	0.065 5

表 8.19(续)

生产主体效率		黑龙江省	吉林省	辽宁省
纯技术效率	最大值	1	1	1
	最小值	0.320 0	1	0.730 3
	中位数	0.838 3	1	1
	平均值	0.776 4	1	0.981 3
	标准差	0.195 6	0	0.063 7
规模效率	最大值	1	1	1
	最小值	0.895 5	0.245 9	0.990 5
	中位数	0.994 4	0.499 6	1
	平均值	0.984 2	0.538 7	0.999 1
	标准差	0.024 3	0.227 1	0.002 5

3. 大豆家庭农场生产效率对比分析

东北地区大豆家庭农场得到的结果显示依据平均值,如表 8.20 所示,综合效率的排名从高到低依次为黑龙江省、辽宁省、吉林省;纯技术效率的排名从高到低依次为吉林省、黑龙江省、辽宁省;规模效率的排名从高到低依次为辽宁省、黑龙江省、吉林省。黑龙江省综合效率为 0.910 3,家庭农场之间差距较大,综合效率最高可以达到 1,最低为 0.667。将综合效率分解开来看,黑龙江省家庭农场的纯技术效率为 0.924,低于 0.984 1 的规模效率。吉林省综合效率为 0.473 7,家庭农场内部之间效率相差较大,综合效率最高的达到 0.953 8,最低的为 0.008 3,纯技术效率为 1,高于 0.473 7 的规模效率。辽宁省综合效率为 0.451 7,家庭农场内部之间效率相差较小,效率均不高,最高的综合效率为 0.497 4,最低的为 0.436 6。纯技术效率为 0.436 6,低于 0.995 9 的规模效率。

表 8.20　大豆家庭农场生产效率

生产主体效率		黑龙江省	吉林省	辽宁省
综合效率	最大值	1	0.953 8	0.497 4
	最小值	0.667 0	0.008 3	0.436 6
	中位数	0.938 4	0.525 3	0.445 2
	平均值	0.910 3	0.473 7	0.451 7
	标准差	0.099 5	0.317 1	0.018 4
纯技术效率	最大值	1	1	0.500 9
	最小值	0.702 0	1	0.437 1
	中位数	0.942 9	1	0.446 2
	平均值	0.924 0	1	0.436 6
	标准差	0.089 4	0	0.019 9

表 8.20(续)

生产主体效率		黑龙江省	吉林省	辽宁省
规模效率	最大值	1	0.953 8	0.999 8
	最小值	0.950 2	0.008 3	0.984 0
	中位数	0.999 8	0.525 3	0.997 5
	平均值	0.984 1	0.473 7	0.995 9
	标准差	0.021 0	0.317 1	0.004 5

4. 大豆合作社生产效率对比分析

东北地区大豆合作社得到的结果显示依据平均值,如表 8.21 所示,综合效率的排名从高到低依次为黑龙江省、吉林省、辽宁省;纯技术效率的排名从高到低依次为吉林省、黑龙江省、辽宁省;规模效率的排名从高到低依次为黑龙江省、辽宁省、吉林省。黑龙江省综合效率为 0.965 3,合作社之间差距较大,综合效率最高可以达到 1,最低为 0.673 1。将综合效率分解开来看,黑龙江省合作社的纯技术效率为 0.984 2,大于 0.979 1 的规模效率。吉林省综合效率为 0.898 2,合作社内部之间效率相差较大,综合效率最高的达到 1,最低的为 0.635 5,纯技术效率为 1,高于 0.898 2 的规模效率。辽宁省综合效率为 0.602 8,家庭农场内部之间效率相差较大,最高的综合效率为 1,最低的为 0.428 6。纯技术效率为 0.629 8,高于 0.970 9 的规模效率。

表 8.21 大豆合作社生产效率

生产主体效率		黑龙江省	吉林省	辽宁省
综合效率	最大值	1	1	1
	最小值	0.673 1	0.635 5	0.428 6
	中位数	1	0.952 3	0.512 9
	平均值	0.965 3	0.898 2	0.602 8
	标准差	0.082 7	0.120 9	0.184 9
纯技术效率	最大值	1	1	1
	最小值	0.808 6	1	0.428 6
	中位数	1.000 0	1	0.515 1
	平均值	0.984 2	1	0.629 8
	标准差	0.048 6	0	0.208 6
规模效率	最大值	1	1	1
	最小值	0.832 5	0.635 5	0.620 0
	中位数	1	0.952 3	0.998 6
	平均值	0.979 1	0.898 2	0.970 9
	标准差	0.048 3	0.120 9	0.087 4

8.3　本章小结

　　本章基于省际和粮食种类视角对东北地区粮食生产效率对比分析。以省(黑龙江省、吉林省、辽宁省)为单位对比研究不同粮食种类(玉米、水稻、大豆)各生产主体的生产效率;借助 DEA-SOLVERPro5.0 软件应用 CCR 与 BCC 模型以不同粮食种类为单位对比研究在不同生产主体条件下各省份的生产效率。从分析结果看,各生产主体在不同省际、不同粮食种类的条件下生产效率存在较大差异,未来可重点关注生产效率在不同省份之间的差异以及粮食类型对生产效率的影响。

第9章 东北地区基于效率区分的主体属性特征分析

前文分析对比了不同省份和不同粮食品种生产主体效率的差别,但是效率对比分析的结果只能显示其差异,却不能显示高效率或者低效率的生产主体都具有什么特征,是否有比较统一的特征集中在这些不同粮食生产主体上。本章的内容就是针对该问题进行分析,总结归纳不同效率生产主体的属性特征。

9.1 玉米生产主体属性特征分析

9.1.1 综合效率下玉米生产主体特征分析

对东北地区普通农户、种粮大户、家庭农场以及专业合作社种植玉米的综合效率值进行高、较高、低分类(表9.1)。由此可知,玉米综合效率值最优(1)的种植户有175户,占总种植户的33.46%;综合效率值高(0.751 7~1)的种植户有270户,占总种植户的51.63%;综合效率值较高(0.255 2~0.751 7)的种植户有76户,占总种植户的14.53%;综合效率值低(0.007~0.255 2)的种植户有2户,占总种植户的0.38%。

表9.1 玉米综合效率分类汇总

综合效率	低(0.007~0.255 2)	较高(0.255 2~0.751 7)	高(0.751 7~1)	优(1)
种植户个数(户)	2	76	270	175
占总种植户比例(%)	0.38	14.53	51.63	33.46

由于玉米综合效率低的范围内的种植户仅有2户,不足以能够进行特征分析,下面将对玉米综合效率值所处的高和较高这两个范围分别进行特征分析。

1.高综合效率玉米生产主体特征分析

根据调查数据可得,玉米综合效率值处于0.751 7~1的270户种植户中,属于黑龙江省的有65户,占比为24.07%;属于吉林省的有147户,占比为54.45%,属于辽宁省的有58户,占比为21.48%。270户玉米种植户中有130户普通农户、82户种粮大户、36户家庭农场以及22户专业合作社。

在 270 户玉米种植户中,年龄处于 40 岁及以下的有 22 户,占比为 8.15%;处于 41~50 岁的有 125 户,占比为 46.3%;处于 51~60 岁的有 99 户,占比为 36.66%;处于 61 岁及以上的有 24 户,占比为 8.89%。种植户的文化程度处于初中及初中以下的有 209 户,占比为 77.41%,且最高文化程度为大专,仅有 10 户。关于对种植户的培训,在 270 户玉米种植户中没有参加过培训的有 87 户,占比为 32.22%;参加过一次培训的有 87 户,占比为 32.22%;参加过两次培训的有 64 户,占比为 23.71%,参加过三次及以上次数培训的有 32 户,占比为 11.85%。

在 270 户玉米种植户中有 237 户有土地补贴,占比为 87.78%。对于 270 户玉米种植户而言,其种植户中出售土地无租金的有 83 户,占比为 30.74%;出售土地租金每亩在 200 元及以下的仅有 3 户,占比为 1.11%;出售土地租金每亩在 201~400 元的有 75 户,占比为 27.78%;出售土地租金每亩在 401~600 元的有 48 户,占比为 17.78%;出售土地租金每亩在 601 元及以上的有 61 户,占比为 22.59%。在 270 户玉米种植户中加入农业保险的有 134 户,占比为 49.63%;没有机械的种植户有 24 户,占比为 8.89%;拥有 1 台机械的种植户有 20 户,占比为 7.41%;拥有 2 台机械的种植户有 59 户,占比为 21.85%;拥有 3 台机械的种植户有 127 户,占比为 47.04%;拥有 4 台及以上机械的种植户有 40 户,占比为 14.81%。在 270 户玉米种植户中,土地离家的距离在 5 公里以内的有 157 户,占比为 58.15%;土地离家的距离在 5.1~10 公里的有 71 户,占比为 26.30%;土地离家的距离在 10.1~20 公里的有 26 户,占比为 9.63%;土地离家的距离在 20 公里以上的有 16 户,占比为 5.92%。在玉米综合效率值高的范围内的 270 户种植户中,有 157 户收益不变,占比为 58.15%;有 79 户收益递减,占比为 29.26%;34 户收益递增,占比为 12.59%。

2. 较高综合效率玉米生产主体特征分析

根据调查数据可得,玉米综合效率值处于 0.255 2~0.751 7 的 76 户玉米种植户中属于黑龙江省的有 7 户,占比为 9.21%;属于吉林省的有 37 户,占比为 48.68%;属于辽宁省的有 32 户,占比为 42.11%。76 户玉米种植户中,有 55 户普通农户、10 户种粮大户、6 户家庭农场以及 5 户专业合作社。

在 76 户玉米种植户中,年龄处于 40 岁及以下的有 10 户,占比为 13.16%;处于 41~50 岁的有 19 户,占比为 25.00%;处于 51~60 岁的有 33 户,占比为 43.42%;处于 61 岁及以上的有 14 户,占比为 18.42%。种植户的文化程度处于初中及初中以下的有 69 户,占比为 90.79%,且最高文化程度为本科及以上仅有 1 户。关于对种植户的培训,在 76 户玉米种植户中没有参加过培训的有 31 户,占比为 40.79%;参加过一次培训的有 25 户,占比为 32.89%;参加过两次培训的有 15 户,占比为 19.74%;参加过三次及以上次数培训的有 5 户,占比为 6.58%。

在 76 户玉米种植户中,有 62 户有土地补贴,占比为 81.58%。对于 76 户玉米种植户而言,其种植户中出售土地无租金的有 39 户,占比为 51.32%;出售土地租金每亩在 200 元及以下的仅有 3 户,占比为 3.94%;出售土地租金每亩在 201~400 元的有 14 户,占比为 18.42%;出售土地租金每亩在 401~600 元的有 12 户,占比为 15.79%;出售土地租金每亩在 601 元及以上的有 8 户,占比为 10.53%。在 76 户玉米种植户中,加入农业保险的有 40 户,占比为 52.63%,没有机械的种植户有 16 户,占比为 21.05%;拥有 1 台机械的种植户有 6 户,占比为 7.89%;拥有 2 台机械的种植户有 12 户,占比为 15.79%;拥有 3 台机械的种植户有 37 户,占比为 48.69%;拥有 4 台及以上机械的种植户有 5 户,占比为 6.58%。在 76 户玉米种植户中,土地离家的距离在 5 公里以内的有 48 户,占比为 63.16%;土地离家的距离在 5.1~10 公里的有 9 户,占比为 11.84%;土地离家的距离在 10.1~20 公里的有 17 户,占比为 22.37%;土地离家的距离在 20 公里以上的仅有 2 户。在玉米综合效率值较高的范围内的 76 户种植户中,有 41 户收益不变,占比为 53.95%;有 20 户收益递减,占比为 26.31%;有 15 户收益递增,占比为 19.74%。

3. 综合效率下玉米生产主体特征对比分析

通过对玉米综合效率的特征分析(表 9.2)可知,综合效率值较高的范围内的玉米所属的地区主要是吉林省和辽宁省,综合效率值高的范围内的玉米所属的地区主要是吉林省。

表 9.2　玉米综合效率特征对比分析

综合效率	较高(0.255 2~0.751 7)	高(0.751 7~1)
玉米所属主要地区	吉林省、辽宁省	吉林省
种植户为男性的比例(%)	85.53	94.81
种植户年龄处于 50 岁及以下的比例(%)	38.16	54.45
种植户文化程度处于初中及以下的比例(%)	90.79	77.41
种植户中没有参加过培训的比例(%)	40.79	32.22
土地有补贴的种植户比例(%)	81.58	87.78
出售土地无租金的种植户比例(%)	51.32	30.74
加入农业保险的种植户比例(%)	52.63	49.63
没有机械的种植户比例(%)	21.05	8.89
土地离家 5 公里以内的种植户比例(%)	63.16	58.15
收益递减的种植户比例(%)	26.31	29.26

玉米综合效率值较高的范围内的种植户中男性有 85.53%,而玉米综合效率值高的范围内的种植户中男性有 94.81%,即玉米综合效率值较高的范围内的种植户中男性的占比更小;玉米综合效率值较高的范围内的种植户中年龄处于 50 岁及以下的有 38.16%,而综合效率值高的范围内的种植户中年龄 50 岁及以下的有 54.45%,即玉米综合效率值高的范围内的种植户中年龄处于 50 岁及以下的占比更大;玉米综合效率值较高的范围内的种植户的文化程度处于初中及初中以下的有 90.79%,且最高文化程度为本科及以上仅有 1 户,而玉米综合效率值高的范围内的种植户的文化程度处于初中及初中以下的有 77.41%,且最高文化程度为大专,即玉米综合效率值高的范围内的种植户文化程度处于初中及初中以下的占比更小,所以种植户的文化程度的提升在一定情况下有助于玉米综合效率的提高。对

于玉米种植户的培训次数,综合效率值较高的范围内的种植户中没有参加过培训的有 40.79%,而综合效率值高的范围内的种植户中没有参加过培训的有 32.22%,即玉米综合效率值高的范围内种植户中没有参加过培训的占比更小。

玉米综合效率值较高的范围内的种植户中有 81.58% 有土地补贴,而玉米综合效率值高的范围内的种植户中有 87.78% 有土地补贴,即玉米综合效率值高的范围内的种植户中土地补贴的占比更大。玉米综合效率值较高的范围内的种植户中出售土地无租金的有 51.32%,而综合效率值高的范围内的种植户中出售土地无租金的有 30.74%,即玉米综合效率值高的范围内的种植户中出售土地无租金的占比更小。玉米综合效率值较高的范围内的种植户中加入农业保险的有 52.63%,而玉米综合效率值高的范围内的种植户中加入农业保险的有 49.63%,即玉米综合效率值高的范围内种植户中加入农业保险的占比更小。玉米综合效率值较高的范围内的种植户中没有机械的有 21.05%,而玉米综合效率值高的范围内的种植户中没有机械的有 8.89%,即玉米综合效率值高的范围内的种植户中没有机械的占比更小。玉米综合效率值较高的范围内的种植户中,其土地离家 5 公里以内的有 63.16%,综合效率值高的范围内的种植户中,其土地离家 5 公里以内的有 58.15%,即玉米综合效率值高的范围内的种植户中其土地离家 5 公里以内的占比更小。玉米综合效率值较高的范围内的种植户中收益递减的有 26.31%,而综合效率值高的范围内的种植户中收益递减的有 29.26%,即玉米综合效率值高的范围内的种植户中收益递减的占比更大。

9.1.2　纯技术效率下玉米生产主体特征分析

对东北地区普通农户、种粮大户、家庭农场以及合作社种植玉米的纯技术效率值进行高、较高、低分类(表 9.3)。由此可知,玉米纯技术效率值最优(1)的种植户有 206 户,占总种植户的 39.39%;纯技术效率值高(0.751 7~1)的种植户有 257 户,占总种植户的 49.14%;纯技术效率值较高(0.255 2~0.751 7)的种植户有 58 户,占总种植户的 11.09%;纯技术效率值低(0.007~0.255 2)的种植户有 2 户,占总种植户的 0.38%。

表 9.3　玉米纯技术效率分类汇总

纯技术效率	低(0.007~0.255 2)	较高(0.255 2~0.751 7)	高(0.751 7~1)	优(1)
种植户个数(户)	2	58	257	206
占总种植户比例(%)	0.38	11.09	49.14	39.39

由于玉米纯技术效率低的范围内的种植户仅有 2 户,不足以能够进行特征分析,下面将对玉米纯技术效率值所处的高和较高这两个范围分别进行特征分析。

1. 高纯技术效率玉米生产主体特征分析

根据调查数据可得,玉米纯技术效率值处于 0.751 7~1 的 257 户种植户中属于黑龙江省的有 57 户,占比为 22.18%;属于吉林省的有 144 户,占比为 56.03%;属于辽宁省的有 56 户,占比为 21.79%。其中有 127 户普通农户、77 户种粮大户、34 户家庭农场以及 19 户专业合作社。

在 257 户玉米种植户中,年龄处于 40 岁及以下的有 23 户,占比为 8.95%;处于 41~50 岁的有 115 户,占比为 44.75%;处于 51~60 岁的有 97 户,占比为 37.74%;处于 61 岁及以上的有 22 户,占比为 8.56%。种植户的文化程度处于初中及初中以下的有 200 户,占比为 77.82%,且最高文化程度为本科及以上仅有 1 户。关于对种植户的培训。在 257 户玉米种植户中,没有参加过培训的有 80 户,占比为 31.13%;参加过一次培训的有 85 户,占比为 33.07%;参加过两次培训的有 61 户,占比为 23.74%,参加过三次及以上次数培训的有 31 户,占比为 12.06%。

在 257 户玉米种植户中有 226 户有土地补贴,占比为 87.94%。对于 257 户玉米种植户而言,其种植户中出售土地无租金的有 81 户,占比为 31.52%;出售土地租金每亩在 200 元及以下的仅有 2 户,占比为 0.78%。出售土地租金每亩在 201~400 元的有 68 户,占比为 26.46%;出售土地租金每亩在 401~600 元的有 44 户,占比为 17.12%;出售土地租金每亩在 601 元及以上的有 62 户,占比为 24.12%。在 257 户玉米种植户中加入农业保险的有 128 户,占比为 49.81%;没有机械的种植户有 26 户,占比为 10.12%;拥有 1 台机械的种植户有 19 户,占比为 7.39%;拥有 2 台机械的种植户有 53 户,占比为 20.62%;拥有 3 台机械的种植户有 126 户,占比为 49.03%;拥有 4 台及以上机械的种植户有 33 户,占比为 12.84%。在 257 户玉米种植户中,其土地离家的距离在 5 公里以内的有 153 户,占比为 59.53%;土地离家的距离在 5.1~10 公里的有 65 户,占比为 25.29%;土地离家的距离在 10.1~20 公里的有 23 户,占比为 8.95%;土地离家的距离在 20 公里以上的有 16 户,占比为 6.23%。在玉米纯技术效率值高的范围内的 257 户种植户中,有 157 户收益不变,占比为 61.09%;有 68 户收益递减,占比为 26.46%;32 户收益递增,占比为 12.45%。

2. 较高纯技术效率玉米生产主体特征分析

根据调查数据可得,玉米纯技术效率值处于 0.255 2~0.751 7 的 58 户种植户中属于黑龙江省的有 4 户,占比为 6.90%;属于吉林省的有 37 户,占比为 63.79%;属于辽宁省的有 17 户,占比为 29.31%。其中有 49 户普通农户、8 户种粮大户以及 1 户家庭农场。

在 58 户玉米种植户中,年龄处于 40 岁及以下的有 6 户,占比为 10.34%;处于 41~50 岁的有 11 户,占比为 18.97%;处于 51~60 岁的有 29 户,占比为 50.00%;处于 61 岁及以上的有 12 户,占比为 20.69%。种植户的文化程度处于初中及初中以下的有 53 户,占比为 91.38%,且最高文化程度为高中及中专仅有 5 户。关于对种植户的培训,在 58 户玉米种植户中,没有参加过培训的有 22 户,占比为 37.93%;参加过一次培训的有 21 户,占比为 36.21%;参加过两次培训的有 12 户,占比为 20.69%;参加过三次及以上次数培训的有 3 户,占比为 5.17%。

在 58 户玉米种植户中有 52 户有土地补贴,占比为 89.66%。对于 58 户玉米种植户而言,其种植户中出售土地无租金的有 33 户,占比为 56.90%;出售土地租金每亩在 200 元及以下的有 3 户,占比为 5.17%;出售土地租金每亩在 201~400 元的有 4 户,占比为 6.90%;出售土地租金每亩在 401~600 元的有 12 户,占比为 20.69%;出售土地租金每亩在 601 元及以上的有6户,占比为10.34%。在58户玉米种植户中,加入农业保险的有31户,占比为53.45%;没有机械的种植户有11户,占比为18.96%;拥有1台机械的种植户有4户,占比为6.90%;拥有2台机械的种植户有7户,占比为12.07%;拥有3台机械的种植户有33户,占比为56.90%;拥有4台及以上机械的种植户有3户,占比为5.17%。在58户玉米种植户中其土地离家的距离在5公里以内的有31户,占比为53.45%;土地离家的距离在5.1~10公里的有8户,占比为13.79%;土地离家的距离在10.1~20公里的有17户,占比为29.31%;土地离家的距离在20公里以上的仅有2户。在玉米纯技术效率值较高的范围内的58户种植户中有41户收益不变,占比为70.69%;有6户收益递减,占比为10.34%;11户收益递增,占比为18.97%。

3.纯技术效率下玉米生产主体特征对比分析

通过对玉米纯技术效率的特征分析,可得(表9.4),即纯技术效率值较高的范围内的玉米和纯技术效率值高的范围内的玉米所属的地区主要是吉林省。

表9.4 玉米纯技术效率特征对比分析

纯技术效率	较高(0.255 2~0.751 7)	高(0.751 7~1)
玉米所属主要地区	吉林省	吉林省
种植户为男性的比例(%)	86.21	94.94
种植户年龄处于50岁及以下的比例(%)	29.31	53.70
种植户文化程度处于初中及以下的比例(%)	91.38	77.82
种植户中没有参加过培训的比例(%)	37.92	31.13
土地有补贴的种植户比例(%)	89.66	87.94
出售土地无租金的种植户比例(%)	56.90	31.52
加入农业保险的种植户比例(%)	53.45	49.81
没有机械的种植户比例(%)	18.96	10.12
土地离家5公里以内的种植户比例(%)	53.45	59.53
收益递减的种植户比例(%)	10.34	26.46

玉米纯技术效率值较高的范围内的种植户中男性有86.21%,而玉米纯技术效率值高的范围内的种植户中男性有94.94%,即玉米纯技术值较高的范围内的种植户中男性的占比更小。玉米纯技术效率值较高的范围内的种植户中年龄处于50岁及以下的有29.31%,而纯技术效率值高的范围内的种植户中年龄处于50岁及以下的有53.70%,即玉米纯技术效率值高的范围内的种植户中年龄处于50岁及以下的占比更大。玉米纯技术效率值较高的范围内的种植户的文化程度处于初中及初中以下的有91.38%,且最高文化程度为高中及中专,而玉米纯技术效率值高的范围内的种植户的文化程度处于初中及初中以下的有77.82%,且最高文化程度为本科及以上,即玉米纯技术效率值高的范围内的种植户的文化程度处于初中及初中以下的占比更小,且玉米纯技术效率值高的范围内的种植户的最高文

化程度越高,所以种植户文化程度的提升在一定情况下有助于玉米纯技术效率的提高。对于玉米种植户的培训次数,纯技术效率值较高的范围内的种植户中没有参加过培训的有37.92%,而纯技术效率值高的范围内的种植户中没有参加过培训的有31.13%,即玉米纯技术效率值高的范围内种植户中没有参加过培训的占比更小。

玉米纯技术效率值较高的范围内的种植户中有89.66%有土地补贴,而玉米纯技术效率值高的范围内的种植户中有87.94%有土地补贴,即玉米纯技术效率值高的范围内的种植户的土地补贴的占比更小。玉米纯技术效率值较高的范围内的种植户中出售土地无租金的有56.90%,而纯技术效率值高的范围内的种植户中出售土地无租金的有31.52%,即玉米纯技术效率值高的范围内的种植户中出售土地无租金的占比更小。玉米纯技术效率值较高的范围内的种植户中加入农业保险的有53.45%,而玉米纯技术效率值高的范围内的种植户中加入农业保险的有49.81%,即玉米纯技术效率值高的范围内的种植户中加入农业保险的占比更小。玉米纯技术效率值较高的范围内的种植户中没有机械的有18.96%,而玉米纯技术效率值高的范围内的种植户中没有机械的有10.12%,即玉米纯技术效率值高的范围内的种植户中没有机械的占比更小。玉米纯技术效率值较高的范围内的种植户中其土地离家5公里以内的有53.45%,纯技术效率值高的范围内的种植户中其土地离家5公里以内的占比59.53%,即玉米纯技术效率值高的范围内的种植户中其土地离家5公里以内的占比更大。玉米纯技术效率值较高的范围内的种植户中收益递减的有10.34%,而纯技术效率值高的范围内的种植户中收益递减的有26.46%,即玉米纯技术效率值高的范围内的种植户中收益递减的占比更大。

9.1.3　规模效率下玉米生产主体特征分析

对东北地区普通农户、种粮大户、家庭农场以及专业合作社种植玉米的规模效率值进行高、较高、低分类(表9.5)。由此可知,玉米规模效率值最优(1)的种植户有373户,占总种植户的71.32%;规模效率值高(0.878 7~1)的种植户有122户,占总种植户的23.33%;规模效率值较高(0.636 2~0.878 7)的种植户有27户,占总种植户的5.16%;规模效率值低(0.515~0.636 2)的种植户有1户,占总种植户的0.19%。

表9.5　玉米规模效率分类汇总

规模效率	低(0.515~0.636 2)	较高(0.636 2~0.878 7)	高(0.878 7~1)	优(1)
种植户个数(户)	1	27	122	373
占总种植户比例(%)	0.19	5.16	23.33	71.32

由于玉米规模效率低的范围内的种植户仅有1户,不足以能够进行特征分析,下面将对玉米规模效率值所处的高和较高这两个范围分别进行特征分析。

1.高规模效率玉米生产主体特征分析

根据调查数据可得,玉米规模效率值处于0.878 7~1的122户种植户中属于黑龙江省的有 60 户,占比为 49.18%;属于吉林省的有 36 户,占比为 29.51%;属于辽宁省的有 26 户,占比为 21.31%。其中有 52 户普通农户、39 户种粮大户、20 户家庭农场以及 11 户专业合作社。

在 122 户玉米种植户中,年龄处于 40 岁及以下的有 19 户,占比为 15.57%;处于 41~50 岁的有 56 户,占比为 45.90%;处于 51~60 岁的有 33 户,占比为 27.05%;处于 61 岁及以上的有 14 户,占比为 11.48%。种植户的文化程度处于初中及初中以下的有 87 户,占比为 71.31%,且最高文化程度为本科及以上仅有 1 户。关于对种植户的培训,在 122 户玉米种植户中,没有参加过培训的有 48 户,占比为 39.34%;参加过一次培训的有 41 户,占比为 33.61%;参加过两次培训的有 20 户,占比为 16.39%,参加过三次及以上次数培训的有 13 户,占比为 10.66%。

在 122 户玉米种植户中有 106 户有土地补贴,占比为 86.89%。对于 122 户玉米种植户而言,其种植户中出售土地无租金的有 41 户,占比为 33.61%;出售土地租金每亩在 200 元及以下的仅有 1 户,占比为 0.82%;出售土地租金每亩在 201~400 元的有 50 户,占比为 40.98%;出售土地租金每亩在 401~600 元的有 21 户,占比为 17.21%;出售土地租金每亩在 601 元及以上的有 9 户,占比为 7.38%。在 122 户玉米种植户中,加入农业保险的有 73 户,占比为 59.84%。在 122 户玉米种植户中,没有机械的种植户有 8 户,占比为 6.56%;拥有 1 台机械的种植户有 9 户,占比为 7.38%;拥有 2 台机械的种植户有 30 户,占比为 24.59%;拥有 3 台机械的种植户有 49 户,占比为 40.16%;拥有 4 台及以上机械的种植户有 26 户,占比为 21.31%。在 122 户玉米种植户中,土地离家的距离在 5 公里以内的有 60 户,占比为 49.18%;土地离家的距离在 5.1~10 公里的有 34 户,占比为 27.87%;土地离家的距离在 10.1~20 公里的有 18 户,占比为 14.75%;土地离家的距离在 20 公里以上的有 10 户,占比为 8.20%。在玉米规模效率值高的范围内的 122 户种植户中,仅有 2 户收益不变,占比为 1.64%;有 75 户收益递减,占比为 61.48%;45 户收益递增,占比为 36.88%。

2. 较高规模效率玉米生产主体特征分析

根据调查数据可得,玉米规模效率值处于 0.636 2~0.878 7 的 27 户种植户中属于黑龙江省的有 3 户,占比为 11.11%;属于辽宁省的有 24 户,占比为 88.89%。其中有 4 户普通农户、3 户种粮大户、10 户家庭农场以及 10 户专业合作社。

在 27 户玉米种植户中,年龄处于 40 岁及以下的有 3 户,占比为 11.11%;处于 41~50 岁的有 17 户,占比为 62.96%;处于 51~60 岁的有 4 户,占比为 14.82%;处于 61 岁及以上的有 3 户,占比为 11.11%。种植户的文化程度处于初中及初中以下的有 24 户,占比为 88.89%,且最高文化程度为高中及中专仅有 3 户。关于对种植户的培训,在 27 户玉米种植户中,没有参加过培训的有 13 户,占比为 48.15%;参加过一次培训的有 5 户,占比为 18.52%;参加过两次培训的有 5 户,占比为 18.52%;参加过三次及以上次数培训的有 4 户,占比为 14.81%。

在 27 户玉米种植户中有 10 户有土地补贴,占比为 37.04%。对于 27 户玉米种植户而言,其种植户中出售土地无租金的有 4 户,占比为 14.81%;出售土地租金每亩在 201~400 元的有 21 户,占比为 77.78%;出售土地租金每亩在 401~600 元的有 2 户,占比为 7.41%。

在 27 户玉米种植户中,加入农业保险的有 7 户,占比为 25.93%。在 27 户玉米种植户中,没有机械的种植户有 4 户,占比为 14.81%;拥有 1 台机械的种植户有 1 户,占比为 3.71%;拥有 2 台机械的种植户有 15 户,占比为 55.56%;拥有 3 台机械的种植户有 3 户,占比为 11.11%;拥有 4 台及以上机械的种植户有 4 户,占比为 14.81%。在 27 户种植户其土地离家的距离在 5 公里以内的有 26 户,占比为 96.30%,另外 1 户其土地离家的距离在 20 公里以上。在玉米规模效率值较高的范围内的 27 户种植户中有 24 户收益递减,占比为 88.89%,另外 3 户收益递增,占比为 11.11%。

3. 规模效率下玉米生产主体特征对比分析

通过对玉米规模效率的特征分析(表 9.6)可知,规模效率值较高的范围内的玉米所属的地区主要是辽宁省,而规模效率值高的范围内的玉米所属的地区主要是黑龙江省。

表 9.6　玉米规模效率特征对比分析

规模效率	较高(0.636 2~0.878 7)	高(0.878 7~1)
玉米所属主要地区	辽宁省	黑龙江省
种植户为男性的比例(%)	81.48	93.44
种植户年龄处于 50 岁及以下的比例(%)	74.07	61.48
种植户文化程度处于初中及以下的比例(%)	88.89	71.31
种植户中没有参加过培训的比例(%)	48.15	39.34
土地有补贴的种植户比例(%)	37.04	86.89
出售土地无租金的种植户比例(%)	14.81	33.61
加入农业保险的种植户比例(%)	25.93	59.84
没有机械的种植户比例(%)	14.81	6.56
土地离家 5 公里以内的种植户比例(%)	96.30	49.18
收益递减的种植户比例(%)	88.89	61.48

玉米规模效率值较高的范围内的种植户中男性有 81.48%,而玉米规模效率值高的范围内的种植户中男性有 93.44%,即玉米规模效率值较高的范围内的种植户中男性占比更小。玉米规模效率值较高的范围内的种植户中年龄处于 50 岁及以下的有 74.07%,而规模效率值高的范围内的种植户中年龄处于 50 岁及以下的有 61.48%,即玉米规模效率值高的范围内的种植户的年龄处于 50 岁及以下的占比更小。玉米规模效率值较高的范围内的种植户的文化程度处于初中及初中以下的有 88.89%,且最高文化程度为高中及中专,而玉米规模效率值高的范围内的种植户的文化程度处于初中及初中以下的有 71.31%,且最高文化程度为本科及以上,即玉米规模效率值高的范围内种植户的文化程度处于初中及初中以下的占比更小,且玉米规模效率值高的范围内种植户的最高文化程度越高,所以种植户文化程度的提升在一定情况下有助于玉米规模效率的提高。对于玉米种植户的培训次数,规模效率值较高的范围内的种植户中没有参加过培训的有 48.15%,而规模效率值高的范围

内的种植户中没有参加过培训的有 39.34%,即玉米规模效率值高的范围内种植户中没有参加过培训的占比更小。

玉米规模效率值较高的范围内的种植户中有 37.04% 有土地补贴,而玉米规模效率值高的范围内的种植户中有 86.89% 有土地补贴,即玉米规模效率值高的范围内的种植户的土地补贴的占比更大。玉米规模效率值较高的范围内的种植户中出售土地无租金的有 14.81%,而规模效率值高的范围内的种植户中出售土地无租金的有 33.61%,即玉米规模效率值高的范围内的种植户中出售土地无租金的占比更大。玉米规模效率值较高的范围内的种植户中加入农业保险的有 25.93%,而玉米规模效率值高的范围内的种植户中加入农业保险的有 59.84%,即玉米规模效率值高的范围内的种植户中加入农业保险的占比更大。玉米规模效率值较高的范围内的种植户中没有机械的有 14.81%,而规模效率值高的范围内的种植户中没有机械的有 6.56%,即玉米规模效率值高的范围内的种植户中没有机械的占比更小。玉米规模效率值较高的范围内的种植户中其土地离家 5 公里以内的有 96.30%,规模效率值高的范围内的种植户中其土地离家 5 公里以内的占比 49.18%,即玉米规模效率值高的范围内的种植户中其土地离家 5 公里以内的占比更小。玉米规模效率值较高的范围内的种植户中收益递减的有 88.89%,而规模效率值高的范围内的种植户中收益递减的有 61.48%,即玉米规模效率值高的范围内的种植户中收益递减的占比更小。

9.2　水稻生产主体属性特征分析

9.2.1　综合效率下水稻生产主体特征分析

对东北地区普通农户、种粮大户、家庭农场以及专业合作社种植水稻的综合效率值进行高、较高、低分类(表 9.7)。由此可知,水稻综合效率值最优(1)的种植户有 182 户,占总种植户的 35.00%;综合效率值高(0.805 2~1)的种植户有 140 户,占总种植户的 26.92%;综合效率值较高(0.415 7~0.805 2)的种植户有 155 户,占总种植户的 29.81%;综合效率值低(0.221~0.415 7)的种植户有 43 户,占总种植户的 8.27%。

表 9.7　水稻综合效率分类汇总

综合效率	低(0.221~0.415 7)	较高(0.415 7~0.805 2)	高(0.805 2~1)	优(1)
种植户个数(户)	43	155	140	182
占总种植户比例(%)	8.27	29.81	26.92	35.00

下面将对水稻综合效率值所处的高、较高、低三个范围分别进行特征分析。

1.高综合效率水稻生产主体特征分析

根据调查数据可得,水稻综合效率值处于 0.805 2~1 的 140 户种植户中属于黑龙江省的有 36 户,占比为 25.71%;属于吉林省的有 26 户,占比为 18.57%;属于辽宁省的有 78 户,占比为 55.72%。140 户水稻种植户中,有 78 户普通农户、30 户种粮大户、17 户家庭农场以及 15 户合作社。

在 140 户水稻种植户中,年龄处于 40 岁及以下的有 15 户,占比为 10.71%;处于 41~50 岁的有 60 户,占比为 42.86%;处于 51~60 岁的有 52 户,占比为 37.14%;处于 61 岁及以上的有 13 户,占比为 9.29%。种植户的文化程度处于初中及初中以下的有 111 户,占比为 79.29%,且最高文化程度为高中及中专有 29 户。关于对种植户的培训,在 140 户水稻种植户中,没有参加过培训的有 67 户,占比为 47.86%;参加过一次培训的有 20 户,占比为 14.29%;参加过两次培训的有 26 户,占比为 18.57%;参加过三次及以上次数培训的有 27 户,占比为 19.28%。

在 140 户水稻种植户中,有 87 户有土地补贴,占比为 62.14%。对于 140 户水稻种植户而言,种植户中出售土地无租金的有 54 户,占比为 38.57%;出售土地租金每亩在 200 元及以下的仅有 1 户,占比为 0.715%;出售土地租金每亩在 201~400 元的仅有 1,户占比为 0.715%。出售土地租金每亩在 401~600 元的有 38 户,占比为 27.14%;出售土地租金每亩在 601 元及以上的有 46 户,占比为 32.86%。在 140 户水稻种植户中加入农业保险的有 48 户,占比为 34.29%;没有机械的种植户有 45 户,占比为 32.14%;拥有 1 台机械的种植户有 29 户,占比为 20.71%;拥有 2 台机械的种植户有 36 户,占比为 25.72%;拥有 3 台机械的种植户有 18 户,占比为 12.86%;拥有 4 台及以上机械数的种植户有 12 户,占比为 8.57%。在 140 户水稻种植户中其土地离家的距离在 5 公里以内的有 99 户,占比为 70.72%,其土地离家的距离在 5.1~10 公里的有 19 户,占比为 13.57%;土地离家的距离在 10.1~20 公里的有 10 户,占比为 7.14%;土地离家的距离在 20 公里以上的有 12 户,占比为 8.57%。在水稻综合效率值高的范围内的 140 户种植户中有 51 户收益不变,占比为 36.43%;有 62 户收益递减,占比为 44.29%;有 27 户收益递增,占比为 19.28%。

2. 较高综合效率水稻生产主体特征分析

根据调查数据可得,水稻综合效率值处于 0.415 7~0.805 2 的 155 户种植户中,属于黑龙江省的有 136 户,占比为 87.74%;属于吉林省的有 8 户,占比为 5.16%;属于辽宁省的有 11 户,占比为 7.10%。其中有 58 户普通农户、55 户种粮大户、21 户家庭农场以及 21 户专业合作社。

在 155 户水稻种植户中,年龄处于 40 岁及以下的有 24 户,占比为 15.49%;处于 41~50 岁的有 78 户,占比为 50.32%;处于 51~60 岁的有 45 户,占比为 29.03%;处于 61 岁及以上的有 8 户,占比为 5.16%。种植户的文化程度处于初中及初中以下的有 81 户,占比为 52.26%;最高文化程度为本科及以上有 3 户。关于对种植户的培训,在 155 户水稻种植户中,没有参加过培训的有 23 户,占比为 14.84%;参加过一次培训的有 29 户,占比为 18.71%;参加过两次培训的有 52 户,占比为 33.55%;参加过三次及以上次数培训的有 51 户,占比为 32.90%。

在 155 户水稻种植户中,有 138 户有土地补贴,占比为 89.03%。对于 155 户大豆种植户而言,其种植户中出售土地无租金的有25户,占比为16.13%;出售土地租金每亩在200元及以下的有2户,占比为1.29%;出售土地租金每亩在201~400元的有17户,占比为10.97%;出售土地租金每亩在401~600元的有36户,占比为23.23%;出售土地租金每亩在601元及以上的有75户,占比为48.39%。在155户水稻种植户中,加入农业保险的有86户,占比为55.48%;没有机械的种植户有4户,占比为2.58%;拥有1台机械的种植户有25户,占比为16.13%;拥有2台机械的种植户有50户,占比为32.26%;拥有3台机械的种植户有35户,占比为22.58%;拥有4台及以上机械的种植户有41户,占比为26.45%。在155户水稻种植户中,土地离家的距离在5公里以内的有93户,占比为60.00%;土地离家的距离在5.1~10公里的有45户,占比为29.03%;土地离家的距离在10.1~20公里的有8户,占比为5.16%;土地离家的距离在20公里以上的有9户,占比为5.81%。在水稻综合效率值较高的范围内的155户种植户中,有16户收益不变,占比为10.32%;有105户收益递减,占比为67.74%;有34户收益递增,占比为21.94%。

3. 低综合效率水稻生产主体特征分析

根据调查数据可得,水稻综合效率值处于0.221~0.4157的43户种植户都属于黑龙江省,其中有27户普通农户、6户种粮大户、6户家庭农场以及4户专业合作社。

在43户水稻种植户中,年龄处于40岁及以下的有5户,占比为11.63%;处于41~50岁的有20户,占比为46.51%;处于51~60岁的有16户,占比为37.21%;处于61岁及以上的仅有2户。种植户的文化程度处于初中及初中以下的有22户,占比为51.16%,且最高文化程度为大专仅有2户。关于对种植户的培训,在43户水稻种植户中,没有参加过培训的有10户,占比为23.26%;参加过一次培训的有11户,占比为25.58%;参加过两次培训的有9户,占比为20.93%;参加过三次及以上次数培训的有13户,占比为30.23%。

在43户种植户中有41户有土地补贴,占比95.35%。对于43户水稻种植户而言,其种植户中出售土地租金每亩在201~400元的有12户,占比为27.91%;出售土地租金每亩在401~600元的有10户,占比为23.25%;出售土地租金每亩在601元及以上有21户,占比为48.84%。在43户水稻种植户中,加入农业保险的种植户有33户,占比为76.74%;拥有1台机械的种植户有6户,占比为13.95%;拥有2台机械的种植户有13户,占比为30.23%;拥有3台机械的种植户有12户,占比为27.91%;拥有4台及以上机械的种植户有12户,占比为27.91%。在43户水稻种植户中,土地离家的距离在5公里以内的有31户,占比为72.09%;土地离家的距离在5.1~10公里有5户,占比为11.63%;土地离家的距离在10.1~20公里有7户,占比为16.28%。在水稻综合效率值低的范围内的38户种植户中,有8户收益不变,占比为18.61%;有22户收益递减,占比为51.16%;有13户收益递增,占比为30.23%。

4. 综合效率下水稻生产主体特征对比分析

通过对水稻综合效率的特征分析(表9.8)可知,综合效率值低的范围内的水稻和综合效率值较高的范围内的水稻所属的地区都主要是黑龙江省,而综合效率值高的范围内的水稻所属的地区主要是辽宁省。

表9.8　水稻综合效率特征对比分析

综合效率	低 (0.221~0.415 7)	较高 (0.415 7~0.805 2)	高 (0.805 2~1)
水稻所属主要地区	黑龙江省	黑龙江省	辽宁省
种植户为男性的比例(%)	100	96.77	87.14
种植户年龄处于50岁及以下的比例(%)	58.14	65.81	53.57
种植户文化程度处于初中及以下的比例(%)	51.16	52.26	79.29
种植户中没有参加过培训的比例(%)	23.26	14.84	47.86
土地有补贴的种植户比例(%)	95.35	89.03	62.14
出售土地无租金的种植户比例(%)	0.00	16.13	38.57
加入农业保险的种植户比例(%)	76.74	55.48	34.29
没有机械的种植户比例(%)	0.00	2.58	32.14
土地离家5公里以内的种植户比例(%)	72.09	60.00	70.72
收益递减的种植户比例(%)	51.16	67.74	44.29

　　水稻综合效率值低的范围内的种植户均为男性,而综合效率值较高的范围内的种植户中男性有96.77%,综合效率值高的范围内的种植户中男性有87.14%,即水稻综合效率值越高的范围内种植户为男性的占比越小。水稻综合效率值低的范围内的种植户中年龄处于50岁及以下的有58.14%,综合效率值较高的范围内的种植户中年龄处于50岁及以下的有65.81%,综合效率值高的范围内的种植户中年龄处于50岁及以下的有53.57%,即水稻综合效率值较高的范围内的种植户的年龄处于50岁及以下的占比最大。水稻综合效率值低的范围内的种植户的文化程度处于初中及初中以下的有51.16%,且最高文化程度为大专,水稻综合效率值较高的范围内的种植户的文化程度处于初中及初中以下的有52.26%,且最高文化程度为本科及以上,而水稻综合效率值高的范围内的种植户的文化程度处于初中及初中以下的有79.29%,且最高文化程度为高中及中专,即水稻综合效率值越高的范围内种植户文化程度处于初中及初中以下的占比越大。对于水稻种植户的培训次数,综合效率值低的范围内的种植户中没有参加过培训的有23.26%,综合效率值较高的范围内的种植户中没有参加过培训的有14.84%,而综合效率值高的范围内的种植户中没有参加过培训的有47.86%,即水稻综合效率值高的范围内种植户中没有参加过培训的占比最大。

　　水稻综合效率值低的范围内的种植户中有95.35%有土地补贴,水稻综合效率值较高的范围内的种植户中有89.03%有土地补贴,而水稻综合效率值高的范围内的种植户中有62.14%有土地补贴,即水稻综合效率值越高的范围内种植户的土地补贴的占比越小。水稻综合效率值低的范围内没有出售土地无租金的种植户,而综合效率值较高的范围内的种植户中出售土地无租金的有16.13%,综合效率值高的范围内的种植户中出售土地无租金的有38.57%,即水稻综合效率值越高的范围内的种植户中出售土地无租金的占比越大。水稻综合效率值低的范围内的种植户中加入农业保险的占比为 76.74%,水稻综合效率值较高的范围内的种植户中加入农业保险的占比为 55.48%,而水稻综合效率值高的范围内的种植户中加入农业保险的占比为 34.29%,即水稻综合效率值越高的范围内的种植户中加入农业保险的占比越小。在水稻综合效率值低的范围内的种植户均拥有 1 台及以上机械,而水稻综合效率值较高的范围内的种植户中没有机械的有 2.58%,综合效率值高的范围内的种植户中没有机械的有 32.14%,即水稻综合效率值越高的范围内的种植户中没有机械的占比越大。水稻综合效率值低的范围内的种植户中其土地离家 5 公里以内的占比 72.09%,水稻综合效率值较高的范围内的种植户中其土地离家 5 公里以内的占比 60.00%,水稻综合效率值高的范围内的种植户中其土地离家 5 公里以内的占比 70.72%,即水稻综合效率值较高的范围内的种植户中其土地离家 5 公里以内的占比最小。水稻综合效率值低的范围内的种植户中有 51.16%收益递减,综合效率值较高的范围内的种植户中有 67.74%收益递减,综合效率值高的范围内的种植户中有 44.29%收益递减,即水稻综合效率值高的范围内的种植户中收益递减的占比最小。

9.2.2 纯技术效率下水稻生产主体特征分析

对东北地区普通农户、种粮大户、家庭农场以及合作社种植水稻的纯技术效率值进行高、较高、低分类(表 9.9)。由此可知,水稻纯技术效率值最优(1)的种植户有 202 户,占总种植户的 38.85%;纯技术效率值高(0.805 2~1)的种植户有 134 户,占总种植户的 25.77%;纯技术效率值较高(0.415 7~0.805 2)的种植户有 143 户,占总种植户的 27.5%;纯技术效率值低(0.221~0.415 7)的种植户有 41 户,占总种植户的 7.88%。

表9.9 水稻纯技术效率分类汇总

纯技术效率	低(0.221~0.415 7)	较高(0.415 7~0.805 2)	高(0.805 2~1)	优(1)
种植户个数(户)	41	143	134	202
占总种植户比例(%)	7.88	27.50	25.77	38.85

下面将对水稻纯技术效率值所处的高、较高、低三个范围分别进行特征分析。

1.高纯技术效率水稻生产主体特征分析

根据调查数据可得,水稻纯技术效率值处于 0.805 2~1 的 134 户种植户中属于黑龙江省的有 40 户,占比为 29.85%;属于吉林省的有 22 户,占比为 16.42%;属于辽宁省的有 72 户,占比为 53.73%。其中有 76 户普通农户、33 户种粮大户、14 户家庭农场以及 11 户专业合作社。

在 134 户水稻种植户中,年龄处于 40 岁及以下的有 15 户,占比为 11.19%;处于 41~50 岁的有 59 户,占比为 44.03%;处于 51~60 岁的有 47 户,占比为 35.08%;处于 61 岁及以上的有 13 户,占比为 9.70%。种植户的文化程度处于初中及初中以下的有 107 户,占比为 79.85%;且最高文化程度为本科及以上仅有 1 户。关于对种植户的培训,在 134 户水稻种植户中没有参加过培训的有 64 户,占比为 47.76%;参加过一次培训的有 19 户,占比为 14.18%;参加过两次培训的有 27 户,占比为 20.15%;参加过三次及以上次数培训的有 24 户,占比为 17.91%。

在 134 户水稻种植户中,有 86 户有土地补贴,占比为 64.18%。对于 134 户水稻种植户而言,其种植户中出售土地无租金的有 51 户,占比为 38.06%;出售土地租金每亩在 200 元及以下的仅有 1 户,占比为 0.75%;出售土地租金每亩在 201~400 元的有 3 户,占比为 2.24%;出售土地租金每亩在 401~600 元的有 34 户,占比为 25.37%;出售土地租金每亩在 601 元及以上的有 45 户,占比为 33.58%。在 134 户水稻种植户中加入农业保险的有 50 户,占比为 37.31%,没有机械的种植户有 44 户,占比为 32.84%;拥有 1 台机械的种植户有 26 户,占比为 19.40%;拥有 2 台机械的种植户有 33 户,占比为 24.63%;拥有 3 台机械的种植户有 20 户,占比为 14.92%;拥有 4 台及以上机械的种植户有 11 户,占比为 8.21%。在 134 户水稻种植户中其土地离家的距离在 5 公里以内的有 94 户,占比为 70.15%;土地离家的距离在 5.1~10 公里的有 18 户,占比为 13.43%;土地离家的距离在 10.1~20 公里的有 9 户,占比为 6.72%;土地离家的距离在 20 公里以上的有 13 户,占比为 9.70%。在水稻纯技术效率值高的范围内的 134 户种植户中,有 51 户收益不变,占比为 38.06%;有 60 户收益递减,占比为 44.78%;有 23 户收益递增,占比为 17.16%。

2. 较高纯技术效率水稻生产主体特征分析

根据调查数据可得,水稻纯技术效率值处于 0.415 7~0.805 2 的 143 户种植户中属于黑龙江省的有 130 户,占比为 90.91%;属于吉林省的有 8 户,占比为 5.59%;属于辽宁省的有 5 户,占比为 3.50%。其中有 56 户普通农户、48 户种粮大户、21 户家庭农场以及 18 户专业合作社。

在 143 户水稻种植户中,年龄处于 40 岁及以下的有 23 户,占比为 16.08%;处于 41~50 岁的有 72 户,占比为 50.35%;处于 51~60 岁的有 42 户,占比为 29.37%;处于 61 岁及以上的有 6 户,占比为 4.20%。种植户的文化程度处于初中及初中以下的有 72 户,占比为 50.35%,且最高文化程度为本科及以上仅有 2 户。关于对种植户的培训,在 143 户水稻种植户中,没有参加过培训的有 19 户,占比为 13.29%;参加过一次培训的有 25 户,占比为 17.48%;参加过两次培训的有 48 户,占比为 33.57%;参加过三次及以上次数培训的有 51 户,占比为 35.66%。

在 143 户种植户中有 131 户有土地补贴,占比为 91.61%。对于 143 户水稻种植户而言,其种植户中出售土地无租金的有 22 户,占比为 15.38%;出售土地租金每亩在 200 元及以下的有 2 户,占比为 1.40%;出售土地租金每亩在 201~400 元的有 15 户,占比为 10.49%;出售土地租金每亩在 401~600 元的有 33 户,占比为 23.08%;出售土地租金每亩在 601 元及以上的有 71 户,占比为 49.65%。在 143 户水稻种植户加入农业保险的有 78 户,占比为 54.55%;没有机械的种植户有 3 户,占比为 2.10%;拥有 1 台机械的种植户有 25 户,占比为 17.48%;拥有 2 台机械的种植户有 47 户,占比为 32.87%;拥有 3 台机械的种植户有 32 户,占比为 22.38%;拥有 4 台及以上机械数的种植户有 36 户,占比为 25.17%。

在 143 户水稻种植户中其土地离家的距离在 5 公里以内的有 82 户,占比为 57.34%;土地离家的距离在 5.1~10 公里的有 46 户,占比为 32.17%;土地离家的距离在 10.1~20 公里的有 8 户,占比为 5.59%;土地离家的距离在 20 公里以上的有 7 户,占比为 4.90%。在水稻纯技术效率值较高的范围内的 143 户种植户中有 16 户收益不变,占比为 11.19%;有 94 户收益递减,占比为 65.73%;有 33 户收益递增,占比为 23.08%。

3.低纯技术效率水稻生产主体特征分析

根据调查数据可得,水稻纯技术效率值处于 0.221~0.415 7 的 41 户种植户都属于黑龙江省,其中有 26 户普通农户、6 户种粮大户、5 户家庭农场以及 4 户专业合作社。

在 41 户水稻种植户中,年龄处于 40 岁及以下的有 5 户,占比为 12.19%;处于 41~50 岁的有 20 户,占比为 48.78%;处于 51~60 岁的有 14 户,占比为 34.15%;处于 61 岁及以上的有 2 户,占比为 4.88%。其种植户的文化程度处于初中及初中以下的有 21 户,占比为 51.22%,且最高文化程度为大专仅有 2 户。关于对种植户的培训,在 41 户水稻种植户中没有参加过培训的有 10 户,占比为 24.39%;参加过一次培训的有 11 户,占比为 26.83%;参加过两次培训的有 9 户,占比为 21.95%;参加过三次及以上次数培训的有 11 户,占比为 26.83%。

在 41 户种植户中有 39 户有土地补贴,占比为 95.12%。出售土地租金每亩在 201~400 元的有 12 户,占比为 29.27%;出售土地租金每亩在 401~600 元的有 10 户,占比为 24.39%;出售土地租金每亩在 601 元及以上的有 19 户,占比为 46.34%。在 41 户水稻种植户中,加入农业保险的种植户有 33 户,占比为 80.49%;拥有 1 台机械的种植户有 6 户,占比为 14.63%;拥有 2 台机械的种植户有 11 户,占比为 26.83%;拥有 3 台机械的种植户有 12 户,占比为 29.27%;拥有 4 台及以上机械的种植户有 12 户,占比为 29.27%。在 41 户水稻种植户中其土地离家的距离在 5 公里以内的有 30 户,占比为 73.17%;土地离家的距离在 5.1~10 公里有 4 户,占比为 9.76%;土地离家的距离在 10.1~20 公里有 7 户,占比为 17.07%。在水稻纯技术效率值低的范围内的 41 户种植户中,有 8 户收益不变,占比为 19.51%;有 21 户收益递减,占比为 51.22%;有 12 户收益递增,占比为 29.27%。

4.纯技术效率下水稻生产主体特征对比分析

通过对水稻纯技术效率的特征分析,可得(表 9.10),即纯技术效率值低的范围内的水稻和纯技术效率值较高的范围内的水稻所属的地区都主要是黑龙江省,而纯技术效率值高的范围内的水稻所属的地区主要是辽宁省。

表 9.10　水稻纯技术效率特征对比分析

纯技术效率	低 （0.221~0.415 7）	较高 （0.415 7~0.805 2）	高 （0.805 2~1）
水稻所属主要地区	黑龙江省	黑龙江省	辽宁省
种植户为男性的比例(%)	100	97.70	86.57
种植户年龄处于 50 岁及以下的比例(%)	60.98	66.43	55.22
种植户文化程度处于初中及以下的比例(%)	51.22	50.35	79.85
种植户中没有参加过培训的比例(%)	24.39	13.29	47.76
土地有补贴的种植户比例(%)	95.12	91.61	64.18
出售土地无租金的种植户比例(%)	0.00	15.38	38.06
加入农业保险的种植户比例(%)	80.49	54.55	37.31
没有机械的种植户比例(%)	0.00	2.10	32.84
土地离家 5 公里以内的种植户比例(%)	73.17	57.34	70.15
收益递减的种植户比例(%)	51.22	65.73	44.78

水稻纯技术效率值低的范围内的种植户均都为男性,而纯技术效率值较高的范围内的种植户中男性有 97.70%,纯技术效率值高的范围内的种植户中男性有 86.57%,即水稻纯技术效率值越高的范围内种植户为男性的占比越小。水稻纯技术效率值低的范围内的种植户中年龄处于 50 岁及以下的有 60.98%,纯技术效率值较高的范围内的种植户中年龄处于 50 岁及以下的有 66.43%,纯技术效率值高的范围内的种植户中年龄主要处于 50 岁及以下的有 55.22%,即水稻纯技术效率值较高的范围内的种植户中年龄处于 50 岁及以下的占比最大。水稻纯技术效率值低的范围内的种植户的文化程度处于初中及初中以下的有 51.22%,且最高文化程度为大专,水稻纯技术效率值较高的范围内的种植户的文化程度处于初中及初中以下的有 50.35%,且最高文化程度为本科及以上,而水稻纯技术综合效率值高的范围内的种植户的文化程度处于初中及初中以下的有 79.85%,且最高文化程度为本科及以上,即水稻纯技术效率值较高的范围内的种植户的文化程度处于初中及初中以下的占比最小。对于水稻种植户的培训次数,纯技术效率值低的范围内的种植户中没有参加过培训的有 24.39%,纯技术效率值较高的范围内的种植户中没有参加过培训的有 13.29%,而纯技术效率值高的范围内的种植户中没有参加过培训的有 47.76%,即水稻纯技术效率值较高的范围内种植户中没有参加过培训的占比最小。

水稻纯技术效率值低的范围内的种植户中有 95.12%有土地补贴,水稻纯技术效率值较高的范围内的种植户中有 91.61%有土地补贴,而水稻纯技术效率值高的范围内的种植户中有 64.18%有土地补贴,即水稻纯技术效率值越高的范围内的种植户中土地补贴的占比越小。水稻纯技术效率值低的范围内没有出售土地无租金的种植户,而纯技术效率值较高的范围内的种植户中出售土地无租金的有 15.38%,纯技术效率值高的范围内的种植户中出售土地无租金的有 38.06%,即水稻纯技术效率值越高的范围内种植户出售土地无租金的占比越大。水稻纯技术效率值低的范围内的种植户中加入农业保险的占比为

80.49%,水稻纯技术效率值较高的范围内的种植户中加入农业保险的占比为54.55%,而水稻纯技术效率值高的范围内的种植户中加入农业保险的占比为37.31%,即水稻纯技术效率值越高的范围内的种植户中加入农业保险的占比越小。在水稻纯技术效率值低的范围内的种植户均拥有1台及以上机械,而水稻纯技术效率值较高的范围内的种植户中没有机械的有2.10%,纯技术效率值高的范围内的种植户中没有机械的有32.84%,即水稻纯技术效率值越高的范围内的种植户中没有机械的占比越大。水稻纯技术效率值低的范围内的种植户中其土地离家5公里以内的占比73.17%,水稻纯技术效率值较高的范围内的种植户中其土地离家5公里以内的占比57.34%,水稻纯技术效率值高的范围内的种植户的土地离家5公里以内的占比70.15%,即水稻纯技术效率值较高的范围内的种植户中其土地离家5公里以内的占比最小。水稻纯技术效率值低的范围内的种植户中有51.22%收益递减,纯技术效率值较高的范围内的种植户中有65.73%收益递减,纯技术效率值高的范围内的种植户中有44.78%收益递减,即水稻纯技术效率值高的范围内的种植户中收益递减的占比最小。

9.2.3　规模效率下水稻生产主体特征分析

对东北地区普通农户、种粮大户、家庭农场以及专业合作社种植水稻的规模效率值进行高、较高、低分类(表9.11)。由此可知,水稻规模效率值最优(1)的种植户有250户,占总种植户的48.08%;规模效率值高(0.928 5~1)的种植户有224户,占总种植户的43.08%;规模效率值较高(0.785 5~0.928 5)的种植户有41户,占总种植户的7.88%;规模效率值低(0.714~0.785 5)的种植户有5户,占总种植户的0.96%。

表9.11　水稻规模效率分类汇总

规模效率	低(0.714~0.785 5)	较高(0.785 5~0.928 5)	高(0.928 5~1)	优(1)
种植户个数(户)	5	41	224	250
占总种植户比例(%)	0.96	7.88	43.08	48.08

由于水稻规模效率低的范围内的种植户仅有5户,不足以能够进行特征分析,下面将对水稻规模效率值所处的高和较高这两个范围分别进行特征分析。

1.高规模效率水稻生产主体特征分析

根据调查数据可得,水稻规模效率值处于0.928 5~1的224户种植户中属于黑龙江省的有156户,占比为69.64%;属于吉林省的有31户,占比为13.84%;属于辽宁省的有37户,占比为16.52%。其中有100户普通农户、69户种粮大户、33户家庭农场以及22户合作社。

在224户水稻种植户中,种植户中年龄处于40岁及以下的有35户,占比为15.63%;处于41~50岁的有109户,占比为48.66%;处于51~60岁的有66户,占比为29.46%;处于61岁及以上的有14户,占比为6.25%。种植户的文化程度处于初中及初中以下的有

132户,占比为58.93%,且最高文化程度为本科及以上仅有1户。关于对种植户的培训,在224户水稻种植户中没有参加过培训的有48户,占比为21.43%;参加过一次培训的有41户,占比为18.30%;参加过两次培训的有70户,占比为31.25%;参加过三次及以上次数培训的有65户,占比为29.02%。

在224户种植户中有178户有土地补贴,占比为79.46%。对于224户水稻种植户而言,其种植户中出售土地无租金的有39户,占比为17.41%;出售土地租金每亩在200元及以下的仅有2户,占比为0.90%;出售土地租金每亩在201~400元的有19户,占比为8.48%;出售土地租金每亩在401~600元的有67户,占比为29.91%;出售土地租金每亩在601元及以上的有97户,占比为43.30%。在224户水稻种植户中,加入农业保险的有121户,占比为54.02%;没有机械的种植户有11户,占比为4.91%;拥有1台机械的种植户有45户,占比为20.09%;拥有2台机械的种植户有75户,占比为33.48%;拥有3台机械的种植户有50户,占比为22.32%;拥有4台及以上机械数的种植户有43户,占比为19.20%。在224户水稻种植户中,其土地离家的距离在5公里以内的有133户,占比为59.38%;土地离家的距离在5.1~10公里的有60户,占比为26.78%;土地离家的距离在10.1~20公里的有17户,占比为7.59%,其土地离家的距离在20公里以上的有14户,占比为6.25%。在水稻规模效率值高的范围内的224户种植户中,有7户收益不变,占比为3.12%;有149户收益递减,占比为66.52%;有68户收益递增,占比为30.36%。

2.较高规模效率水稻生产主体特征分析

根据调查数据可得,水稻规模效率值处于0.785 5~0.928 5的41户种植户中属于黑龙江省的有34户,占比为82.93%;属于辽宁省的有7户,占比为17.07%。其中有14户普通农户、11户种粮大户、6户家庭农场以及10户专业合作社。

在41户水稻种植户中,年龄处于40岁及以下的有5户,占比为12.19%;处于41~50岁的有13户,占比为31.71%;处于51~60岁的有22户,占比为53.66%;处于61岁及以上的仅有1户,占比为2.44%。种植户的文化程度处于初中及初中以下的有22户,占比为53.66%,且最高文化程度为本科及以上仅有2户。关于对种植户的培训,在41户水稻种植户中,没有参加过培训的有7户,占比为17.07%;参加过一次培训的有8户,占比为19.51%;参加过两次培训的有11户,占比为26.83%;参加过三次及以上次数培训的有15户,占比为36.59%。

在41户种植户中有34户有土地补贴,占比为82.93%。对于41户水稻种植户而言,其种植户中出售土地无租金的有9户,占比为21.95%;出售土地租金每亩在200元及以下的仅有1户;出售土地租金每亩在201~400元的有7户,占比为17.07%;出售土地租金每亩在401~600元的有8户,占比为19.51%;出售土地租金每亩在601元及以上的有16户,占比为39.02%。在41户水稻种植户中,加入农业保险的有22户,占比为53.66%;没有机械的种植户仅有1户,占比为2.44%;拥有1台机械的种植户有5户,占比为12.19%;拥有2台机械的种植户有13户,占比为31.71%;拥有3台机械的种植户有10户,占比为24.39%;拥有4台及以上机械数的种植户有12户,占比为29.27%。在41户水稻种植户中其土地离家的距离在 5 公里以内的有 30 户,占比为 73.17%;其土地离家的距离在 5.1~10 公里的仅有 1 户;土地离家的距离在 10.1~20 公里的有 5 户,占比为 12.20%;土地离家的距离在 20 公里以上的有 5 户,占比为 12.20%。在水稻规模效率值较高的范围内的 41 户种植户中,有 35 户收益递减,占比为 85.37%;6 户收益递增,占比为 14.63%。

3. 规模效率下水稻生产主体特征对比分析

通过对水稻规模效率的特征分析,可得(表 9.12),即规模效率值较高的范围内的水稻和规模效率值高的范围内的水稻所属的地区都主要是黑龙江省。

表 9.12　水稻规模效率特征对比分析

规模效率	较高(0.785 5~0.928 5)	高(0.928 5~1)
水稻所属主要地区	黑龙江省	黑龙江省
种植户为男性的比例(%)	100.00	95.54
种植户年龄处于 50 岁及以下的比例(%)	43.90	64.29
种植户文化程度处于初中及以下的比例(%)	53.66	58.93
种植户中没有参加过培训的比例(%)	17.07	21.43
土地有补贴的种植户比例(%)	82.93	79.46
出售土地无租金的种植户比例(%)	21.95	17.41
加入农业保险的种植户比例(%)	53.66	54.02
没有机械的种植户比例(%)	2.44	4.91
土地离家 5 公里以内的种植户比例(%)	73.17	59.38
收益递减的种植户比例(%)	85.37	66.52

水稻规模效率值较高的范围内的种植户均为男性,而水稻规模效率值高的范围内的种植户中男性有 95.54%,即水稻规模效率值高的范围内的种植户中为男性的占比更小。水稻规模效率值较高的范围内的种植户中年龄处于 50 岁及以下的有 43.90%,而规模效率值高的范围内的种植户中年龄处于 50 岁及以下的有 64.29%,即水稻规模效率值高的范围内的种植户中年龄处于 50 岁及以下的占比更大。水稻规模效率值较高的范围内的种植户的文化程度处于初中及初中以下的有 53.66%,且最高文化程度为本科及以上,而水稻规模效率值高的范围内的种植户的文化程度处于初中及初中以下的有 58.93%,且最高文化程度为本科及以上,即水稻规模效率值较高的范围内种植户的文化程度处于初中及初中以下的占比更小。对于水稻种植户的培训次数,水稻规模效率值较高的范围内的种植户中没有参加过培训的有 17.07%,而规模效率值高的范围内的种植户中没有参加过培训的有 21.43%,即水稻规模效率值较高的范围内的种植户中没有参加过培训的占比更小。

水稻规模效率值较高的范围内的种植户中有 82.93%有土地补贴,而水稻规模效率值高的范围内的种植户中有 79.46%有土地补贴,即水稻规模效率值较高的范围内的种植户的土地补贴的占比更大。水稻规模效率值较高的范围内的种植户中出售土地无租金的有

21.95%,而水稻规模效率值高的范围内的种植户中出售土地无租金的有17.41%,即水稻规模效率值较高的范围内的种植户中出售土地无租金的占比更大。水稻规模效率值较高的范围内的种植户中加入农业保险的有53.66%,而水稻规模效率值高的范围内的种植户中加入农业保险的有54.02%,即水稻规模效率值高的范围内种植户加入农业保险的占比更大。水稻规模效率值较高的范围内的种植户中没有机械的有2.44%,而水稻规模效率值高的范围内的种植户中没有机械的有4.91%,即水稻规模效率值高的范围内的种植户中没有机械的占比更大;水稻规模效率值较高的范围内的种植户中其土地离家5公里以内的有73.17%,规模效率值高的范围内的种植户中其土地离家5公里以内的占比59.38%,即水稻规模效率值高的范围内的种植户中其土地离家5公里以内的占比更小。水稻规模效率值较高的范围内的种植户中收益递减的有85.37%,而水稻规模效率值高的范围内的种植户中收益递减的有66.52%,即水稻规模效率值高的范围内的种植户中收益递减的占比更小。

9.3 大豆生产主体属性特征分析

9.3.1 综合效率下大豆生产主体特征分析

对东北地区普通农户、种粮大户、家庭农场以及合作社种植大豆的综合效率值进行高、较高、低分类(表9.13)。由此可知,大豆综合效率值最优(1)的种植户有106户,占总种植户的40.77%;综合效率值高(0.778 2~1)的种植户有90户,占总种植户的34.62%;综合效率值较高(0.334 7~0.778 2)的种植户有26户,占总种植户的10.00%;综合效率值低(0.113~0.334 7)的种植户有38户,占总种植户的14.61%。

表9.13 大豆综合效率分类汇总

综合效率	低(0.113~0.334 7)	较高(0.334 7~0.778 2)	高(0.778 2~1)	优(1)
种植户个数(户)	38	26	90	106
占总种植户比例(%)	14.61	10.00	34.62	40.77

下面将对大豆综合效率值所处的高、较高、低三个范围分别进行特征分析:

1.高综合效率大豆生产主体特征分析

根据调查数据可得,大豆综合效率值处于0.778 2~1的90户种植户中属于黑龙江省的有44户,占比为48.89%;属于吉林省的有15户,占比为16.67%;属于辽宁省的有31户,占比为34.44%。其中有20户普通农户、30户种粮大户、16户家庭农场以及24户专业合作社。

在90户大豆种植户中,年龄处于40岁及以下的有13户,占比为14.45%;处于41~50岁的有45户,占比为50.00%;处于51~60岁的有28户,占比为31.11%;处于61岁及以上的有 4 户,占比为 4.44%。种植户的文化程度处于初中及初中以下的有 56 户,占比为62.22%,且最高文化程度为本科及以上仅有 1 户。关于对种植户的培训,在 90 户大豆种植户中没有参加过培训的有 34 户,占比为 37.78%;参加过一次培训的有 19 户,占比为21.11%,参加过两次培训的有 16 户,占比为 17.78%;参加过三次及以上次数培训的有21 户,占比为 23.33%。

在 90 户大豆种植户中有 63 户有土地补贴,占比为 70.00%。对于 90 户大豆种植户而言,其种植户中出售土地无租金的有 17 户,占比为 18.89%;出售土地租金每亩在 200 元及以下的仅有 1 户,占比为 1.11%;出售土地租金每亩在 201~400 元的有 54 户,占比为60.00%,出售土地租金每亩在 401~600 元的有 11 户,占比为 12.22%;出售土地租金每亩在 601 元及以上的有 7 户,占比为 7.78%。在 90 户大豆种植户中,加入农业保险的有39 户,占比为 43.33%;没有机械的种植户有 2 户,占比为 2.22%,拥有 1 台机械的种植户有14 户,占比为 15.56%;拥有 2 台机械的种植户有 30 户,占比为 33.33%;拥有 3 台机械的种植户有 20 户,占比为 22.22%;拥有 4 台及以上机械的种植户有 24 户,占比为 26.67%。在90 户种植户中,其土地离家的距离在 5 公里以内的有 51 户,占比为 56.67%;土地离家的距离在 5.1~10 公里的有 21 户,占比为 23.33%;土地离家的距离在 10.1~20 公里的有 13 户,占比为 14.40%;土地离家的距离在 20 公里以上的有 5 户,占比为 5.56%。在大豆综合效率值高的范围内的 90 户种植户中有 24 户收益不变,占比为 26.67%;有 39 户收益递减,占比为 43.33%;有 27 户收益递增,占比为 30.00%。

2. 较高综合效率大豆生产主体特征分析

根据调查数据可得,大豆综合效率值处于 0.334 7~0.778 2 的 26 户种植户中属于黑龙江省的有 7 户,占比为 26.92%;属于吉林省的有 15 户,占比为 57.69%,属于辽宁省的有4 户,占比为 15.39%。其中有 6 户普通农户、5 户种粮大户、10 户家庭农场以及 5 户专业合作社。

在 26 户大豆种植户,中年龄处于 40 岁及以下的仅有 2 户,占比为 7.69%;处于 41~50岁的有 13 户,占比为 50.00%;处于 51~60 岁的有 10 户,占比为 38.46%;处于 61 岁及以上的仅有 1 户,占比为 3.85%。其种植户的文化程度处于初中及初中以下的有 19 户,占比为73.08%,且最高文化程度为大专仅有 2 户。关于对种植户的培训,在 26 户大豆种植户中,没有参加过培训的有 8 户,占比为 30.77%;参加过一次培训的有 4 户,占比为 15.38%;参加过两次培训的仅有 1 户,占比为 3.85%;参加过三次及以上次数培训的有 13 户,占比为50.00%。

在 26 户大豆种植户中有 22 户有土地补贴,占比为 84.62%。对于 26 户大豆种植户而言,其种植户中出售土地无租金的有 5 户,占比为 19.23%;出售土地租金每亩在 200 元以下的有 4 户,占比为 15.39%;出售土地租金每亩在 201~400 元的有 15 户,占比为 57.69%;出售土地租金每亩在 401~600 元的仅有 2 户,占比为 7.69%。在 26 户大豆种植户中,加入农业保险的有 11 户,占比为 42.31%,拥有 1 台机械的种植户有 4 户,占比为 15.38%;拥有2 台机械的种植户有 10 户,占比为 38.46%;拥有 3 台机械的种植户有 9 户,占比为

34.62%；拥有4台及以上机械的种植户有3户，占比为11.54%。在26户大豆种植户中其土地离家的距离在5公里以内的有20户，占比为76.92%，其土地离家的距离在5.1~10公里的有4户，占比为15.39%；土地离家的距离在10.1~20公里的有2户，占比为7.69%。在大豆综合效率值较高的范围内的26户种植户中有14户收益不变，占比为53.84%；有9户收益递减，占比为34.62%；有3户收益递增，占比为11.54%。

3. 低综合效率大豆生产主体特征分析

根据调查数据可得，大豆综合效率值处于0.113~0.334 7的38户种植户都属于吉林省，其中有17户普通农户、14户种粮大户、4户家庭农场以及3户专业合作社。

在38户大豆种植户中，年龄处于41~50岁的有13户，占比为34.21%；处于51~60岁的有20户，占比为52.63%。种植户的文化程度处于初中及初中以下的有33户，占比为86.84%，且最高文化程度为高中及中专仅有5户。关于对种植户的培训，在38户大豆种植户中，没有参加过培训的仅有1户，占比为2.63%；参加过一次培训的有20户，占比为52.63%；参加过两次培训的有9户，占比为23.68%；参加过三次及以上次数培训的有8户，占比为21.05%。

在38户大豆种植户中均有土地补贴。在38户大豆种植户中，出售土地租金每亩在200元及以下的有10户，占比为26.32%；出售土地租金每亩在201~400元的有21户，占比为55.26%；出售土地租金每亩在401~600元的有6户，占比为15.79%；仅有1户种植户的土地租金每亩在601元及以上。在38户大豆种植户中加入农业保险的有12户，占比为31.58%；拥有2台机械的种植户有8户，占比为21.05%；拥有3台机械的种植户有22户，占比为57.9%；拥有4台及以上机械的种植户有8户，占比为21.05%。在38户种植户中，其土地离家的距离在5公里以内的有34户，占比为89.47%，且其土地离家的距离最远为10.1~20公里仅有3户。在大豆综合效率值低的38户种植户中，有12户收益不变，占比为31.58%；26户收益递增，占比为68.42%。

4. 综合效率下大豆生产主体特征对比分析

通过对大豆综合效率的特征分析，可得（表9.14），即综合效率值低的范围内的大豆和综合效率值较高的范围内的大豆所属的地区主要是吉林省，而综合效率值高的范围内的大豆所属的地区主要是黑龙江省以及辽宁省。

大豆综合效率值低的范围内的种植户和综合效率较高的范围内的种植户均都为男性，而大豆综合效率值高的范围内的种植户中男性有94.44%，即大豆综合效率值高的范围内的种植户中为男性的占比更小。大豆综合效率值低的范围内的种植户中年龄处于50岁及以下的有34.21%，综合效率值较高的范围内的种植户中年龄处于50岁及以下的有57.69%，综合效率值高的范围内的种植户中年龄主要处于50岁及以下的有64.45%，即大豆综合效率值越高的范围内的种植户中年龄处于50岁及以下的占比越大。大豆综合效率值低的范围内的种植户的文化程度处于初中及初中以下的有86.84%，且最高文化程度为高中及中专，大豆综合效率值较高的范围内的种植户的文化程度处于初中及初中以下的有

73.08%,且最高文化程度为大专,而大豆综合效率值高的范围内的种植户的文化程度处于初中及初中以下的有 62.22%,且最高文化程度为本科及以上,即大豆综合效率值越高的范围内种植户的文化程度处于初中及初中以下的占比越小,且最高文化程度也越高,所以种植户的文化程度的提升在一定情况下有助于大豆综合效率值的提高。对于大豆种植户的培训次数,综合效率值低的范围内的种植户中没有参加过培训的有 2.63%,综合效率值较高的范围内的种植户中没有参加过培训的有 30.77%,而综合效率值高的范围内的种植户中没有参加过培训的有 37.78%,即大豆综合效率值越高的范围内的种植户中没有参加过培训的占比越大。

表 9.14　大豆综合效率特征对比分析

综合效率	低 (0.113~0.334 7)	较高 (0.334 7~0.778 2)	高 (0.778 2~1)
大豆所属主要地区	吉林省	吉林省	黑龙江省、辽宁省
种植户为男性的比例(%)	100	100	94.44
种植户年龄处于 50 岁及以下的比例(%)	34.21	57.69	64.45
种植户文化程度处于初中及以下的比例(%)	86.84	73.08	62.22
种植户中没有参加过培训的比例(%)	2.63	30.77	37.78
土地有补贴的种植户比例(%)	100.00	84.62	70.00
出售土地无租金的种植户比例(%)	0.00	19.23	18.89
加入农业保险的种植户比例(%)	31.58	42.31	43.33
没有机械的种植户比例(%)	0.00	0.00	2.22
土地离家 5 公里以内的种植户比例(%)	89.47	76.92	56.67
收益递减的种植户比例(%)	0.00	34.62	43.33

大豆综合效率值低的范围内的种植户均都有土地补贴,大豆综合效率值较高的范围内的种植户中有 84.62%有土地补贴,而大豆综合效率值高的范围内的种植户中有 70.00%有土地补贴,即大豆综合效率值越高的范围内的种植户中种土地补贴的占比越小。大豆综合效率值低的范围内没有出售土地无租金的种植户,而大豆综合效率值较高的范围内的种植户中出售土地无租金的有 19.23%,综合效率值高的范围内的种植户中出售土地无租金的有 18.89%,即大豆综合效率值较高的范围内的种植户中出售土地无租金的占比最大。大豆综合效率值低的范围内的种植户中加入农业保险的有 31.58%,大豆综合效率值较高的范围内的种植户中加入农业保险的有 42.31%,而大豆综合效率值高的范围内的种植户中加入农业保险的有 43.33%,即大豆综合效率值越高的范围内的种植户中加入农业保险的占比越大。在大豆综合效率值低的范围内的种植户均拥有 2 台及以上机械,综合效率值较高的范围内的种植户均拥有 1 台及以上机械,而大豆综合效率值高的范围内的种植户中没有机械的有 2.22%,即大豆综合效率值高的范围内的种植户中没有机械的占比最大。大豆综合效率值低的范围内的种植户中其土地离家 5 公里以内的占比 89.47%,综合效率值较

高的范围内的种植户中其土地离家 5 公里以内的占比 76.92%,综合效率值高的范围内的种植户中其土地离家 5 公里以内的占比 56.67%,即大豆综合效率值越高的范围内的种植户中其土地离家 5 公里以内的占比越小。大豆综合效率值低的范围内的种植户中无收益递减的,而综合效率值较高的范围内的种植户中有 34.62%收益递减,综合效率值高的范围内的种植户中有 43.33%收益递减,即大豆综合效率值越高的范围内的种植户中收益递减的占比越大。

9.3.2 纯技术效率下大豆生产主体特征分析

对东北地区普通农户、种粮大户、家庭农场以及专业合作社种植大豆的纯技术效率值进行高、较高、低分类(表 9.15)。由此可知,大豆纯技术效率值最优(1)的种植户有 122 户,占总种植户的 46.92%;纯技术效率值高(0.779~1)的种植户有 80 户,占总种植户的 30.77%;纯技术效率值较高(0.337~0.779)的种植户有 24 户,占总种植户的 9.23%;纯技术效率值低(0.116~0.337)的种植户有 34 户,占总种植户的 13.08%。

表 9.15 大豆纯技术效率分类汇总

纯技术效率	低(0.116~0.337)	较高(0.337~0.779)	高(0.779~1)	优(1)
种植户个数(户)	34	24	80	122
占总种植户比例(%)	13.08	9.23	30.77	46.92

下面将对大豆纯技术效率值所处的高、较高、低三个范围分别进行特征分析。

1. 高纯技术效率大豆生产主体特征分析

根据调查数据可得,大豆纯技术效率值处于 0.779~1 的 80 户种植户中属于黑龙江省的有 38 户,占比为 47.50%;属于吉林省的有 14 户,占比为 17.50%,属于辽宁省的有 28 户,占比为 35.00%。其中有 14 户普通农户、28 户种粮大户、16 户家庭农场以及 22 户专业合作社。

在 80 户大豆种植户中,年龄处于 40 岁及以下的有 11 户,占比为 13.75%;处于 41~50 岁的有 44 户,占比为 55.00%;处于 51~60 岁的有 23 户,占比为 28.75%;仅有 2 户种植户的年龄处于 61 岁及以上。种植户的文化程度处于初中及初中以下的有 52 户,占比为 65.00%,且最高文化程度为大专仅有 5 户。关于对种植户的培训,在 80 户大豆种植户中没有参加过培训的有 28 户,占比为 35.00%;参加过一次培训的有 17 户,占比为 21.25%;参加过两次培训的有 14 户,占比为 17.50%;参加过三次及以上次数培训的有 21 户,占比为 26.25%。

在 80 户大豆种植户中有 56 户有土地补贴,占比为 70.00%。对于 80 户大豆种植户而言,其种植户中出售土地无租金的有 11 户,占比为 13.75%;出售土地租金每亩在 200 元及以下的仅有 1 户,占比为 1.25%;出售土地租金在 201~400 元的有 51 户,占比为 63.75%;出售土地租金每亩在 401~600 元的有 12 户,占比为 15.00%;出售土地租金在 601 元及以上的有 5 户,占比为 6.25%。在 80 户大豆种植户中加入农业保险的有 35 户,占比为 43.75%。在 80 户大豆种植户中,没有机械的种植户有 1 户,占比为 1.25%;拥有 1 台机械的种植户有 10 户,占比为 12.5%;拥有 2 台机械的种植户有 28 户,占比为 35.00%;拥有 3 台机械的种植户有 21 户,占比为 26.25%;拥有 4 台及以上机械的种植户有 20 户,占比为 25.00%。在 80 户种植户中,其土地离家的距离在 5 公里以内的有 46 户,占比为 57.50%;土地离家的距离在 5.1~10 公里的有 19 户,占比为 23.75%;土地离家的距离在 10.1~20 公里的有 11 户,占比为 13.75%;土地离家的距离在 20 公里以上的有 4 户,占比为 5.00%。在大豆纯技术效率值高的范围内的 80 户种植户中,有 24 户收益不变,占比为 30.00%;有 38 户收益递减,占比为 47.50%;有 18 户收益递增,占比为 22.50%。

2. 较高纯技术效率大豆生产主体特征分析

根据调查数据可得,大豆纯技术效率值处于 0.337~0.779 的 24 户种植户中属于黑龙江省的有 4 户,占比为 16.67%;属于吉林省的有 19 户,占比为 79.17%;属于辽宁省的仅有 1 户,占比为 4.17%。其中有 10 户普通农户、5 户种粮大户、8 户家庭农场以及 1 户合作社。

在 24 户大豆种植户中,年龄处于 40 岁及以下的仅有 1 户,占比为 4.17%;处于 41~50 岁的有 9 户,占比为 37.50%;处于 51~60 岁的有 13 户,占比为 54.17%;仅有 1 户种植户的年龄处于 61 岁及以上。种植户的文化程度处于初中及初中以下的有 19 户,占比为 79.17%,且最高文化程度为高中及中专仅有 5 户。关于对种植户的培训,在 24 户大豆种植户中,没有参加过培训的有 7 户,占比为 29.17%;参加过一次培训的有 7 户,占比为 29.17%;参加过三次及以上次数培训的有 10 户,占比为 41.66%。

在 24 户大豆种植户中有 23 户有土地补贴,占比为 95.83%。对于 24 户大豆种植户而言,其种植户中出售土地无租金的有 5 户,占比为 20.83%;出售土地租金每亩在 200 元及以下的有 4 户,占比为 16.67%;出售土地租金每亩在 201~400 元的有 13 户,占比为 54.17%;出售土地租金每亩在 401~600 元的有 2 户,占比为 8.33%。在 24 户大豆种植户中,对土地入保险的有 11 户,占比为 45.83%;拥有 1 台机械的种植户有 4 户,占比为 16.67%;拥有 2 台机械的种植户有 7 户,占比为 29.17%;拥有 3 台机械的种植户有 12 户,占比为 50.00%;拥有 4 台及以上机械的种植户仅有 1 户,占比为 4.17%。在 24 户大豆种植户中其土地离家的距离在 5 公里以内的有 17 户,占比为 70.84%;土地离家的距离在 5.1~10 公里的有 3 户,占比为 12.50%;土地离家的距离在 10.1~20 公里的有 2 户,占比为 8.33%;土地离家的距离在 20 公里以上的有 2 户,占比为 8.33%。在大豆纯技术效率值较高的范围内的 24 户种植户中有 14 户收益不变,占比为 58.33%;有 3 户收益递减,占比为 12.50%;有 7 户收益递增,占比为 29.17%。

3. 低纯技术效率大豆生产主体特征分析

根据调查数据可得,大豆纯技术效率值处于 0.116~0.337 的 34 户种植户都属于吉林省,其中有 13 户普通农户、14 户种粮大户、4 户家庭农场以及 3 户专业合作社。

在 34 户大豆种植户中,年龄处于 40 岁及以下的仅有 1 户,占比为 2.94%;处于 41~50

岁的有 12 户,占比为 35.29%;处于 51~60 岁的有 17 户,占比为 50.00%;处于 61 岁及以上的有 4 户,占比为 11.77%。大豆纯技术效率值低的 34 户种植户的文化程度属于初中及初中以下的有 29 户,占比为 85.29%,且最高文化程度为高中及中专仅有 5 户。关于对种植户的培训,在 34 户大豆种植户中,没有参加过培训的仅有 1 户,占比为 2.94%;参加过一次培训的有 16 户,占比为 47.06%;参加过两次培训的有 9 户,占比为 26.47%;参加过三次及以上次数培训的有 8 户,占比为 23.53%。

在 34 户大豆种植户中均有土地补贴,其种植户中出售土地租金每亩在 200 元及以下的有 10 户,占比为 29.41%;出售土地租金每亩在 201~400 元的有 19 户,占比为 55.88%;出售土地租金每亩在 401~600 元的有 4 户,占比为 11.76%;仅有 1 户种植户的土地租金每亩在 601 元及以上。在 34 户大豆种植户中加入农业保险的有 12 户,占比为 35.29%;拥有 2 台机械的种植户有 8 户,占比为 23.53%;拥有 3 台机械的种植户有 18 户,占比为 52.94%;拥有 4 台及以上机械的种植户有 8 户,占比为 23.53%。在 34 户大豆种植户中其土地离家的距离在 5 公里以内的有 33 户,占比为 97.06%,另外 1 户其土地离家的距离在 10.1~20 公里。在大豆纯技术效率值低的范围内的 34 户种植户中有 12 户收益不变,占比为 35.29%;22 户收益递增,占比为 64.71%。

4. 纯技术效率下大豆生产主体特征对比分析

通过对大豆纯技术效率的特征分析,可得(表 9.16),即纯技术效率值低的范围内的大豆和纯技术效率值较高的范围内的大豆所属的地区主要是吉林省,而纯技术效率值高的范围内的大豆所属的地区主要是黑龙江省以及辽宁省。

表 9.16 大豆纯技术效率特征对比分析

纯技术效率	低 (0.116~0.337)	较高 (0.337~0.779)	高 (0.779~1)
大豆所属主要地区	吉林省	吉林省	黑龙江省、辽宁省
种植户为男性的比例(%)	100	100	96.25
种植户年龄处于 50 岁及以下的比例(%)	38.34	41.67	68.75
种植户文化程度处于初中及以下的比例(%)	85.29	79.17	65.00
种植户中没有参加过培训的比例(%)	2.94	29.17	35.00
土地有补贴的种植户比例(%)	100.00	95.83	70.00
出售土地无租金的种植户比例(%)	0.00	20.83	13.75
加入农业保险的种植户比例(%)	35.29	45.83	43.75
没有机械的种植户比例(%)	0.00	0.00	1.25
土地离家 5 公里以内的种植户比例(%)	97.06	70.84	57.50
收益递减的种植户比例(%)	0.00	12.50	47.50

大豆纯技术效率值低的范围内的种植户和纯技术效率较高的范围内的种植户均都为

男性,而大豆纯技术效率值高的范围内的种植户中男性有 96.25%,即大豆纯技术效率值高的范围内的种植户中为男性占比最小。大豆纯技术效率值低的范围内的种植户中年龄处于 50 岁及以下的有 38.34%,纯技术效率值较高的范围内的种植户中年龄处于 50 岁及以下的有 41.67%,纯技术效率值高的范围内的种植户中年龄处于 50 岁及以下的有 68.75%,即大豆纯技术效率值越高的范围内的种植户的年龄处于 50 岁及以下的占比越大。大豆纯技术效率值低的范围内的种植户的文化程度处于初中及初中以下的有 85.29%,且最高文化程度为高中及中专,大豆纯技术效率值较高的范围内的种植户的文化程度处于初中及初中以下的有 79.17%,且最高文化程度为高中及中专,而大豆纯技术效率值高的范围内的种植户的文化程度处于初中及初中以下的有 65.00%,且最高文化程度为大专,即大豆纯技术效率值越高的范围内的种植户的文化程度处于初中及初中以下的占比越小,且最高文化程度也越高,所以种植户的文化程度的提升在一定情况下有助于大豆纯技术效率的提高。对于大豆种植户的培训次数,纯技术效率值低的范围内的种植户中没有参加过培训的有 2.94%,纯技术效率值较高的范围内的种植户中没有参加过培训的有 29.17%,而纯技术效率值高的范围内的种植户中没有参加过培训的有 35.00%,即大豆纯技术效率值越高的范围内的种植户中没有参加过培训的占比越大。

大豆纯技术效率值低的范围内的种植户均都有土地补贴,大豆纯技术效率值较高的范围内的种植户中有 95.83% 有土地补贴,而大豆纯技术效率值高的范围内的种植户中有 70.00% 有土地补贴,即大豆纯技术效率值越高的范围内的种植户的土地补贴的占比越小。大豆纯技术效率值低的范围内没有出售土地无租金的种植户,而大豆纯技术效率值较高的范围内的种植户中出售土地无租金的有 20.83%,纯技术效率值高的范围内的种植户中出售土地无租金的有 13.75%,即大豆纯技术效率值较高的范围内的种植户中出售土地无租金的占比最大。大豆纯技术效率值低的范围内的种植户中加入农业保险的有 35.29%,纯技术效率值较高的范围内的种植户中加入农业保险的有 45.83%,而大豆纯技术效率值高的范围内的种植户中加入农业保险的有 43.75%,即大豆纯技术效率值较高的范围内的种植户中加入农业保险的占比最大。在大豆纯技术效率值低的范围内的种植户均拥有 2 台及以上机械,纯技术效率值较高的范围内的种植户均拥有 1 台及以上机械,而大豆纯技术效率值高的范围内的种植户中没有机械的有 1.25%,所以大豆纯技术效率值高的范围内的种植户中没有机械的占比最大。大豆纯技术效率值低的范围内的种植户中其土地离家 5 公里以内的占比 97.06%,纯技术效率值较高的范围内的种植户中其土地离家 5 公里以内的占比 70.84%,纯技术效率值高的范围内的种植户中其土地离家 5 公里以内的占比 57.50%,即大豆纯技术效率值越高的范围内的种植户中其土地离家 5 公里以内的占比越小。大豆纯技术效率值低的范围内的种植户中无收益递减的,而纯技术效率值较高的范围内的种植户中有 12.50% 收益递减,纯技术效率值高的范围内的种植户中有 47.50% 收益递减,即大豆纯技术效率值越高的范围内的种植户中收益递减占比越大。

9.3.3　规模效率下大豆生产主体特征分析

对东北地区普通农户、种粮大户、家庭农场以及合作社种植大豆的规模效率值进行高、较高、低分类(表 9.17)。由此可知,大豆规模效率值最优(1)的种植户有 156 户,占总种植户的 60.00%;规模效率值高(0.927 5~1)的种植户有 85 户,占总种植户的 32.69%;规模效率值较高(0.782 5~0.927 5)的种植户有 17 户,占总种植户的 6.54%;规模效率值低(0.71~0.782 5)的种植户有 2 户,占总种植户的 0.77%。

表 9.17　大豆规模效率分类汇总

规模效率	低(0.71~0.782 5)	较高(0.782 5~0.927 5)	高(0.927 5~1)	优(1)
种植户个数(户)	2	17	85	156
占总种植户比例(%)	0.77	6.54	32.69	60.00

由于大豆规模效率值低的范围内的种植户仅有 2 户,不足以能够进行特征分析,下面将对大豆规模效率值所处的高和较高这两个范围分别进行特征分析。

1. 高规模效率大豆生产主体特征分析

根据调查数据可得,大豆规模效率值处于 0.927 5~1 的 85 户种植户中属于黑龙江省的有 34 户,占比为 40.00%;属于吉林省的有 23 户,占比为 27.06%;属于辽宁省的有 28 户,占比为 32.94%。其中有 21 户普通农户、38 户种粮大户、12 户家庭农场以及 14 户专业合作社。

在 85 户大豆种植户中,年龄处于 40 岁及以下的有 11 户,占比为 12.94%;处于 41~50 岁的有 40 户,占比为 47.06%;处于 51~60 岁的有 30 户,占比为 35.29%;仅有 4 户种植户的年龄处于 61 岁及以上。种植户的文化程度处于初中及初中以下的有 62 户,占比为 72.94%,且最高文化程度为大专仅有 3 户。关于对种植户的培训,在 85 户大豆种植户中没有参加过培训的有 30 户,占比为 35.30%;参加过一次培训的有 25 户,占比为 29.41%;参加过两次培训的有 16 户,占比为 18.82%;参加过三次及以上次数培训的有 14 户,占比为 16.47%。

在 85 户大豆种植户中有 60 户有土地补贴,占比为 70.59%。对于 85 户大豆种植户而言,其种植户中出售土地无租金的有 7 户,占比为 8.24%;出售土地租金每亩在 200 元及以下的有 5 户,占比为 5.88%;出售土地租金每亩在 201~400 元的有 56 户,占比为 65.88%;出售土地租金每亩在 401~600 元的有 11 户,占比为 12.94%;出售土地租金在 601 元及以上的有 6 户,占比为 7.06%。在 85 户大豆种植户中加入农业保险的有 31 户,占比为 36.47%;没有机械的种植户仅有 2 户,占比为 2.35%;拥有 1 台机械的种植户有 10 户,占比为 11.76%;拥有 2 台机械的种植户有 27 户,占比为 31.77%;拥有 3 台机械的种植户有 27 户,占比为 31.77%;拥有 4 台及以上机械的种植户有 19 户,占比为 22.35%;在 85 户大豆种植户中其土地离家的距离在 5 公里以内的有 49 户,占比为 57.65%;土地离家的距离在 5.1~10 公里的有 19 户,占比为 22.35%;土地离家的距离在 10.1~20 公里的有 12 户,占比为 14.12%;土地离家的距离在 20 公里以上的有 5 户,占比为 5.88%。在大豆规模效率值高的范围内的 85 户种植户中有 39 户收益递减,占比为 45.88%;46 户收益递增,占比为

54.12%。

2. 较高规模效率大豆生产主体特征分析

根据调查数据可得,大豆规模效率值处于 0.782 5～0.927 5 的 17 户种植户中属于黑龙江省的有 6 户,占比为 35.29%;属于吉林省的有 7 户,占比为 41.18%;属于辽宁省的有 4 户,占比为 23.53%。其中有 7 户普通农户、1 户种粮大户、3 户家庭农场以及 6 户专业合作社。

在 17 户大豆种植户中,年龄处于 41～50 岁的有 9 户,占比为 52.94%,处于 51～60 岁的有 6 户,占比为 35.29%;仅有 2 户种植户的年龄大于 61 岁及以上。种植户的文化程度处于初中及初中以下的有 13 户,占比为 76.47%,且最高文化程度为本科及以上仅有 1 户。关于对种植户的培训,在 17 户大豆种植户中没有参加过培训的有 3 户,占比为 17.65%;参加过一次培训的有 8 户,占比为 47.06%;参加过两次培训的有 2 户,占比为 11.76%;参加过三次及以上次数培训的有 4 户,占比为 23.53%。

在 17 户大豆种植户中有 13 户有土地补贴,占比为 76.47%。对于 17 户大豆种植户而言,其种植户中出售土地无租金的仅有 2 户,占比为 11.76%;出售土地租金每亩在 200 元及以下的有 12 户,占比为 70.59%;出售土地租金每亩在 201～400 元的仅有 2 户,占比为 11.76%;出售土地租金每亩在 401～600 元的仅有 1 户。在 17 户大豆种植户中加入农业保险的仅有 2 户,占比为 11.76%。拥有 1 台机械的种植户仅有 1 户;拥有 2 台机械的种植户有 6 户,占比为 35.29%;拥有 3 台机械的种植户有 6 户,占比为 35.29%;拥有 4 台及以上机械的种植户有 4 户,占比为 23.53%。在 17 户大豆种植户中其土地离家的距离在 5 公里以内的有 12 户,占比为 70.59%;土地离家的距离在 5.1～10 公里的有 2 户,占比为 11.76%;土地离家的距离在 10.1～20 公里的有 2 户,占比为 11.76%;土地离家的距离在 20 公里以上的仅有 1 户。在大豆规模效率值较高的范围内的 17 户种植户中有 8 户收益递减,占比为 47.06%;有 9 户收益递增,占比为 52.94%。

3. 规模效率下大豆生产主体特征对比分析

通过对大豆规模效率的特征分析(表 9.18)可知,规模效率值较高的范围内的大豆所属的地区主要是黑龙江省以及吉林省,而规模效率值高的范围内的大豆所属的地区主要是黑龙江省以及辽宁省。

大豆规模效率值较高的范围内的种植户均为男性,而大豆规模效率值高的范围内的种植户中为男性的有 94.12%,即大豆规模效率值高的范围内的种植户中为男性的占比最小。大豆规模效率值较高的范围内的种植户中年龄处于 50 岁及以下的有 52.94%,而大豆规模效率值高的范围内的种植户中年龄处于 50 岁及以下的有 60.00%,即大豆规模效率值高的范围内的种植户中年龄处于 50 岁及以下的占比更大。大豆规模效率值较高的范围内的种植户的文化程度处于初中及初中以下的有 76.47%,且最高文化程度为本科及以上,而大豆规模效率值高的范围内的种植户的文化程度处于初中及初中以下的有 72.94%,且最高文化程度为本科及以上,即大豆规模效率值高的范围内的种植户的文化程度处于初中及初中以下的占比更小,所以种植户的文化程度的提升在一定情况下有助于大豆规模效率的提高。对于大豆种植户的培训次数,规模效率值较高的范围内的种植户中没有参加过培训的有 17.65%,而规模效率值高的范围内的种植户中没有参加过培训的有 35.30%,即大豆规模效率值高的范围内的种植户中没有参加过培训的占比更大。

表 9.18　大豆规模效率特征对比分析

规模效率	较高(0.782 5~0.927 5)	高(0.927 5~1)
大豆所属主要地区	黑龙江省、吉林省	黑龙江省、辽宁省
种植户为男性的比例(%)	100	94.12
种植户年龄处于 50 岁及以下的比例(%)	52.94	60.00
种植户文化程度处于初中及以下的比例(%)	76.47	72.94
种植户中没有参加过培训的比例(%)	17.65	35.30
土地有补贴的种植户比例(%)	76.47	70.59
出售土地无租金的种植户比例(%)	11.76	8.24
加入农业保险的种植户比例(%)	11.76	36.47
没有机械的种植户比例(%)	0.00	2.35
土地离家 5 公里以内的种植户比例(%)	70.59	57.65
收益递减的种植户比例(%)	47.06	45.88

大豆规模效率值较高的范围内的种植户中有 76.47%有土地补贴,而大豆规模效率值高的范围内的种植户中有 70.59%有土地补贴,即大豆规模效率值高的范围内的种植户中土地补贴的占比更小。大豆规模效率值较高的范围内的种植户中出售土地无租金的有 11.76%,规模效率值高的范围内的种植户中出售土地无租金的有 8.24%,即大豆规模效率值高的范围内的种植户中出售土地无租金的占比更小。大豆规模效率值较高的范围内的种植户中加入农业保险的占比为 11.76%,而大豆规模效率值高的范围内的种植户中加入农业保险的占比为 36.47%,即大豆规模效率值高的范围内的种植户中加入农业保险的占比更大。在大豆规模效率值较高的范围内的种植户均拥有 1 台及以上机械,而规模效率值高的范围内的种植户中没有机械的有 2.35%,即大豆规模效率值高的范围内的种植户中没有机械的占比更大。大豆规模效率值较高的范围内的种植户中其土地离家 5 公里以内的占比 70.59%,规模效率值高的范围内的种植户中其土地离家 5 公里以内的占比 57.65%,即大豆规模效率值高的范围内的种植户中其土地离家 5 公里以内的占比更小。大豆规模效率值较高的范围内的种植户中有 47.06%收益递减,规模效率值高的范围内的种植户中有 45.88%收益递减,即大豆规模效率值高的范围内的种植户中收益递减的占比更小。

9.4　同效率下不同生产主体属性特征对比分析

根据东北地区粮食所处的地区、种植户基本信息以及土地的基本情况等影响因素进行的综合效率、纯技术效率、规模效率特征分析,分别得出在高综合效率值范围内、较高综合效率值范围内、高纯技术效率值范围内、较高纯技术效率值范围内、高规模效率值范围内、较高规模效率值范围内的不同主体属性特征对比分析。

9.4.1　高综合效率值范围内不同主体属性特征对比分析

根据玉米、水稻、大豆在高综合效率值范围内的特征对比(表 9.19),可得:在高综合效率值范围内玉米所属的地区主要是吉林省,水稻所属的地区主要是辽宁省,大豆所属的地区主要是黑龙江省及辽宁省。

表 9.19　不同主体属性在高综合效率值范围内的特征对比分析

高综合效率	玉米(0.751 7~1)	水稻(0.805 2~1)	大豆(0.778 2~1)
粮食所属主要地区	吉林省	辽宁省	黑龙江省、辽宁省
种植户为男性的比例(%)	94.81	87.14	94.44
种植户年龄处于 50 岁及以下的比例(%)	54.45	53.57	64.45
种植户文化程度处于初中及以下的比例(%)	77.41	79.29	62.22
种植户中没有参加过培训的比例(%)	32.22	47.86	37.78
土地有补贴的种植户比例(%)	87.78	62.14	70.00
出售土地无租金的种植户比例(%)	30.74	38.57	18.89
加入农业保险的种植户比例(%)	49.63	34.29	43.33
没有机械的种植户比例(%)	8.89	32.14	2.22
土地离家 5 公里以内的种植户比例(%)	58.15	70.72	56.67
收益递减的种植户比例(%)	29.26	44.29	43.33

在高综合效率值范围内玉米种植户中为男性的有 94.81%,水稻种植户中为男性的有 87.14%,大豆种植户中为男性的有 94.44%,即在高综合效率值范围内水稻种植户中为男性的占比最小。玉米种植户年龄处于 50 岁及以下的有 54.45%,水稻种植户年龄处于 50 岁及以下的有 53.57%,大豆种植户年龄处于 50 岁及以下的有 64.45%,即在高综合效率值范围内大豆种植户年龄处于 50 岁及以下的占比最大。玉米种植户文化程度处于初中及以下的有 77.41%,水稻种植户文化程度处于初中及以下的有 79.29%,大豆种植户文化程度处于初中及以下的有 62.22%,即在高综合效率值范围内大豆种植户文化程度处于初中及以下的占比最小。玉米种植户中没有参加过培训的有 32.22%,水稻种植户中没有参加过培训的有 47.86%,大豆种植户中没有参加过培训的有 37.78%,即在高综合效率值范围内玉米

种植户中没有参加过培训的占比最小。

在高综合效率值范围内玉米种植户中有87.78%有土地补贴,水稻种植户中有62.14%有土地补贴,大豆种植户中有70%有土地补贴,即在高综合效率值范围内玉米种植户中有土地补贴的占比最大。玉米种植户中出售土地无租金的有30.74%,水稻种植户中出售土地无租金的有38.57%,大豆种植户中出售土地无租金的有18.89%,即在高综合效率值范围内水稻种植户中出售土地无租金的占比最大。玉米种植户中加入农业保险的有49.63%,水稻种植户中加入农业保险的有34.29%,大豆种植户中加入农业保险的有43.33%,即在高综合效率值范围内玉米种植户中加入农业保险的占比最大;玉米种植户中没有机械的有8.89%,水稻种植户中没有机械的有32.14%,大豆种植户中没有机械的有2.22%,即在高综合效率值范围内水稻种植户中没有机械的占比最大。玉米种植户中其土地离家5公里以内的有58.15%,水稻种植户中其土地离家5公里以内的有70.72%,大豆种植户中其土地离家5公里以内的有56.67%,即在高综合效率值范围内大豆种植户中其土地离家5公里以内的占比最小。玉米种植户中收益递减的有29.26%,水稻种植户中收益递减的有44.29%,大豆种植户中收益递减的有43.33%,即在高综合效率值范围内玉米种植户中收益递减的占比最小。

9.4.2 较高综合效率值范围内不同主体属性特征对比分析

根据玉米、水稻、大豆在较高综合效率值范围内的特征对比(表9.20),可得:在较高综合效率值范围内玉米所属的地区主要是吉林省及辽宁省,水稻所属的地区主要是黑龙江省,大豆所属的地区主要是吉林省。

表9.20 不同主体属性在较高综合效率值范围内的特征对比分析

较高综合效率	玉米 (0.255 2~0.751 7)	水稻 (0.415 7~0.805 2)	大豆 (0.334 7~0.778 2)
粮食所属主要地区	吉林省、辽宁省	黑龙江省	吉林省
种植户为男性的比例(%)	85.53	96.77	100
种植户年龄处于50岁及以下的比例(%)	38.16	65.81	57.69
种植户文化程度处于初中及以下的比例(%)	90.79	52.26	73.08
种植户中没有参加过培训的比例(%)	40.79	14.84	30.77
土地有补贴的种植户比例(%)	81.58	89.03	84.62
出售土地无租金的种植户比例(%)	51.32	16.13	19.23
加入农业保险的种植户比例(%)	52.63	55.48	42.31
没有机械的种植户比例(%)	21.05	2.58	0.00
土地离家5公里以内的种植户比例(%)	63.16	60.00	76.92
收益递减的种植户比例(%)	26.31	67.74	34.62

在较高综合效率值范围内玉米种植户中为男性的有 85.53%,水稻种植户中为男性的有 96.77%,大豆种植户均为男性,即在较高综合效率值范围内玉米种植户中为男性的占比最小。玉米种植户年龄处于 50 岁及以下的有 38.16%,水稻种植户年龄处于 50 岁及以下的有 65.81%,大豆种植户年龄处于 50 岁及以下的有 57.69%,即在较高综合效率值范围内水稻种植户年龄处于 50 岁及以下的占比最大。玉米种植户中文化程度处于初中及以下的有 90.79%,水稻种植户中文化程度处于初中及以下的有 52.26%,大豆种植户中文化程度处于初中及以下的有 73.08%,即在较高综合效率值范围内水稻种植户中文化程度处于初中及以下的占比最小。玉米种植户中没有参加过培训的有 40.79%,水稻种植户中没有参加过培训的有 14.84%,大豆种植户中没有参加过培训的有 30.77%,即在较高综合效率值范围内水稻种植户中没有参加过培训的占比最小。

在较高综合效率值范围内玉米种植户中有 81.58% 有土地补贴,水稻种植户中有 89.03% 有土地补贴,大豆种植户中有 84.62% 有土地补贴,即在较高综合效率值范围内水稻种植户中有土地补贴的占比最大。玉米种植户中出售土地无租金的有 51.32%,水稻种植户中出售土地无租金的有 16.13%,大豆种植户中出售土地无租金的有 19.23%,即在较高综合效率值范围内玉米种植户中出售土地无租金的占比最大。玉米种植户中加入农业保险的有 52.63%,水稻种植户中加入农业保险的有 55.48%,大豆种植户中加入农业保险的有 42.31%,即在较高综合效率值范围内水稻种植户中加入农业保险的占比最大。玉米种植户中没有机械的有 21.05%,水稻种植户中没有机械的有 2.58%,大豆种植户都有机械,即在较高综合效率值范围内玉米种植户中没有机械的占比最大。玉米种植户中其土地离家 5 公里以内的有 63.16%,水稻种植户中其土地离家 5 公里以内的有 60.00%,大豆种植户中其土地离家 5 公里以内的有 76.92%,即在较高综合效率值范围内水稻种植户中其土地离家 5 公里以内的占比最小。玉米种植户中收益递减的有 26.31%,水稻种植户中收益递减的有 67.74%,大豆种植户中收益递减的有 34.62%,即在较高综合效率值范围内玉米种植户中收益递减的占比最小。

9.4.3　高纯技术效率值范围内不同主体属性特征对比分析

根据玉米、水稻、大豆在高纯技术效率值范围内的特征对比(表 9.21),可得:在高纯技术效率值范围内玉米所属的地区主要是吉林省,水稻所属的地区主要是辽宁省,大豆所属的地区主要是黑龙江省及辽宁省。

在高纯技术效率值范围内玉米种植户中为男性的有 94.94%,水稻种植户中为男性的有 86.57%,大豆种植户中为男性的有 96.25%,即在高纯技术效率值范围内水稻种植户中为男性的占比最小。玉米种植户年龄处于 50 岁及以下的有 53.7%,水稻种植户年龄处于 50 岁及以下的有 55.22%,大豆种植户年龄处于 50 岁及以下的有 68.75%,即在高纯技术效率值范围内大豆种植户年龄处于 50 岁及以下的占比最大。玉米种植户中文化程度处于初中及以下的有 77.82%,水稻种植户中文化程度处于初中及以下的有 79.85%,大豆种植户中文化程度处于初中及以下的有 65%,即在高纯技术效率值范围内大豆种植户中文化程度处于初中及以下的占比最小。玉米种植户中没有参加过培训的有 31.13%,水稻种植户中没有参加过培训的有 47.76%,大豆种植户中没有参加过培训的有 35%,即在高纯技术效率值范围内玉米种植户中没有参加过培训的占比最小。

表 9.21　不同主体属性在高纯技术效率值范围内的特征对比分析

高纯技术效率	玉米(0.751 7~1)	水稻(0.805 2~1)	大豆(0.779~1)
粮食所属主要地区	吉林省	辽宁省	黑龙江省、辽宁省
种植户为男性的比例(%)	94.94	86.57	96.25
种植户年龄处于 50 岁及以下的比例(%)	53.70	55.22	68.75
种植户文化程度处于初中及以下的比例(%)	77.82	79.85	65.00
种植户中没有参加过培训的比例(%)	31.13	47.76	35.00
土地有补贴的种植户比例(%)	87.94	64.18	70.00
出售土地无租金的种植户比例(%)	31.52	38.06	13.75
加入农业保险的种植户比例	49.81	37.31	43.75
没有机械的种植户比例	10.12	32.84	1.25
土地离家 5 公里以内的种植户比例	59.53	70.15	57.50
收益递减的种植户比例	26.46	44.78	47.50

在高纯技术效率值范围内玉米种植户中有 87.94%有土地补贴。水稻种植户中有 64.18%有土地补贴,大豆种植户中有 70%有土地补贴,即在高纯技术效率值范围内玉米种植户中有土地补贴的占比最大。玉米种植户中出售土地无租金的有 31.52%,水稻种植户中出售土地无租金的有 38.06%,大豆种植户中出售土地无租金的有 13.75%,即在高纯技术效率值范围内水稻种植户中出售土地无租金的占比最大。玉米种植户中加入农业保险的有 49.81%,水稻种植户中加入农业保险的有 37.31%,大豆种植户中加入农业保险的有 43.75%,即在高纯技术效率值范围内玉米种植户中加入农业保险的占比最大。玉米种植户中没有机械的有 10.12%,水稻种植户中没有机械的有 32.84%,大豆种植户中没有机械的有 1.25%,即在高纯技术效率值范围内水稻种植户中没有机械的占比最大。玉米种植户中其土地离家 5 公里以内的有 59.53%,水稻种植户中其土地离家 5 公里以内的有 70.15%,大豆种植户中其土地离家 5 公里以内的有 57.50%,即在高纯技术效率值范围内大豆种植户中其土地离家 5 公里以内的占比最小。玉米种植户中收益递减的有 26.46%,水稻种植户中收益递减的有 44.78%,大豆种植户中收益递减的有 47.50%,即在高纯技术效率值范围内玉米种植户中收益递减的占比最小。

9.4.4　较高纯技术效率值范围内不同主体属性特征对比分析

根据玉米、水稻、大豆在较高纯技术效率值范围内的特征对比(表 9.22),可得:在较高纯技术效率值范围内玉米和大豆所属的地区都主要是吉林省,水稻所属的地区主要是黑龙江省。

表 9.22　不同主体属性在较高纯技术效率值范围内的特征对比

较高纯技术效率	玉米 (0.255 2~0.751 7)	水稻 (0.415 7~0.805 2)	大豆 (0.337~0.779)
粮食所属主要地区	吉林省	黑龙江省	吉林省
种植户为男性的比例(%)	86.21	97.70	100
种植户年龄处于 50 岁及以下的比例(%)	29.31	66.43	41.67
种植户文化程度处于初中及以下的比例(%)	91.38	50.35	79.17
种植户中没有参加过培训的比例(%)	37.92	13.29	29.17
土地有补贴的种植户比例(%)	89.66	91.61	95.83
出售土地无租金的种植户比例(%)	56.90	15.38	20.83
加入农业保险的种植户比例(%)	53.45	54.55	45.83
没有机械的种植户比例(%)	18.96	2.10	0.00
土地离家 5 公里以内的种植户比例(%)	53.45	57.34	70.84
收益递减的种植户比例(%)	10.34	65.73	12.50

　　在较高纯技术效率值范围内玉米种植户中为男性的有 86.21%,水稻种植户中为男性的有 97.70%,大豆种植户均为男性,即在较高纯技术效率值范围内玉米种植户中为男性的占比最小。玉米种植户年龄处于 50 岁及以下的有 29.31%,水稻种植户年龄处于 50 岁及以下的有 66.43%,大豆种植户年龄处于 50 岁及以下的有 41.67%,即在较高纯技术效率值范围内水稻种植户年龄处于 50 岁及以下的占比最大。玉米种植户中文化程度处于初中及以下的有 91.38%,水稻种植户中文化程度处于初中及以下的有 50.35%,大豆种植户中文化程度处于初中及以下的有 79.17%,即在较高纯技术效率值范围内水稻种植户中文化程度处于初中及以下的占比最小。玉米种植户中没有参加过培训的有 37.92%,水稻种植户中没有参加过培训的有 13.29%,大豆种植户中没有参加过培训的有 29.17%,即在较高纯技术效率值范围内水稻种植户中没有参加过培训的占比最小。

　　在较高纯技术效率值范围内玉米种植户中有 89.66%有土地补贴,水稻种植户中有 91.61%有土地补贴,大豆种植户中有 95.83%有土地补贴,即在较高纯技术效率值范围内大豆种植户中有土地补贴的占比最大。玉米种植户中出售土地无租金的有 56.90%,水稻种植户中出售土地无租金的有 15.38%,大豆种植户中出售土地无租金的有 20.83%,即在较高纯技术效率值范围内玉米种植户中出售土地无租金的占比最大。玉米种植户中加入农业保险的有 43.45%,水稻种植户中加入农业保险的有 54.55%,大豆种植户中加入农业保险的有 45.83%,即在较高纯技术效率值范围内水稻种植户中加入农业保险的占比最大;玉米种植户中没有机械的有 18.95%,水稻种植户中没有机械的有 2.10%,大豆种植户都有机械,即在较高纯技术效率值范围内玉米种植户中没有机械的占比最大。玉米种植户中其土地离家 5 公里以内的有 53.45%,水稻种植户中其土地离家 5 公里以内的有 57.34%,大豆种植户中其土地离家 5 公里以内的有 70.84%,即在较高纯技术效率值范围内玉米种植户中其土地离家 5 公里以内的占比最小。玉米种植户中收益递减的有 10.34%,水稻种植户中收益递减的有 65.73%,大豆种植户中收益递减的有 12.50%,即在较高纯技术效率值范围内玉米种植户中收益递减的占比最小。

9.4.5 高规模效率值范围内不同主体属性特征对比分析

根据玉米、水稻、大豆在高规模效率值范围内的特征对比(表 9.23),可得:在高规模效率值范围内玉米和水稻所属的地区主要是黑龙江省,大豆所属的地区主要是黑龙江省及辽宁省。

表 9.23　不同主体属性在高规模效率值范围内的特征对比分析

高规模效率	玉米(0.878 7~1)	水稻(0.928 5~1)	大豆(0.927 5~1)
粮食所属主要地区	黑龙江省	黑龙江省	黑龙江省、辽宁省
种植户为男性的比例(%)	93.44	95.54	94.12
种植户年龄处于 50 岁及以下的比例(%)	61.48	64.29	60.00
种植户文化程度处于初中及以下的比例(%)	71.31	58.93	72.94
种植户中没有参加过培训的比例(%)	39.34	21.43	35.30
土地有补贴的种植户比例(%)	86.89	79.46	70.59
出售土地无租金的种植户比例(%)	33.61	17.41	8.24
加入农业保险的种植户比例(%)	59.84	54.02	36.47
没有机械的种植户比例(%)	6.56	4.91	2.35
土地离家 5 公里以内的种植户比例(%)	49.18	59.38	57.65
收益递减的种植户比例(%)	61.48	66.52	45.88

在高规模效率值范围内玉米种植户中为男性的有 93.44%,水稻种植户中为男性的有 95.54%,大豆种植户中为男性的有 94.12%,即在高规模效率值范围内玉米种植户中为男性的占比最小。玉米种植户年龄处于 50 岁及以下的有 61.48%,水稻种植户年龄处于 50 岁及以下的有 64.29%,大豆种植户年龄处于 50 岁及以下的有 60.00%,即在高规模效率值范围内水稻种植户年龄处于 50 岁及以下的占比最大。玉米种植户中文化程度处于初中及以下的有 73.31%,水稻种植户中文化程度处于初中及以下的有 58.93%,大豆种植户中文化程度处于初中及以下的有 72.94%,即在高规模效率值范围内水稻种植户中文化程度处于初中及以下的占比最小。玉米种植户中没有参加过培训的有 39.34%,水稻种植户中没有参加过培训的有 21.43%,大豆种植户中没有参加过培训的有 35.30%,即在高规模效率值范围内水稻种植户中没有参加过培训的占比最小。

在高规模效率值范围内玉米种植户中有 86.89%有土地补贴,水稻种植户中有 79.46%有土地补贴,大豆种植户中有 70.59%有土地补贴,即在高规模效率值范围内玉米种植户中有土地补贴的占比最大。玉米种植户中出售土地无租金的有 33.61%,水稻种植户中出售土地无租金的有 17.41%,大豆种植户中出售土地无租金的有 8.24%,即在高规模效率值范围内玉米种植户中出售土地无租金的占比最大。玉米种植户中加入农业保险的有

59.84%,水稻种植户中加入农业保险的有 54.02%,大豆种植户中加入农业保险的有 36.47%,即在高规模效率值范围内玉米种植户中加入农业保险的占比最大。玉米种植户中没有机械的有 6.56%,水稻种植户中没有机械的有 4.91%,大豆种植户中没有机械的有 2.35%,即在高规模效率值范围内玉米种植户中没有机械的占比最大。玉米种植户中其土地离家 5 公里以内的有 49.18%,水稻种植户中其土地离家 5 公里以内的有 59.38%,大豆种植户中其土地离家 5 公里以内的有 57.65%,即在高规模效率值范围内玉米种植户中其土地离家 5 公里以内的占比最小。玉米种植户中收益递减的有 61.48%,水稻种植户中收益递减的有 66.52%,大豆种植户中收益递减的有 45.88%,即在高规模效率值范围内大豆种植户中收益递减的占比最小。

9.4.6 较高规模效率值范围内不同主体属性特征对比分析

根据玉米、水稻、大豆在较高规模效率值范围内的特征对比(表 9.24),可得:在较高规模效率值范围内玉米所属的地区主要是辽宁省,水稻所属的地区主要是黑龙江省,大豆所属的地区主要是黑龙江省及吉林省。

表 9.24 不同主体属性在较高规模效率值范围内的特征对比分析

较高规模效率	玉米 (0.636 2~0.878 7)	水稻 (0.785 5~0.928 5)	大豆 (0.782 5~0.927 5)
粮食所属主要地区	辽宁省	黑龙江省	黑龙江省、吉林省
种植户为男性的比例(%)	81.48	100	100
种植户年龄处于 50 岁及以下的比例(%)	74.07	43.90	52.94
种植户文化程度处于初中及以下的比例(%)	88.89	53.66	76.47
种植户中没有参加过培训的比例(%)	48.15	17.07	17.65
土地有补贴的种植户比例(%)	37.04	82.93	76.47
出售土地无租金的种植户比例(%)	14.81	21.95	11.76
加入农业保险的种植户比例(%)	25.93	53.66	11.76
没有机械的种植户比例(%)	14.81	2.44	0.00
土地离家 5 公里以内的种植户比例(%)	96.30	73.17	70.59
收益递减的种植户比例(%)	88.89	85.37	47.06

在较高规模效率值范围内玉米种植户中为男性的有 81.48%,水稻和大豆种植户均为男性,即在较高规模效率值范围内玉米种植户中为男性的占比最小。玉米种植户年龄处于 50 岁及以下的有 74.07%,水稻种植户年龄处于 50 岁及以下的有 43.90%,大豆种植户年龄处于 50 岁及以下的有 52.94%,即在较高规模效率值范围内玉米种植户年龄处于 50 岁及以下的占比最大。玉米种植户中文化程度处于初中及以下的有 88.89%,水稻种植户中文化程度处于初中及以下的有 53.66%,大豆种植户中文化程度处于初中及以下的有 76.47%,即在较高规模效率值范围内水稻种植户中文化程度处于初中及以下的占比最小。玉米种

植户中没有参加过培训的有48.15%,水稻种植户中没有参加过培训的有17.07%,大豆种植户中没有参加过培训的有17.65%,即在较高规模效率值范围内水稻种植户中没有参加过培训的占比最小。

在较高规模效率值范围内玉米种植户中有37.04%有土地补贴,水稻种植户中有82.93%有土地补贴,大豆种植户中有76.47%有土地补贴,即在较高规模效率值范围内水稻种植户中有土地补贴的占比最大。玉米种植户中出售土地无租金的有14.81%,水稻种植户中出售土地无租金的有21.95%,大豆种植户中出售土地无租金的有11.76%,即在较高规模效率值范围内水稻种植户中出售土地无租金的占比最大。玉米种植户中加入农业保险的有25.93%,水稻种植户中加入农业保险的有53.66%,大豆种植户中加入农业保险的有11.76%,即在较高规模效率值范围内水稻种植户中加入农业保险的占比最大。玉米种植户中没有机械的有14.81%,水稻种植户中没有机械的有2.44%,大豆种植户都有机械,即在较高规模效率值范围内玉米种植户中没有机械的占比最大。玉米种植户中其土地离家5公里以内的有96.30%,水稻种植户中其土地离家5公里以内的有73.17%,大豆种植户中其土地离家5公里以内的有70.59%,即在较高规模效率值范围内大豆种植户中其土地离家5公里以内的占比最小。玉米种植户中收益递减的有88.89%,水稻种植户中收益递减的有85.37%,大豆种植户中收益递减的有47.06%,即在较高规模效率值范围内大豆种植户中收益递减的占比最小。

9.5 本 章 小 结

本章对不同主体属性进行效率特征分析并进行对比,从而更加明确了解到不同主体属性下综合效率、纯技术效率、规模效率中不同效率值区间内所具有的属性特征,以及各个效率区间值所受影响因素的影响程度的差异;同时在同效率下进行不同生产主体的特征对比分析,清晰说明同等效率下不同生产主体所受影响因素的影响程度之间的差异。

第10章　东北地区主要农作物生产效率影响因素分析

10.1　主要农作物生产效率分析

本书中的生产效率是通过种植面积、种子农药、肥料、机械动力、人工、土地租赁费用等数据计算得出,所在地区、生产经营主体类型、年龄、性别、文化程度、是否缴纳土地租金、培训次数、是否有补贴、距县域/城市中心距离、是否有保险、是否有农业机械等因素虽不会直接影响生产效率,但却在一定程度上影响农业技术及农业生产管理的效果,尤其是所在地区和农业生产经营主体类型两个因素。因此基于我国农业资源分布不平衡导致的农作物生产的地区差异,本研究假设,地区变动对生产效率的影响显著;另外基于前文分析结果,不同生产经营主体对农业生产效率具有的影响,本书假设不同生产经营主体对农业生产效率的影响也是显著的。

10.1.1　玉米生产效率分析

地区差异中(图10.1),规模效率方面东北地区体现出差异,每档约相差2%,吉林省最高;在纯技术效率方面,差异程度比较明显,每档差距在4.4%~4.6%,黑龙江省效率最高,其次是辽宁省和吉林省;综合效率方面吉林省、辽宁省情况相同,黑龙江省较其他省高6.9%。受纯技术效率和规模效率的影响,玉米作物的综合效率差距是显著的,玉米生产效率的地区差异较大豆作物的地区差异小。

生产经营主体类型看,其影响程度较地区差异略高,如图10.2所示,综合效率方面,依次排序为专业合作社、家庭农场/种植大户、普通农户;纯技术效率方面依次排序为专业合作社、家庭农场、种植大户和普通农户;规模效率方面依次排序为普通农户、种植大户、家庭农场和专业合作社;根据各个效率数值来可以发现,纯技术效率关乎综合效率的高低,在纯技术效率中,专业合作社较普通农户高11.5%,说明在玉米种植中,专业合作社的技术转化能力要高于其他三个经营主体。综上可知,生产经营主体类型的变动对农业综合效率的影响是显著的。

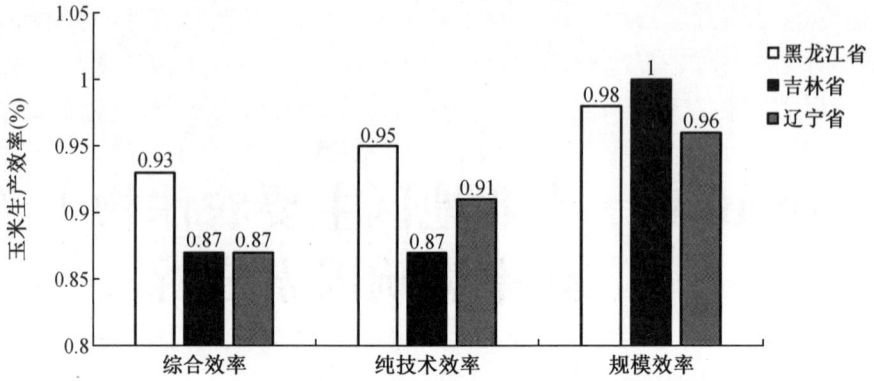

图 10.1 玉米生产效率地区差异

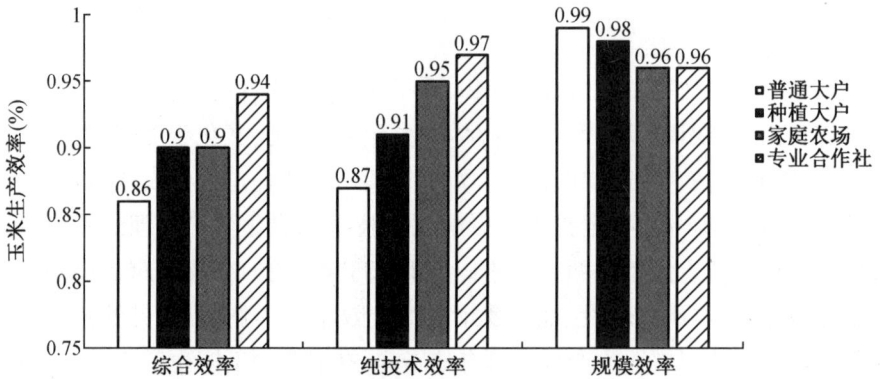

图 10.2 玉米生产效率经营主体类型差异

10.1.2 水稻生产效率分析

在地区差异方面,从水稻样本的生产效率地区数值结果来看,如图 10.3 所示,在规模效率方面,东北地区体现出的差异不显著,吉林省和辽宁省并列最高,黑龙江省较这两个省低 2%;纯技术效率方面,各省份差异较明显,依次排序为辽宁省、吉林省和黑龙江省,辽宁省比吉林省、黑龙江省分别高 2.13%、35%;综合效率方面排序依次为辽宁省,吉林省,黑龙江省,辽宁省较吉林省、黑龙江省分别高 1.06%、38%。同时由于纯技术效率、规模效率影响,水稻综合效率的差距比较明显。水稻作物生产效率地区差异比大豆作物地区差异小,但比玉米作物地区差异大。

从生产经营主体类型看,其影响程度比地区差异低,如图 10.4 所示,规模效率方面依次排序为普通农户、家庭农场、专业合作社和种植大户,每档相差 1%且影响不显著;从纯技术效率角度分析,经营主体类型差距较地区差异的影响小,依次排序为专业合作社、普通农户、种植大户和家庭农场,专业合作社较家庭农场高 6.33%;综合效率方面依次排序为普通农户、专业合作社、家庭农场、种植大户、普通农户;从三个效率数值来看,普通农户各项效率均占优,说明在水稻种植中,虽然专业合作社的技术转化能力要高于其他三个经营主体,但还没有与普通农户拉开足够的差距,加之普通农户在规模效率方面优于专业合作社,最终的结果是普通农户在综合效率方面更胜一筹。通过数据的直观分析,生产经营主体类型对农业综合效率的影响也是显著的。

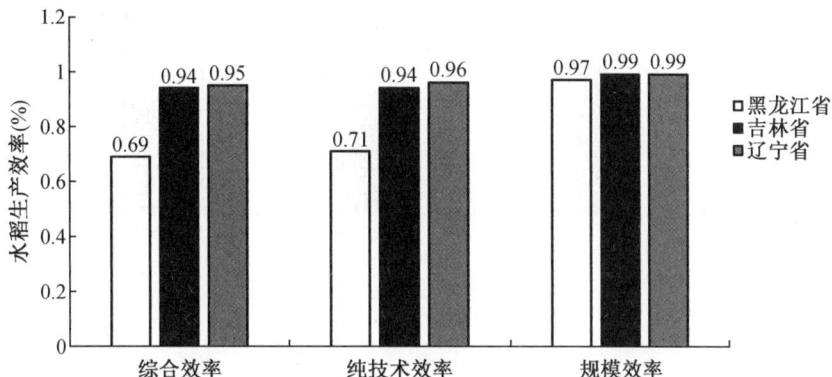

图 10.3 水稻生产效率地区差异

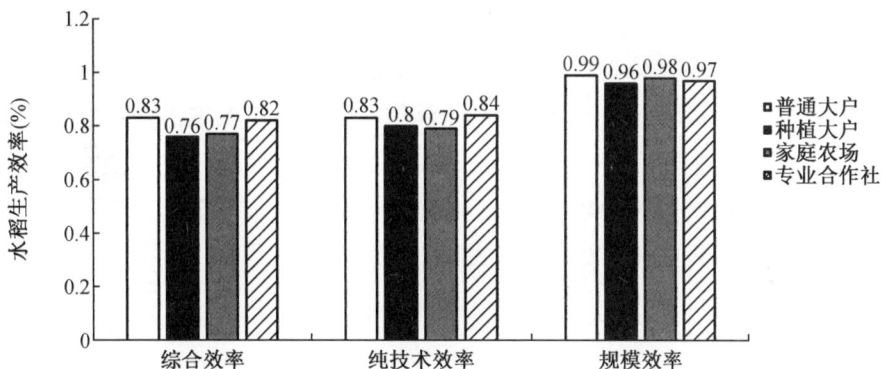

图 10.4 水稻生产效率经营主体类型差异

上述分析是基于调研情况对生产效率做出的直观分析,通过数据比对,我们发现正如分析之前的假设,地区和经营主体类型对应的规模效率、纯技术效率、综合效率均存在显著差异,或因区位原因而显著,或因经营主体类型不同而显著,并且在不同农作物间这种差异性或者说显著性有所不同,这与各地区农业生产优势相适应,这也反映出各地在农业生产发展、技术推广、农业组织形式等方面也存在差异,各地均有相对其他地区的比较优势;同时不同生产经营主体各农作物间均存在比较优势。

10.1.3　大豆生产效率分析

在地区差异方面,从大豆样本的生产效率地区数值结果来看,如图 10.5 所示,在规模效率方面,东北地区表现相当,黑龙江省略高于其他两省;从纯技术效率角度分析,黑龙江省与辽宁省情况相同且均高于吉林省 57.38%;从综合效率角度分析,由于受到纯技术效率的影响,吉林省排名最低,黑龙江省和辽宁省大体相同。受纯技术效率影响,大豆综合效率的差距显著。

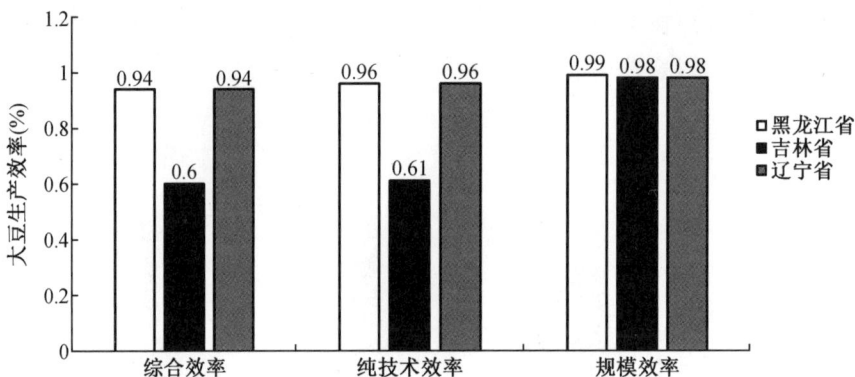

图 10.5　大豆生产效率地区差异

　　从生产经营主体类型看,其影响程度较地区差异略高,如图 10.6 所示,规模效率方面,种植大户略有优势,普通农户和家庭农场持平,专业合作社最低,这个结果与普遍认知存在较大差异,通常认为,在规模效率方面的排序依次为专业合作社、家庭农场/种植大户、普通农户,根据本研究分析的结果和调查情况来看,其实普通农户在农业技术和农业机械的可获性方面与其他经营主体没有差异,即我国农业技术的推广水平的提升与农业机械的进步是显而易见的。在纯技术效率方面,专业合作社的优势比较突出,明显高于其他三个经营主体;家庭农场的纯技术效率最低,这种差距,决定了大豆综合生产效率从高到低,依次为专业合作社、种植大户/普通农户、家庭农场。受纯技术效率影响,大豆的综合效率在不同农业生产经营主体间的差异也是显著的。

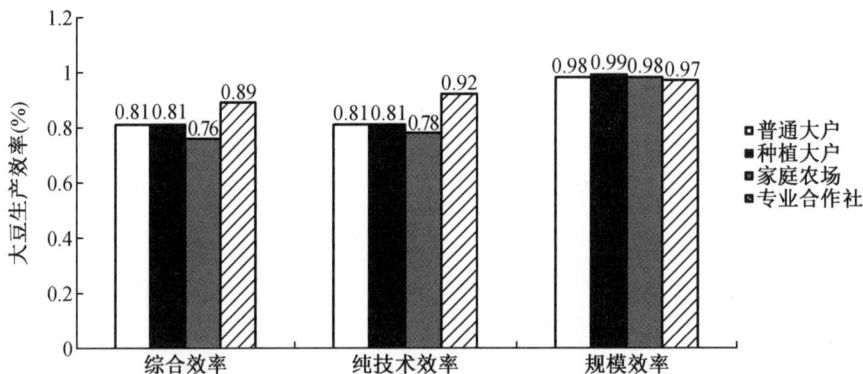

图 10.6　大豆生产效率经营主体类型差异

10.2　主要农作物生产效率影响因素实证分析

　　依据 Tobit 模型对影响生产效率的因素实证分析,其中解释变量为 x_i,$x_1 \sim x_{11}$ 依次为农户类型、地区、年龄、性别、文化程度、是否有土地租金、是否有补贴、距离(公里)、培训次数、是否保险、是否有农业机械表(10.1)。生产效率作为被解释变量(y_i,y_1~y_3 分别为综合效率、纯技术效率、规模效率)。本书以每种作物的规模效率、纯技术效率、综合效率的各影响因素的均值为依据分析其对生产效率的影响差异。

表 10.1　解释变量设置及变量释义

解释变量	变量释义
x_1	调查样本所在地区(1、2、3 分别代表黑龙江省、吉林省、辽宁省)
x_2	农业生产经营主体类型(1~4 分别代表普通农户、种植大户、家庭农场、农业专业合作社)
x_3	年龄(1 代表 18~30 周岁、2 代表 31~50 周岁、3 代表 51 周岁以上)
x_4	性别(1 代表男性、2 代表女性)
x_5	文化程度(1 代表初中及以下、2 代表高中及以上)
x_6	是否缴纳土地租金(1 代表自有土地无须缴纳租金、2 代表缴纳租金)
x_7	是否有补贴(1 代表无补贴、2 代表有补贴)
x_8	距离中心县城远近(1~3 分别代表 10 公里以内、10~30 公里、30 公里以上)
x_9	接受培训次数(1 代表未接受培训、2 代表每年接受培训次数 2 次及以内、3 代表每年接受培训次数 2 次以上)
x_{10}	是否购买农业保险(1 代表无保险、2 代表有保险)
x_{11}	是否自有农业机械(1 代表无、2 代表有)

本书借助 Eviews6.0 软件采用 Tobit 分析方法,通过上文对于生产效率影响因素分析可知,大豆、玉米和水稻三种农作物的综合效率主要取决于纯技术效率和规模效率,通过分析影响差异可知,各因素的纯技术效率、规模效率差异显著,综合效率显著性与纯技术效率密切相关,因此本部分主要分析大豆、玉米和水稻的综合效率和纯技术效率的 Tobit 模型结果,检验解释变量和被解释变量间的拟合效果。根据已有文献及历史研究,本书模型输出显著性水平设置为 5%。

10.2.1　玉米生产效率影响因素实证分析

玉米综合效率模型输出结果如表 10.2 所示,x_1、x_2、x_4、x_{10}、x_{11} 通过了模型检验。从模型结果来看所在地区、农业生产经营主体类型、性别、是否有农业保险和是否有农业机械等因素对综合效率影响较大,其他六个因素影响较小。

表 10.2　玉米综合效率模型输出结果

Variable	Coefficient	Std. Error	z-Statistic	Prob.
C	0.982 294	0.059 168	16.60 178	0.000 0
x_1	0.027 488	0.007 047	3.900 693	0.000 1
x_2	-0.052 037	0.010 892	-4.777 309	0.000 0

表 10. 2(续)

Variable	Coefficient	Std. Error	z-Statistic	Prob.
x_3	0. 001 131	0. 007 940	0. 142 493	0. 886 7
x_4	−0. 047 303	0. 021 260	−2. 224 975	0. 026 1
x_5	0. 010 134	0. 008 803	1. 151 201	0. 249 6
x_6	0. 004 824	0. 003 923	1. 229 621	0. 218 8
x_7	−0. 012 837	0. 019 674	−0. 652 491	0. 514 1
x_8	−0. 006 607	0. 006 653	−0. 993 106	0. 320 7
x_9	0. 003 111	0. 005 992	0. 519 156	0. 603 7
x_{10}	0. 047 849	0. 011 524	4. 151 988	0. 000 0
x_{11}	−0. 026 832	0. 005 459	−4. 915 003	0. 000 0
SCALE:C(13)	0. 120134	0. 003714	32. 34195	0. 0000
Meandependentvar	0. 883 715	S. D. dependentvar		0. 129 852
S. E. ofregression	0. 121 536	Akaikeinfocriterion		−1. 350 707
Sumsquaredresid	7. 548 008	Schwarzcriterion		−1. 244 829
Loglikelihood	366. 210 0	Hannan−Quinncriter.		−1. 309 241
Avg. loglikelihood	0. 700 210			

玉米纯技术效率模型输出结果,如表 10. 3 所示 x_1、x_2、x_{10}、x_{11} 通过了模型检验,从模型结果来看所在地区、生产经营主体类型、是否有农业保险和是否有农业机械等四个因素对玉米纯技术效率影响较大,其余七个因素影响较小。

表 10. 3　玉米纯技术效率模型输出结果

Variable	Coefficient	Std. Error	z-Statistic	Prob.
C	0. 981 471	0. 055 045	17. 830 27	0. 000 0
x_1	0. 042 465	0. 006 556	6. 477 495	0. 000 0
x_2	−0. 041 208	0. 010 134	−4. 066 513	0. 000 0
x_3	−0. 001 152	0. 007 386	−0. 155 918	0. 876 1
x_4	−0. 031 639	0. 019 779	−1. 599 653	0. 109 7
x_5	0. 005 616	0. 008 189	0. 685 830	0. 492 8
x_6	0. 000 721	0. 003 650	0. 197 471	0. 843 5
x_7	−0. 020 085	0. 018 303	−1. 097 375	0. 272 5
x_8	−0. 008 878	0. 006 189	−1. 434 390	0. 151 5
x_9	−0. 001 008	0. 005 575	−0. 180 894	0. 856 5
x_{10}	0. 041 648	0. 010 721	3. 884 644	0. 000 1
x_{11}	−0. 025 106	0. 005 079	−4. 943 337	0. 000 0

表 10.3(续)

Variable	Coefficient	Std. Error	z-Statistic	Prob.
SCALE:C(13)	0.111 763	0.003 456	32.341 95	0.000 0
Meandependentvar	0.901 293	S. D. dependentvar		0.124 010
S. E. ofregression	0.113 068	Akaikeinfocriterion		−1.495 159
Sumsquaredresid	6.532 776	Schwarzcriterion		−1.389 281
Loglikelihood	403.984 1	Hannan-Quinncriter.		−1.453 693
Avg. loglikelihood	0.772 436			

　　根据对玉米的综合效率、纯技术效率的模型分析结果,对于玉米生产效率影响较大的因素为所在地区、农业生产经营主体类型、是否有农业保险和是否有农业机械等四个因素,其他变量对生产效率的影响不显著或显著性较弱。

10.2.2　水稻生产效率影响因素实证分析

　　水稻综合效率模型输出结果如表 10.4 所示,x_1、x_2、x_3、x_6、x_9、x_{10}、x_{11} 通过了模型检验。从模型结果来看所在地区、农业生产经营主体类型、年龄、是否缴纳土地租金、接受培训次数、是否有农业保险与是否有农业机械等因素对水稻的综合效率影响相对较大,其他四个因素影响较小。

表 10.4　水稻综合效率模型输出结果

Variable	Coefficient	Std. Error	z-Statistic	Prob.
C	0.474 678	0.073 003	6.502 175	0.000 0
x_1	0.023 853	0.009 991	2.387 481	0.017 0
x_2	0.116 365	0.013 821	8.419 446	0.000 0
x_3	0.027 978	0.010 850	2.578 631	0.009 9
x_4	−0.047 211	0.029 579	−1.596 088	0.110 5
x_5	−0.006 964	0.012 432	−0.560 153	0.575 4
x_6	−0.030 670	0.005 325	−5.759 520	0.000 0
x_7	0.006 215	0.021 736	0.285 924	0.774 9
x_8	0.024 534	0.010 720	2.288 539	0.022 1
x_9	0.034 772	0.009 224	3.769 774	0.000 2
x_{10}	0.084 317	0.017 332	4.864 680	0.000 0
x_{11}	−0.027 347	0.008 811	−3.103 702	0.001 9
SCALE:C(13)	0.173 637	0.005 384	32.249 06	0.000 0
Meandependentvar	0.806 571	S. D. dependentvar		0.224 779
S. E. ofregression	0.175 676	Akaikeinfocriterion		−0.613 703

表 10.4（续）

Variable	Coefficient	Std. Error	z-Statistic	Prob.
Sumsquaredresid	15. 677 92	Schwarzcriterion		−0. 507 357
Loglikelihood	172. 562 7	Hannan-Quinncriter.		−0. 572 043
Avg. loglikelihood	0. 331 851			

水稻纯技术效率模型输出结果，如表 10.5 所示 x_1、x_2、x_3、x_6、x_8、x_9、x_{10}、x_{11} 通过了模型检验，从模型结果来看所在地区、农业生产经营主体类型、年龄、是否缴纳土地租金、距离中心县城远近、接受培训次数、是否有农业保险和是否有农业机械等因素对水稻综合效率影响较大，其他三个因素影响较小。

表 10.5　水稻纯技术效率模型输出结果

Variable	Coefficient	Std. Error	z-Statistic	Prob.
C	0. 470 286	0. 071 795	6. 550 373	0. 000 0
x_1	0. 025 985	0. 009 825	2. 644 654	0. 008 2
x_2	0. 117 744	0. 013 592	8. 662 547	0. 000 0
x_3	0. 029 332	0. 010 671	2. 748 834	0. 006 0
x_4	−0. 042 211	0. 029 090	−1. 451 054	0. 146 8
x_5	−0. 004 027	0. 012 227	−0. 329 357	0. 741 9
x_6	−0. 031 903	0. 005 237	−6. 091 781	0. 000 0
x_7	0. 006 370	0. 021 376	0. 297 980	0. 765 7
x_8	0. 028 538	0. 010 543	2. 706 739	0. 006 8
x_9	0. 033 694	0. 009 071	3. 714 345	0. 000 2
x_{10}	0. 074 842	0. 017 046	4. 390 656	0. 000 0
x_{11}	−0. 022 728	0. 008 665	−2. 622 862	0. 008 7
SCALE:C(13)	0. 170 764	0. 005 295	32. 249 06	0. 000 0
Meandependentvar	0. 821 671	S. D. dependentvar		0. 220 334
S. E. ofregression	0. 172 770	Akaikeinfocriterion		−0. 647 063
Sumsquaredresid	15. 163 50	Schwarzcriterion		−0. 540 718
Loglikelihood	181. 236 5	Hannan-Quinncriter.		−0. 605 404
Avg. loglikelihood	0. 348 532			

通过对水稻的综合效率、纯技术效率模型结果可发现，各因素对水稻生产效率的影响程度比大豆、玉米高，对于水稻生产效率影响较大的因素包含所在地区、农业生产经营主体类型、年龄、是否缴纳土地租金、接受培训次数、是否有农业保险和是否有农业机械等七个因素，其他变量对生产效率的影响不显著或显著性较弱。

10.2.3　大豆生产效率影响因素实证分析

根据表 10.6，x_1、x_2、x_4、x_6、x_7、x_9、x_{11} 等变量均通过模型检验，但模型整体逻辑拟合度一般。从模型结果来看所在地区、农业生产经营主体类型、性别、是否有土地租金、是否有补贴、接受培训次数和是否有农业机械等因素对综合效率影响较大，其他四个因素影响较小。

表 10.6　大豆综合效率模型输出结果

Variable	Coefficient	Std. Error	z-Statistic	Prob.
C	1. 171 239	0. 167 330	6. 999 562	0. 000 0
x_1	0. 059 209	0. 022 955	2. 579 352	0. 009 9
x_2	−0. 106 799	0. 038 615	−2. 765 770	0. 005 7
x_3	0. 005 940	0. 024 562	0. 241 855	0. 808 9
x_4	0. 164 481	0. 070 559	2. 331 114	0. 019 7
x_5	0. 029 673	0. 022 796	1. 301 683	0. 193 0
x_6	−0. 029 991	0. 015 065	−1. 990 779	0. 046 5
x_7	−0. 216 014	0. 069 266	−3. 118 607	0. 001 8
x_8	0. 037 723	0. 022 633	1. 666 704	0. 095 6
x_9	−0. 039 899	0. 019 424	−2. 054 163	0. 040 0
x_{10}	−0. 035 053	0. 038 474	−0. 911 084	0. 362 3
x_{11}	−0. 053 827	0. 016 298	−3. 302 640	0. 001 0
SCALE:C(13)	0. 243 149	0. 010 663	22. 803 82	0. 000 0
Meandependentvar	0. 820 104	S. D. dependentvar		0. 277 628
S. E. ofregression	0. 248 954	Akaikeinfocriterion		0. 109 719
Sumsquaredresid	15. 370 63	Schwarzcriterion		0. 287 753
Loglikelihood	−1. 263 418	Hannan−Quinncriter.		0. 181 291
Avg. loglikelihood	−0. 004 859			

大豆纯技术效率模型输出结果如表 10.7 所示，x_1、x_2、x_4、x_7、x_9、x_{11} 通过了模型检验，模型的整体逻辑拟合度较综合效率输出结果要好。从模型结果看，所在地区、农业生产经营主体类型、性别、是否有补贴、接受培训次数、是否有农业机械等因素对纯技术效率影响较大，其他五个因素影响较小。

表 10.7　大豆纯技术效率模型输出结果

Variable	Coefficient	Std. Error	z-Statistic	Prob.
C	1. 148 511	0. 164 620	6. 976 721	0. 000 0
X_1	0. 063 593	0. 022 583	2. 815 964	0. 004 9

表 10.7（续）

Variable	Coefficient	Std. Error	z-Statistic	Prob.
x_2	-0. 114 476	0. 037 989	-3. 013 362	0. 002 6
x_3	0. 009 558	0. 024 164	0. 395 544	0. 692 4
x_4	0. 161 700	0. 069 416	2. 329 420	0. 019 8
x_5	0. 031 740	0. 022 426	1. 415 314	0. 157 0
x_6	-0. 028 466	0. 014 821	-1. 920 652	0. 054 8
x_7	-0. 234 562	0. 068 144	-3. 442 135	0. 000 6
x_8	0. 041 650	0. 022 267	1. 870 495	0. 061 4
x_9	-0. 039 526	0. 019 109	-2. 068 439	0. 038 6
x_{10}	-0. 020 004	0. 037 851	-0. 528 503	0. 597 2
x_{11}	-0. 051 553	0. 016 034	-3. 215 138	0. 001 3
SCALE:C(13)	0. 239 212	0. 010 490	22. 803 82	0. 000 0
Meandependentvar	0. 831 338	S. D. dependentvar		0. 275 973
S. E. ofregression	0. 244 919	Akaikeinfocriterion		0. 077 064
Sumsquaredresid	14. 876 31	Schwarzcriterion		0. 255 098
Loglikelihood	2. 981 661	Hannan-Quinncriter.		0. 148 636
Avg. loglikelihood	0. 011 468			

通过分析大豆综合效率、纯技术效率,对大豆的生产效率影响较大因素为所在地区(x_1)、农业生产经营主体类型(x_2)、接受培训次数(x_9)和是否有农业机械(x_{11})等四个因素,其他因素对生产效率的影响不显著或显著性较弱。

10.3　本章小结

通过对三种农作物的综合效率、纯技术效率分析结果看,影响农作物生产效率的显著性因素在大豆、玉米、水稻之间存在一定差异,相同点是所在地区、农业经营主体类型和是否有农业机械均为东北地区三个主要农作物生产效率的显著性影响因素,如表 10.8 所示,其他因素如接受培训次数、是否有农业保险、年龄、是否缴纳土地租金等因素未对全部农作物生产效率产生全部影响,但对单一农作物生产效率影响是显著的。

表 10.8　农作物生产效率显著性影响因素

农作物	生产效率显著性影响因素
大豆	所在地区、农业经营主体类型、接受培训次数、是否有农业机械
玉米	所在地区、农业经营主体类型、是否有农业保险、是否有农业机械

表 **10.8**(续)

农作物	生产效率显著性影响因素
水稻	所在地区、农业经营主体类型、年龄、是否缴纳土地租金、接受培训次数、是否有农业保险、是否有农业机械

第一，东北地区主要农作物的生产效率因地区不同而存在显著差异，虽然均为东北地区的农作物，但在自然条件、生产观念、耕作方式和农业组织形式等方面存在差异，导致主要农作物的纯技术效率差异显著，在规模效率差异不显著前提下使整体综合效率差异明显。

第二，农业生产经营主体的类型对农作物生产效率影响显著，对纯技术效率的影响较显著，各主体类型主要按耕作面积和组织形式来分类。充分凸显农作物种植的规模化与集约化水平。在实际生产中，家庭农场和种植大户相对于普通农户在种植面积上是要大的，但是其农业生产技术和组织形式未必如普通农户有效，在规模效率和纯技术效率方面，出现家庭农场与种植大户均劣于普通农户的情况(如水稻种植)，同时，家庭农场和种植大户之间孰优孰劣并不容易区别，因为二者都是农业生产规模达到一定程度的经营主体，从官方的划分来看，二者区别在于是否有营业执照，家庭农场有，种植大户没有。在其他涉农领域，例如金融领域，通常将家庭农场和种植大户归为同一类。

第三，"是否有农业机械"这一因素对农业生产效率的影响显著，东北地区农业耕种以机械化为主，但出于成本考虑普通农户一般是没有大型农业机械的，家庭农场和种植大户在农业机械数量上较农业转合作社也要少一些。在纯技术效率、规模效率方面，农业机械对农业生产效率的影响显著，甚至比本研究最初的假设所在地区和农业生产经营主体类型的影响都显著。

第四，其他因素对于农作物生产效率的影响并非不显著，而是通过实证分析得出模型结果显示，未对全部样本农作物生产效率均产生显著影响，例如接受培训的次数、生产者年龄、是否有农业保险、是否缴纳土地租金等因素对农作物生产效率的影响也显著。因此在制定农业生产政策或试图提高农业生产效率时须考虑上述因素变动情况。

第11章 现行影响粮食生产主体效率提高的政策环境及趋势分析

粮食生产效率与我国的政策环境息息相关,我国历年出台的农业相关政策对粮食问题都十分关注。从过去来看,国家粮食政策的目标仅仅放在提高农民收入及保障国家粮食安全上,对粮食生产效率以及农业的可持续发展的关注度还不够。改革开放以来,随着计划经济向市场经济过渡,同时为了调动国内劳动力的积极性,中央大力发展农业、农村经济,对我国粮食政策进行了大规模大力度的调整与改变。

2014年"中央一号文件"文件中指出,国内粮食要适度进口、立足国内,探究政府补贴和农产品价格脱钩方面的相关政策。此外,以新疆维吾尔自治区的棉花和东北三省、内蒙古自治区的大豆作为试点,对农产品实行目标价格补贴制度和保险制度。同时,加大了对农业的支持和保护力度,新增补贴向粮食、新型农业生产经营主体、重要粮食产区倾斜,并加大对重要粮食产区的财政支持力度。2016年的"中央一号文件"文件中提出,粮食价格形成机制与收储制度需要进一步加强完善,保护农民利益与坚持市场化并重,正式取消临时收储,遵循"价补分离,市场定价"的原则,促进玉米生产者补贴制度的推进。2018年"中央一号文件"提出,农产品当前存在阶段性供过于求和供给不足并存的复杂现状,要加快消化政策性粮食库存,探索对粮食主产区的利益补偿,增大"绿箱"政策实施规模,探索新型农业支持保护政策体系。2019年"中央一号文件"明确表示,要在高质量绿色发展导向下构建新型农业补贴政策体系。2020年"中央一号文件"也指出,要进一步完善农业补贴政策。从以上国家政策变化看,农业政策的发展方向是向科学化、绿色化、系统化转变。《中共中央关于制定国民经济和社会发展第十四个五年规划和二〇三五年远景目标的建议》(2020年10月29日中国共产党第十九届中央委员会第五次全体会议通过)中要求,要把持续解决好"三农"问题作为全党工作重中之重,着力提升农业质量效益和竞争力。竞争力的提升离不开效率的提高,粮食生产效率不仅关系到一国的粮食安全,而且更深远地影响着该国粮食产业的国际竞争力。粮食生产政策的调整会对粮食生产中生产要素的配置以及粮食生产者的投入决策等产生直接或间接的影响,进而影响粮食生产效率,有研究表明政策支持对于农业生产效率有显著的影响[158]。因此,如何适应调整变化的我国粮食政策,着力提高我国粮食生产效率,推进我国粮食产业转型升级,是我国新时代面临的新问题。

11.1　粮食补贴政策

农业补贴是当前各国政府支持粮食生产的有效政策之一。在粮食生产效率方面,粮食补贴可以对粮食生产的资本要素产生影响,进而对粮食生产效率产生影响。

中华人民共和国成立以来,为了加快成为工业化国家的步伐,在计划经济时期(1949—1978 年),为了支持工业的发展,农业付出了巨大的代价。因此,在 21 世纪初期,国家提出了统筹城乡经济社会发展、工业反哺农业、城市支持农村的新发展战略[159]。2002 年,安徽和吉林两省率先开展粮食直接补贴方式改革工作,之后,河南省、湖北省也相继做出了减少对粮食流通环节的补贴,加大对粮食生产环节补贴的粮食补贴调整政策。2003 年,我国扩大粮食补贴试点到国内 16 个省区的粮食主产区,对产区内的粮食生产实施相应的价格补贴。2004 年中央一号文件提出深化粮食流通体制改革,建立对农民的直接补贴制度[160],要增加资金规模,在小麦、大豆等粮食优势产区扩大良种补贴范围,并正式推行农机具购置补贴及种粮农民直接补贴办法。2006 年为应对农业生产成本的上涨,我国开始实行农业生产资料综合补贴。最终形成包括种粮农民直接补贴(又称"粮食直补")、农作物良种补贴、农业生产资料综合补贴以及农机具购置补贴的粮食"四项补贴"政策,其中种粮农民直接补贴、农作物良种补贴、农业生产资料综合补贴又被称为"三项补贴"[161]。在农业"四项补贴"制度下,粮食产量稳定增长,从 2006 年粮食产量为 49 804.2 万吨到 2015 年粮食产量达到 62 144 万吨,逐步实现了粮食增收增产和农民粮食种植收入增加的政策目标。农业"三项补贴"在实施的前期对促进粮食生产、农民增收以及农业农村发展起到了一定的积极作用,但后期因为我国农业农村依旧保持着粗放的农业发展方式,农业经营规模普遍偏小,导致我国生产出来的农产品的质量难以得到稳定的提升,农业生产效率增加缓慢;并且,由于种粮大户、农民合作社、家庭农场等新型农业经营主体的出现,虽然这些新型的农业经营主体对我国粮食生产具有一定的推动作用,但是由于"三项补贴"政策的局限性,这些新型农业经营主体很难得到除自己承包耕地之外的农业补贴支持,使得"三项补贴"政策对促进粮食生产的效力逐渐下降;同时,我国作为 WTO 成员,在农业领域的补贴受到 WTO 相关规则的制约,如果继续增加现有补贴种类的数量,我国在 WTO 规则总体范围内的支持空间就会进一步缩小,这样就会不利于我国借助相关规则充分调动国内种粮农民的积极性,为了摆脱这种不利的局面,我国就需要将"三项补贴"政策中的一部分补贴转变成在 WTO 规则中不受限制的补贴。由于这些诸多因素的出现导致我国农业"三项补贴"的政策效力逐步降低,迟滞了农业长期良好生产发展。因此,2015 年在发展高质量绿色农业的政策导向下,我国开始在浙江、山东、安徽、四川、湖南五省实施农业三项补贴试点改革,将种粮农民直接补贴、农作物良种补贴、农资综合补贴整合统称"农业支持保护补贴"[162],其中一部分资金用于耕地地力保护,称为"耕地地力保护补贴",另一部分资金用于提升粮食产能,称为"适度规模经营补贴"[163]。与此同时,国家政策规定农业生产经营组织以及直接从事农业生产的个人都继续实施农机具购置补贴,在 2016 年国家正式全面推行粮食直补、农作物良种补贴改革、农资综合补贴[164],以支持耕地地力保护和粮食适度规模经营为核心的"农业支持保护补贴"作为农业补贴政策体系的核心内容。增加对粮食生产者补贴可以促进普通农户种粮积极性,提高农户的投资能力,从而调整粮食生产要素投入,提升粮食生产效率。

11.1.1 粮食直补

粮食直补也称粮食直接补贴,指财政部门将之前国家给予国有粮食企业的补贴资金改为通过农村信用社将补贴资金一次性拨付到种粮农民在农村信用社的开户账户上的惠农政策。粮食直补政策可以稳定和发展粮食的生产,保护粮食综合生产能力、种粮农民的利益,同时调动农民种粮的积极性,提高种粮农民的粮食生产效率。2000 年,财政部、农业部等相关部门开始研究粮食补贴方式的改革举措,提出了拿出粮食风险基金中补贴给流通企业的一部分用来直接补贴给种粮的农民,初步建立了粮食直接补贴的构想。2004 年,我国的农业政策开始大幅度偏向种粮农民,开始对种粮农民实行直接补贴。2005 年,第十届全国人大常委会第十九次会议决定,自 2006 年 1 月 1 日起废止《中华人民共和国农业税条例》[165],自此,农民种地需要向国家缴纳农业税的政策在全国范围内取消,彻底改变了几千年来农民种地需要向朝廷/政府缴税的惯例,农民可以将原来需要上缴国家的粮食或粮食等价物(也称为公粮)归入自己的私有财产,自由处理。取消农业税这一政策,虽然国家没有直接对种粮农民实施补贴,但是却直接减轻了农民的负担,在一定意义上可以看作是对种粮农民进行粮食直接补贴的前兆。作为我国农业发展史上一个里程碑式的变化,国内广大农民在潜意识中将取消农业税看作是国家对农民实行种粮补贴的一项惠农政策,这就激发了农民种粮的积极性,粮食生产效率和农业竞争力也获得相应的提高。

2006 年 12 月财政部印发《对种粮农民直接补贴工作经费管理办法》,办法指出对种粮农民直接补贴经费实施"一卡通"或者"一折通",通过"一卡通"或者"一折通"向种粮农民直接兑付补贴资金、农资综合直补等相关工作经费[166]。这进一步细化了对种粮农民粮食直接补贴的方式和途径。粮食直接补贴作为中国农业支持保护补贴中唯一的脱钩类补贴,对促进粮食生产,增加农户收入、改善农民生产资金约束等具有积极意义。粮食直接补贴政策有利于土地流转,为农户扩大规模提供资金支持,如果对于农户扩大经营规模所承担的风险没有相应的保险或补贴来化解,农户会选择维持现状,因此本研究认定农业直接补贴对粮食生产效率能产生正向作用。在对于增加农户收入方面来看,我国粮食直接补贴总量相对较少,在欧美国家,补贴一度占到农民收入的 40%,并且该数字最近几年一直呈下降趋势,2010 年后约为 10%。在我国,目前直接补贴占我国农民收入只有 3% 左右。从数量来看,提升的潜力依然存在。

虽然,粮食直补对我国农业生产和发展产生了相当巨大的推动作用,但是随着种粮大户、家庭农场、农民合作社等新型农业经营主体的出现,农业规模化种植成为趋势,农村土地流转承包逐渐增多,粮食直补的一些弊端也逐渐显现。李尚蒲、仇童伟、谢琳根据调查数据测算表明,粮食直补虽然可以调动农业经营主体种植粮食的积极性,但是,粮食直接补贴资金发放给土地承租方与发放给土地承包方对农地流转市场以及农地租金的影响效果却大有相同[167]。另外,粮食直补政策的初衷是补贴给种粮的农民,以此提高种粮农民的种粮热情,从而提高粮食的生产效率。但在这项政策实施的过程中却出现了不种粮的农民也可以获得国家的这项粮食补贴惠农政策,这不仅不能很好地提高粮食的生产效率,而且还会额外增加国家的财政负担。直接补贴与生产效率之间的联系取决于分配和技术效率损失的净效应,怎样处理好两者之间的关系,是粮食直接补贴与粮食生产效率正向影响和负向影响的关键。

11.1.2 农作物良种补贴

农作物良种补贴是指对一地区优势区域内种植主要优质农作物、粮食作物、养殖畜牧产品、水产品的农户,根据品种给予一定的资金补贴。良种补贴是国家为了促进粮食持续稳定发展、提高粮食的产量和品质、增加农民收入而实施的一项支农惠农政策。良种补贴政策的实施可以激励农民积极选用优良品种,扩大良种种植面积,提高良种覆盖率,调优品种结构,加速良种推广,增加优质农产品产量,促进优质农产品的区域化、规模化生产,提高农产品的商品率和产业化程度,从而促进农民增收和粮食生产效率的提高。

2002 年,国务院下发《中共中央、国务院关于做好 2002 年农业和农村工作的意见》,该意见首次提出针对大豆的良种补贴,并且率先在东北地区开展试点工作,补贴标准为每亩 10 元;2003 年,我国增加了小麦的良种补贴,补贴标准为每亩 10 元;2004 年再次增加了水稻、玉米的良种补贴,其中玉米补贴每亩 10 元,水稻中早稻每亩补贴 10 元、中稻每亩补贴 15 元、晚稻每亩补贴 7 元;2007 年增加了油菜和棉花的良种补贴,油菜每亩补贴 10 元,棉花每亩补贴 15 元;2008 年在 2004 年良种补贴的基础上将晚稻的补贴标准提高到每亩 15 元;2009 年,中央财政加大良种补贴的力度,水稻、玉米、小麦、棉花的良种补贴实现了按种植面积全覆盖,油菜实现了长江流域优势区域全覆盖,大豆实现了东北三省和内蒙古地区的全覆盖。2010 年,中央财政又增加了青稞良种补贴、马铃薯原种生产补贴和花生良种补贴,其中早稻、小麦、玉米、大豆、油菜、青稞的补贴标准均为每亩 10 元,中稻(一季稻)、晚稻、棉花的补贴标准为每亩 15 元,马铃薯的补贴标准为:微型薯每粒补贴 0.1 元,用原种生产脱毒薯的补贴标准为每亩 100 元,大田生产的花生每亩补贴 10 元,良种繁育的花生每亩补贴 50 元。之后的五年(2011—2015 年),我国继续对良种进行持续补贴,每亩补贴价格没有大幅度的变化,但是这项政策依旧激励农民改良农作物品种,提高粮食产量和粮食的生产效率。

良种补贴的方式主要分为两种:在 2009 年以前,我国良种补贴方式主要是以政府招标采购、农民补差价的方式对种粮农民进行补贴;2009 年以后,我国开始采用“一卡通”或者“一折通”的方式对小麦、玉米、水稻等农作物进行补贴。在《关于全面深化农村改革加快推进农业现代化的若干意见》提出,推进种业人才、资源、技术向企业流动,做大做强“育、繁、推”一体化种子企业,培育推广一批高产、优质、抗逆、适应机械化生产的突破性新品种。推广种子企业委托经营制度,强化种子全程可追溯管理与控制。为提高农产品质量,提高农业产量,推广优质良种,我国向能够使用优质粮食种子的农民提供一定的补贴。对农民直接进行良种补贴,有效地调动了种粮农民的积极性,我国的粮食种植面积增速较快,如 2005 年水稻种植面积与良种补贴前的 2003 年相比,增加了 293 万公顷。同时,粮食单产水平也获得了不同程度的提高,如 2006 年小麦良种补贴的 11 个省(区)的小麦平均单产比非补贴区每公顷高出 648 公斤,增产 12.0%,玉米、大豆良种补贴区与非补贴区相比每亩增产分别为 37.9%(青储玉米)、19.8%(其他专用玉米)、21.8%。2008 年我国国内粮食平均单产每公顷 4 950 公斤[175],实现了新中国成立以来首次五年连续单产创历史新高,使得我国的粮食综合生产能力逐渐增强。良种补贴政策不只是能降低粮食生产的成本、降低因为种子问题而影响产量的风险,还能提高粮食生产的规模效率,所以良种补贴政策对粮食生产效率的提升具有显著的正向作用。

但是,良种补贴也存在一定的问题。如良种补贴的标准偏低,2008 年我国在 2004 年的基础上仅对晚稻的补贴价格提高到每亩 15 元,其他补贴价格维持不变,之后的数年间,我国的良种补贴价格持续维持在这一水平。但是,我国的人力成本、农业生产资料的市场价格也在逐年上涨,这样就导致良种补贴的效益逐渐减小。同时,我国对于杂交水稻、杂交玉米等农作物的良种补贴额度更低,产生的效果也不明显,不利于我国优良杂交作物的推广和发展。另外,我国对农作物良种补贴的对象较少,良种补贴重心偏向小麦、水稻、玉米、大豆等粮食作物,对糖料类、瓜果类等经济作物的重视力度不足,不利我国农产品整体的协调发展,在一定程度上还可能会削弱某些优势农产品的生产发展。种子问题不仅涉及种子的上游繁育也涉及下游的使用,单纯的良种补贴在既有种质资源环境下,会有补贴外国公司抑制本土种子发展的隐患,所以良种补贴不仅要把农户种子使用引导到良种上,更要引导到中国良种上。因此,在不违反世界贸易组织规定的前提下,平衡外国良种和本土种子的发展需要兼顾推进外国优质种源的普及使粮食生产效率更上一层,也要积极扶持本土良种,把我国粮食生产把握在自己手中。

11.1.3　农业生产资料综合补贴

农业生产资料综合补贴是中央财政对农民从事农业生产的化肥、农药和柴油等基本生产资料给予直接补贴来降低粮食生产成本,增强农民种植粮食的热情,进而推动粮食生产效率的提升。虽然化肥投入会促进粮食全要素生产率增加,但在边际效应递减作用下,过量化肥投入反而会影响粮食生产。随着我国粮食生产方式从粗放型向集约型转变,粮食生产效率的提升不能过度依赖于中间要素投入的增加,合理控制和利用中间要素的投入,也将是提高我国粮食生产效率的重要途径。

国家发布的一系列文件中提出,根据每年农资价格水平来适时调整粮食生产性补贴标准,在保证提高粮食产量的前提下,我国粮食生产性补贴政策也应适度向优质粮生产倾斜,增加一些可以区分优质粮和劣质粮的补贴细则,这样才能最大调动农户种植优质粮的积极性,来提高各项生产效率。如果在补贴过程中对生产优质粮、中等粮、劣质粮的补助没有明显差别,可能使农资综合补贴的激励效益无法发挥到最大。

我国当前现行的粮食生产补贴政策中,关注点仍主要集中在保障和提高粮食产量上,对粮食生产效率以及环境生态方面没有给予足够的重视[169],所以控制化肥、农药的使用还是非常有必要的。本书也表明影响东北地区粮食生产效率的重要因素之一就是化肥、农药等生产资料以及动力费用的冗余。在《乡村振兴战略规划(2018—2022 年)》中也提出"集成推广测土配方施肥、水肥一体化、机械深施等施肥模式,强化统防统治、绿色防控,集成应用全程农药减量增效技术,主要农作物化肥、农药利用率达到 40% 以上。"通过实施农药、化肥使用量零增长行动,在降低生产成本的同时实现节能减排,减少对耕地和环境的污染,对提高我国粮食生产效率,保障农产品的质量安全和农业生态安全具有十分重要的意义[170]。《全国农业可持续发展规划(2015—2030 年)》提出"普及和深化测土配方施肥,改进施肥方式,鼓励使用有机肥、生物肥料和绿肥种植,到 2020 年全国测土配方施肥技术推广覆盖率达到 90% 以上,推广高效、低毒、低残留农药、生物农药和先进施药机械,推进病虫害统防统治和绿色防控"。

随着环境问题的日益严重,我国已开始在农业土地污染的防治中加强对农业面源污染的预防和控制,科学合理地使用种子、化肥等农用生产资料产品和农膜、农机等农用工程物资产品,进而降低农业内源性污染。总的来看,我国农资补贴政策向增效减量、绿色发展倾斜,为了不提高农户生产粮食的成本,降低农户的利润空间,进而影响农户的生产积极性,农资补贴的金额也会随之增加。

11.1.4　农机具购置补贴

农机具购置补贴政策,是一项关系到农民群众福祉、农业农村现代化进程、农机产业健康发展的三农政策,为我国农业机械化发展和现代农业建设注入了强大的动力,带动了我国农机化事业实现了突飞猛进的发展,为实现粮食增产、农民增收做出了重要贡献。国家于 2004 年开始大力发展农业机械化,希望通过农机的投入与使用来提高劳动效率,通过对劳动的替代和规模化作业降低生产成本,同时稳步推进农业的现代化进程。农机购置补贴政策令我国农业机械化水平得到了显著提升,同时伴随着各类型农业机械的普及应用,我国农业生产效率也得到了提升。有实证研究表明,采用大中型农业机械进行耕种收作业,其作业效率是人工的 40 倍以上[171]。本研究实证结果也表明,农业机械化水平是影响东北地区各粮食生产主体效率的重要因素之一。

在《乡村振兴战略规划(2018—2022 年)》中也提出"要推动装备、品种、栽培及经营规模、信息化技术等集成配套,构建全程机械化技术体系,促进农业技术集成化、劳动过程机械化、生产经营信息化"。

随着农机购置补贴政策的不断完善,我国农业机械化水平取得了显著进步,农机社会化服务已成为农业社会化服务的突出亮点,促进了土地流转和规模经营,提高了农业集约化水平和组织化程度。本文研究表明,合作社、家庭农场比种粮大户、普通农户的各项效率都相对较高,说明提高农业集约化水平和组织化程度能有效地提高粮食生产的效率。在未来实行农机购置补贴的基础上,应着力对现有的耕作方式进行改革,鼓励农地的流转,加速粮食种植规模化,为推进大型机械化生产打好基础。本研究的实证分析结果表明经营规模是影响粮食生产效率的重要因素,证实了农业生产经营主体规模的重要性。

我国开始推广农业机械跨区域作业以来,出现了一大批从事农业机械化服务的劳动者,很大程度上解决了"买不起、不会用"等一系列问题,也大大提高了农业机械的使用效率。在"2020 年'三夏'农机跨区作业暨农业机械化部署视频会议"上农业部也对农机跨区作业做了一系列周密部署,来确保粮食"丰收在望"到"丰收到手"。落实跨区作业机车依托ETC免费通行的优惠政策,鼓励支持农业机械的跨区域作业、各类农机服务组织的发展,加快农田宜机化改造等,扩大农业机械的作业区域和作业规模,激励提高农业机械的使用效率,最终达到提高粮食生产效率的政策目的。

《关于加快推进农业机械化和农机装备产业转型升级的指导意见》中指出"到2025年,农机装备品类基本齐全,重点农机产品和关键零部件实现协同发展,产品质量可靠性达到国际先进水平,产品和技术供给基本满足需要,农机装备产业迈入高质量发展阶段"。为了实现农机装备产业高质量发展,主要农作物生产全程机械化和推广先进适用农机装备与机械化技术等一系列提高农业机械化水平的目标,农机补贴政策是推进目标实现的重要因素之一。粮食生产要素中,现阶段唯一能通过增加投入带来边际收益递增的是农业机械的使用,因此通过增加农业机械投入,提高粮食生产的机械化水平,大力发展现代农业,是更可行有效的方法,也才能真正达成"藏粮于地、藏粮于技"的战略目标。

11.2 农业支持保护政策

11.2.1 耕地地力保护补贴

耕地地力保护补贴指国家财政专项基金对承包耕地并保护好耕地质量的所有农户进行补贴。该补贴属于普惠制政策,补贴的对象原则上是拥有耕地承包权的种地农民,补贴资金一次性发放到农户手中。

2015年,财政部、农业部印发《关于调整完善农业三项补贴政策的指导意见》(财农〔2015〕31号),该意见选择山东、安徽、湖南、四川、浙江五省作为改革试点,提出将农业"三项补贴"合并为"农业支持保护补贴",把支持耕地地力保护和粮食适度规模经营调整为新的政策目标。把80%的农资综合补贴存量资金,与种粮农民直接补贴和农作物良种补贴资金用于耕地地力保护[172]。享受此项补贴政策的农民须保证自己的耕地不撂荒、地力不下降。同时,对已经成为畜牧养殖场的耕地、林地、成片粮田转换为设施农业用地、非农业征(占)用耕地等已改变用途的耕地,以及常年抛荒地、占补平衡中"补"的面积和质量达不到可以耕种条件的耕地不进行耕地地力保护补贴。2016年,财政部、农业部印发《关于全面推开农业"三项补贴"补贴改革工作的通知》(财农〔2016〕26号),该通知在2015年印发的财农〔2015〕31号文件的基础上对耕地地力保护补贴的依据、标准和补贴方式进行明确的限定,其中耕地地力保护补贴依据可以根据二轮承包耕地面积、计税面积、确权耕地面积或者粮食种植面积中的一种类型面积或者几种类型面积进行核算,类型面积的选择由各省级人民政府根据本省的实际情况进行选择;补贴标准由地方政府根据补贴资金总量和补贴依据综合测量进行确定;补贴采用"一卡(折)通"的方式直接发放给农户。2021年,财政部、农业农村部印发《关于进一步做好耕地地力保护补贴工作的通知》(财办农〔2021〕11号),在2015年《关于调整完善农业三项补贴政策的指导意见》、2016年《关于全面推开农业"三项补贴"补贴改革工作的通知》的基础上,进一步对耕地地力保护补贴的对象、补贴依据、补贴标准、不予补贴的情况说明进行细化,同时加大了对耕地使用情况的核实力度,鼓励、指导地方积极探究耕地地力保护补贴发放与耕地地力保护行为挂钩的有效机制。2022 年,财政部、农业农村部再次联合印发《农业农村部、财政部关于做好 2022 年农业产业生产发展等项目实施工作的通知》(农计财发〔2022〕13 号),此通知的主要目的是提升耕地地力保护补贴资金发放的规范性、精准性和时效性,要求各地做好直达资金监控系统标准化录入表格衔接工作,对一些有条件的地区要做好"一卡通"系统与资金监控系统对接。耕地地力保护政策自 2015 年开始历经 7 年时间从各个层面改进完善相关政策,在保证耕地地力稳定的基础上最大限度地调动了农民种粮的积极性,提高粮食产量和粮食生产效率。

耕地地力保护补贴的政策目标主要是支持耕地地力保护,与属于"黄箱政策"、偏重于生产价格环节的农业"三项补贴"不同的是,耕地地力保护补贴侧重点在于生态资源保护方面,属于"绿箱政策",这样不仅可以使我国不受世贸组织中相关规则的约束,而且对我国国内的农业支持和保护更为有益。

11.2.2　适度规模经营补贴

适度规模经营指在一定适合的环境和适合的社会经济条件下,土地、资金、设备、劳动力、经营管理、信息等各种生产要素的最优组合和良好运行,取得最大的经济收益[173]。因为土地资源是农业生产环节不可替代的生产资料,因此,农业适度规模经营在一定程度上指的是土地适度规模经营。适度规模经营补贴是政府对主要粮食作物的适度规模生产者的一种惠农补贴。其补贴的对象主要是种粮大户、家庭农场、种粮农民合作社、粮食生产社会化服务组织等新型农业生产经营主体。

2015 年,财政部、农业部印发《关于调整完善农业三项补贴政策的指导意见》(财农〔2015〕31 号),该意见提出在全国范围内调整 20% 的农资综合补贴资金加上种粮大户补贴试点资金和农业"三项补贴"增量资金用于支持粮食适度规模经营,以"谁多种粮食,就优先支持谁"为原则;支持以土地有序流转、土地股份合作和联合或者土地托管方式、龙头企业与农民或者专业合作社签订订单实现规模经营的方式、农业社会化服务组织提供专业的生产服务实现区域规模经营等其他形式的形成的土地适度规模经营;采取贷款贴息、现金直补、重大技术推广与服务补助等多种方式建立完善农业信贷担保体系。2016 年,财政部、农业部印发的《关于全面推开农业"三项补贴"改革工作的通知》(财农〔2016〕26 号)在 2015 年农业补贴政策的基础上强调农业社会化服务体系以及农业信贷担保体系的建设,着力解决在粮食生产托管服务、病虫害统防统治、农业废弃物资源化利用、农业面源污染防治以及新型经营主体在粮食适度规模经营过程中出现的"融资难、融资贵"等问题。2021 年,国家提出对从事适度规模经营的农民进行高素质农民培育,鼓励并支持新型农业经营主体高质量发展,同时对家庭农场、农业合作社、农业社会化服务组织、小微农业企业等适度规模经营主体在农业生产及与其直接相关的产业融合项目方面提供必要的农业信贷担保服务。2022 年,财政部、农业农村部在 2021 年农业政策的基础上着重加强对新型经营主体的培育,加大对从事粮食和大豆油料种植的家庭农场、农民合作社、联合社的支持力度,同时提升农业经营主体信贷数字化、信息化服务水平。

适度规模经营补贴可以有效盘活我国国内农村大部分闲置土地,这样不仅会增加农村家庭潜在的财产性收入,而且适度规模经营补贴有利于提升我国规模化、组织化的农业生产程度,加快我国机械化、数字化现代农业的发展进程,方便农户进行机械化、现代化粮食种植,提高粮食种植、生产的效率,激发农户种植粮食的积极性,提高粮食产量。但是,随着适度规模经营补贴的逐步加强和完善,我国部分地区的农户、农民合作社、家庭农场为了单纯地追求经济效益而加大对农药、化肥的使用量,虽然粮食产量获得增加,但是耕地土壤、水等自然资源却受到不同程度的损伤,与我国发展健康可持续发展的绿色农业观念产生冲突,不利于我国农业长期稳定可持续发展。

11.3　粮食价格政策

粮食价格是影响农民生产决策的关键因素,有学者研究认为粮食价格会对农户的种植行为具有较强的引导作用,种粮农户的种植行为决定了粮食生产要素的投入量,进而可以影响粮食的生产效率。而粮食价格政策是通过对价格信息的传递为我国农民的粮食生产行为起到了调节作用,从而提高农民生产收入,激发农户粮食种植的积极性。粮食价格支持政策、财政支农支出和农村劳动力受教育程度均对生产技术效率有显著的正向影响,其优化了粮食生产过程中的投入产出关系,并推动了技术的进步与创新,在一定范围内不断提高粮食价格还有利于粮食生产的规模化发展,促使种粮大户能够积极主动地增加生产投入、参与农村土地流转、调整种植结构、提高复种指数、采用先进技术等方式,实现粮食的集约化发展,进而提高粮食生产效率。

新中国成立以来,我国在不同时期根据当时实际情况制定了不同的粮食价格政策,粮食价格政策主要可以分为 6 种:粮食自由价格政策(1949—1952 年)、粮食统购统销政策(1953—1984 年)、"双轨制"粮食价格政策(1985—2000 年)、粮食保护价收购政策(1997—2003 年),此后是粮食最低价收购政策和粮食目标价格政策。当前我国粮食价格政策有两方面的实施目标,一方面最低收购价格、临时收储政策是为了防止"谷贱伤农",保护农民利益;另一方面储备及竞价销售是为了避免"米贵伤民",维持粮食市场的稳定。

11.3.1　粮食自由价格政策

粮食自由价格政策指中央政府仅进行目标控制,农民、粮食销售商和民众在种植粮食、粮食买卖环节都处于自由状态的政策。这一政策主要在中华人民共和国成立到土地改革前(1949—1952 年)这一段时间内实施,由于这一时期,我国处于建国初期,百废待兴,农业还未完全恢复,农民拥有土地的数量十分有限且当时粮食种植水平相对低下,粮食供给无法充分得到保障。同时,当时中央政府仍需要在维持社会治安、剿匪等工作上面投入较多精力,暂时没有精力梳理粮食流通、供应等环节,中央政府因此实施粮食自由价格政策[174]。但是粮食自由价格政策保障了农民自由种植粮食的权力,农民虽然受限于当时的土地数量少、粮食种植水平低下,但是新中国的国家政权保障农民可以在一个相对稳定的政治环境中从事粮食种植活动,农民种植粮食积极性得到大幅度的提高,粮食生产效率也获得相应的提升。

11.3.2　粮食统购统销政策

粮食统购统销政策的根本政治目的是最大化汲取农业剩余实现国家工业化[175],因此在这一政策实施期间主要是农业支持工业发展。

粮食统购统销政策指 1953—1984 年国家对粮食进行统一收购和统一供应的政策,粮食统购统销又称为粮食计划收购和计划供应。粮食统购统销政策主要为了解决粮食供应问题,农民要按照中央政府规定的粮食品种、数量和价格将余粮售卖给国家,可以对在缴纳公粮和计划收购粮之后的余粮进行自由处理。由于到时我国正处于过渡时期,自从实施粮食统购统销政策以后,我国农民就始终处于半饥半饱的状态,虽然这一时期我国的粮食产量处于增长势态,但是农民的生活水平却处于较低位置,农民生产粮食主要是为了保证上缴国家之后自己手中有充足的余粮以供日常所需,农民粮食生产效率有所提升,但农民种粮积极性却显得疲弱。

11.3.3　双轨制粮食价格政策

双轨制粮食价格政策指国家对粮食价格同时实行统一定价和市场调节价的政策。中央政府对粮食实施合同定购,国家以"倒三七"(指按三成原统购价和七成按原超购价计算出综合平均收购价格)比例价格收购粮食,合同定购以外的粮食价格则根据农民和相关粮食部门的实际情况由市场自发调节。粮食价格双轨制政策是我国经济由计划经济向市场经济转型过程中的特殊产物,属于渐进式增量改革政策。虽然双轨制粮食价格政策存在诸多弊端如倒买倒卖、权力寻租等贪污腐败现象,但是却保护了农民的经济收益(如 1981—1983 年广东肇庆每担水稻的平均生产成本 14.61 元,再加上农业平均利润,则每担水稻的理论价格为 16.50 元,而当时广东省每单稻米收购价为 15.28 元,按照"倒三七"比例计算则收购价为 16.14 元,平均提价 0.86 元)[176],缓和了农民和地方政府之间的紧张关系,提高了农民种植粮食积极性,粮食生产效率得到极大的提高。

11.3.4　粮食保护价收购政策

我国在双轨制粮食价格政策实施期间曾多次提高粮食收购价格,使得我国的粮食价格在一度短时间内大幅度提高,甚至超过了国际粮食价格,国内农产品价格与供给产生了巨大的冲突,为保护我国种粮农民的利益,我国实施了粮食收购价保护政策,对广大农户手中的余粮敞开收购。

粮食保护价收购政策指国家对农民手中的余粮按照相应的保护价进行收购的政策。粮食保护价收购制度自 1997 年开始逐步实施,主要内容包括三个方面:一、按照保护价收购农民手中的余粮,这里的余粮包含两部分:各级政府按照本年度粮食订购制度收购的商品粮;农民在完成国家粮食定购任务并留足自用后手中的余粮。二、粮食收购企业采用顺价销售(指以保本微利为原则,销售价＝原粮进价＋当期合理费用＋最低利润)的方式销售粮食。三、粮食收购资金按照"钱随粮走、购贷销还、价值同一、库贷挂钩、封闭运行"的原则运行[177]。

粮食保护价收购政策不仅使农民种粮的积极性空前高涨,粮食生产效率大幅度提高,粮食产量得到提升,而且确保了我国粮食供应市场的稳定,避免了粮食供应对我国宏观经济造成影响。但这一时期的粮食质量总体上处于较低水平,且由于农民大量种植保护价粮食品种,对调整我国粮食种植结构造成了不利影响,同时也加大了我国政府和粮食主管部门的财政压力。

11.3.5　粮食最低收购价政策

粮食最低收购价政策指当市场粮价低于国家发布的最低收购价时,国家指定相关粮食企业按照最低收购价收购农民手中余粮的价格支持政策。这是一种试图通过政府控制价格手段来稳定或固定农产品价格使其不要低于一定的水平。粮食最低收购价政策对保障农民利益和粮食市场供给平衡起到了相应的促进作用,自2004年出台粮食最低收购价政策后,农民种粮增收的心理预期得到稳定,粮食主产区农民纯收入的平均值高出全国平均水平3.3%[178],提高了农民粮食生产的积极性、粮食产量和粮食生产效率,同年国家又出台"托底价"政策,以充分发挥市场主导机制为基础,引导粮食价格适度增长,避免了"谷贱伤农"现象的发生,大大推动了农民收入的增加和生活水平的提高。

粮食最低价收购政策虽然保障了种粮农民的收入、提升了粮食生产主体效率,但是随着农资和人力成本的增长以及自然灾害的影响,粮食最低收购价政策对激励农民种粮的效应逐渐降低,同时粮食最低收购价政策的价差机制不合理对粮食种植结构调整也形成了一定的阻碍作用,农民宁愿种低质高产的粮食作物,也不愿意种植优质平产的作物,这样就无法有效推进粮食生产朝着优质高产的方向发展。"价补合一"的最低收购价政策对市场形成较大的干预,容易引致粮食供求关系失衡等诸多问题。另外,只升不降的粮食收购价政策也给国家财政带来巨大的负担。

因此2014年以后国家非常重视粮食价格政策的改革,多个中央一号文件都明确要推进粮食价格形成机制和收储制度改革。2016年东北地区和内蒙古自治区将玉米临时收储政策调整为"市场化收购"加"生产者补贴"的机制,实行"市场定价、价补分离"的改革。改革后的玉米价格基本已回归到合理水平,国内外价格逐渐统一,改革效果明显。2017年我国连续下调三种稻谷和小麦的最低收购价,自2020年起对最低收购价稻谷、小麦限定收购总量,限定2020年最低收购价稻谷收购总量为5 000万吨(籼稻2 000万吨、粳稻3 000万吨),按最低收购价小麦收购总量为3 700万吨。随着粮食收购和存储制度改革的不断完善和发展,农民抵御自然风险和市场风险的能力得到提高,保障了农业的可持续发展。

11.3.6　粮食目标价格政策

粮食目标价格政策是我国继粮食最低收购价政策后为了稳定国内粮食价格、保障国内粮食安全出台的又一个粮食价格政策。粮食目标价格政策指政府依据种粮成本、运输成本、农民收益等各个方面综合考虑,计算出一个参考价格,以此作为粮食目标价格,通过调整粮食目标价格水平引导农民计划生产,当粮食市场价格高于粮食目标价格时,则以粮食市场价格进行交易;当粮食市场价格低于粮食目标价格时,则政府按照该目标价格与粮食的实际平均价格之间的差额来补贴农民[179]。目标价格实际上是一种亏损补贴,是由政府来承担粮价低于目标价格而给农民造成亏损的一种补贴。

与粮食最低价收购政策不同的是,粮食最低价收购政策属于托市政策,在政策实施的初期可以有效地提高农民种粮的积极性,但随着时间的延续,政策的正向效果会呈现逐渐减弱的趋势,而粮食目标价格则不会对市场价格形成的自主性产生影响,不会对市场价格造成扭曲[180]。自 2014 年开始实施粮食目标价格政策后,我国的粮食产量和农民人均纯收入均实现了连续增长(图 11.1),粮食目标价格政策在稳定我国粮食产量、增加农民收入、保障粮食安全等方面做出了不可磨灭的贡献,但目前我国大多数农民的知识文化水平较低,在粮食目标价格政策环境下,农民依靠自己根据市场的供求关系制定种植计划存在一定难度,而多数地方政府很难为每一户农民提供适宜的种植计划,这无疑会打击部分农户种粮的积极性,另外,实行粮食目标价格政策后,粮食市场价格的决定权则由政府交还给市场,减弱了政府对粮食市场的宏观调控能力,升高了粮食安全的风险。

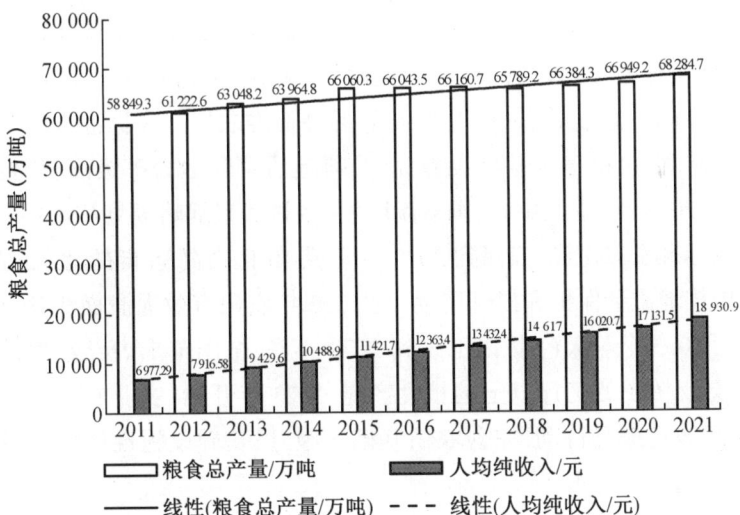

图 11.1　2011—2021 我国粮食总产量、农民人均可支配收入趋势图

11.4　粮食生产基础设施建设政策

优质粮食的生产离不开完备的粮食生产基础设施,配套的农业基础设施可以保障粮食生产持续安全稳定。21 世纪以来,我国逐步加大对粮食生产基础设施的建设力度,在农田、水利等方面出台一系列政策推动粮食生产基础设施建设。粮食生产基础设施被视为推进"藏粮于地"与"藏粮于技"战略的重要载体,具有规模扩张效应,能改善农作物土壤结构,提

高可耕种土地的数量和质量,实现"藏粮于地"。同时,粮食生产基础设施具有技术进步效应,能优化粮食生产要素投入结构,使用更少的昂贵要素生产出单产更高的产品,实现"藏粮于技"[181]。从劳动替代效应、成本节约效应、包容性增长效应以及催生新产业新业态等几方面可以看出粮食生产基础设施建设能有效地提高粮食生产效率。

11.4.1　农田基础设施建设政策

自 21 世纪以来,我国在农田建设方面出台耕地占补平衡政策、耕地保护与质量提升补助政策以及加强高标准农田建设支持政策等一系列政策文件保障农田建设良好有序发展,其中高标准农田建设政策作为我国农田建设方面的标杆性政策,对保障我国粮食安全、促进我国粮食产业发展发挥着重要作用。高标准农田建设指集中连片、设施配套、稳产高产、生态功能良好、抗灾能力强、与现代化农业生产和经营方式相适应的农田。高标准农田建设要求土地平整且集中连片,水利、机耕道等基础设施完善,耕地质量和地力等级高,科技服务能力及生态修复能力强。

2004 年"中央一号文件"提出建设高标准农田,以此保障农产品有效供给并提高农业综合生产能力,全国各省份开始探索高标准农田的建设。2013 年国务院发布《国务院关于全国高标准农田建设总体规划的批复》,提出到 2020 年,建成旱涝保收的高标准农田 8 亿亩,亩均粮食综合生产能力提高 100 公斤以上。《全国高标准农田建设总体规划》《关于扩大农业农村有效投资加快补上"三农"领域突出短板的意见》指示,到 2022 年建成 10 亿亩集中连片、旱涝保收、节水高效、稳产高产、生态友好的高标准农田。高标准农田建设要求土地平整且集中连片,水利、机耕道等基础设施完善,耕地质量和地力等级高,科技服务能力及生态修复能力强。2018 年,中共中央、国务院印发《乡村振兴战略规划(2018—2022 年)》指出,大规模推进高标准农田建设,确保到 2022 年建成 10 亿亩高标准农田,加强农田水利基础设施建设,实施耕地质量保护和提升行动,到 2022 年农田有效灌溉面积达到 10.4 亿亩,耕地质量平均提升 0.5 个等级(别)以上。到 2022 年底,全国范围内已经累计建成高标准农田 10 亿亩,有效保障 1 万亿斤以上的粮食产能,2023 年开始,农业农村部又在全国范围内开展高标准农田改造提升行动,完善农田基础设施,以基础设施现代化促进粮食生产产量和效率的提升。

11.4.2　水利设施政策

粮食生产的稳定发展需要农田水利工程的支撑,水利工程建设对保障粮食安全具有重要作用。水利建设是指通过兴建设施,对水利资源进行开发、控制和利用的工作。农作物的健康生长需要一定的水源,水分是保证农作物生长和发育的重要因素之一。水利建设为农田提供充足的灌溉水,保证农作物的正常生长,提高农作物产量和品质,为粮食生产稳定性奠定基础。排水问题也是农田生产的重要环节之一。水利建设可以有效地保障农田排水,使农作物正常生长,保障粮食生产顺利进行。设施的完备能够降低农业生产个人成本和抵御自然灾害,同时通过粮食生产旱涝保收系数的提高也会使得粮食产量得到大幅的提高。

2002 年《建设项目水资源论证管理办法》正式施行,以此来促进水资源的优化配置和可持续利用,保障建设项目的合理用水要求。2005 年根据《中共中央、国务院关于进一步加强农村工作提高农业综合生产能力若干政策的意见》,中央财政设立小型农田水利工程设施建设补助专项资金,对自愿开展小型农田水利工程的项目,财政给予补助。2016 年水利改革发展"十三五"规划提出"十三五"期间水利建设的主要目标,包括防洪抗旱减灾、节约用水、城乡供水、农村水利、水生态环境保护、农田灌溉用水、水利改革和管理等[182]。2020 年黑龙江、河南、山东、江苏等省的水利发展"十四五"规划建议均提出了加强农田水利设施建设,扩大农田灌溉面积,以此促进粮食产量、提高粮食生产效率。《2023 年水利工程建设工作要点》坚持习近平总书记"节水优先、空间均衡、系统治理、两手发力"的治水思路,提出了大力推进重大水利工程建设的具体要求,这为保障粮食安全,提高粮食生产效率奠定了坚实的基础。

11.4.3　不同作物的设施建设重点

农业基础设施的要求要因粮食作物种类而异,在水稻和玉米主产区要加强农田水利基础设施建设,对大型水利设施和小型水利设施统筹兼顾,既要加快大型农田水利设施建设,也要对小型水利设施进行完善,同时也要深入开展农村河塘清淤整治工作,完善田间渠系配套系统。在大豆主产区要加强农业电力基础设施建设,完善田间电力网络,提高农业生产用电的便捷性。面对农业电力设施的建设、管理和维护等高昂成本的环节,政府应为新一轮农村电网改造升级和水电增效扩容提供更多政策与资金扶持,不断完善服务于生产的智能高效的田间电力网络,实现粮食生产领域的高效与可持续发展。

11.4.4　完善其他设施建设

又如农村通信基础设施可以消除信息鸿沟,有助于建立农村地区生产部门和市场之间的广泛联系,扩大产品的市场半径。这些都能很好地减少粮食生产过程中的成本,有效地增加农户的粮食收益。农业机械化程度与农业交通基础设施水平之间存在显著的相关性,完善的农业交通基础设施能够对农业机械化程度的提高具有积极作用。在《中共中央关于制定国民经济和社会发展第十四个五年规划和二○三五年远景目标的建议》也同样提出了完善乡村水、电、路、气、通信、广播电视、物流等基础设施。随着物联网、大数据等新技术在农业上推广和利用,农业基础设施建设应着眼长远,围绕新技术要求加强农业农村基础设施,来满足未来技术的应用。把农业基础打牢,"三农"领域短板补实,才能适应未来科技发展的要求,进而更好地促进农业丰收农民增收,推动乡村全面振兴,巩固脱贫攻坚成果,为维护经济发展和社会稳定大局提供坚实支撑。所以粮食生产基础设施建设将是未来很长一段时间用来提升粮食生产效率的重要方式之一。

目前,我国仍存在着耕地保护设施不完善、田间道路不配套,机耕道"窄、差、无"、农机"下地难"等突出问题。部分机耕道建设不规范、标准不高、养护跟不上、损毁严重,难以满足大型化、专业化现代农机作业的需要。在《全国高标准农田建设总体规划》也提出"田间道路是机械化作业的基本前提通过,田间道(机耕路)和生产路建设、桥涵配套,解决农田

'路差、路网布局不合理'问题,合理增加路面宽度,提高道路的荷载标准和通达度,满足农业机械通行要求"。完善的农村交通基础设施可以节约生产部门的成本,实现各种生产要素和产品的空间转移。农户会更加积极主动地优化生产要素配置结构来促进粮食生产效率的提升。

11.5 其他相关政策

现行政策中不仅与粮食相关的政策等对我国粮食生产效率有影响,其他一些与农业直接相关或间接相关的政策也会对我国粮食生产效率产生不同程度的影响,这些政策主要包括:城镇化政策、乡村振兴战略、新型职业农民培育等政策。

11.5.1 城镇化政策

城镇化政策指一系列推动农村人口不断向城镇转移,第二产业、第三产业不断向城镇聚集,从而使城镇规模扩大、数量增加的政策,城镇化政策是国家实现工业化、现代化的一种有效途径。

城镇化政策自新中国成立以来就开始实施,在计划经济时期(1949—1978年),我国城镇化政策以牺牲农业、农村发展的机会换取重工业城市的发展。到1998年,我国城镇化政策的重心开始向农村偏移,《中共中央关于农业和农村工作若干重大问题的决定》指出,"发展小城镇,是带动农村经济和社会发展的大战略,有利于扩大内需,推动国民经济更快增长"。2012年中央召开经济工作会议再次指出城镇化是我国现代化建设过程中的历史任务,可以最大限度地扩大内需,要因势利导、趋利避害地引导城镇化健康发展。2014年3月中共中央、国务院印发的《国家新型城镇化规划(2014—2020年)》中指出"城镇化是国家实现现代化社会、经济发展的必由之路,是社会进步的产物,是催动区域协调发展有力的支撑,是促进产业升级和扩大内需的重要抓手,也是解决农业农村农民问题的重要途径"。城镇化由最初发挥扩大内需的作用上升到解决"三农"问题。

城镇化政策的实施加速了我国城镇化发展进程,自1978年改革开放以来,我国城镇化率和粮食生产效率呈不断上升趋势,并且两者之间存在着十分复杂的相关关系。一是城镇化的推进对于集约利用土地具有较大帮助,为发展现代农业提供了良好基础。目前我国耕地仅约每人0.1公顷,农民每户平均土地种植面积约0.6公顷,距离进行农业规模化经营还有一定差距。但随着农村人口向城镇迁移,农村人均耕地占有量有所增加,更有利于农业生产机械化和规模化的实行以及粮食生产效率和农业现代化水平的提高。第二,在粮食生产领域,城镇化既能够推动粮食生产技术创新,也能够促进传统粮食生产方式的转变升级,也使劳动力、土地等基本生产要素逐渐向二、三产业流失,呈现人口"非农化"、土地"非粮化"等现象。针对此类复杂状况,保障粮食安全的最主要途径便是提高粮食生产技术效率。城镇化的发展通过促进农业科技进步、加速现代农业化发展、吸引促进资金对农业的投入、提高农村劳动力的素质能力等为提高粮食生产效率而创造了诸多有利的条件。但是随着城镇化水平的不断提高,城镇化的发展可能会占用更多的土地、水、资金等资源,从而阻碍粮食生产效率的提升。所以要想高质量地推进新型城镇化内涵式发展,提高粮食的生产效率。就要合理配置城镇化进程和规模,调整新型城镇化发展内部产业结构和生产模式,由外延扩张转化为以人为核心的内涵式发展,有效地吸收农业剩余劳动力,可以促进城乡居民知识和财富的增长。

我国城镇化水平的不断发展对我国粮食生产技术效率的提升具有反向作用,但是粮食生产的基本条件的改善和技术进步也与城镇化发展程度息息相关,并且保障粮食安全是推动城镇化进程的坚实基础。有学者研究表明,城镇化对粮食生产效率的作用机制主要表现在三个方面:第一,在城镇化过程中大量粮田被转变为建设用地,挤占了大部分粮食种植面积;第二,城镇化水平提高吸引大量农村劳动力、资本等生产要素转移至第二、三产业,城乡要素流动加快,引发粮食生产资源重置;第三,非农就业收入增加一方面使得农民拥有更多资本投入粮食现代化生产,另一方面使得种粮比较收益下降影响农户种粮积极性。

伴随着我国城镇化建设的深入,城乡要素流动、人地关系等问题引发了粮食生产与城镇化的诸多问题。社会迅速发展的过程中两者一定会达到一个平衡的状态并维持,怎样正确地把握新型城镇化指导思想并高效利用其发展从而带动粮食生产效率的提高及稳定,是如今我国面临的一个紧张的重要问题。因此,城镇化也可以视为政府政策影响粮食生产效率的一项因素。

11.5.2 耕地保护政策

在《乡村振兴战略规划(2018—2022 年)》和《关于坚持农业农村优先发展做好"三农"工作的若干意见》等一系列关于农业发展问题的文件中都表示,要严守耕地红线,全面落实永久基本农田特殊保护制度,完成永久基本农田控制线划定工作,确保永久基本农田保持在 15.46 亿亩以上。所以城镇化政策必须保护现有耕地,加强耕地质量管理,保障农田水利灌溉等基础设施的建设和维护,强化耕地污染的治理力度,提高土地利用率和耕地集约化规模,严把土地审批关,控制土地城镇化发展速度,积极实施"藏粮于地"策略。坚持耕地保护制度和严守耕地红线,确保耕地占补的数量和质量平衡,并积极加强农田整理和规划,积极推进高标准农田建设,为粮食生产规模化经营和机械化现代作业创造良好的条件和环境,促进粮食生产效率良好发展。我国粮食生产效率具有明显的空间差异特征,需要注重区域间的平衡发展。这不仅要求在资源配置过程中要注重优势地区的种粮规模效益,还需要充分利用粮食生产技术效率的空间外溢效应来带动落后地区粮食生产效率的提高。

11.5.3 新型职业农民培育政策

新型职业农民培育政策指对以农业为职业,具有一定的专业技能、收入主要来源于农业生产经营并达到相当水平的现代农业从业者进行培育的政策。新型职业农民培育政策产生大批有文化、会技术、懂生产的新型农民,为农业现代化的实现提供源源不断的"新鲜血液"。

2001 年,中共中央、国务院发布的《关于做好农业和农村工作的意见》提出要加强农民职业教育,建立多渠道、多层次、多形式的农民技术教育培育体系,2007 年,又提出培养"有文化、懂技术、会经营"的新型农民,以此作为解决城乡发展失衡、"三农"问题的突破口。2012 年,中央一号文件首次提出"新型职业农民"这一概念,旨在培养专业型、实用型农民人才,同时进一步将实用型农民人才细分为技术服务型人才和生产经营型人才两类进行培养[190],从而提升农民的生产技能和经营管理水平,带动农村整体素质水平的提升。在《乡村振兴战略规划(2018—2022 年)》也提到相关问题"农村一、二、三产业融合发展深度不够,农民适应生产力发展和市场竞争的能力不足,农村人才匮乏"。粮食生产效率的提升依赖于先进农业生产技术的运用和推广,这意味着不仅需要加大农业科技创新力度,也需要提升农村劳动力的文化水平。因为随着劳动力文化水平的不断提高,他们的相关政策接受能力、先进技术使用能力也随之增强,并能更好地进行适度规模经营,从而更有利于促进粮食生产技术效率的提高。培育新型职业农民,让农民掌握更多的农业科技知识,应成为今后提高我国粮食生产水平的一项重要任务。要让农业劳动力从思想上到行动上改善传统农业的管理手段和管理模式,加强其技能培训,使他们不断接受和学习新知识新技巧,从而推进农业集约和规模化生产理念,提高农业新观念、新科学技术的敏感度,与现代农业技术设施设备相结合,从传统农业向现代农业转变,促进粮食生产效率的高效发展,保障粮食安全。2021 年和 2022 年中央一号文件分别提出了实施新生代农民工职业技能提升计划以提升农村基本公共服务水平和实施高素质农民培育计划以加强乡村振兴人才建设的行动指南,农民职业素养的提高不仅可以改善农村风貌,而且可以促进农业的健康可持续发展。

新型职业农民培育政策促进我国培育出更多满足乡村振兴、粮食规模化生产需求的新型职业农民,与农业现代化发展方向相一致,同时对我国粮食生产效率的提高也有正向影响。本研究的实证分析结果表明农民接受培训次数是影响粮食生产效率重要因素,证实了高素质农民的重要性。

11.6　本章小结

粮食生产效率与我国的政策环境息息相关,粮食生产政策的调整会对粮食生产中生产要素的配置以及粮食生产者的投入决策等产生直接或间接的影响,进而影响粮食生产效率。本章对可能对粮食生产效率存在影响的政策进行梳理和分析,包括粮食补贴政策、农业支持保护政策、粮食价格政策、粮食生产基础设施建设相关政策、城镇化政策、耕地保护政策和新型职业农民培育等政策。以期在探讨对粮食生产效率产生影响的因素时,考虑得更加全面,能对提高粮食生产效率起到借鉴作用。

第 12 章 提高东北地区粮食生产主体效率的总体思路

基于以上分析,东北地区粮食生产主体效率还有很大提升空间,本章将从提高东北地区粮食生产主体效率的目标与关键点、应遵循的基本原则、对策等几个方面进行设计,为提高东北地区粮食生产主体效率提供总体思路。

12.1 提高粮食生产主体效率的目标与关键点

虽然东北地区粮食生产比其他省份在自然禀赋方面具有优越性,但是应该考虑到如下事实:第一,东北地区没有南方省份精耕细作的历史,在投入产出方面粗放行为仍然存在;第二,东北地区以其高粮食商品率担负着国家粮食安全的重担,但是却没有南方发达省份的综合经济实力,在市场经济条件下经营主体市场行为与国家战略之间并不完全匹配;第三,农村社会流动性不断增强,劳动力等要素流动在经济发展不平衡的大环境下不利于东北地区的发展;第四,农产品特别是粮食产品的低弹性特征在资源优势不能转化为产品优势进而转化为收入优势的情况下,农业生产结构有可能向不利于粮食生产的方向发展。因此,提高东北地区粮食生产主体效率的目标必须兼顾国家战略和地区发展。

12.1.1 提高粮食生产主体效率的目标

1. 国家战略层面

国家战略层面主要从保障国家粮食安全、保证粮食主产区产能基本稳定、实现农业可持续发展展开。

(1)保障国家粮食安全

提高粮食生产效率和保障国家粮食安全目标并不矛盾,而是在更高层次上保障国家粮食安全,一直以来,有部分人认为国家粮食安全是国家战略目标,为了实现该战略目标可以不惜代价。但是,国家粮食安全的目标如果实现代价太大必然会影响到国家其他战略目标的实现,按照引致性技术创新理论,人们总是寻求用便宜的生产要素替代昂贵的生产要素,在国家战略层面也是如此,人们也在不断寻求使用低代价手段替代高代价手段达成战略目标。以较低的成本实现国家粮食安全是提高粮食生产主体效率的目标之一。

（2）保证粮食主产区产能基本稳定

在切实贯彻我国农业供给侧结构性改革的基础上，根据东北地区粮食主产区农业发展状况，通过实现粮食生产主体效率的提高，保证东北地区产能水平的基本稳定，提高东北地区粮食生产主体效率奠定了坚实的基础。影响东北地区粮食产能的主要因素是粮食播种面积、化肥施用量、灾害影响面积、有效灌溉面积、农业机械总动力、农业生产资料价格指数，由于东北地区气候原因使得受灾面积扩大，从而严重影响粮食产能，东北地区粮食产量波动与自然灾害发生关系密切，呈反向变化，发生自然灾害的年份波峰往往是粮食产量的波谷；水资源是粮食生产的约束性资源，就东北地区而言，水土资源不匹配是其粮食生产的刚性制约因素，水利工程的普及增加了东北地区的有效灌溉面积，但由于东北地区农业需水量受水资源总量的刚性约束，增加的灌溉面积很难与东北地区巨量的耕地数量相匹配，导致东北地区有效灌溉面积比率长期维持在较低水平。水资源长期供给不足或成为东北地区未来粮食增产的最大潜在威胁；随着粮食生产用工价格和机会成本的上升，加之农村土地流转的有序进行及政府对农业机械化的支持，东北地区农业机械化水平仍有较大提升空间，农业机械化作业必将成为东北地区粮食生产效率提高、粮食产能增加的重要保障；从长期看，东北地区粮食总产量与农业生产资料价格指数呈反向变化，农业生产资料价格在低位区间运行时，粮食总产量往往处于稳步增长时期。因此提高粮食生产效率的目标之一是通过降低灾害影响面积、提高有效灌溉面积、提高农业机械总动力、降低农业生产资料价格指数这四项影响因素，实现粮食主产区产能基本稳定的目的。

（3）实现农业可持续发展

农业可持续发展面临着巨大的挑战，资源硬约束日益加剧，保障粮食等主要农产品有效供给更为重要。环境污染问题突出，确保农产品质量安全的任务更加艰巨，由于东北许多地区通过大量使用农药化肥来提升农作物产量，导致东北地区水土流失严重，同时根据《中国耕地地球化学调查报告（2015年）》东北黑土地有机质明显下降，虽然近几年通过一系列保护措施，土壤有机质含量略有提升，但仍然严重阻碍了东北地区的农业可持续性发展；农业生产结构不合理，与第二、第三产业联系程度低，国家高度重视农业产业结构的供给侧改革，国家在《2017年粮食流通工作要点》中明确提出要加快推进粮食"去库存"，特别需要加快消化玉米产业方面的库存。东北地区作为我国粮食主产区，其农业种植结构严重影响着我国玉米的库存量，虽然东北地区已经采取一定的措施推动玉米的"去库存"，但并未从根本上减少玉米的产量。由于东北地区农产品的结构层次有限，科技含量不高，再加上粗放型的营销模式，品牌企业的缺乏，使其市场竞争力低于国外农产品；农村剩余劳动力较多，农业边际生产率较低，由于东北地区的气候原因，农作物大多为一年一熟，使得大量劳动力在非劳作期间闲置，大量的剩余劳动力限制了其农业的规模化经营，也使得农民的收入水平受到影响。东北地区在现有的农业发展规模上，推动其发展的劳动力要素早已达到饱和，如果农业剩余劳动力问题得不到解决，农业的边际生产率最终会出现负增长，从而导致"隐性失业"，阻碍农业的可持续发展。因此，提高粮食生产效率的目标之一就是实现农业的可持续发展。

2. 地区发展层面

地区发展层面主要从确定投入的基础上提高产出、产出固定的前提下降低投入、提高产出与降低投入相协调展开。

(1)确定投入的基础上提高产出

基于本研究探讨,黑龙江地区玉米种植户中产出不足主要在种粮大户以产量计量产出上,水稻种植户中产出不足的分布集中在种粮大户以产量计量的产出上和合作社以产值计量的产出上,大豆种植户产出不足分布与水稻相同,种粮大户在产量方面和合作社在产值方面的表现相对于其组织化并不能令人满意。因此对于黑龙江省来说,主要目标是提高种粮大户的产量以及水稻与大豆合作社的产值,同时,应当适当提高玉米种植户中的普通农户、家庭农场、合作社的产量和普通农户的产值,提高水稻种植户和大豆种植户中普通农户、家庭农场、合作社的产量以及普通农户、种粮大户、家庭农场的产值。

吉林省玉米种植户中产出不足主要分布在普通农户和种粮大户以产量计量的产出上,水稻种植户中产出不足主要分布在种粮大户以产量计量的产出上,大豆种植户产出不足主要分布在种粮大户以产量计量的产出上,各主体均存在一定量的产出不足,所以大豆种植户的大豆生产资料利用有很大的问题,还有较大的提升空间。因此对于吉林省来说,主要目标是提高玉米种植户中的普通农户和种粮大户的产量,提高水稻种植户和大豆种植户中的种粮大户的产量,同时应当适当提高玉米种植户中家庭农场和合作社的产量以及普通农户和种粮大户的产值,提高水稻种植户中普通农户和合作社的产量,提升大豆种植户普通农户、家庭农场、合作社的产量以及大豆种植户的产值。

辽宁省玉米种植户产出不足主要分布在普通农户以产量计量的产出上,水稻种植户中产出不足主要分布在种粮大户以产量计量和家庭农场以产值计量的产出上,大豆种植户中产出不足主要分布在家庭农场以产量计量的产出上,所以辽宁省的种植户的产出不足很大程度表现在以产量计量的产出上。因此对于辽宁省来说,主要目标是提高玉米种植户中普通农户和水稻种植户中种粮大户以及大豆种植户中家庭农场的产量,提高水稻种植户中家庭农场的产值,同时应当适当提高玉米种植户中种粮大户、家庭农场、合作社的产量以及普通农户和家庭农场的产值,提高水稻种植户中普通农户、家庭农场、合作社的产量以及普通农户、种粮大户、合作社的产值,提高大豆种植户中普通农户、种粮大户、合作社的产量。

(2)产出固定的前提下降低投入

基于本研究的探讨,黑龙江省玉米种植户中投入冗余主要分布在种粮大户的种子投入和其他投入上;水稻种植户中普通农户投入冗余主要分布在化肥投入上、种粮大户投入冗余主要分布在土地投入上、家庭农场投入冗余主要分布在其他投入上、合作社投入冗余主要分布在种子投入和人工投入上;大豆种植户中投入冗余主要分布在种粮大户的动力投入和家庭农场的固定资产的投入上。因此对于黑龙江省来说,主要目标是降低玉米种植户中种粮大户的种子投入和其他投入,降低水稻种植户中普通农户的化肥投入、种粮大户的土地投入、家庭农场的其他投入、合作社的种子投入和人工投入,降低大豆种植户中种粮大户的动力投入以及家庭农场的固定资产投入,同时应当适当降低其他各项投入冗余,从而使得投入成本更低。

吉林省玉米种植户中投入冗余主要分布在普通农户的动力投入上、种粮大户的动力投入和其他投入上，水稻种植户中投入冗余主要分布在普通农户的动力投入和种粮大户的化肥投入、农药投入和动力投入上，大豆种植户中种粮大户的种子投入和动力投入上。因此对于吉林省来说，主要目标是降低玉米种植户中普通农户的动力投入以及种粮大户的动力投入和其他投入，降低水稻种植户中普通农户的动力投入、种粮大户的化肥投入、农药投入、动力投入，降低大豆种植户中种粮大户的种子投入和动力投入，同时应当适当降低其他各项投入冗余，从而使得投入成本更低。

辽宁省玉米种植户中投入冗余主要分布在普通农户的种子投入和动力投入上、家庭农场的固定资产投入上，水稻种植户中投入冗余整体占比较大的在人工投入上，大豆种植户中投入冗余主要分布在家庭农场的种子投入和动力投入以及人工投入、合作社的动力投入上。因此对于辽宁省来说，主要目标是降低玉米种植户中普通农户的种子投入和动力投入、家庭农场的固定资产投入，降低水稻种植户的人工投入，降低大豆种植户中家庭农场的种子投入和动力投入以及人工投入，合作社的动力投入，同时应当适当降低其他各项投入冗余，从而使得投入成本更低。

（3）提高产出与降低投入相协调

通过确定投入的基础上提高产出和产出固定的前提下降低投入探讨，展开提高产出与降低投入相协调。对于黑龙江省而言，主要目标是提高玉米种植户中种粮大户的产量产出以及降低其种子投入和其他投入、提高水稻种植户中种粮大户的产量产出以及降低其土地投入，提高合作社的产值产出以及降低其种子投入和人工投入、提高大豆种植户中种粮大户的产量产出以及降低其动力投入；对于吉林省而言，主要目标是提高玉米种植户中普通农户的产量产出以及降低其动力投入，提高种粮大户的产量产出以及降低其动力投入和其他投入、提高水稻种植户中种植大户的产量产出以及降低其化肥投入和农药投入以及动力投入、提高大豆种植户中种粮大户的产量产出以及降低种子投入和动力投入；对于辽宁省而言，主要目标是提高玉米种植户中普通农户的产量产出以及降低其种子投入和动力投入、提高水稻种植户中家庭农场的产值产出以及降低其人工投入、提高大豆种植户中家庭农场的产量产出以及降低其种子投入和动力投入以及人工投入。

12.1.2　提高粮食生产主体效率的关键点

在提高粮食生产主体效率中，关键点就是要着眼发展长远，不能以单纯的客观因素来使得粮食生产主体效率得以提高，而是应该以粮食生产主体自身能力提高为重点。基于提高粮食生产主体效率的国家战略层面的目标：保障国家粮食安全，保证粮食主产区产能基本稳定，实现农业可持续发展，进而确定提高粮食主产区生产效率的关键点。

1. 要注重生产要素的代价，做到效率和保障并重

粮食生产主体效率提高时应当注重生产要素的使用，生产要素的配置关系到效率的高低，生产要素选择关系到成本的高低，关系到粮食生产主体的效率，但是对于粮食来说，保

障国家粮食安全才是核心,所以在实施各种生产要素资源配置与选择时应当优先考虑保障国家粮食安全,然后在此基础上通过生产要素的合理配置从而使得粮食生产主体的效率得到提高。

2. 要注重粮食主产区产能的基本稳定,确保产能和质量并重

提高粮食生产主体效率,应保障粮食主产区产能的基本稳定,并在提高产能的同时,注重其生产质量,二者相辅相成。在东北地区粮食种植方面,产能与效率二者紧密联系,尤其对规模种植户而言,其规模化种植能获取更稳定的产能,但粮食种植面积的扩大会使得该类农户更偏重于产能而忽略生产质量,故在注重产能稳定的条件下,只有确保粮食产能和质量并重,才能有效提高粮食生产主体的效率。

3. 要注重农业可持续发展,做到保护和发展并重

要提高粮食生产主体效率,必须重视农业的可持续性,加强农业生态环境的保护。"绿水青山是金山银山"的提出,是为了加强山水林田湖草系统治理,强化农业面源污染防治,不断推进化肥农药减量化,发展节水农业,提高资源利用率,加强耕地土壤污染控制与修复,完善轮作休耕制度,实施农业绿色发展行动。故注重农业可持续发展,应做到保护和发展并重。

12.2　提高粮食生产主体效率应遵循的基本原则

1. 兼顾效率和公平均衡的原则

东北粮食主产区不同地区的粮食种植面积和产量存在明显差异,故在提高东北地区粮食生产主体效率的过程中,应充分考虑各粮食生产市、县等区域的实际情况,在实施过程中兼顾效率和公平均衡的原则。

2. 与现实相结合的原则

提高东北地区粮食生产主体效率,有利于全面保障国家的粮食安全。但是,在粮食生产主体效率提高的路径选择中需要充分考虑东北地区粮食生产主体的自然资源禀赋条件、农业发展基础、农业科技水平、人力资源、资金保障等方面的现实状况,分层次、有重点地推进东北地区粮食生产主体效率的提高,保证所提出的路径具有现实可行性。

3. 可持续性发展的原则

东北地区粮食生产主体效率的提高应充分体现经济效益、生态效益和社会效益的协调统一,实现综合效益的最大化。在推进的过程中,要严格遵循粮食生产资源开发、利用和保护相结合的可持续发展的宗旨,大力发展优质高效的生态农业,提高粮食生产投入要素的利用效率,推广节水、节肥等节约型农业技术,促进粮食生产与农业生态环境保护相互协同的农业可持续发展。

4. 开放性原则

根据国家支持发展外向型农业和实施农业"走出去"战略的背景下,充分利用国内外两个市场和两种资源,深入挖掘农产品的比较优势,合理利用贸易国的政策,提高对外开放水平和质量,有效缓解耕地的承载力,实施轮耕休耕,稳定东北地区粮食生产主体效率,保障粮食生产安全。

12.3　提高东北地区粮食生产主体效率的对策

12.3.1　发挥不同粮食生产主体的优势

根据本研究的第九章的分析可知,通过不同影响因素的分析对比,可以得出不同粮食生产主体之间效率的高低以及影响比较显著的因素,从而挖掘各个粮食生产主体自身的优势。

1. 发挥普通农户精耕细作的优势

自家庭联产承包责任制实施以来,普通农户独立进行春耕秋收,农户为了保障基本生活需要,对自有土地的照料细心,实现精耕细作。现阶段,土地承包经营权依然属于普通农户,普通农户认真、负责、有经验、对农业生产特性熟悉的特质是其他主体无法比拟的,今后粮食生产组织多元化的发展仍然注重扶持普通农户快速发展,通过农户联合、土地流转、服务外包、组织带动等多种方式将普通农户与现代农业有机衔接,发挥普通农户精耕细作优势的基础上创新生产方式,提升农户市场交易能力和谈判地位,将农户精耕细作的优势传承下去。

2. 发挥种粮大户和家庭农场规模经营的优势

发挥种粮大户和家庭农场规模经营的优势,解决普通农户外出务工土地闲置的问题,引导农户土地进行有序流转,向连片规模经营方向前进。种粮大户和家庭农场大力发展土地托管模式,将闲置的土地托管给相近区域的种粮大户或者家庭农场,这一模式有助于其减少成本投入压力和获得托管费用。鼓励种粮大户和家庭农场发展土地规模经营,建立完善的激励机制、服务监管机制保护他们的权利,健全服务市场降低分工费用,提升可持续生产水平。

根据农户规模,"因户制宜"引导种植户发展适度规模,种粮大户、家庭农场等新型农业生产经营主体,均具有资源集约化和专业化程度高的优势,能够集中土地种植规模优势,可以使用农业机械进行大规模作业,在灌溉、排水、田间管理等方面都能够节约成本,土地连片集中有利于农业新技术使用,实现规模效应。新型农业经营主体模式有利于专业化的农产品生产、加工、流通、销售为一体,可以涵盖到一、二、三产业,一个农户既种植大规模的土地,又开办农产品加工厂,还从事乡村旅游或者经营农家乐等。特点为商业化、规模化与专业化程度较高,且拥有先进的生产技术与设备和极高的生产效率。在充分巩固普通农户的意愿基础上建议向最优规模区间发展,减少风险,提高综合效率。综合来看,在测算不同粮食生产主体的效率时,无论是对于哪种粮食作物,种粮大户的纯技术效率都较低,导致其综合效率比较靠后。

3. 发挥农民专业合作社服务功能

农民专业合作社能够为农民提供社会化服务,一方面农民专业合作社十分熟悉农村习俗以及和农村有关的各个方面,与周边农户交流频繁,与农户合作的谈判费用低,农户由于传统思想不愿意相信陌生人,经常选择与熟人合作,有利于合作社拥有更多合作的机会;另一方面新型经营主体了解所在地区的农业生产情况,了解不同规模农户的现实需求和实际困境,他们更容易与传统农户建立良好的社会关系和互动,更容易为周边农户提供真实所需的平价服务。因而,政府应该给予相应的政策支持提高合作社的服务动力,不断完善农业服务市场体系,加强市场基础设施的建设,通过不断完善市场宏观预测系统和信息网络系统,为合作社获取信息、识别信息提供帮助,着力规范市场运作。

12.3.2　保证粮食产能稳定

保证东北地区粮食产能稳定具体通过强化农业科技支撑体系、加强农业灾害防控体系建设、提高农业机械化水平、提高粮食生产资源利用效率、完善粮食产后服务体系来实现。

1. 强化农业科技支撑体系

为保证东北地区粮食产能的稳定,当前至关重要的是发挥粮食生产的资源优势、提高粮食生产的综合科技水平,对良种培育、科学施肥、节水技术、黑土地保护等应给予更多关注,以便于为提高东北地区粮食生产综合因素的贡献度。具体可从以下几方面进行改进:一是改变农业生产方式。将现阶段过度使用化肥、农药的粮食增产方式转变为科学施肥方式,推广测土施肥,确保粮食生产的节肥增产。另外,推广先进的耕作方式,如吉林省推广的玉米大垄双行栽培技术;二是应用先进的农业技术。在农业生产中,宜精耕细作,推动精细化农业,采用喷灌、滴灌、膜下滴灌、精播细收等先进的农业生产技术。同时,针对东北地区春秋季节风大等特点,增加旱作品种、抗倒伏品种;三是开展产学研一体化的区域合作,通过高等院校、农业科研院所、农业龙头企业的强强联合,建立技术共享机制与研发联合体,充分发挥先进农业生产技术的外部性和溢出效应,缩短技术从研发到推广的过渡时间,提高技术转让成功率,通过农业技术进步推动东北地区粮食产能建设。另外,要高度重视农作物生产效率地区间的差异,因地制宜、精准推广农业技术。农作物受积温、气候、降水、土壤、光照等自然因素影响,加之生产观念、耕作方式和农业组织形式等方面存在差异,使得不同地区的农作物生产效率差异显著。根据实证检验结果,不同地区的纯技术效率差异显著,也就是说,通过农业技术可以弥补地区间农作物生产效率的劣势,在针对不同地区农作物生产效率指导时,各农业主管部门应以地区级市辖范围作为整体进行有效指导,甚至对于积温差距较大的县域应分别指导,例如黑龙江省哈尔滨市的依兰县和五常市、大庆市的林甸县和肇州县,虽然地处同一地市管辖,但积温条件差距较大,应以县域为单位开展农业技术指导,通过对农作物的耕作技术、施肥技术、机械技术、田间管理技术推广等,可以进一步提高农作物生产效率,尤其是对于东北地区这种大面积种植玉米、大豆、水稻的农业主产区,通过因地施术,充分发挥县乡两级农业技术推广站作用,结合科研院所和各大企业的技术和产品,可以通过缩小地区间农作物的生产效率差异,提高整体粮食产量。

2. 加强农业灾害防控体系建设

灾害减产是东北地区粮食产能提升的约束性因素,抗灾能力建设是一项系统工程,应从生产、管理及制度建设等方面全方位开展工作。首先,加强抗灾能力制度建设。建立灾害预报预警系统,通过固定监测和流动监测等手段,及时对灾情信息进行采集、处理和传输,以便及时采取措施,缩小灾害影响范围和强度,降低灾害发生的不确定性风险。其次,抓好农田水利基本建设,提高防控旱涝灾害的能力。以东北地区高产、稳产、高标准农田建设为工作重点,着重抓好"两江一湖"边境水利工程建设。加强末级渠系和小型农田水利工程建设力度,以便于解决农田水利"最后一公里"问题。另外,积极推广农业节水灌溉技术,通过实施深翻深松、地膜覆盖、秸秆覆盖等保墒技术,提高土壤的保水能力和用水效率。最后,加强农田基本建设。"以数量为基础,以产能为核心"配套实施土地整理、农田林网、土壤改良等技术措施,通过推广秸秆深还、增施有机肥等黑土地保护性沃土、增肥技术,提高耕地的生态功能和灾害的自我控制能力。

3. 提高农业机械化水平

对于规模经营的新型农业经营主体而言,规模较大的新型农业经营主体的机械数量较多,也相对可以充分利用。证明了机械化水平越高,越有助于提高粮食生产效率。提高农业机械化水平,充分发挥东北地区地势平坦、土地连片、农作物种植趋同、户均土地规模大并拥有大批国有农场的优势,实施机械化有效措施,有助于提高粮食生产机械化作业水平。具体从以下几个方面着手:一是应当有效落实国家的农机补贴政策,从而调动农民主动购买农机具的积极性;二是积极推进土地流转,从而加快粮食生产的规模化经营,同时为农业机械化提供基本的地块平台;三是发展农机租赁市场,解决小农户和外出务工人员家庭的机械化作业问题;四是重点培育农机服务大户和农机合作化组织,带动大型、复式农机的推广和应用。

4. 提高粮食生产资源利用效率

第一,加强耕地保护。应加强黑土地保护研究和建立轮作制度,主要通过开展东北黑土地保护利用试点、建立合理轮作制度、综合施策开展黑土地保护来实施;强化黑土地保护可持续性,主要通过明确保护目标、促进保护立法、强化资金投入确保黑土耕地可持续发展;鼓励土地流转等配套政策,主要可以通过培育新型经营主体、鼓励适度规模经营、给予农机补贴支持来得以实施;加强宣传力度和科技培训强度,主要通过制作耕地保护相关节目、开展高素质农民培育、开展项目培训进一步提高黑土地保护技术应用水平。

第二,发展旱作农业和节水农业。东北水资源不丰富的地区,应积极发展旱作农业和节水农业,提高水资源利用率,如目前吉林省推广的玉米膜下滴灌,就是一种很好的旱作农业节水技术,可进行推广应用。

第三,更好地发挥生态优势。为保证东北地区农业经济可持续发展,一方面,应增强全民环保意识,正确处理农业生产和环境保护的关系,应当禁止乱砍滥伐和过度放牧,对于黑土地流失现象严重的地区及时进行退耕还林还草;另一方面,为发挥东北黑土地的生态优势,应增加农田基本建设资金投入体例;加强对黑土地的养护和监控。

5. 完善粮食产后服务体系

完善东北地区粮食产后服务体系,需挖掘东北地区粮食产后服务体系新途径。对于东北地区粮食产后服务体系而言,一是存在部分守旧观念的农民不愿意转让土地,使得土地不能连片种植,而随着土地流转的增加,使得种粮大户购买农业机械,固定投资很大,而那些散种的方式将会影响农业机械的规模化种植,因此政府应当作为土地流转的中坚力量,通过网络使得村民正确理解土地流转和规模化种植,有效助力土地连片种植;二是东北地区天气原因使得粮食不能拥有良好的晾晒场地,同时我国粮食烘干机械化发展落后,随着规模化、组织化的发展,粮食形成大量的堆积,如果不能及时进行晾干或者烘干处理,将对粮食产后造成严重影响,因此,应当有效解决粮食收储问题,增强粮食收储应对自然灾害的能力,同时借助国库现有的粮食烘干设备,合理利用国库进行烘干和收储,如此既节约国库资源闲置的利用率,也节约了大量资金;三是粮食产后处理和运输过程会造成大量的浪费,在收割的时候会有部分粮食掉落地面中,在运输的时候粮食会有一定的损失率,因此,在收割的时候应当做好粮食落地的及时清理工作,在运输前应当提高粮食的包装的密闭性,从而尽量减少粮食的损失;四是粮食信息流通渠道不够通畅,农户缺乏专业化的生产技术培训,对于粮食的储蓄了解得不多,普遍不太了解市场和不懂得开拓市场,从而缺乏有效的市场信息,对于粮食的种植不能进行很好地预估,而是停留在往年的种植品种和他人种植品种这个阶段,而信息化的快速发展中,粮食信息流通网络平台是新型农村组织发展的持续原动力,因此,应当对农户进行专业化的培训,政府为农户提供粮食信息流通网络平台,使得农户及时了解市场的发展潜力。

12.3.3　提升农业竞争力

提升东北地区农业竞争力,有效发挥智慧农业作用,实现农业高效化,进而提高农业效率。通过农业大数据让农户及时了解天气变化情况、农业市场供给需求情况、粮食生长情况,准确判断粮食种植过程中是否进行施肥、浇水或者施药,避免因自然环境因素导致的产量下降,提高粮食生产中应对自然环境风险的能力;通过智慧农业合理进行耕作,减少成本,促进粮食生产组织化,提高劳动生产效率;通过互联网与农业深度融合,有效促进农业市场的创新商业模式逐渐涌现,从而降低信息搜索和农业经营管理成本;引导和支持新型农业经营主体发展壮大和联合,有助于促进农业相关产业紧密连接以及组织和配置农业各种要素资源,提升农业竞争力。

推动农业与二、三产业融合发展,开发东北地区农业多种功能,推动产业链延长,进而提升价值链,打造供应链,提高农业综合效益;推动城乡产业协同发展,发展农业经济,有效推进农产品的加工和利用,加强农产品的仓储保鲜冷链高效物流设施建设;积极支持建设现代化农业产业示范区等具有农业产业优势特色的产业集群,发展旅游业等休闲产业,使得农民获得增收,进而提升农业竞争力。

12.3.4　优化粮食生产主体政策实效

基于前文对影响粮食生产主体效率的政策环境分析,本研究将从粮食补贴政策、粮食价格政策、粮食生产基础设施建设政策、城镇化相关政策四个方面提出优化政策实效的建议。

1. 优化粮食补贴政策实效

粮食补贴政策有助于调动了农户的种粮积极性,促进粮食生产,保证了我国的粮食安全。优化粮食补贴政策实效具体措施为:一是提高农民种粮的技巧,加大农民教育和培训支出的补贴力度,依靠专家和科技人员开展形式多样的农民培训和科普活动,使得农民更加高效地种植粮食,从而实现粮食增产。二是优化补贴结构,由于黑龙江省、吉林省、辽宁省分别从中央财政玉米生产者补贴资金中提取一定比例的种植结构调整补贴资金,重点支持"镰刀弯"地区种植结构调整,但由于补贴覆盖范围较小,且补贴标准较低,不足以激励"镰刀弯"地区农户改变种植决策,因此应当将种植结构调整补贴进一步向"镰刀弯"地区集中,提高补贴标准,扩大补贴范围,进而使其在资源配置中发挥决定性作用。三是保护粮农利益。根据农资价格变动及时增加补贴资金和弥补农民农业生产资料成本,切实减轻农民的种粮负担。相关涉农部门要逐步建立和完善涉及农民补贴的网络信息系统确认好农民间的租种关系,取消非粮食生产所得粮食补贴,让真正种粮农户获得实惠。四是降低"黄箱政策"补贴水平,转向"绿箱政策",适当利用"蓝箱政策",其农业保险属于一项"绿箱政策",被国际规则认可,也被欧美国家作为支持农业发展的一项有效措施。在依靠收入保险使农民收益得到基本保障时,应不断弱化价格形成因素的影响,便于激发农民根据市场需求主动调整种植结构,政府应在有效平衡种植结构的前提下,通过差异化补贴手段实现对重点种植区域的支持倾斜,此外随着我国农业的迅速发展及国际农产品市场的激烈竞争,按照 WTO 规则,目前的粮食补贴可适当列入"蓝箱政策"范畴,进而保证更加全面地促进我国农业健康发展。

2. 优化粮食价格政策实效

关于优化粮食价格政策实效,一是应坚持粮食市场化改革方向,理清政府和市场各自的不可替代作用。建议以名义价格支持率作为价格调控的参照指标,逐步调低价格支持水平;另外,则要重新定义粮食安全的内涵,自给率水平已经不足以全面刻画和评估我国粮食安全形势,应当尽快实现"藏粮于库"向"藏粮于地"和"藏粮于技"的转变,提升粮食产品国际竞争力。二是完善粮食价格政策,避免市场扭曲,以往一些政策片面追求单一目标,且忽略市场供求关系和整个产业链的发展,可能产生负效应,致使政策无法持续。对此可借鉴国外经验,对我国粮食政策尽量采取与农户生产决策脱钩的设计方式,从而有效利用 WTO 规则,最大限度减少政府对价格的干预。同时,应基于产业链视角,同步完善粮食流通环节和消费环节的相关政策,循序渐进完善粮食价格政策的制定原则,避免过多关注单环节而造成市场扭曲。

3. 优化粮食生产基础设施建设政策实效

一是继续加大农业基础设施投资。建立以国家投入为主体的多渠道、多元化、多层次投入体制,国家应当提高投资比重,承担东北地区粮食储备设施改造等大中型农业基础设施建设;其次,在增加农业基础设施投资总额的同时,降低投资成本,缩短投资周期,优化投资结构,提高资源配置效率和投资收益,提高工程项目的科技含量和技术水平,强化服务功能;另外,实施谁投资谁受益的政策,进而发挥村集体与农民个体投资基础设施建设的积极性。二是加强基础设施保障,注重研发与推广农田基本建设机械,维护与修缮农田灌溉设施等,完善的农田水利基础设施条件是实现适度规模经营与机械化生产的物质基础。

4. 优化城镇化相关政策实效

第一,由于东北地区粮食主产区属于资源密集区,城镇化率虚高,而导致城镇化质量较低,主要是由于资源型城市"先生产,后生活"的开发方式带来的城镇人口密集以及由于撤乡建镇等行政手段使得部分农业人口转为城镇人口,但是有许多乡镇的村民只是身份的一个改变,并未拥有城镇应享有的政策,所以应当从农户的角度考虑,就近因地制宜地推进城镇化,实现城镇化均衡发展。

第二,由于城镇非农产业的发展要求人力的文化知识和劳动技能,而本研究调查的农户中,在东北地区 523 户玉米种植户中,文化程度处于小学及以下的种植户有 136 户,处于初中的种植户有 272 户,处于高中及中专的种植户有 90 户,处于大专的种植户有 22 户,而处于本科的种植户仅有 3 户;在东北地区 520 户水稻种植户中,文化程度处于小学及以下的种植户有 112 户,处于初中的种植户有 239 户,处于高中及中专的种植户有 146 户,处于大专的种植户有 18 户,而处于本科的种植户仅有 5 户;在东北地区 260 户大豆种植户中,文化程度处于小学及以下的种植户有 60 户,处于初中的种植户有 119 户,处于高中及中专的种植户有 61 户,处于大专的种植户有 16 户,而处于本科的种植户仅有 4 户。从而可以看出东北地区的种植户大部分都处于大专以下学历,这将严重影响农民向城镇化转移的发展,也使得农民工进城出现就业难的问题,所以应当推进产城融合,可以将农产品特色推广到城镇,促进农业产业化和城镇化相结合,以现代农业为基础产业,以新型工业为主导产业,以现代服务业为配套产业,依靠多元化的产业吸纳农民工就业。

第三,东北地区主产区城镇化发展面临严重水土流失,资源型城市资源枯竭,能源贫乏制约城镇化的发展,所以东北地区应当完善城镇建设的配套措施。继续加快农村土地流转,保障土地承包权流转的进城农民工与城镇居民具有同等待遇;逐步取消户籍制度的身份、待遇和阶层差异等特殊功能,降低农民进城门槛,鼓励农村剩余人口向城镇转移;改革社会保障制度,向进城农民提供失业保险、医疗保险和养老保险等险种,对具有城镇户口的农民工提供社会救济金,使进城农民工安居乐业。

12.3.5　促进农业可持续发展

促进农产品有效供给,进而促进农业可持续发展。在新常态下,国家倡导供给侧结构性改革调整,东北地区作为我国重要的老工业基地和商品粮基地,其供给侧改革势在必行。一方面是通过优化调整东北地区的种植结构,推进订单农业的发展,从而促进东北地区农产品的有效供给;另一方面,可以通过一、二、三产业融合发展,延伸农业产业链,深度挖掘农产品附加值,丰富农产品供给类别。

合理发展农业,保护生态环境。具体可以通过以下两种手段实现:第一,调整区域布局,按照《全国主体功能区规划》指导农业发展,例如在三江平原严格控制水稻面积,防止过度开垦水田,保护湿地,对于干旱地区实行退耕还林、退耕还草,防止土地受到进一步的风蚀,从而减少水土流失和水土沙化的情况;第二,减少化肥农药的使用,保护黑土地。黑土地作为东北地区的特色也是发展农业的优势所在,在近年来,由于农药化肥的大量使用导致土壤中的有机质含量大幅度降低,造成土地板结、肥力下降的问题。要解决这个问题,可以通过积极发展生态技术,例如"生态除虫",减少农药的使用,还可以通过秸秆还田、发展有机农业来减少化肥的使用。

12.3.6　挖掘粮食生产潜力

强化粮食综合增长能力,建立粮食生产长效制度,使粮食产业发展具有一定潜力。从土地流转角度来看,土地流转的周期长短和经营权是否稳定等问题都严重影响着他们对未来土地利用的规划。如果粮食生产主体对未来土地长期经营权的规划合理,就会积极对农业基础设施、生产性固定资产和有利于提高土地质量的劳动积累等方面进行资本投入,从而会大大提高土地产出率和农业技术效率,如果对土地长期经营权的规划不合理,就会对土地掠夺式利用,甚至严重破坏了农业生产的生态环境。政府应当制定有关土地流转的法律和法规,有效处理土地流转过程中出现的各项问题,将法治化加入土地流转当中。也可通过培训农村市场的中介机构,进而降低种植户的生产成本。加大保障力度,减少农民对土地的依赖,从而加快土地流转,满足新型农业生产主体规模化经营的土地需求。

从人力资源角度来看,一是应当注重农户的培养,使得农户拥有更专业的管理能力,农业相关部门可以联合农业高校以及农业技术推广机构对新型经营主体统一培训,不断提升新型农业经营主体的生产经营能力,加深运用农业新技术的程度。二是激励农场主进行规模化种植,合理投入各种要素的比例,从而获得较为满意的产出,以此激励更多的农户加入农场这个群体中,促进农场更加快速的发展。三是严格把控合作社社员的要求,对新加入的进行培训考核,合格者方可加入合作社,这样才可以保证社员的质量,从而对不同社员进行合理分工,对农业进行组织化管理,加强和完善合作社发展。

12.4　本　章　小　结

　　本章对于本研究设定了提高粮食生产主体效率的目标与关键点,明确了本研究的目标是兼顾国家政策与地方发展,提出了应当遵循的基本原则,以及基于全文的分析提出关于提高粮食生产主体效率相关的对策,从发挥不同粮食生产主体的优势、保证粮食产能稳定、提升农业竞争力、优化粮食生产主体政策实效、促进农业可持续发展、挖掘粮食生产潜力六个方面提高粮食生产主体的效率。

第13章 结论与不足

13.1 结 论

以东北地区商品粮基地为研究对象,对其各类粮食生产经营主体粮食生产效率进行测算,找出影响粮食生产效率的影响因素,依据分析结果给出如下结论。

(1)对东北地区粮食生产现状及其重要的贡献进行了全面系统地对比分析,发现东北地区粮食生产中存在的问题,提出对东北地区粮食生产问题的对策与建议。研究结果表明,黑龙江省在播种面积、粮食产量和粮食调出量中占据优势,而在单产中不占优势,吉林省在粮食单产和调出量中占据优势地位,辽宁省小麦单产占据优势地位;从贡献率来看,东北地区粮食作物播种面积平均贡献率和粮食产量贡献率在四大粮食主产区中较低,但是东北地区粮食产量贡献率持续处于稳定上升的趋势。东北地区粮食单产在四大粮食主产区中也不占优势,这就说明东北地区粮食生产的贡献更多来源于耕地规模优势,而不是农业生产技术。最后在粮食调出量上东北地区占据绝对优势,很大程度上能够说明其在粮食生产中的地位和贡献。

(2)从三个角度介绍了农业生产主体发展的背景,并从四个方面介绍了我国粮食生产主体发展现状,最后分析了东北地区粮食生产主体发展情况。普通农户始终是我国农业生产主体最主要和基本的单位,且在未来很长一段时间内的状态仍是如此。现阶段粮食生产呈现普通农户、种粮大户、家庭农场、农民专业合作社多种生产主体并存的态势。各类新型经营主体迅速发展是土地快速流转、国家政策支持以及农民思想意识转变的结果。东北地区农业生产主体的发展与我国整体发展趋同,但又独具特点。东北地区因耕地相对集中,种粮大户、家庭农场以及农民专业合作社发展速度较快,超过全国平均水平,目前在粮食生产主体中已经起到了举足轻重的作用。粮食生产主体在发展的过程中仍然存在土地流转方式不稳定、政策不够完善、制度不够规范、规模扩大导致的生产经营问题、资金缺乏等问题。黑龙江省作为农业大省,在粮食作物种植方面一直稳居全国首位,其原因是省内农业大户的种植规模不断提升,黑龙江省新型农业经营主体数量呈增长趋势。吉林省农业生产主体主要是以家庭为单位的普通农户为主,随着经济的发展,新型农业经营主体发展的数量以及质量取得了一定成果,新型农业经营主体已经成为农业发展的中坚力量。辽宁省农业生产主体也是以普通农户为主,在今后很长一段时间依旧如此,但是随着国家政策导向,尤其是新型农业经营主体表现出的作用越来越大,新型农业经营主体发展加快,已经成为粮食生产主体中重要的组成部分。

（3）通过数据统计分析、分层抽样调查方法来取得调查数据,利用 DEA 法测算东北地区不同粮食生产主体的综合效率、纯技术效率以及规模效率。研究结果显示,根据统计年鉴数据统计分析得出东北地区代表性作物为玉米、水稻、大豆。从黑龙江省玉米生产效率来看,普通农户和合作社的各项效率表现比较好,种粮大户和家庭农场纯技术效率表现较差影响了综合效率;对于水稻生产效率,生产主体的各项效率表现都不是太好;对于大豆生产效率,普通农户、家庭农场和合作社各项效率表现较好,种粮大户纯技术效率比较低。对于吉林省玉米生产效率,只有种粮大户纯技术效率不高,其余各生产主体生产效率表现都较好;对于水稻生产效率,种粮大户的生产效率较低,其余各生产主体生产效率表现都较好;对于大豆生产效率,家庭农场和合作社纯技术效率较低,其余各生产主体生产效率表现都较好。对于辽宁省玉米生产效率,种粮大户各项效率表现较好,其余各生产主体生产效率表现不好;对于水稻生产效率,种粮大户和家庭农场的纯技术效率较低,其余各生产主体生产效率表现都较好;对于大豆生产效率,家庭农场生产效率较低,其余各生产主体生产效率表现都较好。

（4）通过数据处理后分析了不同粮食生产主体的规模报酬及投入产出冗余情况,研究结果显示,东北地区共有效调查 1 303 个不同粮食生产主体,其中 401 个粮食生产主体存在规模报酬递减,占所有生产主体的 30.8%。黑龙江省存在规模报酬递减的粮食生产主体占调查所有生产主体的 43.79%,玉米、水稻、大豆各生产主体中存在规模报酬递减占比为 45.74%、50.35%、21.88%;吉林省存在规模报酬递减的粮食生产主体占调查所有生产主体的 15.11%,玉米、水稻、大豆各生产主体中存在规模报酬递减占比为 13.65%、39.73%、0%;辽宁省存在规模报酬递减的粮食生产主体占调查所有生产主体的 26.91%,玉米、水稻、大豆各生产主体中存在规模报酬递减占比为 27.59%、21.21%、39.13%。

（5）对比分析了东北地区各粮食种类生产效率,依据模型分析,计算得出东北地区不同粮食生产主体的效率值。研究结果显示,黑龙江省玉米和水稻各效率平均水平最高的生产主体是普通农户和合作社,黑龙江大豆综合效率和纯技术效率平均水平最高的生产主体都是普通农户,规模效率平均水平最高的生产主体是种粮大户。吉林省玉米、水稻和大豆各效率平均水平最高的生产主体是合作社、家庭农场和合作社。辽宁省大豆综合效率和纯技术效率平均水平最高的生产主体都是种粮大户,规模效率平均水平最高的生产主体是普通农户,辽宁省水稻综合效率和规模效率平均水平最高的生产主体都是普通农户,纯技术效率平均水平最高的生产主体是合作社与家庭农场。辽宁省大豆综合效率和规模效率平均水平最高的生产主体都是种粮大户,纯技术效率平均水平最高的生产主体是普通农户。

东北地区玉米普通农户的综合效率、纯技术效率、规模效率平均水平最高的省份分别是吉林省、吉林省、黑龙江省。种粮大户的综合效率、纯技术效率、规模效率平均水平最高的省份分别是吉林省、吉林省、辽宁省。家庭农场的综合效率、纯技术效率、规模效率平均水平最高的省份都是吉林省。合作社的综合效率、纯技术效率、规模效率平均水平最高的省份都是吉林省;水稻普通农户的综合效率、纯技术效率、规模效率平均水平最高的省份分别是黑龙江省、辽宁省、黑龙江省。种粮大户的综合效率、纯技术效率、规模效率平均水平最高的省份分别是辽宁省、辽宁省、吉林省。家庭农场的综合效率、纯技术效率、规模效率平均水平最高的省份分别是黑龙江省、黑龙江省、吉林省。合作社的综合效率、纯技术效率、规模效率平均水平最高的省份都是黑龙江省;大豆普通农户的综合效率、纯技术效率、规模效率平均水平最高的省份分别是辽宁省、吉林省、黑龙江省。种粮大户的综合效率、纯技术效率、规模效率平均水平最高的省份分别是辽宁省、黑龙江省、辽宁省。家庭农场的综合效率、纯技术效率、规模效率平均水平最高的省份分别是黑龙江省、吉林省、辽宁省。合作社的综合效率、纯技术效率、规模效率平均水平最高的省份分别是黑龙江省、吉林省、黑龙江省。

(6)首先,对玉米、水稻、大豆种植户的效率进行高、较高、低分类,从而分析不同粮食生产主体各个效率值区间关于所属地区、所属主体、种植户性别、种植户年龄所属区间、种植户文化程度、种植户是否培训、是否有土地补贴、出售土地租金、种植户是否加入农业保险、种植户机械化程度、种植户土地离家的距离、收益情况进行属性特征分析,其由于玉米低综合效率范围内种植户仅有2户、低纯技术效率范围内种植户仅有2户、低规模效率范围内种植户仅有1户,水稻低规模效率范围内种植户仅有5户,大豆低规模效率范围内种植户仅有5户,种植户数量太少,不具有代表性,因此玉米低综合效率范围、玉米低纯技术效率范围、玉米低规模效率范围、水稻低规模效率范围、大豆低规模效率范围不足以能够进行属性特征分析。

其次,对比分析玉米高综合效率范围和较高综合效率范围,高纯技术效率范围和较高纯技术效率范围,高规模效率范围和较高规模效率范围、水稻高综合效率范围和较高综合效率范围以及低综合效率范围,高纯技术效率范围和较高纯技术效率范围以及低纯技术效率范围,高规模效率范围和较高规模效率范围、大豆高综合效率范围和较高综合效率范围以及低综合效率范围,高纯技术效率范围和较高纯技术效率范围以及低纯技术效率范围,高规模效率范围和较高规模效率范围属性特征。

再次,对比分析高综合效率范围内、较高综合效率范围内、高纯技术效率范围内、较高纯技术效率范围内、高规模效率范围内、较高规模效率范围内不同生产主体之间属性特征。

(7)在数据包络分析方法基础上进一步采用 Tobit 方法进行回归分析,对主要农作物生产效率及影响因素进行了分析。研究结果显示,受纯技术效率和规模效率的影响,东北地区三个省份各粮食作物的综合效率差距是显著的,综合效率在东北地区同类作物不同农业生产经营主体间的差异也是显著的。可以说明,不同经营主体在不同农作物间均存在比较优势;影响农作物生产效率的显著性因素在大豆、玉米和水稻三者之间存在一定的差异,相同点是所在地区、农业经营主体类型和是否有农业机械均为东北地区三个主要农作物生产效率的显著性影响因素。

(8)粮食补贴政策能直接增加农户收入和有效地提高农户种植粮食的积极性,间接地有利于提升粮食生产效率。但是我国现行补贴政策中对可持续发展关注度较小,政策导向逐渐在增加补贴力度的同时扩大"绿箱"政策的占比,更加注重绿色可持续发展;粮食价格会对农户的种植行为具有较强的引导作用,农户的种植行为决定了粮食生产要素的投入量,进而可以影响粮食的生产效率。但是为了降低市场风险爆发的概率,随着粮食价格政策改革不断深入,政策性收购逐渐降低,向市场化收购为主转变;农业基础设施被视为推进"藏粮于地"与"藏粮于技"战略的重要载体,作为中国最具代表性的"绿箱"支持,能够改善粮食生产条件,降低粮食生产成本,从而改进粮食全要素生产率。随着高标准农田政策的不断深入,我国在道路、水利、电力等方面把"三农"领域短板补得更实;城镇化政策从土地规模、培养高素质农民、加快农业科技发展等方面对粮食生产效率产生影响,但是城镇化政策必须保持强化耕地保护制度,坚守 18 亿亩粮食耕地红线,只有耕种面积得到保障才能保证产量,进而保障国家粮食安全。

(9)探讨了提高东北地区粮食生产主体效率的总体思路,提出了保障国家粮食安全、保证粮食主产区产能基本稳定、实现农业可持续发展的国家战略层面提高粮食生产主体效率的目标,确定投入的基础上提高产出、产出固定的前提下降低投入、提高产出与降低投入相协调展开的地区发展层面提高粮食生产主体效率的目标。提出提高粮食生产主体效率应遵循效率和公平均衡、与现实相结合、可持续性发展、开放性等基本原则,明确了提高东北地区粮食生产主体效率的对策。

13.2　研究不足及尚需深入研究的问题

13.2.1　本文的研究不足

(1)按照粮食划分类别,粮食不仅仅包含大宗的玉米、水稻和大豆,还包括小杂粮和薯类等,由于在东北地区此类品种数量远远低于大宗粮食作物,故而本次研究仅对大宗粮食品种进行了分析,没有把小杂粮和薯类等包含进来。随着社会发展及人们生活水平的提高,对于粮食多样性的需求会逐步增加,今后有必要将研究范围扩大,覆盖更多的粮食品种。

(2)由于各方面条件限制,特别是没有固定数据调查点的支持,再加上疫情影响,无法获取对比数据,研究使用的调研数据只有一年,没有多年的连续数据跟踪分析,今后将在此方面进行改进。

13.2.2　尚需要深入研究的问题

(1)国家对不同粮食生产经营主体的支持在不断发生变化,部分经营主体如家庭农场的发展处于起步和快速发展的进程中,各个主体的效率可能会有较大改变,这种改变非常值得持续关注,因此,对于各个经营主体效率变化情况需要密切关注和研究,掌握各主体发展趋势。

(2)经营主体在不同区域的发展可能会有差异,不同的地域适合不同的主体发展,因此,地域特点与经营主体的适配性也需要深入分析与关注。

附　录

表 A.1　本书所引重要文件（部分）

序号	文件名	印发部门	网址
1	《中共中央 国务院关于全面深化农村改革加快推进农业现代化的若干意见》	中共中央　国务院	http://www.gov.cn/gongbao/content/2014/content_2574736.htm
2	《中共中央 国务院关于落实发展新理念加快农业现代化实现全面小康目标的若干意见》	中共中央　国务院	http://www.gov.cn/gongbao/content/2016/content_5045927.htm
3	《中共中央 国务院关于实施乡村振兴战略的意见》	中共中央　国务院	http://www.gov.cn/gongbao/content/2018/content_5266232.htm
4	《中共中央 国务院关于坚持农业农村优先发展做好"三农"工作的若干意见》	中共中央　国务院	http://www.gov.cn/gongbao/content/2019/content_5370837.htm
5	《中共中央 国务院关于抓好"三农"领域重点工作确保如期实现全面小康的意见》	中共中央　国务院	http://www.gov.cn/zhengce/2020-02/05/content_5474884.htm
6	《中共中央关于制定国民经济和社会发展第十四个五年规划和二〇三五年远景目标的建议》	中共中央	http://www.gov.cn/zhengce/2020-11/03/content_5556991.htm
7	《乡村振兴战略规划（2018—2022年）》	中共中央　国务院	https://www.gov.cn/zhengce/2018-09/26/content_5325534.htm
8	《国家新型城镇化规划（2014—2020年）》	中共中央　国务院	https://www.gov.cn/gongbao/content/2014/content_2644805.htm
9	《财政部、农业部关于全面推开农业"三项补贴"改革工作的通知》	财政部　农业部	http://www.moa.gov.cn/gk/zcfg/qnhnzc/201604/t20160426_5108762.htm

表 A.1（续 1）

序号	文件名	印发部门	网址
10	《国务院关于加快推进农业机械化和农机装备产业转型升级的指导意见》	国务院	https://www.gov.cn/zhengce/content/2018-12/29/content_5353308.htm
11	《全国农业可持续发展规划（2015—2030年）》	农业部　国家发展改革委　科技部　财政部　国土资源部　环境保护部　水利部　国家林业局	http://www.moa.gov.cn/ztzl/mywrfz/gzgh/201509/t20150914_4827900.htm
12	《中国的粮食安全》白皮书（2019年10月）	中华人民共和国国务院新闻办公室	http://www.scio.gov.cn/zfbps/zfbps_2279/202207/t20220704_130640.html
13	《关于完善稻谷最低收购价有关政策的通知》	国家发展和改革委员会　国家粮食和物资储备局　财政部　农业农村部　中国农业发展银行	https://www.ndrc.gov.cn/fzggw/jgsj/jgs/sjdt/202002/t20200228_1221749_ext.html
14	《关于完善小麦最低收购价有关政策的通知》	国家发展和改革委员会　国家粮食和物资储备局　财政部　农业农村部　中国农业发展银行	https://www.ndrc.gov.cn/fzggw/jgsj/jgs/sjdt/201910/t20191012_1218575.html
15	《水利改革发展"十三五"规划》	国家发展改革委　水利部　住房城乡建设部	https://www.ndrc.gov.cn/fzggw/jgsj/njs/sjdt/201612/W020191101564837999483.pdf
16	《关于扩大农业农村有效投资加快补上"三农"领域突出短板的意见》	中央农村工作领导小组办公室　农业农村部　国家发展和改革委员会　财政部　中国人民银行　中国银行保险监督管理委员会　中国证券监督管理委员会	http://www.moa.gov.cn/nybgh/2020/202007/202008/t20200811_6350190.htm

表 A.1(续 2)

序号	文件名	印发部门	网址
17	《全国高标准农田建设总体规划》（2013 年 10 月）	国家发展改革委 国土资源部 农业部 财政部 水利部 国家统计局 国家林业局 国家标准委	https://www.ndrc.gov.cn/fzggw/jgsj/njs/sjdt/201312/P020191101560721899254.pdf
18	《深化农村改革综合性实施方案》	中共中央办公厅 国务院办公厅	https://www.gov.cn/gongbao/content/2015/content_2955704.htm

参 考 文 献

［1］ 吕捷,王雨濛.当前国际粮食经济形势与中国粮食安全[J].中共中央党校(国家行政学院)学报,2019,23(4):131-136.

［2］ 欧春梅,邵砾群.新型农业经营主体技术效率研究综述与展望[J].北方园艺,2019,(6):187-192.

［3］ VICENTE J. Economic efficiency of agricultural production in Brazil［J］. Revista De Economia E Sociologia Rural, 2004, 42(2):201-222.

［4］ KAWAGOE T, HAYAMI Y. An Intercountry Comparison of Agricultural Production Efficiency［J］. American Journal of Agricultural Economics, 1985, 67(1):87-92.

［5］ GOPINATH M, KENNEDY P L. Agricultural Trade and Productivity Growth：A State-level Analysis［J］. American Journal of Agricultural Economics, 2000, 82(5):1213-1218.

［6］ BRÜMMER B, GLAUBEN T, LU W C. Policy Reform and Productivity Change in Chinese Agriculture：A Distance Function Approach［J］. Journal of development economics,2006,1(81):61-79.

［7］ NSIAH C, FAYISSA B. Trends in Agricultural Production Efficiency and their Implications for Food Security in Sub-Saharan African Countries［J］. African Development Review, 2019, 31(1):28-42.

［8］ OJEDE A, MUGERA A, SEO D. Macroeconomic Policy Reforms and Productivity Growth in African Agriculture［J］. Contemporary Economic Policy,2013, 31(4):814-830.

［9］ HAMJAH M A. Measuring Agricultural Crop Production Efficiency due to Climates and Hydrology in Bangladesh：An Application of Stochastic Frontier Model［J］. Journal of Economics and Sustainable Development, 2014, 5(9):1-10.

［10］ BIDZAKIN J K, FIALOR S C, AWUNYO-VITOR D,et al. Impact of Irrigation Ecology on Rice Production Efficiency in Ghana［J］. Advances in Agriculture,2018,(7):1-10.

［11］ RAO B P. The Economics of Agricultural Credit Use in Brazil［D］. Columbus：Ohio State University, 1970.

［12］ LIO M C,HU J L. Governance and Agricultural Production Efficiency：A coss-country Aggregate Frontier Analysis［J］. Journal of Agricultural Economics,2010,60(1):40-61.

［13］ BOZOGLU M, CEYHAN V. Measuring the technical efficiency and exploring the inefficiency determinants of vegetable farms in Samsun province, Turkey［J］. Agricultural Systems,2007,3(94):649-656.

[14] LARSON D F, OTSUKA K, MATSUMOTO T, et al. Should African rural development strategies depend on smallholder farms? An exploration of the inverse – productivity hypothesis[J]. Agricultural Economics 2014. 3(45): 355-367.

[15] BERRY D. Effects of urbanization on agricultural activities[J]. Growth and Change, 1978, 9 (3) :2-8.

[16] GHATAK M, ROY S. Land Reform and Agricultural Productivity in India: A Review of the Evidence[J]. Oxford Review of Economic Policy,2007,23(2): 251-269.

[17] ALCHIAN A, DEMSETZ H. The Property Right Paradigm[J]. Journal of Economic History,1973,33(1):16-27.

[18] CARTER M, WIEBE K. Access to Capital and its Impact on Agrarian Structure and Productivity in Kenya[J]. American Journal of Agricultural Economics, 1990, 72(5) : 1146-1150.

[19] BARÁTH L, FERTÖ I. Heterogeneous technology, scale of land use and technical efficiency: The case of Hungarian crop farms[J]. Land Use Policy,2015,1(42):141-150.

[20] EDEH H O, AWOKE M U. Technical Efficiency Analysis of Improved Cassava Farmers in Abakaliki Local Government Area of Ebonyi State: A Stochastic Frontier Approach [J]. Agricultural Journal. 2009,4(4):171-174.

[21] POURZAND F, BAKHSHOODEH M. Technical efficiency and agricultural sustainability-technology gap of maize producers in Fars province of Iran [J]. Environment, Development and Sustainability,2014,16(3):671-688.

[22] AHMAD M, BORIS E B-U. An Econometric Decomposition of Dairy Output Growth[J]. American Journal of Agricultural Economics,1995, 77(4):914-921.

[23] LIPTON M. The family farm in a globalizing world: the role of crop science in alleviating poverty[R]. 2020 Discussion Paper No. 40. Washington, D. C: International Food Policy Institude,2005,40:7.

[24] BROOKFIELD H, PARSONS H. Family Farms, Survival and Prospect: A word-wide wide analysis[M]. London:Routledge,2007.

[25] CHARNES A, COOPER W W, RHODES E. Measuring the efficiency of decision-making units[J]. European Journal of Operational Research, 1979, 3(4):338-339.

[26] MOUTINHO V, MADALENO M, MACEDO P, et al. Efficiency in the European agricultural sector: environment and resources[J]. Environmental Science & Pollution Research, 2018.

[27] LAURINAVIIUS E, RIMKUVIEN D. The Comparative Efficiency Analysis of EU Members Agriculture Sectors[J]. Rural Sustainability Research, 2017, 37(332):10-19.

[28] DJOKOTO J G. Technical Efficiency of Agriculture in Ghana: A Time Series Stochastic Frontier Estimation Approach[J]. Journal of Agricultural Science, 2011, 4(1):11116.

[29] BARBOSA W D F, SOUSA E P D, AMORIM A L, et al. Technical efficiency of

agriculture in the regions of Brazil and its determinants[J]. Ciência Rural, 2013, 43(11):2115-2121.

[30] ZIAUL H M, SHAKIL A M, ANUP M. Technical Efficiency of Agricultural Farms in Khulna, Bangladesh: Stochastic Frontier Approach[J]. International Journal of Economics & Finance, 2011, 3(3):248.

[31] 晋洪涛. 政府"要粮"和"农民"要钱目标的兼容性基于:粮食生产社会效率和私人效率的考察[J].经济经纬,2015,32(5):26-28.

[32] 杨皓天,刘秀梅,句芳.粮食生产效率的随机前沿函数分析:基于内蒙古微观农户层面1312户调研数据[J].干旱区资源与环境,2016,30(12):82-84.

[33] 张冬平,郑博阳.河南粮食生产效率的DEA分析[J].经济师,2017(5):155-157.

[34] 宫天辰.小农粮食生产效率及其影响因素研究[D].合肥:安徽大学,2018.

[35] 李静.资源与环境约束下的产粮区粮食生产用水效率与影响因素研究[J].农业现代化研究,2015,36(2):252-255.

[36] 马林静,欧阳金琼,王雅鹏.农村劳动力资源变迁对粮食生产效率影响研究[J].中国人口·资源与环境,2014,24(9):103-109.

[37] 马林静,王雅鹏,吴娟.中国粮食生产技术效率的空间非均衡与收敛性分析[J].农业技术经济, 2015 (4): 4-12.

[38] 周靖祥.重新评估社会化小农家庭粮食生产效率:以SC省SZH村水稻种植为例[J].重庆大学学报(社会科学版),2016,22(2):1-14.

[39] 杨勇,邓祥征,李志慧,等.2000—2015年华北平原土地利用变化对粮食生产效率的影响[J].地理研究,2017,36(11):2171-2183.

[40] 王嫚嫚,刘颖,蒯昊,等.土地细碎化、耕地地力对粮食生产效率的影响:基于江汉平原354个水稻种植户的研究[J].资源科学,2017,39(8):1488-1496.

[41] 彭代彦,文乐.农村劳动力老龄化、女性化降低了粮食生产效率吗:基于随机前沿的南北方比较分析[J].农业技术经济,2016,(2):32-44.

[42] 彭柳林,吴昌南,张云,等.粮食生产效率:农业生产性服务对农业劳动力老龄化具有调节效应吗?基于江西省粮食主产县500农户的调查[J].中国农业资源与区划,2018,39(4):7-13.

[43] 张海鑫,杨钢桥.耕地细碎化及其对粮食生产技术效率的影响:基于超越对数随机前沿生产函数与农户微观数据[J].资源科学,2012,34(5):903-910.

[44] 林文声,王志刚,王美阳.农地确权、要素配置与农业生产效率:基于中国劳动力动态调查的实证分析[J].中国农村经济,2018(8):64-82.

[45] 鄢姣,王锋,袁威.农地流转、适度规模经营与农业生产效率[J].资源开发与市场,2018,34(7):947-955.

[46] 石慧,吴方卫.中国农业生产率地区差异的影响因素研究:基于空间计量的分析[J].世界经济文汇,2011(3):59-73.

[47] 陈倬,简小凤.城镇化背景下的粮食安全问题研究:基于城镇化率与粮食产量之间协

整关系的分析[J].粮食科技与经济,2013,38(4):5-8.

[48] 章乐,郑循刚.城镇化与粮食生产效率关系的 VAR 模型分析[J].中国农业资源与区划,2017,38(1):96-100.

[49] 王刚毅,刘杰.东北地区农业生产效率测度及影响因素[J].北方园艺,2018(15):192-202.

[50] 郭军华,倪明,李帮义.基于三阶段 DEA 模型的农业生产效率研究[J].数量经济技术经济研究,2010,27(12):27-38.

[51] 耿鹏鹏."规模实现"抑或"技术耗散":地权稳定如何影响农户农业生产效率[J].南京农业大学学报(社会科学版),2021,21(1):108-120.

[52] 张素铭.基于无人机多光谱影像的地表主要生态参数估测及卫星遥感反演[D].山东农业大学,2020.

[53] 李柯逾,胡志全,侯丽薇.黑龙江省嫩江县不同经营主体大豆生产效率比较[J].农业经济,2018(1):18-20.

[54] 燕宁,张复宏,王晓蕾.山东省不同玉米生产经营主体效率比较研究[J].天津农业科学,2020,26(5):52-55.

[55] 江惠,张士云.安徽省种植大户效率分析[J].安徽农业大学学报(社会科学版),2019,28(6):50-58.

[56] 李玲子,赵科,梁迎祖,等.河南省种粮大户小麦生产投入产出收益研究[J].河南农业,2020(34):48-49.

[57] 钱忠好,李友艺.家庭农场的效率及其决定:基于上海松江 943 户家庭农场 2017 年数据的实证研究[J].管理世界,2020,36(4):168-181,219.

[58] 郑丹,王伟.我国农民专业合作社发展现状、问题及政策建议[J].中国科技论坛,2011(2):138-142.

[59] 苏昕,刘昊龙.农村劳动力转移背景下农业合作经营对农业生产效率的影响[J].中国农村经济,2017(05):58-72.

[60] 陈飞,范庆泉,高铁梅.农业政策、粮食产量与粮食生产调整能力[J].经济研究,2010,45(11):101-114,140.

[61] 秦臻,倪艳.中国农业全要素生产率的实证研究[J].统计与决策,2012(15):133-137.

[62] 赵丽平,王雅鹏,何可.城镇化、农村人力资本与粮食生产技术效率:基于环境规制视角的面板数据分析[J].农业现代化研究,2015,36(4):596-601.

[63] 梁流涛,翟彬,樊鹏飞.基于环境因素约束的农户土地利用效率及影响因素分析:以河南省粮食生产核心区为例[J].地理科学,2016,36(10):1523-1528.

[64] 张利国,鲍丙飞,潘丹.鄱阳湖生态经济区粮食生产技术效率时空演变及环境协调性探究[J].经济地理,2016,36(11):117-122.

[65] 田旭,王善高.中国粮食生产环境效率及其影响因素分析[J].资源科学,2016,38(11):2106-2114.

[66] 张启楠,张凡凡,陈学军.我国粮食主产区生产效率测算研究[J].价格理论与实践,2018(9):155-158.

[67] 张凡凡,张启楠,李福夺,等.中国粮食生产效率空间分异特征及驱动机理[J].水土保持通报,2018,38(4):317-323,357.

[68] 陈红,王会.环境要素对我国粮食生产效率影响的实证研究[J].林业经济,2018,40(1):75-81,104.

[69] 赵红雷,贾金荣.基于随机前沿分析的中国玉米生产技术效率研究[J].统计与信息论坛,2011,26(2):52-58.

[70] 孙昊.小麦生产技术效率的随机前沿分析:基于超越对数生产函数[J].农业技术经济,2014(1):42-48.

[71] 胡逸文,霍学喜.农户禀赋对粮食生产技术效率的影响分析:基于河南农户粮食生产数据的实证[J].经济经纬,2016,33(2):42-47.

[72] 王千,金晓斌,周寅康,等.基于DEA_Malmquist的河北省县级粮食生产效率评价[J].地理与地理信息科学,2010,26(6):51-55.

[73] 刘战伟.我国欠发达地区粮食生产效率的实证研究:基于DEA和Malmquist指数法分析[J].江西农业大学学报(社会科学版),2011,10(2):9-15.

[74] 章乐,郑循刚.城镇化与粮食生产效率关系的VAR模型分析[J].中国农业资源与区划,2017,38(1):96-100.

[75] 尚丽.基于DEA模型的陕西省粮食生产效率评价及影响因素研究[J].吉林农业科学,2018,043(5):47-54.

[76] 李英普,李子君,刘玉,等.基于随机前沿分析的河北省粮食生产效率及影响因素研究[J].广东农业科学,2015,(22):156-160.

[77] 刘海英,谢建政.政府补贴、农户收入和城镇化对粮食生产效率的影响[J].江西师范大学学报(自然科学版),2016,40(1):22-26.

[78] 唐建,VILA J.粮食生产技术效率及影响因素研究:来自1990—2013年中国31个省份面板数据[J].农业技术经济,2016,(9):72-83.

[79] 马凤才,郭喜伟,刘畅.粮食生产主体生产效率及影响因素研究综述与展望[J].天津农业科学,2020,26(1):28-33

[80] 薛龙,刘旗.基于DEA-Tobit模型的河南省粮食生产效率分析[J].河南农业大学学报,2012,46(6):700-704.

[81] 高鸣,宋洪远.生产率视角下的中国粮食经济增长要素分析[J].中国人口科学,2015(1):59-69,127.

[82] 贾琳,夏英.农户粮食生产规模效率及其影响因素分析:基于黑、豫、川三省玉米种植户的调查数据[J].资源科学,2017,39(5):924-933.

[83] 陈振,李佩华.基于灰色Malmquist-DEA的中国粮食生产效率分析[J].数学的实践与认识,2017,47(15):155-162.

[84] 杨晓璇,洪名勇,潘东阳.中国粮食生产效率的时空特征及空间依赖性分析[J].中国

农业资源与区划,2018:39(11):183-191.

[85] 乔世君.中国粮食生产技术效率的实证研究:随机前沿面生产函数的应用[J].数理统计与管理,2004(3):11-16+64.

[86] 亢霞.中国农业生产结构调整的动力机制研究[D].北京:中国农业大学,2005.

[87] 范群芳,董增川,杜芙蓉,等.随机前沿生产函数在粮食生产技术效率研究中的应用[J].节水灌溉,2008(6):30-33.

[88] 姚增福,郑少锋.我国粮食主产区粮食生产技术效率进步与效率损失测度:基于随机前沿生产函数与省际数据分析[J].电子科技大学学报(社科版),2010,12(6):24-28.

[89] 郎新婷.新疆粮食生产效率及影响因素研究[D].乌鲁木齐:新疆农业大学,2016.

[90] 李学林.云南粮食生产效率及其影响因素研究[D].北京:中国农业大学,2017.

[91] 王逸飞,田志宏.中国粮食统计口径问题研究[J].世界农业,2020(1):58-63.

[92] 姜汉.基于社会网络的中国粮食国际贸易格局及影响因素研究[D].长春:吉林大学,2021.

[93] 潘佳威.粮食安全视角下的中国粮食产量时空动态及潜在驱动要素分析[D].武汉:武汉大学,2020.

[94] 陈春生.中国农户的演化逻辑与分类[J].农业经济问题,2007(11):79-84,112.

[95] 施海波,吕开宇,栾敬东.土地禀赋、支持政策与农户经营规模的扩大:基于4省1040户农户调查数据的分析[J].西北农林科技大学学报(社会科学版),2019(2):142-151.

[96] 张赞,王彦玲.对周口新型农业经营主体专业大户的研究初探[J].河南农业,2014(1):12,17.

[97] 臧攀科.种粮大户粮作经营行为影响因素研究:基于河南省遂平县的调查[J].中小企业管理与科技(上旬刊),2014(4):163.

[98] 刘大鹏,刘颖,陈实.土地流转、规模经营对农业社会化服务需求的影响分析:基于江汉平原393个水稻种植大户的调查[J].中国农业资源与区划,2019,40(1):170-176.

[99] 韩朝华.个体农户和农业规模化经营:家庭农场理论评述[J].经济研究,2017,52(7):184-199.

[100] 赵金国,岳书铭.粮食类家庭农场培育的影响因素分析[J].中国农业资源与区划,2017,38(4):41-48.

[101] 刘维佳,邱立春.基于DEA模型的家庭农场规模经营评价与分析[J].农机化研究,2009(12):49-51.

[102] 费佐兰,郭翔宇.新型农业经营主体面临的特殊困难与政策建议:基于黑龙江省绥化市的实地调查[J].中国农业资源与区划,2016,37(11):126-130.

[103] SAMUELSON P A, SWAMY S. "Invariant Economic Index Numbers and Canonic Duality: Survey and Synthesis"[J]. Amerocan Economic Review,1974(64),566-593.

[104]　COELLI T J, RAO D S P, O'DONNELL C J, et al. An Introduction to Efficiency and Productivity Analysis[M]. Brisbane：Australia,2008.

[105]　FARREL M J. The Measurement of Productive Efficiency[J]. Journal of the Royal Statistical Society：Series A(General),1957,120,(3):253-281.

[106]　LEIBENSTEIN H. Allocative Efficiency vs. X-Efficiency[J]. American Economic Review,1966,56 (3)：392-415.

[107]　程东阳.走出农业规模经营认识上的误区[J].社会主义研究,1998(6):74-76.

[108]　焦艳平,陈阜,唐衡,等.我国主要农作区粮食产量贡献率分析[J].作物杂志,2006(1):17-20.

[109]　张德华,娄厦,刘慧萍.黑龙江省粮食生产地位及潜在问题研究[J].农业现代化研究,2014,35(5):525-530.

[110]　崔奇峰,周宁,孙翠清.主产区粮食生产贡献率及地区比较优势分析:以水稻、小麦和玉米为例[J].农业经济与管理,2013(2):35-42,56.

[111]　马凤才,董雪,朱丹彤.黑龙江省农垦国有农场动态效率分析[J].农场经济管理,2019(2):23-28.

[112]　陈春生.中国农户的演化逻辑与分类[J].农业经济问题,2007,(11):79-84.

[113]　汪发元.中外新型农业经营主体发展现状比较及政策建议[J].农业经济问题,2014,(10):26-32.

[114]　赵鲲,刘磊.关于完善农村土地承包经营制度发展农业适度规模经营的认识与思考[J].中国农村经济,2016(4):12-16.

[115]　何秀丽,刘文新.东北农业适度规模经营形势及发展策略研究[J].智库理论与实践,2019,4(6):21-28.

[116]　陈菁,孔祥智.土地经营规模对粮食生产的影响:基于中国十三个粮食主产区农户调查数据的分析[J].河北学刊,2016(3):122-128.

[117]　董雪,马凤才.我国不同类型粮食生产主体发展研究[J].农业经济,2021(4):16-18.

[118]　孟丽,钟永玲,李楠.我国新型农业经营主体功能定位及结构演变研究[J].农业现代化研究,2015(1):41-45.

[119]　郭红东,王长川.新型粮食经营主体发展方向:家庭农场和综合性粮食服务合作社[J].地方财政研究,2014(10):9-15.

[120]　张红宇.牢牢把握农业供给侧结构性改革的方向[J].农村工作通讯,2017(8):26-29.

[121]　楼栋,孔祥智.新型农业经营主体的多维发展形式和现实观照[J].改革,2013(2):65-67.

[122]　江唯国.新型种粮主体:内涵、培育基础、政策缺陷及弥合[J].桂海论丛,2015(6):65-71.

[123]　罗振军,于丽红.种粮大户融资需求意愿及需求量的差异分析[J].华南农业大学学

报(社会科学版),2018(3):93-106.

[124] 罗振军,兰庆高.种粮大户融资路径偏好与现实因应:黑省例证[J].改革,2016(6):100-110.

[125] 陈洁,罗丹.我国种粮大户的发展:自身行为、政策扶持与市场边界[J].改革,2010(12):5-29.

[126] 卫荣.基于经营主体视角下的粮食生产适度规模研究[D].北京:中国农业科学院,2016.

[127] 郎秀云.家庭农场:主导中国现代农业的新型市场主体[J].湖南农业大学学报(社会科学版),2014,15(6):1-6.

[128] 安徽财经大学,中华合作时报社联合专题调研组.中国家庭农场发展研究报告[J].中国合作经济,2018(1):27-24.

[129] 张士杰,史旭东.产业链视角下粮食合作社的地位和作用[J].粮食科技与经济,2019,44(10):32-34.

[130] 侯继虎.对粮食供给侧结构性改革的新型经营主体:农民专业合作社的探究[J].粮食科技与经济,2019(3):27-29

[131] 彭超,颜茜钰,洪略.我国粮食专业合作组织发展问题研究[J].农业部管理干部学院学报,2013(4),9-14.

[132] 田昕加.创新黑龙江省农业经营主体的对策研究[J].知与行,2015(3):127-129.

[133] 李世煜.黑龙江省新型农业经营主体发展研究[D].长春:吉林农业大学,2018.

[134] 邓铭.黑龙江省家庭农场经营风险防范研究[D].哈尔滨:东北农业大学,2019.

[135] 王永军.黑龙江省农民专业合作社发展过程中存在的问题[J].现代经济信息,2011(17):207-207.

[136] 黑龙江省农村财政研究会.黑龙江省发展多种新型农业经营主体的调研报告[J].农村财政与财务,2014(4):16-19.

[137] 孟繁博.吉林省金融以服务新型农业经营主体为突破口助力农业现代化的经验分析[J].吉林金融研究.2016(8):62-64.

[138] 赵桐.吉林省新型农业经营主体土地流转风险管控研究[D].长春:吉林农业大学,2020.

[139] 佟迪.吉林省农民专业合作社发展现状与对策研究[D].长春:吉林农业大学,2016.

[140] 姚忠生.吉林省农民专业合作社发展现状和发展策略分析[J].吉林农业,2014(10):4-4.

[141] 王朋飞.吉林省农民专业合作社发展现状及问题分析[J].南方农机,2020,51(22):91-92

[142] 刘喜波,张强,刘恩财.辽宁省种粮大户发展现状与对策建议[J].农业经济,2015(2):27-28.

[143] 赵芳卉,倪国军,张海玲.辽宁省家庭农场发展障碍及对策[J].农村经济与科技,

2016,27(17):51-52.

[144] 刘佳.辽宁省家庭农场发展状况、原因及对策分析[J].农业发展,2019(2):21-22.

[145] 李娜,冯双生,倪国军.辽宁省家庭农场发展问题及对策研究[J].农场经济管理,
2019(9):18-19.

[146] 张洪迎.辽宁省家庭农场发展的对策建议[J].农技服务,2016,33(6):29-29.

[147] 孙娟,孙军.关于新型农业经营主体对人才需求的调研报告:以辽宁省为例[J].农
业经济,2017(10):89-89.

[148] 刘佳,周静,刘启明.辽宁省农民专业合作社发展现状和绩效分析[J].农业经济,
2011(10):52-53.

[149] 葛亚男.简述辽宁省专业农民合作社发展问题及对策[J].法制博览,2013(4):315-316.

[150] 周腰华.农民合作社发展现状及对策研究[J].农业经济,2015(2):89-90

[151] 李旭,黄亚南,李铭洋.辽宁省农民专业合作社成长的制约因素浅析[J].农业经济,
2015(4):44-45.

[152] 吕洪波,刘佳.制约我国农民专业合作社的因素分析[J].农业经济,2015(2):91-92.

[153] 曹军,陈兴霞,邱学林,等.辽宁省农民专业合作社发展现状与对策研究[J].农业经
济,2020(3):74-75.

[154] 马凤才,郭喜伟.水稻生产主体效率分析:基于黑龙江省牡丹江市的调查[J].江苏
农业科学,2020,48(18):306-316.

[155] BANKER R D, Charnes A, Cooper W W. Some models for estimating technical and
scale in efficiencies in data envelopment analysis [J]. Management Science, 1984
(30): 1078-1092.

[156] COOPER W W, Seiford L M, Tone K. Data envelopment analysis:A Comprehensive
Text with Models, Applications, References and DEA-Solver Software[M]. Springer
Science Business Media, LLC ,2007.

[157] 沈江建,龙文.负产出在 DEA 模型中的处理:基于软件 DEAP 的运用[C]//中国管
理现代化研究会、复旦管理学奖励基金会.第十届(2015)中国管理学年会论文集.
中国管理现代化研究会、复旦管理学奖励基金会:中国管理现代化研究会,2015:6.

[158] 马凤才,郭喜伟,陈璐.基于三阶段 DEA 模型的辽宁省农业生产效率分析[J].农业
经济,2019(4):15-17.

[159] 耿仲钟.我国农业支持保护补贴政策效果研究[D].北京:中国农业大学,2018.

[160] 杨芷晴,孔东民.我国农业补贴政策变迁、效应评估与制度优化[J].改革,2020
(10):114-127.

[161] 赵希明.计算机方法在种粮农民补贴审计中的应用[J].现代审计与经济,2010(5):
36-37.

[162] 贾娟琪.我国主粮价格支持政策效应研究[D].中国农业科学院,2018.

[163] 陈光.论农业级差经济[J].发展研究,2016(6):47-57.

[164] 张国峰.紧跟时代发展 农业补贴政策需继续完善[J].中国农机监理,2021(11):

18-20.

[165] 负菲菲,薛蒙林.中国城乡收入差距问题分析[J].河南社会科学,2014,22(3):95-100.

[166] 李中建,杨翔翔.优化粮食补贴政策的思考[J].财会研究,2013(7):10-12.

[167] 李尚蒲,仇童伟,谢琳.粮食直补、农地市场结构与农地租金决定[J].学术研究,2021(4):95-100.

[168] 杨红旗,汪秀锋,孙福海,等.我国农作物良种补贴的实践与思考[J].中国种业,2009(10):11-13.

[169] 高忠敏,卫荣,刘小娟,等.我国现行粮食生产性补贴政策存在问题及对策分析[J].中国食物与营养,2016,22(3):28-31.

[170] 贾娟琪.我国主粮价格支持政策效应研究[D].北京:中国农业科学院,2018.

[171] 张新臣,梁芝稳,刘新强,等.济宁市农机购置补贴与农业生产效益关系分析[J].中国农机化学报,2017,38(1):150-154.

[172] 钟真,孔祥智."十三五"中国农业改革发展的起点与展望[J].教学与研究,2016(2):5-13.

[173] 叶德萍,胡丽春,胡桂萍,等.乐安县蚕桑产业的现状与发展模式调研[J].蚕桑茶叶通讯,2018(6):10-15.

[174] 罗荃.新中国粮食价格政策演进内在逻辑与改革战略取向研究[J].价格月刊,2022(10):52-57.

[175] 晏功明.1953年国家实施粮食统购统销政策的主旨分析[J].景德镇高专学报,2014,29(2):7-10.

[176] 曾伟.粮食定购实行"倒三七"比例计价好[J].商业经济文荟,1985(2):53-54.

[177] 赵天虹.我国粮食保护价格政策的研究[J].理论观察,2015(12):71-72.

[178] 兰录平.我国粮食最低收购价政策的效应和问题及完善建议[J].农业现代化研究,2013,34(5):513-517.

[179] 丁声俊.对建立农产品目标价格制度的探索[J].价格理论与实践,2014(8):9-13.

[180] 冯海发.对建立我国粮食目标价格制度的思考[J].农业经济问题,2014,35(8):4-6.

[181] 卓乐,曾福生.农村基础设施对粮食全要素生产率的影响[J].农业技术经济,2018(11):92-101.

[182] 李雪转,周茹.基于产教融合的高职水利类专业优化初探[J].长江工程职业技术学院学报,2020,37(1):22-23,71.

[183] 韦卫,申磊,陈捷.党的十八大以来新型职业农民培育的政策演进及逻辑反思[J].西北成人教育学院学报,2023(5):33-38.